최용대의 실용 인문학

— 불확실성의 시대, 예측 가능한 삶의 인문학 —

뜻결숲 人文學叢書 001

최용대의 실용 인문학
 – 불확실성의 시대, 예측 가능한 삶의 인문학

2025년 09월 27일 초판 1쇄

지은이 최용대
펴낸이 최용대
펴낸곳 한국매일뉴스
책임편집 유리나

출판등록 제356-2025-000055호
주소 인천광역시 중구 하늘별빛로65번길 7-12, JS빌딩 4층
전화 032-746-9811
전자우편 yong727472@naver.com

총괄제작 도서출판 끌림
전자우편 kkeullimpub@gmail.com

ISBN 979-11-994890-0-4 (03120)

값 25,000원

우리 삶에 다시 불어오는 사유의 바람

최용대의
실용 인문학

불확실성의 시대, 예측 가능한 삶의 인문학

최용대 지음

한국매일뉴스출판부

《최용대의 실용 인문학》출간에 즈음하여

일찍이 젊은 시절, 최용대 작가와 나는 그가 파리 특파원으로 나는 불문학 유학생으로 그 시절 파리의 낭만과 붉은 포도주의 정서를 함께 나누었다. 그가 북(北) 사하라 사막판 건설 현장을 취재하며 헤맬 때, 나는 국제 자동차 랠리(Rally) 경주 선수로 북 사하라 사막을 헤매고 있었다. 그렇게 우리는 모험적이고 체험적인 문학의 오랜 동지였다.

그런데 그의 인문학적 견해를 남다르게 피력한 작품들은 깊은 공감과 감동을 더해 주었다. 무엇보다 최용대 작가의 인문학적 심층 사회 해석은 과감했다. 놀라웠다. 자연과학과 사회과학에 억압받고 무시당해 왔던 인문학(인간 정신문화)이 오히려 전문화되고 도식화된 그것들을 싸잡아 호통치고 있음이다. 그리고 전문화되고 상업화된 성과주의를 그것만으로는 악하고 천하니, 인문학의 가치를 섞어야 한다고 그는 말한다. 그래야 인간다운 삶의 진정한 가치를 누릴 수 있고, 우리 사회도 정화될 수 있다고 했다. 구태의연한 사회학적 모순을 비판하는 일반적인 칼럼을 뛰어넘는 놀라운 책의 내용들이다.

인문학은 다른 학문과 달리 역사도 오래되지 않았고, 학문으로서의 체계도 아직 문학·역사학·지리학·철학·과학·수학처럼 구체화되지 않은 것이 사실이다. 오히려 위의 모든 학문을 다 아우르는 학문으로, 미국에서는 인문학을 예술까지 포함시킨 전인적 개념으로 *Liberal Arts*라 하고 있다. 이처럼 인문학의 학문적 개념이나 그 단어(이름)도 아직 정립하지 못하고 있다. 하지만 인문학의 태생적 근간은 다른 어떤 학문보다 고귀하다.

천 년 동안 인간성을 말살하고 종교적 가치에 함몰되었던 사회가 르네상스에 이르러, 곧 신만 생각하지 말고 그리스 시대의 인간 이성을 큰 가치로 믿었던 그때처럼 인간의 가치도 존중하자는 고전주의(Classicism) 운동 속에서 자연발생적으로 인본주의(Humanitas)가 태어났으니, 이것이 인문학의 시작이라고 감히 말하고 싶다. 하지만 아직도 '인문학'이라는 단어적 개념은 통합되지 못한 상태다. 영어로는 아무리 생각해도 인문학을 *Humanities*로밖에 번역할 수 없다. 프랑스어 이름 *Sciences humaines* 혹은 *Lettres humaines*가 조금 더 우리말 인문학의 뜻에 가깝다. 하지만 구미 사람들도 이 말을 특수한 학문적 표현 외에는 좀처럼 사용하지 않는다.

우리는 1970년대부터 '인문학'이라는 단어가 학자층에서 사용되기 시작하여 가장 늦게 인문학이라는 이름씨가 태어났다. 그래서 이 학문을 '인간 문화를 주관화한 학문', 곧 가장 잘 설파한 이름으로 매김하고 싶다. 나는 이번 최용대 작가의 재미있는 《최용대의 실용 인문학》 출간을 기점으로, 우리말 '인문학'이 세계 여러 나라 언어로 번역되기를 바란다. 그래서 아직 정착되지 않고 난립하는 이름과 학문적 해석들이 우리 한국 학자들에 의해 더욱 심도 있게 해석되고 정립되기를 바라마지 않는다.

끝으로, 아무도 감히 건드리려 하지 못한 인문학의 힘으로, 이곳 우리가 사는 사회 곳곳의 모순을 파헤치고 끊임없이 화합시키려 부단히 노력한 이 책에서, 최 작가의 용기와 자상한 인간애에 깊은 경의를 표한다.

양평 편집실에서 **최종림** 작가

공존의 가치와 희생적 사랑

불신의 시대를 살아가는 오늘, 우리는 불안한 세상 속에서 살 수밖에 없다. 이러한 때, 통합성을 잃은 혼돈의 시대에 화합을 이룰 수 있는 방법을 모색하여 우리 모두가 평화롭게 살아가야 한다. 통합성은 곧 조화와 상응하는 것이다. 통합의 길을 찾아 나선다면 우리의 미래는 밝을 것이다. 하지만 지금 그 누구도 밝은 미래를 쉽게 예측하기란 어렵다. 그러므로 우리 스스로 최선을 다해 미래를 만들어 가야 한다.

이를 위해 우리가 사는 사회는 하나가 되어 응집력 있는 조화를 이루어야 한다. 모든 사람은 개별적인 주관을 가지고 살아가지만, 그러면서도 이웃과 공생하며 살아야 한다. 함께 일하며 서로를 대적해서는 안 된다. 우리는 모든 사람이 함께 번영할 수 있는 공동의 시스템을 세워야 하며, 각자에게서 공존의 가치를 발견해야 한다. 그러나 오늘날 이에 대한 실질적 대안은 부재하다. 그 결과 폭력을 폭력으로, 전쟁을 전쟁으로 대응하는 악순환은 우리 스스로를 파멸로 이끌 수밖에 없다.

세계 경제 질서를 둘러보아도 신(新)보호주의라는 괴물이 등장해 자국의 이익을 위해 모든 염치가 무너지고 있다. 여기에 천민 자본주의까지 발호하면서 빈부 격차와 양극화 현상은 더욱 심화되고 있다. 이 땅의 현실을 그대로 두고서는 사람이 사람답게 살아가는 세상은 오기 어렵다는 점을 일찍이 한 문학평론가는 역설했다. 그는 이런 위기의 시대에 예술이 영혼의 표징물이 되지 못하고, 존재를 일깨우지도 못하며, 삶의 의미를 드러내지 못한 채 세속화된 취미나 전시적 가치로 전락했다고 지적했다. 엄밀히 말해 예술은 죽었고, 예술의 탈을 쓴 상품적 가치만 남아 있는 것이다. 현대 자본주의의 논리는 예술을 비롯한 모든 정신적 산물을 유용성과 공리적 가치로 포장해 왔다. 그 결과 인간의 의식은 생산과 소비의 담론으로 단순화되어, 학문은 인간의 영혼과 대화하기보다 인간의 속물적 욕망에 부응하는 데 머물고 있다.

학문을 가장한 대중적 선동, 거짓 인식을 진실로 호도하는 가치 혼란, 소비를 조장하는 과장 광고 등 다양한 산업적 전략은 인간의 진정성을 환전화시켜 올바른 세계와의 대면을 불가능하게 만들었다. 그렇다면 이런 세상에서 학문은 어떠한 의미를 지녀야 하는가.

역사학자 토인비는 "예술과 학문은 물질적 이기심의 동기에서는 이룩할 수 없는 차원 높은 세계"라고 말했다. 그의 말은 오늘날 더욱 새롭게 다가온다. 이처럼 이기적인 정치·경제·문화·예술의 구조적 모순에서 벗어나려면, 인간의 올바른 삶에 바탕한 근본적 해결을 모색해야 한다. 그리고 그 해결은 타자의 삶을 배려하는 희생적 사랑에서 비롯된다.

우리가 직면한 혼란과 불신의 시대를 넘어설 수 있는 길은 제도적 기술이 아니라 인간을 향한 근원적 성찰과 타자를 품으려는 사랑에서 시작된다. 공존의 가치는 사랑의 실천을 통해 구체화된다. 희생은 진정한 관계를 회복하려는 강한 의지이며, 공동체를 지탱하는 가장 근본적인 힘이다.

통합은 차이를 제거하는 것이 아니다. 오히려 서로 다른 삶의 결을 존중하며 조화롭게 직조하는 것이다. 다름을 인정하고, 그 안에서 상호 이해와 배려를 실천할 때, 통합은 하나의 삶의 방식으로 자리 잡을 수 있다.

지금 이 순간 우리는 다시 묻고 답해야 한다. 인간다움이란 무엇인가? 예술과 학문은 어디로 향해야 하는가? 그 해답은 멀리 있지 않다. 서로를 향한 희생적 사랑, 그리고 그것을 기반으로 하는 공동체적 통합. 이 두 축 위에서만 새로운 미래는 건설될 수 있다.

통합성과 희생적 사랑, 이 두 이름이 오늘을 살아가는 우리의 이정표가 될 때, 비로소 인간은 인간답게, 사회는 사회답게, 예술은 예술답게 존재할 수 있을 것이다.

2025년 가을의 길목에서 **최용대**

차례

2부 **사회**
오늘을 묻는 인문학

3부 정치
시대의 도전, 공동선의 길

인간은 추상적 존재가 아니라, 삶의 공간을 공유하는 타자와
관계 맺으며 자아를 실현하는 사회적 존재다.

– 최용대의 글 중에서

시대와 인간을 묻다

가장 큰 사랑만이 스스로 무릎을 굽힙니다. 스스로 무릎을 굽힌다는 것은 가장 큰 사람만이 할 수 있는 일입니다. 어머니들이 자식들에게 그러했듯이 말입니다. 굽히지 못한 내 허리, 내 무릎, 내 마음 때문에 결국 모두가 상처를 받습니다. 그러나 내가 먼저 굽힘으로써 이 험난한 세상이 조금이라도 따뜻해질 수 있다면, 매일 몇 번쯤 무릎을 굽히는 것은 진정 당당한 자세일 것입니다.

— 최용대

함께하는 인간,
공생하는 사회

찰스 다윈은 《종의 기원》으로 잘 알려졌지만, 1871년 발표한 《인간의 유래와 성 선택》에서 더 놀라운 통찰을 남겼다. 그는 "자상한 구성원들이 가장 많은 공동체가 가장 번성하며 가장 많은 수의 후손을 남겼다"고 썼다. 오랜 기간 멸종하지 않고 현시대를 살아가는 수많은 생물을 관찰한 결과였다. 다윈에게 '자연선택'은 생존 가능한 후손을 남기는 일이고, 이를 가능케 하는 핵심 요건은 바로 '자상함'이었다.

미국의 진화인류학자 브라이언 헤어와 버네사 우즈는 저서 《다정한 것이 살아남는다》에서 다윈의 이 발언을 인용하며, 호모 사피엔스가 살아남을 수 있었던 비결로 '타인에 대한 다정함과 협력'을 꼽는다. 이들은 "우리의 삶은 얼마나 많은 적을 정복했느냐가 아니라 얼마나 많은 친구를 만들었느냐로 평가해야 한다. 그것이 우리 종이 살아남을 수 있었던 숨은 비결"이라고 강조한다.

이들의 주장은 저출생으로 상징되는 인구 위기 시대를 살아가는 우리에게 여러 생각할 거리를 안겨준다. '각자도생'이라는 말과 '금수저·흙수저'라는 표현이 시사하듯, 지금 우리의 삶은 여러모로 각박하다. 대학 입시에서 취업에 이르기까지 극한의 경쟁 속에서 우리는 '경쟁에서 지면 도태된다'는 인식에 사로잡혀 너도나도 우위를 점하려 사력을 다한다.

협력보다 경쟁이 최고의 가치로 자리한 사회에서 자란 이들이 '번아웃'되는 것은 어쩌면 당연하다. 후손에게만큼은 자신과 같은 일을 겪게 하고 싶지 않아 하는 마음 또한 당연하다. 나이·성별·학벌·직장으로 끊임없이 구분 짓고 차별하는 사회에서 아이는 또 다른 차별의 대상이 된다. 노키즈존으로 대표되는 아이 배제의 문화 역시 아이 낳기를 주저하게 만드는 요인 중 하나다. 이것이 한국 사회 저출생의 근본 원인일지도 모른다.

진화생물학자 최재천 교수는 저출생의 원인을 "새끼를 낳아 기를 수 없는 상황"으로 지적하며, 공생하지 않고 살아남은 생명은 없다고 강조한다. 그는 지금 시대에 적합한 인류 상을 '호모 심비우스(Homo symbious)', 곧 '공생하는 인간'으로 제시한다. 저출생 문제 해결은 바로 이 개념에서 출발해야 한다는 것이다.

대한민국을 조금 더 살 만한 세상으로 바꾸는 일이 저출생 해소의 실마리가 된다면, 함께 살아가는 동료로서 서로에 대한 자상함과 다정함 같은 긍정적 가치를 되찾는 것에서 출발할 수 있다. 경쟁에 매몰되기보다 협력하고 존중하며, 아이의 성장을 다 함께 돕는 사회를 만드는 일이 저출생 추세를 멈춰 세울 기본 조건이기 때문이다.

인간은 타인과 도움을 주고받으며 살아가는 존재다. 여기서 필요한 것은 존중과 인정, 공감과 공명이다. 이를 한마디로 요약하면 아프리카 반투족의 말, "우리가 있기에 내가 있다"는 뜻의 '우분투(Ubuntu)'라 할 수 있다.

그러니 이제 '다정함'과 '우분투'를 기억하고 실천하자. 다정한 것이 살아남고, 우분투가 우리를 인구 위기에서 구해줄 것이기 때문이다.

정의란 무엇인가, 다시 묻다

10여 년 전, 마이클 샌델의 《정의란 무엇인가》가 최고이자 최장기 베스트셀러가 되었다. 인문 철학서가 출판 역사상 종합 베스트셀러가 된 것은 처음이었다고 전해진다. 이는 아무래도 이 땅에서 자행되는 부정의한 현실을 반영한 결과일 것이다. '바다의 날'이라는 이름 속에, 바다가 더 이상 바다답지 못하다는 현실 인식이 스며 있듯, "정의란 무엇인가"라는 추상적이고 철학적이며 교과서적인 질문이 그해 내내 화제가 된 까닭은 이 땅의 부정의가 너무도 구체적이고 일상적이며 피부로 와 닿았기 때문임이 분명하다. 요컨대 정의의 결핍과 정의로운 사회에 대한 갈망이 《정의란 무엇인가》라는 번역서를 베스트셀러로 만든 현상의 배경이었을 것이다.

그렇다고 샌델의 《정의란 무엇인가》가 우리 사회의 부정의를 해소할 구체적 방책까지 제시해 줄 수는 없다. 이 책은 미국 학자가 미국 사회 속에서 던진 질문과 답변의 모색일 뿐이다. 이참에 유교 문화 전통 속에 살아온 우리가 묻는 "정의란 무엇인가"를 되짚어 보는 것도 무의미하지 않을 것이다.

정의의 어원

우리가 흔히 민주·정의·정의사회라며 무심히 쓰는 '정의'라는 말은 사실 서양어 '저스티스(justice)'의 번역어임을 유념해야 한다. '문화'가 culture의 번역이고, '경제'가 economics의 번역이듯, '정의' 역시 일본 근대 지식인들이 서양 법학 서적을 일본어로 옮기던 과정에서 선택한 단어였다(모로하시 데쓰지, 《대한화사전(大漢和辭典)》참고).

초기에는 '공의(公義)'나 '공정(公正)' 같은 표현도 저스티스의 번역어로 쓰였던 듯하다. 그러나 결과적으로 '정의'가 자리를 잡아 오늘날까지 가장 널리 쓰이는 말이 되었다. 그 이전 동아시아에서 '정의'라는 말은 주로 책 제목에 쓰였다. 《논어정의(論語正義)》, 《맹자정의(孟子正義)》처럼 특정 경전에 대한 올바른 해석을 뜻하는 경우였다. 이때 정의란 곧 '바른 논의'라는 의미였다.

철학·사상적 맥락에서 정의가 처음 등장하는 것은 《순자》다. "학문을 하지 않고 정의가 없으면 이는 속인에 불과하다(不學問 無正義 是俗人者也)"라든가, "정의로운 신하가 등용되면 조정에는 사악함이 사라진다(正義之臣設 則朝廷不頗)" 같은 구절이 그 예다. 여기서 정의는 '올바름'과 '의로움'을 가리킨다. 일본에서 저스티스의 번역어로 '정의'를 선택한 배경에 《순자》의 영향이 있었을 것이라 추측해 볼 수 있다.

서양에서 justice의 기원은 로마 시대로 거슬러 올라간다. 키케로(B.C. 106-43)는 "각자에게 자기 것을 귀속시키는 것"이야말로 최고의 정의라고 했고, 울피아누스(A.D. 170-228)도 "정직하게 생활하고, 이웃을 해치지 않으며, 각자에게 제 몫을 귀속시키는 것"이 정의라 했다. 로마 사상가들이 공통으로 지적했듯, justice가 곧 '각자에게 자기 것을 돌려주는 것(suum cuique tribuere)'을 뜻한다면, 이는 한자어 '의(義)'의 본래 의미와 다르지 않음을 알 수 있다.

실제로 義(의) 자는 羊(양)과 我(아: 창칼 모양)의 합성으로 이루어졌다. 이는 원시 공동체에서 먹을거리를 고르게 나누던 풍습에서 유래한 글자다. 즉, 살아가려면 먹어야 하지만, 그것을 균등하게 나누어야 한다는 원리가 담겨 있는 것이다. 따라서 의 자에는 분배의 균등, 업무의 합리성이라는 뜻이 고유하게 깃들어 있다. 그렇다면 '각자에게 자기 몫을 돌려준다'는 서양의 justice와 '양고기를 고르게 나눈다'는 동양의 의는 본질적으로 같은 것이라 할 수 있다.

의(義) 자는 일상 언어에서도 같은 의미를 품고 있다. 눈이 하나 없을 때 대신 끼우는 것은 의안(義眼), 다리가 없을 때는 의족(義足)이라 한다. 친형제가 없는 이를 형제로 삼으면 의형제(義兄弟), 타인의 불행에 재물을 내는 것은 의연금(義捐金)이라 부른다. 모두 부족하거나 결핍된 것을 사람의 힘으로 메우려는 노력, 공동체에 대한 헌신과 이웃의 고통을 함께 짊어지려는 마음을 뜻한다. 곧 이것이 정의의 사회적·실천적 의미를 이루는 것이다.

정의란 공동체의 기초다

언어가 결핍과 바람의 투사물이라는 역설은 '정의'라는 말의 출현 과정에도 적용된다. 현실에 부정의가 만연하고 불의한 사태가 잇따를수록 오히려 정의에 대한 욕구는 강렬하게 돌출한다. 또 그 말뜻은 점점 더 날카롭게 다듬어진다. 내내 함께 나누어 먹던 양고기를 누군가 독차지해 공동체 구성원들이 제 몫을 갖지 못한다든지, 나누더라도 균등하지 않게 분배되는 사태 앞에서 사람들은 불의와 부정의를 절실하게 인식했을 것이다.

이런 경험은 '올바른 분배, 의로운 행동, 합리적인 일 처리'에 대한 열망을 낳았고, 그 과정에서 정의라는 언어가 공동체의 핵심 원칙으로 자리 잡게 되었을 것이다.

불의한 현실에 대한 반발과 분노는 억울함으로 드러난다. 《논어》에서 억울함은 원망(怨)이라는 말로 표현된다. 공자는 억울함, 곧 원망은 권력자의 이기심에서 비롯된다고 진단한다.

제 이익만을 좇아 행하는 자에게는 많은 원망이 따를 것이다.

(放於利而行 多怨 —《논어》 4:12)

여기서 '제 이익만을 좇는다'고 번역된 방어(放於利)의 '방(放)' 자는 주목할 만하다. 방종, 방자함에서 보이듯, '방'은 제멋대로, 남의 눈을 아랑곳하지 않고라는 뜻을 함축한다. 곧 방어리(放於利)란, 타인의 처지는 전혀 고려하지 않은 채 오직 이익을 독점한다는 말이다. 정의란 바로 이러한 방자한 이익 추구로 인해 생겨난 이웃의 억울함과 원망을 해소하는 것이다. 그래서 공자는 정치가의 핵심 덕목으로 정의감을 꼽는다.

정치가는 정의(義)에 밝아야 하고, 백성은 이익(利)에 밝아야 한다.

(君子喩於義 小人喩於利 —《논어》 4:16)

권력자의 이익 추구는 곧 인민의 원망과 억울함을 낳고, 이는 공동체의 붕괴로 이어진다. 공자는 이를 확신했기에 공공 영역의 핵심 가치를 정의로 지목했다. 그러나 춘추시대 현실은 억울함과 원망으로 가득했기에, 그 해소 방안을 두고 다양한 논의가 있었다.

노자는 이렇게 말한다.

깊은 원한은 화해하더라도 여한이 남는다. 덕으로써 원망을 갚는 것이 어찌

선이라 할 수 있겠는가.

(和大怨 必有餘怨 報怨以德 安可以爲善 —《도덕경》79장)

'덕으로써 원망을 갚는다(報怨以德)'는 말은 당시 중요한 논쟁 주제였던 듯하다. 공자도 같은 질문을 받았을 때 이렇게 답한다.

누가 물었다. "원망을 덕으로써 갚는 것은 어떻습니까?"

공자가 말했다. "원망을 덕으로 갚으면 덕을 베푼 이에게는 무엇으로 보답 하겠는가? 원망은 마땅히 곧게 갚고, 덕은 덕으로써 갚는 것이 옳다."

(以德報怨 何如? 何以報德? 以直報怨 以德報德 —《논어》14:34)

공자에게서 정의란 원망을 해소하기 위해 합당한 복수를 행하는 원칙, 곧 이직보원(以直報怨)이다. 권력자의 방자한 이익 추구에 합당한 제재가 가해지지 않는다면 공동체는 곧 붕괴할 수밖에 없기 때문이다. 그래서 그는 군자는 어디서나 꼭 해야만 할 일도, 반드시 하지 말아야 할 일도 없고, 다만 정의(義)에 따를 뿐이라고 했다(《논어》4:10).

불의한 사회를 정의롭게 바꾸려는 사색과 실천은 공자에서 시작해 이후 유교의 핵심 주제가 되었다.

정의란 균형이다

공자를 계승해 정의를 핵심 주제로 삼은 사상가가 맹자이다. 《맹자》를 펼치면 제일 앞에 널리 알려진 '하필왈리(何必曰利)'라는 대목이 나온다. 양나라 혜왕이 맹자를 맞으며 이렇게 묻는다.

선생님께서는 내 나라를 이롭게 할 방책을 가져오셨습니까?

맹자는 이렇게 답했다.

하필 이익을 말씀하십니까. 인(仁)과 의(義)가 있을 따름입니다.

(《맹자》1a:1)

이 장면은 《논어》에서 공자가 지적했던 바—군주가 이익에 몰두하면 많은 원망이 따른다는 경고—를 맹자가 이어받아, 정치가에게는 정의가 무엇보다 중요하다는 점을 보여준다. 흔히 오해하듯, 맹자가 현실 정치의 이해득실을 도외시하고 추상적 윤리만 중시한 관념론자가 아님을 알 수 있다. 그가 강조한 것은 단순하다. 군주가 사익에 몰두하면 그 아래 대부는 집안 이익만 챙기고, 무사는 제 몸의 이익만 좇게 되며, 결국 국가는 위기에 빠지고 만다는 것이다.

그러나 맹자는 시장 경제 활동 자체를 부정하지 않았다. 오히려 상업은 피가 도는 것처럼 인민의 삶을 윤택하게 한다고 보았다.

생산물이 유통되지 않으면 농민은 쌀이 썩어가고도 옷이 없어 헐벗으며, 방직공은 직물이 썩어가도 먹을 것이 없어 굶주리게 된다. 생산물이 원활히 유통되어야 모두가 부족한 것을 채울 수 있다.

(《맹자》3b:4)

맹자는 상인을 우대하며 관세와 물품세를 철폐하라고 주장했다. 그렇게 하면 천하의 재화가 몰려들 것이고, 이는 왕도 정치의 길이라고 보았다. 요즘 식으로 표현하면 '무관세 자유무역지대'를 권고한 셈이다.

시장에 점포세를 물리지 말고 합법적으로 물건을 판다면 거래세도 물리지
마라. 그러면 천하의 상인들이 이 나라 시장에 몰려들 것이다. 국경에서도
관세를 물리지 않으면 여행자들이 이 나라의 길로 다투어 올 것이다.

《맹자》 2a:5

즉 공자와 맹자가 강조한 것은 '정의가 경제적 이익보다 우위에 있어
야 한다'는 게 아니라, 시장 영역과 공공 영역은 명확히 구분되어야 한다
는 점이다. 이익 추구는 시장에서 정당하지만, 그것이 공공 영역을 잠식
하면 정의보다 이익이 우선하는 사회가 되고, 이는 공동체의 붕괴를 초
래한다.

그러나 시장에서도 정의의 문제가 발생할 수 있다. 독과점 같은 왜곡
된 유통 질서가 대표적이다. 이는 시장 본래 기능을 해치는 것이므로 국
가가 개입해 교정해야 한다고 맹자는 지적했다.

옛날 시장은 단순히 물물교환의 장이었고 관리들은 질서만 감독했을 뿐 세
금은 없었다. 그런데 한 천한 자가 언덕 위에서 좌우를 살펴 이익을 독점하
자, 사람들이 이를 부당하게 여겼고, 그때부터 관리가 세금을 부과하기 시
작했다. 시장세는 바로 이 천한 자로부터 비롯된 것이다.

《맹자》 2b:10

여기서 보듯, 사적 이익을 위해 유통 질서를 무너뜨려 다수의 원망을
낳는 자는 척결 대상이다. 인민의 원망을 해소하고 공정한 질서를 회복
하는 것은 국가의 정당한 책무다. 따라서 유교의 시장은 오늘날 자본주
의가 말하는 '자유시장'이라기보다는, 분배와 유통을 원활히 하는 소통
의 장에 가까웠다.

공자는 정의로운 국가 경영을 이렇게 표현한다.

국가를 경영하는 자는 모자람을 근심하지 않고, 고르지 않음을 근심하며, 가난을 근심하지 않고, 평안하지 않음을 근심한다. 고르면 가난하지 않고, 화목하면 모자라지 않으며, 평안하면 기울지 않는다.

곧, 균등한 분배(均), 화합(和), 안정(安)이 정치의 요체라는 것이다. 공자에게 국정 운영의 목적은 재화를 얼마나 크게 축적하느냐가 아니라, 재화를 어떻게 고르게 분배하느냐에 있었다.

정리하자면, 유교의 정의란 도덕과 경제 사이에서 균형을 잡는 노력이다. 이익을 인정하되 그것이 공동체를 해치지 않도록 조율하고, 정의의 원칙을 공공 영역의 중심에 두는 것, 이것이 공자와 맹자가 말한 정치의 핵심이었다.

정의는 보편적이다

맹자는 권력자와 서민이 본질적으로 같은 사람이라고 보았다. 춘추시대 성간은 제경공에게 "성현도 사내요, 나도 사내다. 내가 무엇을 두려워하랴."라 했고, 공자의 제자 안연도 "순임금이 어떤 사람이고 내가 어떤 사람인가. 뜻을 세운 자라면 순과 같이 행하면 될 뿐"이라 말했다. 성왕과 범인은 다르지 않다는 통찰은, 군주라고 해서 별도의 마음을 가진 존재가 아니라는 결론으로 이어진다. 맹자는 이 보편적 인간 마음을 '사단(四端)'으로 설명한다.

사람이라면 누구나 차마 못하는 마음, 곧 불인인지심(不忍人之心)이 있다. 이를테면 아기가 우물로 기어들어가려는 모습을 보면 누구나 놀라고 두려워하며 측은히 여겨 곧바로 구하려 한다. 측은지심이 없다면 사람이 아니요, 잘못을 부끄러워하고 미워하는 수오지심(羞惡之心)이 없어도 사람이 아니다. 측은지심은 인(仁)의 단서요, 수오지심은 의(義)의 단서다. 사람이라면 누구나 인과 의의 실마리를 지니며, 그것을 북돋우고 키울 줄 안다.

《맹자》 2A:6)

이 물음에 스스로 동의한다면, 맹자가 말한 인심(仁心)의 보편성을 인정하게 된다. 또한 잘못 앞의 부끄러움과 부당한 권력에 대한 분노, 곧 수오지심에도 공감하게 된다. 맹자의 논지는 간명하다. 인의(仁義)는 모든 사람의 마음속에 보편적으로 깃든 인간다움의 핵심이며, 군주라 해서 더 갖춘 것도 아니고 천민이라 해서 결여된 것도 아니다.

다만 이러한 보편적 정의론은 당대에 치열한 논쟁을 불렀다. 대표적으로 고자(告子)는 정의가 인간 내면이 아니라 사회 바깥에 있다고 보았다. 그는 본성을 식색(食色), 곧 동물적 충동으로 규정하며, 사랑(仁)은 친소(親疏)에 따라 마음속에서 일어나지만, 의(義)는 관습과 질서 같은 외부에 있다고 주장했다. 낯선 노인에게도 예(禮)를 다하는 사실이 그 증거라는 것이다.

맹자가 보기에, 정의의 근거를 바깥에 두는 순간 그것은 권력·관습·전통으로 치환된다. 그때부터 인민은 권력의 수족이 되기 쉽다. 내면에 불의(不義)를 가늠할 기준이 없으니, '정의'라는 이름으로 명령과 의례의 집행만 남는다. 일본 에도시대 사무라이 윤리처럼, '직분'에 목숨을 거는 것을 곧 정의라 오해하는 전통은 바로 이런 타락한 정의의 전형이다.

맹자는 권력의 자기 이익 편향을 누구보다 경계했다. 그가 끝내 정의의 근거를 인간 내부에 두려 한 까닭은, 정치가 효율이나 경제성만의 관리가 아니라 함께 더불어 사는 공화(共和)의 생활세계여야 한다는 믿음 때문이었다. 맹자에게서 정의는 정치가에게는 운영 원리로서 제도화되어 여민(與民) 정치가 되고, 인민에게는 폭정에 맞서는 저항의 최후 보루가 된다. 오늘날 말로 하면 반파쇼·반독재의 민주적 저항권의 철학적 근거다(《맹자》 1B:8 참조).

역성혁명 역시 신하의 반역이 아니라, 인의(仁義)를 파괴한 권력에 대한 정당한 저항, 곧 정의의 구현이다. 맹자는 이를 다음과 같이 요약한다.

> 인민이 가장 귀하고, 사직이 그 다음이며, 군주는 가볍다. 시골 백성의 마음을 얻으면 천자가 되고, 천자의 신임을 얻으면 제후가 되며, 제후의 신임을 얻으면 대부가 된다. 제후가 사직을 위태롭게 하면 몰아낸다. (…중략…) 한발과 홍수가 나면 사직도 갈아치운다.

'인민＞사직＞군주'라는 가치 서열은 맹자가 지향한 여민 체제의 핵심이다. 이는 곧, 모든 인간이 정의를 공유한다는 전제가 있어야 함께(與) 할 공감대가 성립한다는 뜻이기도 하다. 그래서 맹자의 여민 사상은 성선설, 보편적 정의론, 그리고 정의가 마음 안에 깃든다는 의내설(義內說)을 동반한다. 반대로 고자의 의외설(義外說)은 결국 군위신강(君爲臣綱) 같은 제국적 유교 이데올로기로 흘러갈 위험이 크다.

결국 "정의의 소재"를 어디에 둘 것인가—군주에게 판단 권한을 양도할 것인가, 아니면 개개인의 내면에 확보할 것인가—는 인간의 자유와 권력의 성격을 가르는 핵심 쟁점이다. 인간을 조직의 부속품으로 만들 것인가, 아니면 의·불의를 스스로 판단하고 행동하는 자율적 존재로 세울 것인가의 갈림길이다.

맹자는 정의의 심리학을 수오지심으로 명명했다. 정의는 자기 행위에 대한 수치심과 사회 부정에 대한 증오심으로 구성된다. 둘은 동전의 양면이다. 새벽녘, 어제의 언행을 떠올리다 목덜미가 뜨겁게 달아오르는 감각, 그것이 부끄러움이다. 이것이 있어야 사람이요, 없으면 사람 탈을 쓴 짐승일 뿐이라 맹자는 단언한다. 부끄러움이 개인의 덕성이라면, 이를 사회로 확장한 것이 의로운 분노다. 제 몫만 챙기며 남의 고통에 무감한 동료에 대한 미움, 불법을 합법으로 포장하는 정치에 대한 분노, 생명을 가볍게 여기는 권력에 대한 증오. 이 모든 것이 정의감의 구성 요소다. 수치심이 바탕이 되고, 그것이 공적 분노로 나아갈 때 안팎의 정의가 선다.

정의가 정치적 문제로 떠오르는 순간은, 부끄러움을 모르는 자들이 공직에 올라 공권력을 사욕의 도구로 삼을 때다. 《맹자》에는 이런 무치(無恥)한 관료를 꼬집는 우화가 선명하다.

제나라에 처와 첩을 둔 한 사내가 있었다. 그는 밖에만 나갔다 하면 술과 고기를 배불리 먹고 돌아왔다. 아내가 누구와 먹었냐고 물으면 늘 재벌과 명사들의 이름을 댔다. 의심이 든 아내는 남편을 멀찍이 뒤쫓았다. 남편은 시내에서 누구와도 말 섞지 않았고, 성문을 지나 동곽의 공동묘지로 올라가 제사 음식을 구걸해 먹었다. 부족하면 다른 무덤으로 옮겨 또 구걸했다. 그것이 그가 말한 '배불리 먹는 방식'이었다. 돌아온 아내는 첩과 함께 마당 한가운데서 남편을 꾸짖으며 엉엉 울었다. 남편은 사정을 모른 채 집에 들어와 다시 거들먹거렸다.

《맹자》 4B:33

맹자는 끝에 짧게 덧붙인다. "부와 권세, 이익과 지위를 좇아 허세를 부리는 자들을 그 가족이 본다면, 부끄러워하지 않을 자가 드물고, 서로 붙잡고 울지 않을 자 역시 드물다."

오늘의 현실과 얼마나 멀리 떨어져 있는가. 책임을 남 탓으로 돌리고, 폭력적 절차를 '정의'라 강변하는 몰염치는, 공동묘지를 전전하며 배를 채우던 사내의 허위와 무엇이 다른가.

결론은 분명하다. 부끄러움을 잃은 권력 앞에서 공동체가 택할 길은, 수치심에 뿌리내린 의로운 저항이다. 공자의 이직보원(以直報怨)—원망에는 합당한 바로 맞대응하고, 덕은 덕으로 갚으라는 원칙—은 권력의 방자한 사익 추구를 제어하기 위한 최소한의 정의다. 맹자가 군주를 한낱 사내로 낮추며 역성혁명을 정당화한 까닭도 여기에 있다. 정의는 보편적이며, 그 보편성은 우리 각자의 마음에서 시작해 사회로 발출될 때 완성된다.

흘러간 날, 다가올 날

여러 일터에서 한 해를 마감하는 각종 모임이 열리는 것을 보면 연말 분위기가 느껴진다. 하지만 정부에서 음력설을 인정한 까닭에 새해 축하는 한 달 반쯤 늦춰 설날에 하는 것이 제격처럼 보인다.

한 해를 마무리하고 새로운 한 해를 준비하는 송년의 달, 12월이다.

앞만 보고 달려오다 보니 지나간 열한 달의 시간이 어떻게 흘렀는지도 모른다. 정초에 세웠던 계획들은 다 어디로 갔는지 알 수 없는 채, 미진한 마음에 안달만 하며 또 한 해를 보내야 하는지도 모르겠다. 해마다 이맘때가 되면 튼튼한 과실 하나 제대로 거두지 못한 듯 늘 마음이 아쉽고 허전하다.

하루하루를 전쟁 아닌 전쟁처럼 바쁘게 살아가다 보니 미처 듣지 못했던 소리와 놓쳐버린 풍경들을 떠올리게 된다. 그럴 때면 초라하고 변변치 못한 나 자신을 돌아보게 되고, 자꾸만 움츠러든다. 하지만 부족한 속에서도 나름의 애착이 있어, 옷매무새를 고쳐 입듯 남은 시간을 다듬고 보듬어 정갈하게 갈무리하고 싶다.

아직도 우리는 세계인이 한 해를 끝맺는 연말과 동양인이 한 해를 시작하는 설날을 어중간하게 맞이한다. 어찌 됐든 2018년 한 해가 며칠 남지 않아 곧 마감되고, 며칠 후면 새로운 달력을 펼치게 된다.

그 누가 연도를 정해 놓았을까. 어제가 오늘이고 오늘이 내일이 되는데도 사람들은 '날'과 '달'과 '연'을 정해 놓고 살아간다. 어제 하루를 밝혔던 태양은 사라지고, 오늘은 새로운 태양이 떠올라 날을 밝힌다. 같은 태양이지만 우리는 새로운 날로 받아들이며 살아간다.

사회가 진화될수록 사람은 자신이 만든 제도 속에 갇혀 살아간다. 어떤 이는 "그래야 사회 질서를 유지할 수 있다"고 하고, 또 어떤 이는 "사회가 너무 각박해지고 있다"며 푸념한다. 찬반이 존재하지만, 이 제도를 벗어나 살 수는 없는 현실이다. 결국 잘 적응하며 사는 것이야말로 현세를 살아가는 현명한 자세가 아닐까 싶다.

언젠가 찬 바람이 불기 시작할 무렵, 아무것도 이룬 것 없이 또 한 해가 지나감을 느끼며 가슴 저려야 했던 기억이 있다. 이제는 눈이 오고 날씨가 추워져도 별 느낌이 없다가, 마지막 달력을 떼어낼 때가 되어서야 송년을 생각한다.

'세월이 화살 같다'는 옛 어른들의 말씀은 나이가 들어야 실감 나는 모양이다.

한 해, 두 해 쏜살같이 지나가는 세월은 우리의 마음을 무디게 한다. 그것은 어쩌면 앞서간 이들의 뒤를 어쩔 수 없이 따라가야 하는 자신의 모습을 감추려는 생각일지도 모른다.

세상은 역동적이다. 한국 사회는 더욱 힘차게 돌아가고, 하루하루의 변화는 눈부시다. 무선 전화와 인터넷의 발전은 따라가기 어려울 만큼 빠르고, 새로운 상품이 수요를 창출하며 삶의 모습까지 바꾸어 놓는다. 전국에 고속도로가 뚫리고, 새 도시가 들어서며, 고층 건물이 올라간다. 성공하는 이들도 많다. 높은 자리를 차지하거나 벤처 기업을 일구거나, 돈을 주체할 수 없을 만큼 벌어들이는 이들도 있다.

그럴 경우 사람들까지 달라져 환히 빛나 보인다. 하지만 우리 사회에는 성공의 그늘에 가려진 곳도 적지 않다. 나의 말과 행동이 혹 누군가에게 상처가 되기보다는 따스한 위안이 되었으면 좋겠고, 함께 시간을 나눈 사람들의 이름 석 자는 기억하고 싶다. 따뜻한 가슴이 시린 가슴을 녹이는 만남이었기를 바란다. 올 한 해를 되돌아보면 참으로 힘든 시간이었다.

어려운 경제 사정으로 가정이 해체되고, 남을 배려하기보다는 제 몫 챙기기에 급급한 분열과 혼돈이 계속되는 작금의 현실은 어쩌면 백약이 무효일지도 모른다. 직장을 찾으려 애쓰는 젊은이들이 있고, 변화에 적응하지 못해 낙담하는 중년들이 있으며, 어디 기댈 데 없이 외로움에 사무치는 노인들도 있다.

혼인하지 못한 채 나이를 더하는 이들이 있고, 사업 실패로 가족을 애태우는 자영업자가 있으며, 빚의 무게에 눌려 허덕이는 사업장도 있다. 인생을 살다 보면 누구에게나 위기는 오게 마련이다. 그러나 그 위기를 어떻게 극복하느냐에 따라 삶의 방향이 달라진다. "위기는 기회다"라는 말처럼, 절망과 패배 의식 속에 한숨만 쉬기보다는 강한 정신력으로 다시 일어서야 한다. 그래야 어려운 난국을 슬기롭게 헤쳐 나갈 수 있다.

오늘 하루가 지난 만큼 남은 생명은 줄어들고 있다. 하루하루 최선을 다하는 삶이 필요하다. 모두가 바쁘고 어렵게 살아온 한 해였지만, 내 가족과 주위의 어려운 이웃들을 돌보며 따뜻함을 나누는 송년이 되었으면 한다.

2018년 한 해, 모든 분께 머리 숙여 감사의 말씀을 드린다.

"여러분이 있었기에 행복한 한 해를 보낼 수 있었습니다."

그 모든 액운을 가는 해에 실어 보내고, 2019년에는 마음 가득 평화가 넘치기를 빈다.

통영의 바람이 키운 화가,
전혁림

통영은 '삼도수군통제영'을 줄인 말이다. 경상도·전라도·충청도 삼도의 수군을 통솔하는 기관이 있던 곳이다. 마을 한복판 통제영의 중심 세병관에 올라서면, 이순신 장군이 한산대첩을 승리로 이끈 한산도가 눈앞에 펼쳐진다. 충무공의 담대한 기상이 곳곳에 배어 있는 이 마을 사람들은 통영이 조선을 지켜냈다는 자부심으로 충만하다. 이순신은 전쟁이 나면 즉시 무기를 제조할 수 있도록 평상시에도 제조업 장인들을 관리했는데, 이들은 평화로울 때는 각종 공예품을 만들어 전국에 팔았다. 그래서 소설가 박경리는 이순신이 장군이면서 예술가였다고 했다. 이런 연유로 통영은 오래전부터 장인과 예인의 고장이었다. 그런 통영의 기상과 재주를 계승한 예인 중 오늘은 화가 전혁림 이야기를 하려 한다.

화가의 꿈

전혁림은 1915년생이다. 주민등록상 1916년생으로 돼 있으나 실제 생년은 한 해 빠르다. 이중섭이 1916년생이니 그보다 한 살 위다. 통영 무전동에서 태어났는데, 지척에 친구 윤이상과 김춘수의 집이 있었다. 부친은 소지주였고 활을 잘 쏘는 궁사였다고 한다. 모친은 일찍 세상을 떠나, 전혁림은 주로 할머니의 사랑을 받고 자랐다. 그는 어릴 때부터 꿈이 남달랐다. '세계에 이름을 떨치는 사람'이 되는 것이었다.

식민 치하의 국민이었지만 실력만으로 승부를 걸 수 있는 분야라 여겼기에, 전혁림은 처음에는 운동선수가 되려고 했다. 장대높이뛰기 선수가 되기로 결심했다. 통영보통학교 시절, 장대를 하나 장만해 모랫바닥 위에서 혼자 폴짝폴짝 철봉을 넘으며 연습했다. 그러다 팔이 세 동강 나는 큰 상처를 입었다. 전혁림은 1년간 치료를 받느라 상급 학교 진학도 늦춰야 했다.

누워 지내며 그는 생각했다. '운동선수는 안 되겠으니, 문인이 돼 볼까?' 그는 워낙 문학 서적을 닥치는 대로 읽는 문학청년이었으나, 언어의 장벽 탓에 세계적인 작가가 되기는 어렵겠다고 판단했다. 그래서 내린 결론은 '언어 장벽이 없는 화가가 돼야겠다'였다.

일제강점기 통영에서 서양 미술을 배울 곳은 없었다. 그는 통영의 유일한 전문학교인 통영수산학교에 입학했는데, 수산업을 공부하기보다 생선을 관찰하고 그리기에 몰두했다. 마침, 통영에 있던 일본인 아마추어 화가에게 유화를 접하고, 부산에서 도고 세이지가 운영한 '양화 강습회'에 참가해 회화의 기초를 연마한 것이 전부였다. 전혁림은 평생 철저한 독학 화가였다. 그는 말했다. "원래 예술가에게는 스승이 없다."

전업 화가의 유랑 생활

화가 전혁림을 키운 것은 팔 할이 '통영의 바람'이었다. 그는 전적으로 통영의 문화와 자연 속에서 독학으로 화가의 꿈을 키웠다. 통영 미륵산 용화사의 화려한 단청에 넋을 잃었고, 색색이 아름다운 자수와 민화의 매력에 빠졌다. 통영 소반, 반닫이, 나무오리 같은 목기의 소박한 미학도 사랑했다. 무엇보다 통영의 푸른 바다! 그 바다는 전혁림에게 세계를 향한 드넓은 비전과 끓어오르는 영감의 원천을 제공했다. 그는 통영 앞바다를 바라보며 이렇게 말했다. "이 바닷물은 저 멀리 스칸디나비아, 지중해 혹은 알래스카로부터 밀려온 파도가 아닌가 생각한다."

세계 최고의 화가가 되겠다는 마음을 품고, 실제로는 아무런 뒷받침도 없는 환경 속에서 살아간다는 것은 어떤 삶일까. 다행히 반 고흐의 동생 테오처럼, 전혁림에게는 형 전혁수가 있어 그를 이해하고 지원해 주곤 했다. 형은 그가 자신의 집에 머물 수 있도록 하고, 일본에서 고급 물감과 화구·화집을 사주었다. 그러나 그 형이 일찍 세상을 뜨고, 전혁림이 늦장가를 들어 처자를 부양하게 되자 찢어지게 가난한 생활이 닥쳐왔다. 이 시절 가난하지 않은 화가가 없었겠지만, 그중에서도 전혁림은 단연 1등으로 가난했다.

6·25전쟁이 끝나고 1960년대를 지나면서 그는 가족을 통영에 남겨 둔채 혼자 '전업 화가'로 마산과 부산을 전전했다. 부산에서는 동광동 삼호여관을 숙소 겸 화실로 삼았다. 시장통의 허름한 3평짜리 방에서 그는 주로 우동과 라면으로 끼니를 때우며 그림을 그렸다. 2층 여관방에서 끈에 묶은 양푼에 돈을 조금 넣어 아래로 내려보내며 "가래떡 좀 주소" 외치면 떡이 실려 올라오는 '시스템'을 갖춘 방이었다. 없는 살림에도 가끔 깡패들이 들이닥쳐 그림을 빼앗아 가기도 했다.

그나마 그림이 좀 팔리면 그는 같은 여인숙에 묵는 "집창촌도 가고 술집 나가는 언니들"에게 모델료를 주고 누드화를 그렸다. 민예품이 어지럽게 널린 정물화나 남도의 풍경화를 닥치는 대로 그렸다. 이런 생활을 1977년까지 이어갔다.

이 시기 그의 작품은 압권이다. 1955년부터 7년간 대한도기 회사에서 도자기 그림을 그렸는데, 이때 작업은 가히 세계 최고 수준이라 할 만하다. 전쟁기 많은 화가가 생계를 위해 도자기에 그림을 그렸지만, 전혁림만큼 진지하게 도자기 연구와 실험을 거듭한 작가는 없었다. 그의 도자기화는 매우 가느다란 동양 붓을 사용해 날아갈 듯 날렵했다. 단번에 형태를 그려야 하는 도자기화의 특성으로 인해, 그는 일필휘지의 묘사력을 완숙한 경지로 끌어올렸다.

도자기화로 연마한 선 처리는 그의 유화에도 적용됐다. 1970년대 그의 작품은 속도감 있는 선이 출렁이는 화면을 연출한다. 선의 굵기를 다양하고 부드럽게 구사할 때는 동양화 붓을 사용하고, 때로는 서양화 붓을 섞어 쓰며 자유자재로 형태를 잡아냈다. 또한 도자기에서 했던 것처럼 유화 물감의 색채 연구도 극한까지 밀고 갔다. 비슷한 색채의 풍부한 변주를 마음껏 구사할 수 있었다. 당시 서울 화단의 대세는 단색조 회화였으나 그는 말했다. "색채가 없는 세상은 살아 있는 것이 아니다."

그가 그리고 싶었던 것은 모든 살아 있음에 대한 확인이었다. 그는 작품을 '만들고' 있는 것이 아니라, 작품에 자신의 몸을 던지고 뒹굴며 자신의 생명을 끊임없이 확인하고 있었다. 그의 그림에서 날아갈 듯 예리한 선과 다채로운 색채는 살아 있음을 증명하고 확인하는 도구였다.

그런데 살아 있다는 것은 무엇인가? 삶은 그의 어지러운 여관방처럼 절대 단정하지 않았다. 슬픔과 환희가 뒤범벅돼 있었다. 생명은 모든 것의 원천이자 희열에 찬 것이지만, 동시에 가장 슬프고 비극적인 것이라고 그는 말했다. 누드화 속 여인이 지닌 묘한 슬픔의 정체 같은 것이고, 풍경화에 드러난 처절한 아름다움 같은 것이다. 어떤 소재를 취하든 그의 작품에는 비릿한 생선 냄새와 눈부시게 시린 바다색이 공존한다. 퀴퀴한 냄새가 날 듯한 현실감이 있는가 하면, 동시에 그 현실 너머에서 쏟아지는 섬광의 번뜩임이 존재한다.

인생 역전

1979년, 건강이 나빠진 전혁림은 부산 생활을 접고 통영 집으로 돌아와 있었다. 그런데 그해 잡지 계간미술에 실린 '과소평가된 작가' 기사에 그의 이름이 올랐다. '작가들을 재평가한다'는 제목으로 과대 혹은 과소 평가된 작가를 열거한 이 기획은 당시 미술계에 거센 논란을 불러일으 켰다. 당시 천재 기인 평론가로 통했던 석도륜은 과소평가된 작가로 전 혁림을 꼽으며 이렇게 썼다.

"잊혀져 있어 그 누구도 들어보지 못한 이름인 전혁림. 그야말로 방금 인구마다에 회자되고 있는, 죽은 그 누구 열 사람과도 바꿀 수 없는 현존 해 활동하고 있는 작가다."

서울 사람들이 놀라 물었다. "전혁림이 아직 살아 있었어?" 부산 지역 에 나돌던 전혁림의 작품이 금세 동이 났다. 영문을 모르던 전혁림에게 서울 예화랑 사장이 통영까지 물어물어 찾아와 거액의 선금을 주며 전 시를 제안했다. 전혁림은 비로소 집에 전화를 처음 놓았다. 리어카를 끌 고 이사 다니던 셋방살이도 청산했다.

그 후 그는 예화랑·샘터화랑·호암갤러리·국립현대미술관 등에서 대규 모 회고전을 열었다. 나중에 전혁림은 인생 역전의 소회를 이렇게 표현 했다. "한국민이 나를 이리 살게 해줬어요."

2008년, 통영 작업실에서 그림을 그리는 백발의 전혁림. 그는 하루도 거르지 않고 매일 다섯 시간씩 그렸다. 1980년대 이후 그의 작품은 변화 된 생활에 맞게 변모했다. 젊은 시절부터 관심을 가졌던 조선 민화와 민 예품을 현대적으로 해석하는 일에 몰두했다. 전통 오방색의 화려한 원색 조각이 사물놀이의 쨍그랑거리는 소리처럼 떠들썩하게 휘날리는 '코리 아 판타지' 같은 작품도 남겼다. 옹기토를 이용한 도기 조각도 했고, 각종 목기나 목가구 위에 즉석에서 유화를 그렸으며, 1,050개의 목판에 다종 다양 문양을 넣어 거대한 만다라를 완성하기도 했다. 7m짜리 벽화 같은 유화 작업에도 도전했고, 미국 뉴욕 갤러리에서도 전시회를 열었다.

　노무현 전 대통령이 전혁림의 '통영항'을 청와대 영빈관에 걸면서 세계의 국가원수들이 그의 작품을 감상한 때도 있었다. 통영 앞바다에 앉아 세계 최고 작가가 되려 했던 소년의 꿈은 그렇게 어느 정도 실현됐다.

　전혁림의 마지막 소원은 "붓을 쥐고 죽는 것"이었다. 2010년 따뜻한 봄날, 여느 때처럼 새벽 4시에 일어나 작업에 몰두하던 그는 점심을 먹은 후 가벼운 낮잠을 즐겼다. 그러나 그 낮잠에서 그는 깨어나지 못했다. 향년 95세. 그렇게 그는 마지막 소원까지 이루었다.

갈대숲이 들려주는 말

사람이 살아가는 세계엔 숱한 이야기가 쌓여 있다. 어떤 사람은 현무암처럼 숭숭 뚫린 이야기를, 어떤 사람은 몽돌을 훑는 물소리 같은 이야기를 걸어왔다. 이야기의 심지는 사람이다. 호롱불의 심지를 들어 올리며 가릉가릉 불꽃을 밝히듯 사람의 이야기는 또 다른 사람에게 건너가 그의 심지가 된다.

사람이 아름다운 것은 아무도 모르는 오솔길과 아직도 모르는 오솔길을 품고 있기 때문이다. 불확실한 내일을 살아가고 있지만 그런데도 삶이 신비로운 것은, 귀 기울이고 공감하며 거울처럼 비춰주는 어깨가 도처에 있기 때문이다. 설령 절절한 고통에 직면하더라도 선암사 해우소 등지의 굽은 소나무처럼 내 이야기를 그냥 들어줄 단 한 사람이 있기에, 걷고 있는지도 모른다. 지난한 시간을 지나 저마다의 빛깔로 물드는 시절이다. 방방곡곡의 아름다운 풍경들을 담은 사진이 다채로운 사연을 품어 수북하게 쌓여 간다. 저마다의 사연처럼 모든 경험에는 이유가 있다. 아픔은 아픔대로 이유가 있고 즐거움은 또 그만큼의 까닭이 있다. 그 까닭을 들어주는 마음이 배려다. 때로는 가만히 들어주는 것만으로도 위로가 되고, 외로운 영혼이 치유받기도 한다.

배려의 시작은 공경이다. 사람이 아름다운 것도 그런 공경의 마음을 품고 있기 때문이다. 공경은 공감으로 이어지고 상호 신뢰로 단단하게 엮이며 마침내 건강한 공동체를 만들어 간다. 그것은 화려한 말로 그치는 것이 아니라 실천에 있다. 상대를 헤아려 건네는 말 한마디, 말없이 토닥여 주는 온기, 때로 그냥 한 번 웃어주는 것만으로도 너와 나는 우리가 될 수 있는 것이다.

퇴계 이황(1501~1570) 선생이 우리나라를 넘어 서구 철학자들에게도 존경받는 이유는 실천하는 지성이었기 때문이다. 그런 까닭에 그의 이야기는 회자해 널리 전해지고 있다.

퇴계 이황은 정치적 격동기를 살다 간 대유학자로, 일정한 스승 없이 가학(家學) 속에서 학문의 일가를 이루었다. 그는 세(勢)·명(名)·리(利)를 획득하기 위해 온갖 협잡과 술수가 난무하던 세태와, 인심이 바로잡히지 못한 현실을 심각하게 우려했다. 한편, 타인을 예로 대함으로써 인간을 존중했고, 일상의 삶 속에서 '경(敬)'을 실천했다. 사람이 사람답게 살아가는 세계를 중시했던 오백 년 전의 실천적 지성인은 무엇보다 자신에게 엄격했다.

아, 그를 생각하며 '지금'을 본다. 지금 우리는 어떤 사회를 살아가고 있는가. 보고 싶은 것만 보고 내가 본 것만을 말하며 그것만이 진리인 양 여긴다. 내가 가고자 하는 길만 정의로운 세상이다. 사람에 대한 공경은 커녕 같은 방향이 아니면 적이 되는 사회, 귀는 있으되 경청하는 기능은 상실됐으며, 부드러운 입술에서 나온 말은 날카로운 흉기가 된다. 전인교육으로 학생들의 미래를 열어 가는 교권은 추락했고, 노년은 존경받지 못하고 청년은 미래가 불안하다. 시대정신은 사라지고 칼춤이 난무하는 사회, 법치도 염치도 협치도 없는 광기의 정치판엔 미래 언어가 없다.

기후 위기와 생태·환경의 위기는 생존권에 경고를 보내고 있지만, 이 불편한 진실 앞에서 국회 입법자들의 목소리는 없다. 그뿐이랴, 문화의 원형은 고사 위기에 직면해 있고 오로지 패권주의만 있을 뿐이다. 한 국가의 브랜드 파워는 경제뿐 아니라 문화의 역할도 크다.

문화란 한 시대를 살아가는 사람들의 다양한 삶의 양식과 세계관, 시대정신이 반영되어 나타나는 양상이다. 삶의 보편성을 바탕으로 시대의 특수성에 의해 형성된 문화는, 경작되는 농작물처럼 다양한 현상으로 성장한다.

문화 양상은 과거와 현재를 이어가는 이야기가 된다. 곁방 문을 돌아 실개천으로 흐르는 이야기는 위대한 예술이 되고, 그것은 삶의 긍정적인 에너지가 된다. 예술의 향유 속에 형성된 상상력은 미래 세대가 열어갈 세계의 초석이 아닌가. 소소한 삶의 이야기를 공감하고 공유하는 작은 도서관에서 만나는 사람의 이야기는 삶을 풍요롭게 한다. 그러나 문화 관련 예산이 삭감되었다는 뉴스가 나올 때마다, 강물처럼 유장하게 흘러갈 이야기 하나를 잃어버린 아찔함이 일어나는 것은 비단 나만이 아닐 것이다.

강한 것은 부러진다. 강한 것은 부드러움을 이기지 못한다. 태풍에 뿌리째 뽑히는 굵은 나무와 달리, 을숙도의 갈대가 제자리에 꿋꿋하게 서 있는 것은 강해서가 아니다. 서로에게 어깨를 내어주며 끌어주기 때문이다. 어떤 위기 앞에서도 분열하지 않고 이마를 맞대기 때문이다. 제멋대로 자라난 갈대숲이 무질서한 듯해도 들여다보면 나름의 질서가 있다. 키 큰 것은 낮은 데까지 햇빛이 들도록 가지를 좁히고, 때로 여린 넝쿨에 등을 내어준다. 천적을 피해 숨어든 생명은 어미처럼 보듬어 주며, 시간의 이행이 그려낸 숱한 이야기를 품는다. 숱한 사연을 담아낸 을숙도 갈숲이 전한다. 이야기가 끊어진 사회는 죽은 사회와 같다고… 붉은 포도주를 짜기에 아직 가을이 많이 남았다고….

경영학 고전 100권 읽기

미국 동부 메릴랜드주의 작은 대학, 세인트존스 칼리지(Saint John's College). 하버드도 예일도 아닌 이 대학이 미국에서 대학원 진학률이 가장 높은 학교 중 하나라는 사실을 아는 이는 많지 않다. 학생 열 명 중 일곱 명이 대학원에 진학하고, 법학대학원 입학 희망자는 전원 합격한다. 비결은 단순하다. 세인트존스 칼리지의 모든 학생이 고전 100권을 읽고 토론하는 '위대한 책 읽기 프로그램'을 이수하기 때문이다.

시카고대 역시 100년 전만 해도 이름 없는 중서부 대학이었다. 하지만 1929년, 로버트 허친스 총장이 '서양 세계의 고전'을 정규 과정으로 도입한 뒤 전혀 다른 학교가 되었다. 학생들은 고전을 읽고 사고하며, 논쟁하고 글을 쓰면서 창의적 학문의 힘을 키웠다. 이후 시카고대는 노벨상 수상자를 가장 많이 배출한 대학 반열에 올랐다.

고전은 과거의 유물이 아니라 오늘과 내일을 여는 열쇠다. 나는 어떠했는가. 경영학을 공부한 지 50여 년. 경영학 박사 과정을 거쳐 대학과 기업에서 평생을 보냈지만, 최신 논문과 트렌드만 좇았을 뿐 정작 경영학의 뿌리를 이룬 고전들을 깊이 읽고 음미할 기회는 없었다. 더 미루면 평생 읽지 못하리라는 위기감이 들었다. 그래서 올해 초 '경영학 고전 100권 읽기'를 결심했다.

구체적인 방법도 정했다. 매년 40권씩 읽는 '경영자독서모임(MBS)'에서 4권을 경영학 고전에 배정하고, 2050년까지 25년 동안 100권을 완독하기로 했다. 기준도 엄격히 세웠다. 출간 25년 이상 된 책 가운데 가장 많이 팔리고 인용된 책, 동료 전문가가 추천한 책을 중심으로 75권을 먼저 선정하고, 매년 1권씩 추가하여 100권을 완성하는 방식이다.

프레더릭 테일러의 《과학적 관리법》(1911)을 시작으로 피터 드러커의 《경영의 실제》(1954), 마이클 포터의 《경쟁전략》(1980), 스티븐 코비의 《성공하는 사람들의 7가지 습관》(1989)까지 대부분 이름은 익숙하지만 사실 완독자는 드물다. 고전을 함께 읽자고 제안하자 이런 질문이 돌아왔다.

"왜 낡은 책을 지금 읽어야 합니까?"

그때 나는 세인트존스 칼리지 총장과 나눴던 대화를 떠올렸다.

"학생들에게 뉴턴의 《자연철학의 수학적 원리》를 읽게 한다고 들었습니다. 하지만 현대 물리학 책은 아인슈타인과 오펜하이머 이론까지 체계적으로 정리되어 있지 않습니까?" 그러자 총장은 웃으며 답했다.

"100년 후에도 살아남을 책은 무엇일까요? 뉴턴의 책은 남지만, 지금 추천하는 책은 사라질 것입니다."

고전은 시대를 넘어 살아남은 책이다. 그리고 앞으로도 살아남을 책이다. 지난 3월, 첫 번째 경영학 고전으로 《과학적 관리법》을 읽었다. 110년 전 책이지만 프레더릭 윈즐로 테일러는 작업 품질 향상과 노동자와의 협력을 강조하며 인사 관리, 품질경영, 계량적 관리 등 현대 경영학의 기초를 이미 제시했다. 이 책이 고전으로 남은 이유를 알게 되었다. 고전은 과거의 기록이 아니라 미래를 준비하는 지혜의 지도였다.

100권 중 첫걸음을 내디뎠다. 앞으로 25년간 이어질 이 여정은, 책 속에서 미래를 읽는 보물찾기 여행이 될 것이다.

실용의 시대,
대학은 무엇을 잃었나

학생들이 열심히 공부하고 교수들이 논문을 많이 쓰면 좋은 대학일까. 19세기 말부터 시작된 한국 대학의 역사에서, 요즘만큼 대학생들이 열심히 공부하고 교수들이 열심히 논문을 쓴 때도 드물다. 대학 도서관은 시험 기간이 아니어도 공부하는 학생들로 가득 찬다. 학생들은 강의 내용을 한마디도 놓치지 않으려 교수가 하는 농담까지 받아 적는다. 이렇게 열심히 공부하다 보니 대부분 높은 점수를 받지만, 상대평가가 강제되어 누군가는 낮은 성적을 받을 수밖에 없고 학점의 낙오자가 된다. 그러나 거기까지다.

공부하는 학생들의 책은 대부분 교재이거나 공인 영어 시험 대비 문제집이다. 이 사회를 이끌 대학생이라면 읽어야 할 인문 교양서나 현실 사회 문제를 다루는 사회과학 서적은 관심 밖이다. 교수들도 다르지 않다. 교수는 논문을 쓰기 위해서만 다른 사람의 글을 읽는다. 자신이 쓰는 논문과 직접 관련이 없으면 관심을 두지 않는다. 오직 논문을 위해 읽고 생각하고 쓴다. 논문의 내용은 중요하지 않다.

업적 평가에 반영되는 '점수'가 되기 때문에 논문을 쓰고, 점수가 되지 않는 논문은 애초에 고려하지 않는다. 글쓰기는 '정성적인' 교수가 할 짓이 아니다. 연구 분야 성과에 비해 교육 분야의 평가 비중이 작으니, 교수는 학생 교육에도 큰 관심을 두지 않는다. 학생과 맥주잔을 앞에 놓고 세상 돌아가는 이야기를 나누는 일은 '제대로 된' 교수가 할 일이 아니다.

요즘 한국의 대학은 열심히 공부하는 학생들과 열심히 논문을 써대는 교수들로 넘쳐난다. 그러나 학생은 학점과 스펙에 반영되지 않는 공부는 하지 않고, 교수는 업적 평가에 반영되지 않는 지식 활동은 하지 않는다. 젊은 지성의 힘으로 사회 변화를 이끌었던 1960년대 말 유럽과 미국, 1980년대 한국의 대학생과 같은 모습을 오늘의 대학생에게 기대하기 어렵다. 선도적 지식인으로서 사회 변혁을 이끌던 대학교수의 모습도 자취를 감췄다. 학생이든 교수든 당장의 앞가림에 허덕이며 각자도생에만 골몰한다. 한국의 대학에는 사회적 사명감이 보이지 않고, 희망도 보이지 않는다.

근대 국가와 대학의 역할

대학을 '상아탑'이라 부르기도 한다. 세속적 관심을 끊고 순수 지성과 학문에 정진하는 학자들이 모인 곳이라는 뜻이다. 이 말은 성경 《아가》에 나오는 표현이 19세기부터 대학을 가리키는 말로 쓰이기 시작한 것이다. 세속과 거리가 먼 순수 학문의 길을 가는 사람들이 모여 있는 곳이 대학이라는 말은, 다른 말로 하면 대학의 관심이 현실 사회의 관심과 다르며 당장의 현실 문제에 연연하지 말아야 한다는 뜻처럼 들리기도 한다.

실제로 중세부터 이어진 대학의 역사를 돌아보면, 대학은 주변 주민의 삶과 분리되어 있었다. 교회의 보호를 받던 대학은 자체 법정을 갖고 징집 면제·면세 등의 혜택을 누리는 자치 조직이었다. 대학교수와 대학생은 성직자와 유사한 삶을 살았고, 소수만 대학 교육을 받을 수 있었다. 법학·신학·의학의 전문교육을 받아 법조인·성직자·의사가 되었고, 문법·수사학·논리학·수학 등 기본 과정을 이수한 이들도 글을 읽고 쓰는 능력만으로 정부의 주요 직책을 맡을 수 있었다. 대학은 사회 특권층으로 구성되어 있었고, 대학 교육은 특권을 재생산하는 경로였다. 보통 사람의 삶에 관심을 두지 않아도 되는 조직이었다.

대학이 국가·사회 구성체와 불가분의 관계라는 관념은 근대국가의 형성과 함께 생겼다. 근대 이전 국가는 대개 군주국가였고 주권은 군주에게 있었다. 좋은 국가는 백성의 윤택한 삶이 아니라 군주의 강력한 권력 행사와 대외 영향력으로 판단되었다.

그러나 18세기 말 프랑스혁명 이후 형성된 근대국가에서 주권은 국민에게 있다. 국가의 목적은 국민의 복리다. 좋은 국가는 국민이 좋은 삶을 누릴 수 있는지로 판단되고, 국가 운영의 주체 역시 국민이므로 좋은 국민이 좋은 국가를 만든다. 국가는 국민과 원칙적으로 동일하며, 좋은 국가는 좋은 국민을 만들고 국민은 좋은 국가를 만든다.

좋은 국민을 양성하는 것은 국민교육이다. 근대국가는 국민 교육을 책임진다. 국민으로서 최소한의 권리를 행사할 자질을 갖추도록 하급 교육과정은 의무교육이 되고, 비용은 국가가 부담한다. 국가를 이끌 인재를 양성하는 상급 교육기관인 대학 역시 국가가 설립·지원한다.

근대 대학의 모델은 독일 베를린 대학(설립 주도자인 훔볼트의 이름을 따 오늘의 '훔볼트 대학')이다. 훔볼트는 대학의 목적을 지적·정신적 성숙을 이룬 교양인 양성으로 보았다. 그가 구상한 대학에서 학문은 개인의 성취도, 국가 기관에 복무하는 행정가 양성도 아니다. 바람직한 국가의 구성원을 길러 사회 전체의 성숙을 이끄는 것이 대학의 목표다. 이러한 학문이 국민 전체로 파급될 때 좋은 국가가 만들어진다고 전제한다.

국민이 주체인 이상적 국가를 대학이 모색하므로 국가는 대학을 보호·지원해야 한다. 베를린 대학을 모델로 한 근대 대학이 대개 국가의 보호와 지원으로 운영되는 까닭은 대학이 곧 국가의 토대라는 인식 때문이다. 운영비를 국가가 책임져야 하며, 대학 교육은 원칙적으로 무상이어야 한다.

한국의 고등교육법은 대학의 목적을 "인격을 도야하고 국가와 인류 사회의 발전에 필요한 심오한 학술 이론과 그 응용 방법을 가르치고 연구하며 국가와 인류 사회에 이바지함"으로 규정한다. 이는 대학이 바람직한 국가 구성원, 더 나아가 보편적 인간 사회의 구성원을 양성하는 곳임을 뜻한다. 국가가 대학을 지배하는 것이 아니라, 대학 구성원과 대학의 학문이 국가의 이상을 제시하고 선도해야 한다는 의미다. 그럼에도 정부가 대학 재정을 책임지지 않는 현실은 곧 책무의 방기다.

근대 대학은 19세기 초 형성되었으나 20세기 중반까지 이상적 근대국가를 만드는 데 큰 역할을 하지 못했다. 국민 다수가 대학 교육을 받지 못해 이상이 현실화하기 어려웠기 때문이다. 그러나 20세기 중반, 2차 대전 이후 베이비붐과 경제 호황으로 대학 교육 수요가 폭증하며 상황이 달라졌다.

1960년대 말 프랑스·독일·미국에서는 상류계급 출신과 다른 평민·노동계급·유색인 대학생이 상당한 규모를 이루기 시작했다. 텔레비전 보급으로 사회·문화적 문제를 공유하는 토대도 마련되었다. 유럽·미국·멕시코·일본, 동유럽까지 아우른 '68혁명'은 주로 대학생이 주도한 사회 변혁 운동이었다. 프랑스에선 대학생과 노동자의 연대로 사회적 불평등 해소의 기반이 마련되었고, 대학 제도도 민주화되었다. 소르본을 정점으로 한 서열 체제는 파리 1·2 대학 등으로 평준화되었고, 구시대적 잔재인 수업료 제도도 폐기되었다. 미국에서는 흑인 민권운동으로 발전해 제도화된 인종차별이 상당 부분 해소되었고, 베트남전 반대 운동도 대학생이 주도해 정부의 침략 행위를 규탄했다. 68 혁명은 대학생의 사회적 책임감과 노동자·흑인 등 사회적 약자에 대한 연대 의식이 결합해 평등한 사회를 요구하고 상당 부분 실현한 사건이었다. 바람직한 국가 구성원 양성이라는 근대 대학의 목적이 현실화한 역사였다.

1980년대 한국의 사회 변혁 운동 역시 서구의 68혁명과 비슷하게 대학생이 주도했다. 1960년대 한일 협정 반대, 1970년대 '유신 타파' 운동 등 흐름이 누적되어 박정희 정권을 종식했다. 졸업정원제로 대학생 수가 팽창했고, 학생들은 사회적 책임 의식을 가졌으며 대학 내부에선 자발적 학습 조건이 조성되었다. 1980년대 경제 성장으로 개인에게 취업 문제가 상대적으로 덜 심각했고, 사회적으로는 노동자 계급에 대한 자본가 계급의 비인간적 착취가 문제로 부각되었다. 이는 대학이 제 역할을 할 때 가능한 사회 변혁이었고, 바람직한 국가 건설의 모습이었다.

신자유주의 시대의 실용 대학

1960년대 경제 호황과 68혁명이 추동한 사회민주주의 흐름은 복지국가 모델의 현실 가능성을 보여주었다. 복지국가는 자본가 계급과 노동계급 타협의 산물이었다. 자본가 계급은 양보하지 않으면 사회주의 블록으로 편입될지 모른다는 두려움에 직면했고, 노동계급도 사회주의 체제가 자본주의보다 낫지 않을 수 있음을 인식했다. 상호 양보의 결과가 복지국가였다. 정부가 적극 개입해 성장과 분배를 주도했다. 1970년대까지 이런 모델은 전 세계로 확산했다. 한국에서도 전두환 정권조차 '복지국가 구현'을 홍보했다.

그러나 복지국가는 곧 자본가 계급의 반동적 반격을 받았다. 서구, 특히 미국 경제는 1970년대 중반 위기를 맞았다. 오일 쇼크로 기업 이윤이 축소되자 자본가 계급은 위기 타개를 위해 새로운 사회·경제 이데올로기, 곧 신자유주의를 제시했다.

신자유주의는 개인의 자유를 우선하며 정부 개입의 최소화를 주장한다. 사유재산 보호, 시장 원칙 존중, 자유무역 확대를 성장의 동인으로 내세운다. 미국 레이건 정부와 영국 대처 정부가 이를 정책으로 수용하며 복지 정책은 위축되고 기업 활동의 자유가 강화되었다. 개인도 기업처럼 스스로 기획·관리·개발해야 한다는 가치관이 확산했다. 정부의 보호가 바람직하지도, 실제로 제공되지도 않는 현실에서 삶의 원칙은 각자도생이 된다. 공동체의 가치는 사라지고, 자신의 능력 개발만이 살길이 된다.

이 가치가 대학으로 파급되면 대학은 공적 기능을 상실한다. 대학은 지적 성숙을 이룬 교양인 양성을 사명으로 삼지 않는다. 대학 교육은 '좋은 직장'을 위한 투자로 변질된다. 투자 논리에 따르면 더 나은 직업과 더 많은 수입을 위해 비싼 학비를 지불하는 대학이 더 좋은 대학이라는 믿음이 형성된다.

명문대의 높은 등록금에 문제 제기가 약한 이유도 교육이 '투자'라는 관념이 굳어졌기 때문이다. 교육이 자기관리 교육이 될 때 대학은 기업이 된다. 대학의 기업식 경영 원리는 최소 비용·최대 수익이다. 급여가 높은 전임교수 비율은 낮추고 비전임 교수(시간강사)는 늘린다. 시설 관리·보수·청소 등 비숙련 노동은 외부 용역으로 전환한다. 강좌당 학생수는 최대한 늘린다. 캠퍼스 곳곳은 상업 시설로 채운다. 인문학과 기초과학은 위축되고, 기업 지향 연구·교육이 이루어지는 경영학·공학은 팽창한다.

교수는 돈이 되지 않는 교육·연구에 관심을 줄이고 외부 연구비 수주 경쟁에 몰입한다. 학생이 취업을 위한 스펙 관리를 하듯 교수는 '우수 교수'가 되기 위한 업적 관리를 한다. 점수가 되지 않는 글, 강연, 외부 기고는 금기시된다. 지적 욕구 그 자체로 학문을 탐구하는 교수는 보기 어려워졌다. 학문은 실용화되었고, 그 실용성은 대부분 기업을 향한다. 민주주의의 토대인 비판적 시민을 양성하는 교육은 자취를 감춘다.

숫자가 지배하는 대학

11세기 말 시작된 대학의 역사는 천 년을 넘는다. 자본주의의 역사가 길게 잡아 500년 남짓, 민족 국가 제도가 200년 남짓인 점을 생각하면, 대학은 가톨릭교회와 더불어 가장 오래된 제도 중 하나다. 인류가 존재하는 한 지적 욕구와 지식의 전승이 필요하므로 대학 자체는 사라지지 않을 것이다.

그러나 현재 대학은 역사상 가장 심각한 위기를 맞고 있다. 과거에도 위기는 있었다. 중세 대학은 기독교 교리와 어긋나는 학문을 용납하지 않았고, 전근대 대학은 왕권의 개입 속에 일반적으로 어용 기관이었다. 실용성을 강조하는 지금의 대학과 가장 유사한 사례는 19세기 프랑스다. 나폴레옹은 강한 국가를 위해 중세적 자율성을 지닌 대학을 폐쇄하고, 장교·관리·교사·엔지니어 등 전문직 양성을 위한 그랑제콜 체제로 개편했다. 인문학 등 교양 교육은 자취를 감췄다. 이런 체제는 19세기 말 실패가 확인되며 정상적인 대학 체제가 복원되었고, 19세기 프랑스는 지성의 암흑기로 기록되었다.

과거의 위기는 극복 여지가 있었다. 특정 대학이나 국가가 위기를 겪어도 다른 곳에서는 정상적 대학이 유지되었고, 잘못된 운영의 결과를 비교로 확인할 수 있었다. 그러나 오늘의 위기는 해법이 보이지 않는다. 자본이 지배하고 자본에 복무하는 미국식 대학 모델이 미국을 넘어 영국·캐나다·일본·한국에 이식되었고, 독일·프랑스에도 파급되었다. 전 세계 대학이 '대학 자본주의'로, 기업화된 대학으로 수렴 중이다. 이를 시정하려는 노력이 없지는 않지만 역부족이다. 세계화라는 이름의 미국식 자본주의 체제의 확장은 대학에도 적용되어 미국의 기업형 대학이 세계

표준이 되고 있다. 그 모델이 가장 강하게 적용된 곳이 한국의 대학일 것이다.

대학은 본질을 잊은 채 이름만 유지한다. 심지어 그 이름조차 부끄럽다. '대학'(라틴어 universitas)은 '교수와 학생의 조합'이라는 뜻인데, 현재 대학에는 공동체도 공동체 의식도 없다. 교수는 대학 운영에서 배제되고, 운영진의 관리 대상이 되어 성과 경쟁에 매몰된다. 교수협의회가 있는 대학도 드물고, 있어도 운영에 영향력이 미약하다. 학생은 대학 예산의 대부분을 차지하는 등록금을 내지만 운영에서 철저히 배제된다. 학생회는 축제 운영 정도의 역할에 머문다. 학생 개개인은 함께 공부하는 동료가 아니라 내 성적을 위협하는 경쟁자가 된다. 교수와 학생은 공동체의 주체가 아니라, 이사장이나 교육부의 지침을 집행하는 대학 본부의 '관리 대상'이 된다.

대학 본부의 운영 목표는 학문 탐구와 지적 성숙을 이끄는 교육이 아니다. 관심은 돈을 벌고 교육을 관리하는 데 있다. 기업의 경영 결과가 재무제표라는 숫자로 나타나듯 대학의 운영 결과는 순위로 나타난다. 순위 평가에서 7위인 대학은 6위보다 '못한' 대학이 되며, 모든 노력은 순위를 올리는 데 집중된다. 평가 대상이 아닌 부문은 운영진의 관심 밖으로 밀려난다. 정부 역시 대학을 숫자로 관리하고, 그 숫자에 따라 재정 지원 여부와 규모를 결정한다. '대학정보공시'는 겉으로 정보 제공을 표방하지만, 그 항목은 그 학교가 무엇을 연구하고 어떤 교육을 하는지 말하지 않는다. 학생 수, 교수 수, 논문 편수, 예산, 유학생 수 같은 숫자만 나열한다. 숫자가 지배하고 돈이 지배하는 대학에, 대학의 본령인 학문과 교육은 없다. 대학은 이미 몰락했다.

대학의 미래

미래는 불확실하다. 그러나 역사를 돌아보고 현재를 점검하면 대강의 윤곽은 그려진다. 자본주의 이전에 시작된 대학이 자본주의 시대를 거치며 지금처럼 타락하고 몰락하고 있다면, 자본주의 체제가 끝나면 대학은 새로운 모습을 갖출 수도 있다. 생산수단의 사적 소유와 시장경제를 바탕으로 자본의 끊임없는 확대 축적을 추구해 온 자본주의는 16세기경 시작되어 이제 마지막 단계에 접어들었다. 전 지구적 상품시장 확대 속에서 자본 축적이 극대화되며 양극화가 심화했고, 축적된 자본은 지속적 투자를 요구하지만, 다수의 빈곤으로 그 투자를 이윤으로 전환하는 소비가 불가능한 지경에 이르렀다. 상품 구매자의 소득이 줄어들면 시장은 위축되기 때문이다.

21세기 초, 전 지구적 자본은 상품시장 불확실성으로 실물 투자 확대가 어렵고, 자본은 실물과 유리된 투기 자본 형태로 순환한다. 자본주의의 위기는 한국에서도 확인된다. 스마트폰 시장 위축 등의 표면적 이유 너머에는 세계 시장의 위축이 있다. 한국의 대기업들이 투자처를 찾지 못해 쌓아 둔 사내 유보금은 정부 예산에 버금가는 규모다. 이는 축소 경영, 일자리 창출 정체, 대규모 해고, 정규직의 비정규직화로 이어진다. 경제는 위축되고 가계 소득은 줄어든다. 소비 감소는 생산 감소를 부르고, 악순환이 이어진다. 자본의 끊임없는 확대 축적이 가능하지 않은 시대가 오고 있음을 보여준다.

이매뉴얼 월러스틴은 자본주의 체계를 장기 추세로 설명하며, 21세기 초에 각종 문제가 폭발하고 중엽쯤 자본주의와 다른 새로운 체계가 생성되리라 보았다. 그 사이 이행기에는 혼란이 올 것이며, 자본의 지배에 제대로 대응하지 못하면 노예제와 유사한 체제가 도래할 위험이 있다고 경고한다. 반대로 저항 세력이 올바른 선택을 하면 이전과 다른 민주적·

평등한 사회가 가능하다고도 말한다.

그러나 자본주의 종말기의 대학은 전망을 제시하지 못하고 대책도 마련하지 못하고 있다. 삶·역사·사회·개인에 대한 비판적 성찰을 이끄는 인문학과 사회과학은 '쓸모없다'며 천대받고 사라지고, 공학·경영학 같은 실용 학문은 더 확장된다. 심지어 직업훈련에 가까운 인문 콘텐츠, 소프트웨어, 로봇공학, 영상 콘텐츠 개발 등이 '학문'으로 자리 잡아 간다. 경제 활성화 전망도, 일자리 전망도 불투명한 상황에서 대학은 더욱 기업을 위한 직업훈련소가 되고 있다.

기업이 일자리를 창출할 가능성이 낮은 상태에서 기업을 위한 직업훈련을 받은 졸업생들은 역사에 대한 전망도, 삶의 가치관도 형성하지 못한 채 미몽 속에서 소진될 것이다. 자본주의 쇠퇴기에 사회 전체가 고통의 장이 될 것이며, 대학도 암흑 속에서 방향을 잃고 서서히 몰락할 것이다. 가끔 비판적 반성이 일더라도 효과 없이 몰락은 이어질 것이다. 아주 먼 훗날 인류가 새로운 시대를 열 때, 대학도 서서히 깨어나기 시작할 것이다.

자유로운 만남,
다양성이 만드는 힘

작년 로레알코리아에서 진행한 발달장애 예술인 공모전의 대상 수상작 〈자유로운 만남〉을 보고 깊은 감동을 받은 기억이 있다.

작가는 하늘을 나는 고래의 모습으로 자신의 한계를 뛰어넘고자 하는 열망을 표현했다. 우리 사회도 더 자유롭고 창의적인 시선으로 장애라는 경계를 넘어설 수 있지 않을까 생각했다.

다양성에 대한 포용은 우리 사회 지속가능한 성장의 밑거름이다. 새로운 성장 동력이 필요할 때, 혹은 위기에 직면했을 때, 다양한 관점이 공존하는 사회만이 문제 해결력과 창의성을 극대화해 돌파구를 찾아낸다. 다양성은 단순한 차이를 넘어 지속가능한 성장과 혁신을 이끄는 필수 요소다.

다양성이 문제 해결에 도움이 된다는 사실은 실험으로도 입증되었다. 2017년 하버드비즈니스리뷰에 실린 앨리슨 레이놀즈 영국 애슈리지경영대학 교수의 연구에 따르면, 다양한 지식과 관점을 지닌 팀은 그렇지 않은 팀보다 문제 해결 시간을 62%나 절감했다.

경영학자 피터 드러커 교수 역시 "올바른 의사결정은 서로 다른 관점의 충돌에서 비롯된다"고 강조했다. 다른 관점과 의견이 부딪치며 되돌아보는 과정을 거쳐야 익숙한 사고방식에 매몰되지 않는다. 이를 배제하는 기업은 결국 경쟁에서 밀려 도태된다.

'모두를 위한 아름다움'을 추구하는 로레알그룹의 모든 혁신과 성장의 뿌리에도 다양성이 자리한다. 37개 브랜드를 통해 전 세계 150개국에서 뷰티 솔루션을 선보이는 만큼, 제품 개발에서부터 소비까지 전 단계에서 다양성과 포용성이 핵심이다. 피부와 모발 유형, 성별, 나이 등 다양한 요소를 고려하며, 2만 2천 개가 넘는 피부톤 데이터를 기반으로 맞춤형 파운데이션 색상을 추천해 주는 'E-쉐이드 파인더', 손과 팔의 움직임에 제약이 있는 이들을 위한 휴대용 전동 메이크업 애플리케이터 '합타' 같은 혁신이 그 예다.

다양성과 포용성은 손에 잡히지 않는 거창한 개념이 아니다. 우리는 이미 일상에서 다양성의 가치를 경험하고 있다. 어느 집단에서든 대화를 통해 각자의 강점을 공유하고 지향점을 나누며 서로를 더 잘 이해하고 합을 맞춰 간다.

최근 사내 임원들과 강점 진단 워크숍을 진행했을 때도 그랬다. 어떤 임원은 문제 해결 능력이 강한 '회복'을, 어떤 이는 말보다는 행동으로 승부하는 '행동'을, 또 다른 이는 배우는 과정에서 재미를 느끼는 '배움'을 강점으로 지니고 있었다. 필자 역시 다양한 강점을 가진 팀과 긴밀히 협력하며 포용을 체화하고 있다.

세상만사에 정답은 없다. 내가 노력하듯, 누군가도 나를 이해하기 위해 노력하고 있다는 사실을 기억하자. 그러면 다양성과 포용성은 내 삶과 내가 속한 사회를 지지하는 든든한 기둥으로 느껴질 것이다.

기업, 학교, 가족 등 어떤 집단에서든 서로의 차이를 이해하는 경험을 통해 함께할 수 있는 방향을 찾아가는 것이 '포용'이다. 그 과정이 때로는 뼈아플 수도 있지만, 반드시 거쳐야만 서로를 더 신뢰하게 되고 함께 더 강해질 수 있다.

이견을 품는 대화의 힘

대화는 말을 통해 우리의 생각과 감정을 전한다. 그러나 모든 말이 곧 대화가 되는 것은 아니다. 단순한 정보 전달을 넘어 주고받는 대화는 서로의 마음에 다리를 놓는 과정이다. 그 다리는 공감과 이해, 그리고 존중으로 만들어지며, 그것이 제대로 놓일 때 비로소 우리는 상대와 진정한 소통을 경험할 수 있다.

좋은 대화는 경청에서 시작된다. 상대가 무엇을 말하는지, 어떤 감정을 담고 있는지에 주의를 기울이는 것이다. 이는 단순히 귀로 듣는 행위가 아니라, 상대의 세계를 잠시 들여다보는 일이다.

대화는 또한 타이밍이 중요하다. 적절한 순간에 질문을 던지고, 침묵의 공간을 남기며, 상대가 자신의 이야기를 풀어낼 기회를 주는 것. 때로는 무슨 말을 해야 할지 모를 때도 있다. 그러나 그 침묵은 불편한 것이 아니라, 함께 공유할 수 있는 여유로운 공간이 될 수 있다.

회사를 운영할 때 나는 회의의 효율을 고민하곤 했다. 회의 시간을 관리하고, 발언은 최소화하여 핵심만 논의하고 빠르게 결정하는 것. 처음에는, 이 방식이 매우 효율적이라고 생각했다. 그러나 일부 팀원들이 자신의 고민을 충분히 나누지 못하는 상황을 크게 개의치 않았다. 결국 핵심만 말해야 할 듯한 분위기 속에서 한 팀원이 퇴사를 선택했다. 효율만을 추구한 대화는 따뜻한 공감과 이해를 중시하는 이에게 소속감을 빼앗아 갔다. 경청과 여유가 부족한 대화는 단절을 낳는다.

정치권의 대화는 어떠한가. 정치인들의 대화는 더욱 복잡하고 감정적으로 얽혀 있다. 의견 차이가 큰 사안을 다룰 때 정치인들은 어떻게든 합의를 끌어내야 한다. 그러나 이는 결코 쉬운 일이 아니다. 각자의 이해관계와 신념의 차이를 존중하면서도 결론을 도출하는 일은 고도의 기술을 요한다. 빠른 요점 파악이나 의사결정 속도보다, 모두의 이해관계를 매끄럽게 조율하는 데 대화의 묘가 있다.

정치권에서는 이견을 다루기 위해 다양한 기술이 사용된다. 그중 하나는 상대 의견을 전적으로 무시하거나 반박하기보다, 그 의견의 일부를 인정하고 그 위에서 타협점을 찾는 방식이다. 예를 들어 한 정당이 경제 정책에 반대할 때, 그들이 우려하는 부분을 존중하며 대안을 제시하는 것이다. 이렇게 하면 의견 차이를 좁히고 공동의 목표로 나아갈 여지가 생긴다. 믿기 어렵겠지만, 대부분의 정치인은 이 기술을 알고 활용한다.

우리 역시 각자 나름의 대화 방식을 지니고 있다. 그러나 많은 경우 대화를 통보의 수단으로, 혹은 상대를 압도하는 무기로 사용한다는 사실을 자각하지 못할 뿐이다.

대화는 단순한 말의 주고받음이 아니다. 그것은 서로 다른 생각과 감정을 연결하고, 그 안에서 새로운 가능성을 발견하는 과정이다. 나와 다른 생각을 하는 사람일수록 말에 집중하기보다 대화에 집중해 보자. 이견을 존중하고 차이를 다루는 대화의 본질을 잘 살릴 때, 우리는 더 나은 대화를 할 수 있을 뿐 아니라 더 나은 결과도 만들어낼 수 있다.

도고 헤이하치로는
이순신을 찬양한 적이 없다

충무공 이순신이 국가에 끼친 공헌은 한국 사람 누구든 존경심을 품게 만든다. 존경과 흠모는 신화를 만든다. 신화 가운데에는 진실도 있고 과장도 있고 가짜도 있다. 불필요한 조작과 날조로 그 품격을 떨어뜨린다면 문제가 크다. 그 가짜 가운데 대표적인 주장이 '일본 장군 도고 헤이하치로가 이순신을 찬양했다'는 허구다.

전남 진도 앞바다 울돌목에는 결전을 기다리는 충무공 이순신 동상이 서 있다. 이순신은 불멸의 영웅이다. 영웅에게는 늘 신화가 따라다닌다. '일본 해군 장성 도고 헤이하치로가 이순신과 자신을 비교하지 말라고 찬양했다'는 주장도 그 가운데 하나다. 이런 주장은 서울 세종문화회관 지하에 있는 이순신 전시실에도 도고의 사진과 함께 걸려 있다. 하지만, 이 말은 1950년대 충무공기념사업회 간부들이 창작해 낸 것이다. 도고 본인의 기록을 포함해 그 어디에서도 찾아볼 수 없는 허구다. 영웅을 영웅으로 만드는 요소는 사실(事實)과 진실이다.

서울 세종문화회관 지하 2층 '충무공이야기' 전시 공간 끝부분에는 이순신에 대한 여러 사람의 평가가 적혀 있다. 그 가운데 이런 내용이 보인다.

칭찬을 받아서 고마우나 나로서 말한다면 넬슨은 군신은 아니다. 진정으로 군신의 칭호를 받을 만한 제독이 있다면 그것은 이순신일 것이다.

- 도고 헤이하치로(일본 제독)

도고 헤이하치로는 1905년 러일전쟁 때 쓰시마 해협에서 러시아 발틱 함대를 침몰시킨 일본 해군 사령관이다.

이런 찬양은 1960년대 좌익계 일본 서적에서도 보인다. "러일전쟁 당시 도고 헤이하치로 원수 축하 석상에서 어느 사람이 '이번 대승리는 역사에 남을 위대한 것입니다. 당신은 나폴레옹을 트라팔가르 해전에서 패배시킨 넬슨 제독에 필적할 군신입니다'라고 말했다. 도고가 대답했다. '실로 군신에 부합하는 제독이 있다면 이순신입니다. 이순신에 비하면 저는 하사관에도 합당치 못하는 자입니다.'"(安藤彦太郎 等,《日·朝·中三國人民連帶の歷史と理論》, 1964)

국내 신문들도 마찬가지다. "도고 헤이하치로는 '해군 역사상 군신이라고 할 수 있는 제독이 있다면 이순신 장군 단 한 사람뿐'이라고 칭송한다."(2022년 9월 19일,《전남일보》) 개인 블로그에는 비슷한 이야기들이 넘친다. 한국인에게 민족주의적 자긍심과 쾌감을 주는 에피소드가 아닐 수 없다.

그런데 이런 이야기에는 출처가 없다. 언제 어디에서 도고가 그런 말을 했는지 알 수 없다. 출처 없이 시기와 장소, 주인공을 바꿔 가며 사실처럼 유통된다. 이 발언은 도대체 출처가 어디일까.

정말 미안하게도, 그리고 놀랍게도 이 발언의 시작은 민족주의 사학자 박은식이다. 그 주장을 '사실'로 확정해 버린 주체는 1960년대까지 활동한 대한민국 '충무공기념사업회'다. 이 사업회는 1948년 신익희·안호상·이병도·정인보 등이 창립했다.

이하 내용은 전적으로 해군사관학교 교수 석영달·김준배의 논문〈일본 해군 제독 도고 헤이하치로의 넬슨-이순신 비교 발언에 대한 역사적 고찰〉(《역사문화연구》 92집, 한국외국어대학교 역사문화연구소, 2024)에 근거한다.

식민시대: 넬슨에서 도고 헤이하치로로

쓰시마 해전으로부터 1년 반이 지난 1906년 11월, 《태극학보》에는 이런 글이 실린다.

"을왈: 동서 해군 명장은 아마 영국의 넬슨과 일본의 도고 헤이하치로이지. 갑왈: 참말 해전(海戰) 선생님은 조선의 이순신이라네."(최린, 〈갑을회4〉, 《태극학보》 제4호, 1906. 11. 24.)

조선 명장 이순신을 넬슨이나 도고보다 뛰어난 사람으로 평한 민족주의적 글이다. 글을 쓴 이는 도쿄 유학생 최린이다. 만약 일본 영웅 도고가 이순신을 언급했다면 최린이 당연히 인용했을 텐데, 언급이 없다.

2년 뒤인 1908년 신채호가 쓴 역사소설 《수군제일위인 이순신전》에도 "근년에 선비들이 혹 영국 수군 제독 넬슨씨를 이충무공과 짝을 지워 가로되"라는 대목이 등장한다(신채호, 《이순신전》, 퍼플, 2011, 117-118쪽). 그러나 신채호도 이순신을 넬슨에 비유했을 뿐, 도고의 '이순신 찬양'은 언급하지 않았다.

그리고 1921년, 중국 상하이에서 도고가 이순신을 찬양했다는 주장이 출현한다. 상하이 임시정부 요인이던 민족주의 사학자 박은식이 〈이순신전〉에서 이렇게 썼다. "일본 해군대장 도고 헤이하치로는 이순신을 닮기 원하지, 넬슨은 닮기 원하지 않았다."(《백암 박은식 전집》 4, 2002, 638쪽) 이 박은식의 글이 첫 기록이다. 그러나 출처 표기가 없다.

14년 뒤인 1935년에는 "이순신이 넬슨을 뛰어넘는다"고 '일본 장군'이 말했다는 주장이 다시 나왔다. 그런데 그 장군은 도고가 아니었다.

"전 연합함대 사령장관이던 스에쓰구 대장의 연설에도 이순신을 명장이라 하더이다."(변호사 허헌,《삼천리》1935년 3월호)

"《오사카마이니치신문》을 보니 스에쓰구 대장이 이순신을 넬슨보다 더 나은 명장이라고 연설했다고 하더라."(송진우, 같은 해 7월호)

두 사람의 전언에 따르면 평가 주체는 도고가 아니라 또 다른 일본 사령관 스에쓰구 노부마사였다. 연설은 1934년 10월 15일 오사카 공회당에서 있었다. 그러나 그 연설문 녹취록에는 이순신 관련 발언이 이렇게 기록돼 있다.

"조선에서는 당시 명제독 이순신의 사적을 대단히 자랑스러워한다."(석영달 외, 앞 논문)

이게 전부다. '이순신이 넬슨보다 낫다'는 말은 없다. 그럼에도 국내 지식인들은 "신문을 보니"라는 전언 형식으로 '일본 장군이 이순신을 찬양했다'고 퍼뜨렸다. 게다가 그 '일본 장군'은 도고가 아닌 제3의 인물이었다.

해방 이후: 확정돼 버린 '도고의 찬양'

해방과 함께 이 '도고 찬양설'은 잠시 자취를 감춘다. 1954년 12월 13일 자《조선일보》외부 필자 칼럼〈충무공 356주기를 맞으며〉도 이순신을 넬슨과 비교했을 뿐, 도고의 이름은 없다.

그런데 3개월 뒤인 1955년 3월 31일 자《조선일보》에 낯익은 글이 등장한다. 이교선이 기고한〈충무공의 날 제정하자〉다.

"도고 원수 개선 축하연이 제국호텔에서 열린 석상, 수상 가쓰라 다로로부터 '도고 원수의 위훈은 조선의 이순신 장군과 영국의 넬슨 제독에 비할 만하다'는 요지의 축사가 있었다. 도고는 '나를 넬슨 제독에게 비하는 것은 사양치 않으려 하나 이순신 장군에 비하는 것은 도저히 감당할 수 없다'고 하였다."

해방 이후 신문 지면에서 확인되는 '도고 찬양설'의 사실상 출발점이다. 1921년 박은식의 문장('도고가 이순신을 닮고자 했다')과 1935년의 '스에쓰구 발언'을 절반씩 섞어 재구성한 셈이다. 같은 날 《평화신문》도 거의 같은 내용의 사설을 실었다. 필자 이교선은 다름 아닌 충무공기념사업회 이사장이었다. 이후 거의 모든 매체에서 이순신을 다룰 때 이 이야기는 다양한 버전으로 반복됐다.

한편, 1921년 도고의 보좌관 오가사와라 나가나리의 《도고 원수 상전》에는 도고가 "이순신은 반도 고금의 명장"이라고 언급한 대목이 있다. 그러나 넬슨에 대해서는 도고 본인의 영국 유학 시절 감명이 여러 차례 상세히 기록돼 있다. 도고 생전인 1930년에 간행된 《도고 헤이하치로 전집》도 "도고와 넬슨, 두 사람은 동서 해전사의 명장"이라고만 평한다. 흔히 알려진 "나를 이순신과 비교하지 말라"는 문구는 어디에도 없다.

그렇다면 박은식은 무엇을 보았을까. 1908년 사토 데쓰타로 해군 대령(훗날 중장)이 쓴 《제국 국방사론》에는 "이순신은 실로 세상을 뒤덮을 해군 장수로서, 불행히도 조선에 살았기에 명성이 서양에 전해지지 않았다. 넬슨 같은 자는 인격에서 도저히 비견할 수 없다"는 문장이 있다 (석영달 외, 앞 논문). 상하이에 있던 박은식이 이 사토의 말을 전해 듣고, 사토와 도고를 혼동했을 가능성이 크다.

바로잡지 못한 세월

진실은 이렇다. 충무공기념사업회 내부 인사들이 합작해 낸 '도고의 이순신 찬양' 신화는 이후 의심조차 없이 '사실'로 굳어졌다. 민족 영웅 이순신을 일본 영웅이 칭송했다는 서사는 비판 없이 수용되고 확산됐다. 심지어 1964년 일본의 일부 단행본도 이를 근거 없이 인용했다.

해군의 이순신 '정신적 후배'로서 이 허구를 검증한 석영달·김준배 교수는 이렇게 결론 내린다. "도고 헤이하치로가 자기는 충무공 이순신에 비할 수 없다고 했다는 이야기는 충무공기념사업회가 창작해 낸 말이었다." 학자들의 '망설임'도 작용했다. 이순신이라는 인물이 지닌 무게감에 압도되거나 그 무게감에 편승해, 진위를 가리려 하지 않았던 침묵과 방관의 세월이 오늘의 혼란을 낳았다.

이순신의 뛰어난 전략과 리더십은 사료로 충분히 입증돼 있다. 허구와 조작은 해악이다. 사실만이 위인을 만든다.

《도시와 그 불확실한 벽》을 읽고

　새삼스러운 말이지만 일본 소설가 무라카미 하루키의 문장은 흡인력이 크다. 곳곳에 심어둔 복선과 적절한 은유 덕분에 책장을 계속 넘기게 된다. 장편소설《도시와 그 불확실한 벽》을 읽으며 또 한 번 그런 생각이 들었다.

　남자 주인공, 첫사랑, 평행 세계, 도서관…. 출간 전 공개된 내용만 보면 하루키가 6년 만에 내놓은 신작은 너무 익숙한 서사였다. 기대만큼 불안도 컸다. 국내 출간 뒤 직접 읽어 보니, 현재 시점에서는 눈에 거슬리는 부분도 있었다. 하루키가 기존 작품 세계에서 더 나갔느냐고 묻는다면 자신 있게 말하기는 어렵다.

　예컨대 신작에서 남녀 주인공이 편지로 교류하는 장면은 하루키 작품에서 반복적으로 사용된 설정이다. 국내에서는《상실의 시대》라는 제목으로 더 알려진 1987년 장편소설《노르웨이의 숲》에서도 요양원에 있던 여주인공이 남자 주인공과 편지로 소통했다. 또 신작에서 여주인공이 꿈속에서 알몸이었다는 고백 장면은 꼭 필요했을까 하는 의문이 남는다. 2017년 장편소설《기사단장 죽이기》에서 남자 주인공이 연상의 유부녀와 관계를 맺는 장면처럼 말이다.

　그럼에도 책을 계속 읽게 되는 건 하루키 특유의 매끄러운 표현력 때문이다. "마치 수천 가닥의 보이지 않는 실이 너의 몸과 나의 마음을 촘촘히 엮어가는 것 같다"는 남자 주인공의 고백은 사랑에 빠진 10대의 마음을 아름답게 형상화한다. 풀피리 소리가 허공에 울려 퍼지고, 오래된 나선형 나무 계단이 있는 망루가 지키는 도시에 대한 묘사는 건조하면서도 세밀하다.

빈약한 서사는 실패라기보다 작가의 의도처럼 읽힌다. 하루키는 신작 출간 직후 일본 언론과의 인터뷰에서 "젊은 시절에는 대중적이고 액션이 있는 작품에 이끌렸다. 하지만 이제 나이가 들어 차분하게 사람의 내면을 제대로 그리고 싶었다"고 밝혔다. 그는 2020년 소설집 《일인칭 단수》에서 20여 년 동안 절연했던 아버지 이야기를 꺼내기도 했다. 이런 맥락에서 보면 신작은 그의 최근 작품 경향을 반영한 결과라 할 수 있다.

신작 번역가 홍은주 씨는 최근 필자와의 e메일 인터뷰에서 "이번 작품에서는 그동안 하루키 장편에 어김없이 등장하던 모험적 요소를 거의 찾아볼 수 없다"며 "애초에 이야기를 넓히기보다 좁혀 들어가는 방식으로 파고든 작품"이라고 평가했다. 그는 또 "최근 하루키의 시선이 내면으로 향하는 경향이 있었고, 날 선 긴장감과 화려함이 있던 자리에 조용함이 자리 잡았다"고 덧붙였다.

그동안 일본 문단에서는 하루키가 노벨 문학상을 받으려면 사회 문제를 다룬 작품을 써야 한다는 의견이 많았다. 그러나 노년의 하루키는 오히려 내면에 집중한 작품을 내놓았다. 그럼에도 10월 14일 기준 영국 유명 도박사이트 나이서오즈에서 하루키는 올해 노벨 문학상 유력 후보 1위에 올랐다. 물론 하루키가 노벨 문학상 후보로 거론된 건 이번이 처음은 아니다. 그러나 만약 그가 노벨 문학상을 받는다면, 이 신작은 그의 작품 세계를 논할 때 결코 빼놓을 수 없는 작품이 될 것이다.

또 그 계절에

바람에 너울거리며 떨어지는 은행잎은 한 마리 노랑나비다. 나풀거리는 모습이 춤을 추는 형상처럼 보이고, 창밖의 풍경은 을씨년스럽다. 그러나 노란색, 붉은색, 갈색 등 가을의 색감은 따스하게 다가온다. 시간의 흐름, 신의 힘으로도 막을 수 없는 자연의 섭리 앞에서 인간은 초조해하며 무엇엔가 쫓기듯 전전긍긍하고 있다.

가는 세월은 모든 사람에게 안타까움을 남긴다. 지나간 시간이 쌓여 역사가 되고, 우리의 이야기는 어느 분량으로 이 땅에 남게 될까. 생각해 보면 꽤 많은 이야깃거리가 차곡차곡 쌓여 있을 듯하다. 내가 살아온 이야기 또한 바닷가의 금빛 모래알처럼 무수히 쌓여 있다.

인간은 세상에 내던져진 순간부터 잘났든 못났든, 부자든 가난하든, 배웠든 못 배웠든 스스로 자기 삶을 지켜가야 한다. 그러기에 지치기도 하고 넘어져 절망할 때도 있다. 그러나 신이 부여한 귀중한 생명은 바르게 살라는 명령이기에, 우리는 열심히 일하며 바른 삶을 일구어야 한다.

지난 청년기를 회상하며 그때의 다짐처럼 하늘을 우러러 한 점 부끄러움 없는 삶을 살았는지 반추해 본다. 떠오르는 회상의 영상들은 그렇지 못함을 보여주고, 세월의 무심한 흐름은 더욱 안타깝게 다가온다. 많은 이들에게 죄스러운 짓을 한 적은 없는지, 내 주변 사람들에게 섭섭함을 주고 가슴 아프게 한 일은 없는지, 회한이 되어 가슴을 아리게 한다.

무신론 사상가 니체는 인간이 신을 죽였다며, 세상을 살려면 어느 정도 독한 마음을 가져야 한다고 했다. 험난한 세파에 부딪치며 살아가는 인간 군상에게 필요한 말 같기도 하다. 그러나 니체의 말대로 모두가 산다면 이 땅은 치열한 싸움터, 아귀다툼의 장이 되고 말 것이다.

인생이란 더불어 살아가는 것이다. 나만을 위한 삶이 아니라, 너를 생각하고 위해주며 사랑을 나누는 삶이야말로 값진 삶이다. 이것을 인간의 근본 도리라 말한다면 어떤 이들은 어떻게 받아들일까. 이렇게 쓰면서도 나는 내 삶을 돌아보게 되고, 허물이 추하게 보인다.

나는 티 없이 맑은 가을 하늘처럼 무한히 맑고 깨끗한 마음을 원한다. 열린 가슴으로 모든 것을 받아들일 수 있는 사람으로 살고 싶어 노력해 왔다. 인간관계란 믿음이 중요하다. 서로를 신뢰할 때 너와 나의 관계가 돈독해지고, 사회라는 공동체도 풍요로워진다.

힘겹고 아귀다툼 같은 삶의 현장을 살 만한 세상으로 바꾸기 위해 모두가 노력해야 한다. 그 노력은 삶의 자세를 진실하고 선하며 아름답게 가꾸어 가는 데 있다. 그렇게 산다면 진선미를 추구하는 이들이 많아질 것이다. 세월의 비바람을 함께 막아내며 즐겁고 유익한 사람으로 남는 것, 그것이 내가 바라는 삶이다. 그러려면 따뜻한 인간애가 넘치는 진정한 이웃이 우리 삶의 울타리 안에 있어야 한다.

계절 탓일까. 알 수 없는 우수가 마음속에 가득하다. 차가운 늦가을의 비가 가슴을 때린다. 내가 가야 할 길을 분간하지 못해 이리저리 헤매는 심정을 누가 알 수 있을까. 나이를 먹을 만큼 먹었건만 아직도 정신적 방황을 하는 내 모습은 한심하기 짝이 없다.

어느 날, 비바람이 몰아치고 천둥번개가 요란스럽던 날, 자연의 힘 앞에서 두려움에 떠는 나약한 인간임을 다시 깨달았다. 그러면서 삶의 자세를 다잡아야겠다고 옷깃을 여몄다. 세상이란 노도 광풍이 몰아치는 바다와 같고, 그 위에 떠 있는 일엽편주가 바로 우리의 인생이다.

바람에 날리는 낙엽을 보며 존재의 의미가 희미해진다. 생활의 무의미, 뜻 없는 하루, 의미 없이 흘려보낸 한 해는 비어 있는 달력 장수만큼 허허롭다. 이 깊어지는 가을에 나는 다시금 묻는다. 인생이란 무엇인가, 사랑이란 무엇인가. 그리고 깊은 고뇌 속에 잠겨 든다.

마리 퀴리 부인

"나에게는 미술가나 조각가의 기억력이 필요해요. 당신이 항상 내 눈에 보이고 당신의 사랑스러운 모습이 지워지지 않고 성실하게 내 곁에 있게 하기 위해서죠."

사랑하는 남편을 하늘로 떠나보낸 한 여성 과학자가 쓴 일기다. 그녀는 시간이 흐르며 남편에 대한 기억이 점점 희미해지는 것이 너무나 슬펐다. 얼굴과 느낌을 힘겹게 떠올리게 하는 시간이라는 자연현상이 야속했을 것이다. 인문학이나 사회과학을 배운 사람들이라면 기억을 불러낼 수 있는 수사를 찾았겠지만, 그녀가 꿈꾼 것은 '조각가의 기억력'이었다.

이 애절한 일기의 주인공은 바로 마리 퀴리다. 사상 처음으로 노벨상을 두 번 수상한 인물이자, 우리가 흔히 '퀴리 부인'이라 부르는 사람이다.

그녀가 우리에게 퀴리 부인으로 알려진 것은 남편이 퀴리였기 때문이다. 그녀와 함께 노벨물리학상을 공동 수상했던 피에르 퀴리. 그는 평생을 과학에 바친 단순하고 순수한 과학자였다.

마리 퀴리는 남편이 죽은 지 17년 만인 1923년, 회고록《내 사랑 피에르 퀴리》를 쓴다. 그 책에 수록된 그녀의 사부곡은 감동적이다.

나는 당신에게 이야기합니다. 언제나 온 힘을 다해 당신을 사랑했고, 내 삶에서 당신이 차지했던 자리를 결코 다른 사람에게 주지 않겠다고, 당신이 나에게 바라는 방식 그대로 살도록 힘쓰겠다고.

사랑의 위대함은 추억에 있는지도 모른다. 상대가 현존하지 않아도 그를 기억하고 지켜내는 것, 그것이 사랑일지 모른다. 마리 퀴리는 이를 실천했다.

그녀는 남편이 죽은 후, 그가 끝맺지 못한 연구에 매달려 라듐을 분리하는 데 성공한다. 이 업적으로 1911년 두 번째 노벨화학상을 수상한다. 남편의 못다 이룬 꿈을 이어 가던 시절, 그녀는 이렇게 적는다.

실험실에 하루 종일 있는 것, 이것이 내가 할 수 있는 모든 것입니다. 이 실험실만큼은 마치 당신의 삶과 당신이 이 세상에 왔다 갔다는 자취를 기억하는 환상의 장소로 여겨집니다.

바닷가도, 멋진 승용차도 아닌 약품 냄새 가득한 실험실. 그러나 그녀에게는 남편이 남긴 가장 로맨틱한 공간이었다.

마리 퀴리는 자신의 명성에 가려 남편의 업적이 묻히는 것을 누구보다 안타까워했다. 39세에 홀로 된 그녀는 위대한 과학자였던 남편의 생애를 복원하는 데 모든 것을 바쳤다. 그것이 사랑했던 이를 조각처럼 기억하는 길이었다.

휴대전화도 인터넷도 없던 시대의 사랑

시월이라 층층이 언 얼음 위에
찬 기운 서린 댓잎 자리 깔았네

차라리 그 대와 얼어 죽을지언정

새벽닭 울지 못하게 하리라.

조선 전기 학자 김수온(1410~1481)의 시다. 음력 시월, 지금의 11월쯤이
면 추울 때다. 그 추운 날, 연인과 댓잎 자리를 깔고 누웠으니 얼마나 추
웠을까. 그래도 날이 밝는 것보다는 연인과 함께 있는 순간이 더 소중했
던 모양이다. 유교가 지배하던 시대, 명망 있는 학자가 썼다고 믿기 어려
울 만큼 이 시는 애틋하고 관능적이다.

이민홍이 펴낸 《낭만연인》에는 선조들의 사랑 시 108편이 실려 있다.
그 가운데 조선 선조 때 명기 이매창의 시는 더욱 절절하다.

말은 못 했어도 너무나 그리워

하룻밤 맘고생에 귀밑머리 희었어요

소첩의 맘고생 알고 싶으시다면

헐거워진 이 가락지 좀 보시구려.

감탄이 절로 나는 시다. 차마 말은 못 했지만 얼마나 그리웠는지 표현
하고 싶었던 모양이다. 하룻밤 사이에 머리가 희었다는 과장된 투정, 가
락지가 헐거워졌다는 귀여운 표현 속에 사랑의 마음이 오롯이 담겨 있다.

조선 시대의 사랑은 지금보다 더욱 애틋했을 것이다. 휴대전화도, 인
터넷도 없던 시절이었으니 말이다. 언제 올지 모르는 이를 문 앞에서 며
칠이고 기다리는 심정이 얼마나 애달팠을까.

"조선시대 3년간 나눌 사랑을 지금은 3일 만에 탕진할 수 있다. 그 시
절을 그리워하는 것은 어쩌면 당연하다."

법에 죄목 없어도
공자에게 극형 당했을 사람들

오래전에 누군가 소정묘(少正卯)라는 옛 중국 인물에 관한 글을 보내 주었는데, 최근 다시 떠올라 읽어 보았다. 소정묘는 2500년 전 노나라 사람이었는데, 요즘 말로 하면 정치 인플루언서 같은 인물이었다. 트위터나 페이스북, 유튜브에 수십만 명의 팔로워와 구독자를 거느리고, 그가 한마디 하면 각종 매체가 받아쓰는 그런 사람이었다.

그의 문제는 두 가지였다. 하나는 주장을 그럴싸하게 꾸며 인기를 끌었으나 내용이 거짓이거나 선동적인 경우가 많았다는 것이다. 또 다른 하나는 소정묘가 공자를 만났다는 사실이다. 공자가 노나라의 검찰총장 격인 관직에 임명되자 가장 먼저 소정묘를 처형했다. 충격적인 사건이었다. 소정묘는 살인이나 도둑질과는 무관했지만, 공자는 그를 죽이는 데 그치지 않고 시체를 3일간 시내에 전시했다.

제자들이 이유를 묻자, 공자는 도둑질보다 더 나빠 죽여 마땅한 사악함으로 몇 가지를 들었다. 오늘날로 바꿔 보면, '아는 것을 나쁘게 쓰는 것', '세상을 한쪽으로만 보고 고집하는 것', '거짓을 그럴듯하게 꾸며 사실을 흐리는 것', '잘못된 일을 멋지게 포장해 보이게 하는 기술' 등이었다. 소정묘는 이 모두에 해당한다고 공자는 보았다.

현대 상식으로는 납득하기 어려운 죄목이지만, 지금도 시사하는 바가 크다. 남을 때리거나 훔치는 것보다 더 큰 해악을 끼치는 죄악이 세상에는 많다. 대통령이 선거용으로 선심 정책을 남발해 나라와 후세에 빚을 안기는 일은 형법 어디에도 규정돼 있지 않지만, 공자의 관점에서는 극형에 해당했을 것이다.

공자의 생각을 요약하면 이렇다. 배운 사람이 편견에 사로잡혀 지식과 달변으로 세상을 미혹시키는 행위, 옳지 않은 일이나 거짓말을 죄의식 없이 포장해 선전하는 행위는 살인이나 강도보다 더 큰 범죄라는 것이다. 이런 기준으로 본다면, 오늘날 한국 정치를 보면 공자가 극형을 내려야 할 인물이 열 손가락으로도 모자랄 듯하다.

고위 정치인이나 공직자이면서 수십억 코인을 숨긴 채 서민 행세를 하거나, 일부러 해진 구두와 낡은 가방을 들고 쇼처럼 지하철을 타는 사람, 부동산 투기 전쟁을 선포하면서 스스로는 투기를 하는 사람, 전셋값 동결 법안을 만들면서 정작 자기 집 전셋값은 올려놓은 사람, 거짓 발표가 드러나도 '잔기술'이라 둘러대는 사람, 가짜 뉴스를 만들어 퍼뜨리고 궤변으로 덮는 사람, 외고를 없애자고 하면서 자기 자식은 외고에 보내는 사람, 부정 편법으로 대학에 보내고도 잘못 없다고 고개 드는 사람⋯. 이런 자들은 공자를 만나지 않은 것을 다행으로 여겨야 한다.

공자가 특히 사악하게 본 것은 '안에 든 것이 무엇이든 멋지게 포장하는 기술'이었다. 무대 연출가를 요직에 앉혀 국정을 쇼로 만든 것도, 거액 뇌물 수사를 받다 자살한 전 대통령이나 성추행으로 낙마한 전 시장을 미화 일색으로 찬양하는 영화나 다큐를 제작하는 것도 공자의 눈에는 중범죄였다.

공자는 소정묘를 따르는 무리, 즉 팬덤을 우려했다. 소정묘는 박식하고 달변이어서 옳은 일을 하는 사람에게 능히 맞설 수 있는 팬덤을 몰고 다녔다. 오늘날 우리 사회에서 일상처럼 벌어지는 모습이다. 공자는 이런 소인배들과, 그들을 추종하는 무리를 사회와 나라의 위험한 적으로 보았다.

내가 처음 소정묘 이야기를 접하였을 때는 '개싸움국민운동본부'가 조국 수호 집회를 열고, 어떤 기자가 "딱 보니 100만 명"이라고 외치던 시절이었다. 그 운동은 '개딸'로 이어지고, '대장동 사건은 윤석열 게이트'라는 주장이 국민의 40%에 달하는 지지를 얻었다. 소인배들은 "우리 편이면 가짜 뉴스도 좋다"고 하며 제 돈을 내고 열광했다. 공자가 없는 시대에 소정묘들이 제 세상 만난 듯 활개 치고 있다.

복종의 욕망과 배반의 욕망은
언제나 들러붙어 있다

어린아이 앞에 놓인 한 알의 얼음을 상상해 보자. 아이는 얼음을 만지려 하고, 손에 쥔 얼음은 녹기 시작한다. 녹는점 때문이다.

물이 뚝뚝 떨어지면 얼음은 처음의 그 얼음이 아니게 된다. 아이는 실망하지만 그렇다고 해서 얼음을 놓지도 않는다.

시인 앤 카슨은 이것을 인간 욕망에 관한 은유로 본다. 욕망이 성취되는 순간 그것이 상상했던 것과 다르다는 사실을 깨닫지만, 그럼에도 욕망의 감정은 멈추지 못한다는 것이다.

사랑을 비롯한 모든 욕망이 한 알의 얼음을 쥐는 일과 같지 않은가. 카슨의 책 《에로스, 달콤쓸쓸한》은 이러한 에로스(eros)에 관한 철학적 사유로 가득하다. 1980년대 그녀의 박사학위 논문을 에세이로 개작한 작품인데, 학문적 논의를 아름다운 문장으로 풀어내는 솜씨가 놀랍다.

'달콤쓸쓸하다'라는 표현은 이미 고대 그리스 시인 사포가 사용했다.

에로스, 사지를 축 늘어지게 하는 그것이 다시 나를 어지럽히네. 달콤쓸쓸하고, 물리칠 수 없는, 슬그머니 다가오는 존재인 그것이.

사포가 진단했듯, 에로스는 단순히 사랑이나 성애의 감정만이 아니다. 에로스는 달콤하면서도 동시에 씁쓸한 정서를 형성한다. 인간은 극도로 무언가를 바라면서도 동시에 거부하고 싶은 모순된 마음을 품는다. 복종의 욕망과 배반의 욕망은 언제나 나란하다. 이것이 카슨이 말한 '달콤씁쓸함'이다.

이 정서는 독서 행위에도 적용된다. 책은 수신자를 전제 삼은 작가의 욕망이기 때문이다. 연인이 서로 사랑하는 과정과 독자가 책을 읽는 과정은 닮았다. 카슨은 이를 "작가와 독자 사이의 은밀한 공모"라고 불렀다.

> 독자로서 우리는 다른 사람이 품은 욕망의 가장자리에 서서 그 경험에 초대된다. 독자가 읽기에서 원하는 것과 연인이 사랑에서 원하는 것은 유사한 모양으로 디자인된 경험이다.

그러나 타자의 책과 언어는 우리가 의미하는 바를 정확히 말하지 못한다. 욕망하더라도 그 의미는 상상한 실제와 다르다. 이 부조화 속에서 시인과 소설가는 은유와 속임수로 독자를 끌어들인다. 사랑과 증오가 쌍둥이처럼 태어나는 이유다.

인생도 그렇다. 연인에게 다가가면 그는 상상 속 실체와 다른 경우가 많다. 그럼에도 우리는 너머의 실루엣, 환영을 좇아 한 걸음 더 다가가려 한다. 어리석으나 지극히 인간적인 오래된 초상이다.

해설: 복종의 욕망과 배반의 저항

복종의 욕망은 인간 내면에서 순응과 저항, 충동과 이성 사이가 교차하는 감정으로 설명된다. 카슨은 이를 "얼음을 쥐는 일"에 비유하며, 욕망이 실현되는 순간 실망을 겪으면서도 놓지 못하는 인간 본성을 강조한다.

- 사포와 카슨의 진단: 인간은 극도로 무언가를 갈구하면서도 동시에 거부하려는 모순된 충동을 품는다.
- 문학·철학적 해석: 복종과 배반은 자기실현 혹은 타자와의 관계 맺기 과정에서 동시에 작동한다.
- 성적 영역: 오스트리아 의사 크래프트 에빙은 마조히즘을 "특정 인간에게 무조건 복종하며 느끼는 성적 감정"이라 정의했다. 이는 단순 변태가 아니라 권력 구조를 뒤집고 약자에 대한 연민과 자유주의적 태도를 드러내기도 한다.
- 현대 사회: 유행이나 타인의 기준에 민감하게 반응하는 '기민한 복종' 역시 일상의 복종 욕망으로 볼 수 있다.

결국 복종의 욕망은 단순 굴복을 넘어 인간 내면 깊숙이 자리 잡은 근원적 심리다. 그것은 사랑·증오·고통과 얽히며 삶 전체를 관통한다.

봄, 혁명, 그리고 선거

봄은 혁명처럼 온다. 무채색의 대지에 연둣빛 싹이 돋고, 땅속에서 피를 끌어 올린 듯 진분홍 꽃들이 피어나 세상의 색을 바꾼다. 겨울의 칙칙함을 덮고 새 세상을 펼친다.

그래서일까. 봄은 실제로 혁명의 계절이다. 3·1운동, 4·19혁명, 5·18 광주 민주화운동이 모두 찬란한 봄기운 속에서 태어났다. 거슬러 올라가면 1894년 4월, 전봉준이 '무장 동학포고문'을 선포하며 민중 봉기를 호소했다. 현대사가 요동친 1980년에는 '서울의 봄'이 있었다.

혹독한 겨울날 우리 곁을 떠난 젊은 생명(1987년 1월 박종철 고문치사 사건)은 그해 봄의 숙성을 거쳐 6·29 선언을 끌어낸 민주화 운동으로 되살아났다. 이 땅의 민주화는 그렇게 봄마다 켜켜이 쌓여 이루어졌다.

'4월'이라는 영어 단어의 라틴어 어원은 '열다(aperire)'이다. 이름 그대로 혁명과 봄은 세계 곳곳에서 함께했다. 1968년 두브체크의 '프라하의 봄', 2010년 튀니지에서 시작된 '아랍의 봄'이 그랬다. 1917년 러시아 페테르부르크 노동자 봉기는 3월에 일어났고, 4월에 레닌의 '4월 테제'가 발표됐다. 프랑스혁명을 촉발한 전국신분회 역시 1789년 5월 소집됐다. 1848년엔 유럽 각국에서 봉건 체제를 무너뜨린 민주혁명이 연쇄적으로 일어났는데, 이를 두고 '국가의 봄', '인민의 봄'이라 불렀다. 봄은 혁명이 태어나는 계절이자 혁명의 은유다.

다가오는 6월 지방선거는 무질서 속의 색채 축제 같다. 정당의 상징 색이 거리를 물들이고, 색깔이 다른 인물들이 크로스오버하듯 이동한다. 강제 옷 벗김을 당한 후보들은 화려한 개인기를 뽐내고, 신생 정당은 제3의 색을 내세우며 분투한다. 혹시 이들이 무채색 정치판에 피어난 혁명의 전령사가 아닐까 조심스레 기대해 본다.

모든 혁명은 앙시앵레짐, 곧 낡은 체제에 대한 반작용이다. 한국 정치에도 앙시앵레짐은 있었다. '자기 정치 금지령'을 내린 박근혜 대통령은 정치인의 생리를 억압했다. 촛불혁명 이후 집권 세력 또한 패권주의로 스스로 또 다른 앙시앵레짐이 되었다. 양대 앙시앵레짐은 다른 것을 품지 못하는 좁은 국량으로 한국 정치의 확장성을 막았다. 민주 정당의 절차적 정당성은 사라지고 대통령을 위한 정치, 대통령이 되기 위한 정치만 남았다. 국민은 그 과정을 생중계로 지켜봤다.

그러나 변화의 조짐도 있다. '나는 왜 정치를 하는가'를 묻는 후보들이 늘고 있다. 자신의 가치와 비전을 국민과 소통하는 자유로운 정치인이 많아지는 건 반갑다. '배신' '살생부' '보복 공천' '파당' 같은 전근대적 용어가 판치는 패권주의 정치를 넘어, 개인의 정치가 모여 가치 정치로 나아가야 한다. 그것이 시대정신이다.

혁명은 시작보다 완수가 어렵다. 그 완성은 시민의 몫이다. 그래서 나는 두려운 마음으로 투표하려 한다. 봄이니까, 혁명하기 좋은 계절이니까.

어느덧 현재가 된 미래에 대하여

사람들은 기다린다. 입학 때 졸업을 기다리고, 입대 때 제대를 기다린다. 신제품 출시와 공연 개막일을 기다리고, 겨우내 야구 개막을 기다린다. 기다림의 시간이 끝나면 느릿하던 시간이 단번에 달라진다. "정말 시간 빠르네"라는 말과 함께 미래는 현재가 되고, 곧 과거로 스러진다.

　이 현상이 당연하게 느껴지는 이유는 연속성 때문이다. 아무리 빠른 세월이라도 최소한의 연속 과정을 우리는 인식한다. 그러나 만약 그 연속성이 깨진다면 어찌 될까. 과거와 현재, 미래가 단절된다면 우리는 미래를 판단할 기준을 잃게 된다.

　오늘날 '4차 산업혁명'이라는 말이 넘친다. 1차, 2차, 3차, 4차로 이어지는 연속성을 강조한다. 하지만 기술의 발전은 결코 연속적이지 않다. 우리가 혁명이라 부르는 실체는 개별 기술의 비약이 아니라, 일정 수준에 도달한 기술들이 연결되어 폭발적인 시너지를 내는 순간이다. 연속이 아니라 불연속적 도약이다.

　이 불연속이 반복되면서 미래는 성큼 다가온다. 연속적 불연속성, 익숙한 낯섦이다. 수소차와 전기차, 드론, 서비스 로봇, 3D프린터, 블록체인, 가상현실, 인공지능이 우리 앞에 이미 현실로 서 있다. 어제까지 꿈이던 것이 오늘 갑자기 일상이 된다.

　MIT의 셰리 터클은 이렇게 말했다. "기다리던 새로움은 오지 않았는데, 있어왔던 진부함은 사라졌다." 진부함이 사라지기도 전에 새로움이 덮쳐오는 시대, 더 이상 연속적 변화를 기대할 수 없다.

　나는 대학 시절, 군부 독재에 절망하며 쓴 자작시 한 구절을 떠올린다. "겨울은 갔는데 봄은 오지 않는다. 기다림의 추위로 희망이 시든다." 불연속의 깊은 골짜기에 빠져 허우적대지 않으려면, 익숙한 낯섦을 받아들이는 용기가 필요하다.

부끄러운 속살에 대한 단상

많은 작품이 문학잡지와 신문 등에 실리고 있다. 그중에는 놀라운 수준을 보여주는 경우도 있지만, 대부분은 심각한 문제를 안고 있는 것도 사실이다. 습작하는 이들에게서 가장 두드러진 문제는 자신의 창작에 대한 막연한 자신감과 독단적인 태도다.

문학을 전공한 사람들은 기본적으로 문학의 각종 이론과 원론의 충돌 과정을 배우게 된다. 이러한 과정을 통해 각 시대와 사조, 철학과 이데올로기의 변화에 따라 문학이 어떤 길을 걸어왔는지를 익힌다. 이런 맥락 속에서 과거 문학적 환경과 문학자들의 행태를 배우고, 현실에 선 시인은 철저히 자기만의 독특한 인식을 작품에 반영하게 된다. 그 인식이란 곧 자신이 처한 현실과 시스템, 그리고 세계관을 새롭게 해석해 내는 힘이다. 여러 매체를 살펴보면, 일부 습작이나 기성 시인들의 작품에는 다음과 같은 아쉬움이 눈에 띈다.

첫째, 내용의 단순성이다. 내용이 창의적이지 못하면 아무리 시를 잘 썼더라도 효과는 반감된다. 꽃을 아름답다고 한 시는 시라기보다는 서술에 가깝다. 사물을 보고 누구나 같은 감성으로 쓰는 것, 문학적 언어를 무시한 시어의 구사 등은 참신성이 없는 글이 되어 감동을 주지 못한다.

이는 내용에서 창의적 안목을 가져야 한다는 뜻이다. 자신만의 문학 세계로 발전시키지 못하면 아류가 되기 쉽다. 글이 다소 세련되지 못하더라도 내용이 감동적이라면 훌륭한 작품이 될 수 있다. 깊이를 주지 못할 경우 가장 쉽게 빠지는 것이 형식적 난해함이다.

둘째, 총체적 사유의 부재다. 깊은 사유에서 출발하지 않은 작품은 대개 말 비틀기, 즉 언어 유희적 측면에만 치우쳐 시가 가볍게 느껴진다. 언어 효과음이나 모사 이미지의 변용은 심각한 오류를 낳을 수 있다. 깊은 사유란 곧 세계관이며, 그것은 문득 찾아오는 선적(禪的) 깨달음이 아니라 방대한 독서와 깊은 천착에서 비롯된다. 사유의 틀이 없으면 왜곡된 사상(寫像)에 기대거나 일탈한 시스템에 이용당할 위험이 크다. 이는 식민지와 독재를 겪은 우리 문학계, 그리고 자본 논리에 쉽게 함몰될 수 있다는 점에서 큰 시사점을 준다.

셋째, 구체성·정확성의 결여다. 구체성이 결여될 경우 관념적인 시를 쓰게 된다. 관념은 시인의 독특한 세계관을 드러내는 요긴한 요소이지만, 적절한 시어·비유·상징이 없으면 걸림돌이 된다. 관념을 옮기다 보면 이미지 간 연결이나 시적 종결 거리를 놓치기 쉽다. 그 결과 알 수 없는 시어가 혼란스럽게 배치되고, 무질서한 시어 남발이나 무의미만 조장한다. 시인은 자신의 시를 알 수 있을지 몰라도 독자는 이해하지 못한다. 형이상학적 말만 늘어놓으면서 수준이 높다고 스스로 강요하는 꼴이 된다. 이는 모호한 표현과 부적절한 시어의 문제다. 시어 사용의 적절성과 정확성은 반드시 따져야 한다.

넷째, 자기만 감동시키는 시다. 자신의 주관적 정서에만 머무는 습작은 독자를 감동시키지 못한다. 글쓰기가 자신의 욕망을 드러내는 행위인 것은 맞지만, 대부분 습작자는 이를 단순한 감정 토로로 오해한다. 자기 감정 토로는 자신을 순화시킬 수 있을지 모르나, 독자에게는 감정을 억지로 끌고 가 결국 감성을 박탈하게 된다. 이런 글은 '보여주고 싶은 시'가 되며, 이는 결국 감각적·관능적 시로 흐르기 쉽다. 심지어 자기 콤플렉스를, 습작을 통해 폭력적으로 드러내기도 하는데, 이는 분명 글의 폭력이다. 남을 감동시키지 못하면 습작의 의미는 없다.

다섯째, 공부하지 않는 습작자다. 습작은 글의 기교만을 익히는 것이 아니다. 훌륭한 작품을 많이 읽고, 그 배경지식을 쌓아야 한다. 자신의 글이 훌륭하다고 믿는 한, 절대 훌륭한 시를 쓸 수 없다. 기본적으로 시 창작 이론, 문학사조, 문학 개론서 정도는 독파해야 한다. 인간 세계와 완전히 단절된 상태에서 쓰는 것이 아니라면 배움은 필수다. 이는 모작을 권하는 것이 아니라, 오히려 모작을 방지하기 위한 최소한의 과정이다. 일부는 "자신이 하고 싶은 말과 쓰고 싶은 글은 모두 작품"이라고 말하지만, 이는 얼토당토않은 주장이다. 그런 글은 비평조차 거부한다.

여섯째, 구조성의 결여다. 문학 작품의 구조는 건축물의 철골에 비유할 수 있다. 건축물이 철골에 의해 지탱되듯, 작품도 구조가 중요하다. 시는 시작·중간·끝의 구조를 지녀야 한다. 기승전결, 서·본·결이 단단하지 못하면 작품의 완성도는 떨어진다. 전개가 상승·하강하거나, 처음과 끝이 연결되도록 장치가 필요하다. 각 연의 내용이 서로 연관되지 않을수록 작품의 질은 떨어진다. 습작자들이 가장 자주 범하는 오류가 바로 이런 구조적 연결의 부재다.

끝으로, 습작은 '습작'이다. 습작이란 곧 수정을 전제한 작업이다. 끊임없는 수정과 보완을 거쳐 발표해야 한다. 발표는 작품을 세상에 내놓는 것이고, 곧 그 작품이 영원히 남는다는 뜻이다. 이는 독자와 평자의 평가를 영원히 피할 수 없음을 의미한다. 이미 작고한 시인의 미발표 시를 공개해 책으로 낸 경우가 있었는데, 이는 시인을 욕보인 일이기도 했다. 피치 못할 사정을 제외하고는 완성되지 않은 작품을 공개해서는 안

된다.

창작은 늘 자신의 부끄러운 속살을 드러내는 아픈 작업이어야 한다는
말은 결코 지나친 표현이 아니다.

사회생활을 위한
개인의 합리적 원천들

사회적 갈등과 불의의 궁극적 원천이 인간의 무지와 이기심에 있는 만큼, 인간의 지성과 자애심을 키워 정의를 세우려는 바람이 영원히 지속되어야 함은 자명하다. 종교적 이상주의자들은 대체로 사회 불의의 뿌리로 무지보다 이기심을 더 강조해 왔고, 따라서 더 순수한 종교는 자애심을 증대시키고 인간의 이기심을 억제해야 한다고 보았다.

이에 비해 합리주의자들은 인간의 지성을 확대함으로써 불의를 극복할 수 있다고 믿는 경향이 있었다. 그들에 따르면 사람들은 너무 무지하여 타인의 욕구를 알지 못함으로써 이기적으로 되거나, 이기주의의 희생자들이 너무 무지하여 착취로부터 스스로를 방어하지 못한다. 혹은 사회 불의가 낡은 관습적 악습의 지속에서 비롯된다고 본다. 이 악습은 비합리적 미신에 의해 지지되거나 이성에 의해 폐지될 성질의 것이다.

인간의 지성이 성장하면 자동적으로 사회 불의가 제거될 것이라는 믿음은 사실상 18세기 계몽주의에서 비롯되었다. '이성의 시대'에 사회 불의와 중세적 전통·미신이 밀접히 얽혀 있었기에, 그중 하나만 제거해도 나머지들이 사라질 것이라 결론 내리기 쉬웠다. '이성의 시대'를 열렬히 옹호했던 콩도르세는 자기 세대의 신앙을 이렇게 표현했다.

"교육의 일반화와 인쇄술의 발달로 필연적으로 이상 사회가 실현될 것이므로, 태양은 '이성 이외의 어떠한 지배도 받지 않는 자유인들의 세상'을 비추게 될 것이다. 왜냐하면 독재자와 노예, 사제와 교회의 위선적 도구들은 모두 사라지게 될 것이기 때문이다."

이러한 신앙은 오늘날까지 교육가들의 신조로 남아 있으며, 일부 철학자·심리학자·사회과학자들에게도 퍼져 있다. 그러나 현대 문명의 참담한 상황에 비추어보면 이 신앙은 지극히 일부만 타당하다. 18세기에 불의의 진정한 원천처럼 보였던 전통과 미신은 상당 부분 사라졌지만, 사회 불의는 계속 증가하고 있다. 그럼에도 소위 교양인들은 지식의 확대가 사회 문제를 해결하리라는 희망을 고수한다. 그들은 적절한 교육 기술의 개발이 끝내 '사회에 잘 적응하는 인간'을 만들어낼 것이며, 그로써 사회 문제가 해결될 수 있다는 기대를 버리지 않는다.

설사 이런 희망이 잠재력 개발을 고무하지 않더라도, 인간생활에는 언제나 미개발 상태의 잠재력이 있으므로 합리주의자와 교육가들의 낙관주의가 전적으로 무가치는 아니다. 그 낙관이 지나치게 절대화되지 않는 한, 개인생활의 문제를 다룰 때 심각한 오류로 이어지지는 않는다. 물론 교육은 많은 사회 문제를 해결할 수 있고, 사람들이 타인의 요구에 공감하여 조화롭고 평등한 관계 속에 살도록 돕는다. 인간 정신 속에 개발되지 않은 잠재력이 있다는 믿음은 개인적 관계에서 그 잠재력을 일깨우는 수단이 될 수 있다. 우리는 완전한 파멸의 지점에서도 희망하기 시작해, 희망하는 바를 실현할 때까지 그것을 포기하지 않는다.

따라서 인간 잠재력에 대한 낙관적 찬양은 스스로를 입증하는 듯 보인다. 그러나 개인의 한계는 사회 전체에 누적 효과를 주기에, 이 한계 극복을 개인이 아니라 집단의 방향에서만 모색하면 현실성을 잃는다. 개인의 도덕적 자원을 높이 평가하는 입장이 정치 이론과 실천의 기초가 될 때 그 오류는 더욱 심화된다. 그러므로 정치학과 윤리학이 만나는 삶의 영역에서 늘 발생하는 혼란을 해소하려면 사실을 주도면밀하게 다루는 태도가 필수적이다. 인간은 본성상 이기적 충동과 이타적 충동을 함께 갖고 태어난다.

개인은 에너지의 핵이다. 이 에너지는 처음부터 다른 에너지와 유기적으로 연결되어 있으나, 그럼에도 독자적 존재를 유지한다. 자연의 모든 에너지는 자기보존과 유지를 위해 힘쓰며, 동종(同種) 내에서 실현된다. 이런 점에서 인간의 에너지는 자연계와 구별되지 않는다. 다만 그 에너지를 지배하는 '이성'의 차원에서만 구별된다.

인간은 충분한 자기의식을 지닌 유일한 피조물이다. 이성으로 자기 초월 능력을 갖게 되며, 환경과 타인에 비추어 자신을 바라본다. 일정한 한계 내에서 이성을 통해 자신의 에너지를 지배·통제하기 때문에, 인간의 에너지는 타인과의 갈등 없이 조화롭게 실현될 수 있다.

이성은 인간에게서 도덕의 유일한 기초가 아니다. 인간의 사회적 충동은 이성보다 훨씬 깊은 뿌리를 지닌다. 이성은 이기심 이외에 이타심도 수용할 수 있는 인간의 능력을 확대·안정화할 수는 있지만, 그 능력을 새로 창조할 수는 없다. 자연은 인간에게 종족 보존을 위한 성욕을 부여했다. 이 욕구는 자기보존 충동에 버금간다. 이러한 성적 충동은 매우 기본적이기에 프로이트는 '리비도(libido)'로 이론화했다. 리비도를 '힘에의 의지'로 풀어낸 아들러나, 무차별적 에너지로 보고 성욕·권력의지 등이 그 파생이라고 본 융의 견해를 따르더라도, 인간이 순수한 자기주장만으로 자신을 표현하지 않는다는 사실은 분명하다. 이는 인간이 의식적 목적 아래 이기적 충동을 억제하기 전에는 더욱 그러하다.

인간은 자연적 충동에 의해 종족 보존을 넘어 타인과의 조화로운 삶을 도모한다. 어떤 본능 이론을 택하든, 인간이 하층 동물처럼 군집 충동을 지니고, 연민의 충동에 기대 공동체의 낙오자를 돕는다는 사실은 분명하다. 그럼에도 스토아주의자나 칸트주의자처럼 인간의 도덕 능력을 오직 이성에서만 도출해 충동과 대립시키는 합리주의적 도덕관은 사회적 충동의 도덕적 자질을 과소평가한다. 인간의 사회적 충동은 본능과 자연에 뿌리를 두고 있지만 선한 것이다. 스토아의 연민 혐오와 칸트의 동정 비판은 그것이 '의무감'에서 나오지 않았다는 이유에서였으나, 이는 사회적 충동을 간과한 데서 비롯한다.

이성은 삶의 전 영역을 대상화하고, 다양한 세력을 상호관계 속에서 분석하며, 전체 복지의 관점으로 그 결과를 평가한다. 이런 의미의 이성은 삶을 긍정하는 충동들을 인정한다. 실제로 모든 도덕 이론은 공리주의든 직관론이든 자애·정의·친절·이타심을 선으로 본다. 심지어 아담 스미스가 경제적 자기추구를 인정하더라도 판단 기준은 언제나 '전체의 선'이다. 공리주의자는 이타주의의 선이 사회적 유용성에서 나온다고 하여, 도덕적 가치의 원천을 이기심에서 찾는 엄격한 도덕주의자와 스스로를 구별할 것이다.

그러나 차이가 있더라도 모든 도덕론에서 이성의 본질적 기능은 자기초월을 이끄는 충동을 지지하고, 그 사회성을 넓히는 데 있다. 따라서 '증대하는 합리성이 인간의 도덕성 증대를 보장한다'는 가정은 정당하다. 우리가 타인의 욕구를 얼마나 생생히 이해하는지, 자신의 동기와 충동의 성격을 얼마나 의식하는지, 개인·사회 내 상충하는 충동을 조화시키는 능력, 공인된 목표를 위한 적절한 수단 선택 등은 모두 우리의 합리성 정도가 좌우한다. 각 경우 이성의 발전은 도덕 능력을 증대시킨다.

동료의 욕구와 바람을 파악하기 위해 모든 자원을 동원하는 지성인은 덜 지성적인 사람보다 자신의 행동을 그 욕구에 더 잘 맞춘다. 이런 사람은 참상을 눈앞에서 볼 때는 물론, 멀리 떨어진 곳의 일에도 동정한다. 중국의 기근, 유럽의 재앙, 지구 끝의 구원 요청도 그의 동정심을 자극해 대책을 모색하게 한다.

타인의 욕구를 자기 욕구만큼 생생히 받아들이고, 먼 곳의 필요에도 신속히 도움을 내미는 사람이야말로 가장 지성적이다. 그럼에도 치밀한 사회교육만으로 인간의 동정심의 영역을 크게 확장하기는 어렵다. 대중 속에서 개인의 요구가 희미해지는 거대 도시에서 사회활동가들은 일반적 조건 속에서 중요하고 생생한 표본을 골라 '욕구를 개인화'하는 상투적 방법으로 간접관계 속에 사라질 동정심을 그나마 유지한다.

가장 현명한 사회교육조차도, 더 친밀한 공동체가 자연스럽게 키워온 자애만큼 관대한 자애를 길러내지 못했다는 사실은, 윤리적 태도가 사회전문가들이 생각하는 것보다 훨씬 더 인격적·친밀·유기적 접촉에 의존함을 보여준다. 한 문명의 도덕적 혼란은 바로 여기에 뿌리를 둔다. 서구 문명에서 삶과 삶은 유기성을 잃고 기계적 관계로 떨어졌고, 상호 책임은 늘었으나 인격적 접촉은 사라졌다.

타인의 이해관계를 잘 헤아리거나 심지어 자신의 이해관계보다 더 중하게 여길 능력은 동정심만에 달려 있지 않다. 사회관계의 조화는 자애에 의존하는 만큼, 혹은 그 이상으로 '정의감'에 의존한다. 정의감은 감성의 산물이 아니라 지성의 산물이다.

즉, 정의감은 일관성을 최고의 덕목으로 삼는 이성이 낳은 결과다. 칸트의 격률 "네 의지의 준칙이 항상 보편적 입법에 타당하도록 행위하라"는 이성의 일관성 요구를 행위 문제에 적용한 것에 다름 아니다. 진리가 기존 체계와의 조화로 판단되듯, 한 행위의 도덕성도 수미일관한 보편 체계에 타당한지로 판단된다. 행위의 관점에서 보면, 한 충동의 만족은 전체적 조화와 내적 일관성과의 관계 속에 있을 때에만 선이라 불린다. 비이성은 자기 안에서의 충동 만족은 인정하면서 동일한 충동의 타자 만족은 인정하지 않는다. 반대로 이성인은 사회의 전체적 필요에 비추어 판단한다. 이성은 이기적 충동을 억제하는 동시에 타자의 정당한 충동에는 만족을 허용하는 경향을 지닌다.

핵심은 이성이 '자기에게 요구된 것'과 '타자에게 주어진 것' 사이의 조화를 이룰 능력을 충분히 갖고 있는가 하는 점이다. 이성의 최우선 과제는 자아 내부의 다양한 충동을 조화시켜 자연이 인간에게 남긴 혼란에 질서를 부여하는 일이다. 동물의 본능은 예정된 조화 속에 있으나, 인간의 본능은 충분히 제자리를 찾지 못했다. 자연적 충동은 크게 확장되어 한 충동의 만족이 다른 충동의 만족과 상충되기 쉽다. 산타야나는 "본래 모든 정신은 종합적이며… 전체는 무의식적으로나마 모든 부분이 협력하는 방향의 통일을 원한다"고 했다. 개인 내부의 질서를 세우는 일이, 자기 삶과 타인의 삶 사이의 종합을 이루는 일보다 당연히 쉽다.

이성의 힘은 대부분 이 최우선 과제에 소진되어 제2의 과제에 쉽게 나아가지 못한다. 그럼에도 이성인은 타인의 요구를 인정하고, 인간적 충동 전체를 위한 현실적 조화의 필요를 수긍해야 한다. 궁극적으로 이성은 개인의 내면 질서뿐 아니라 사회적 질서에도 기여할 수 있다.

이성이 정의에 기여하는 길은 둘이다. 첫째, 사회적 조화를 위해 개인 욕망에 내적 제한을 가한다. 둘째, 공동체의 지성적 전망에서 개인의 요구와 주장을 심판한다. 비합리적 사회가 불의를 용인하는 까닭은 권력층과 특권층이 만든 가식과 겉치레를 분석하지 않기 때문이다. 불의로 가장 고통받는 계층조차 그 불의의 책임을 져야 할 권력층을 존경한다. 합리성이 증대되면 불의를 무비판적으로 받아들이지 않을 것이다. 합리성은 권력층으로 하여금 가식과 겉치레의 공허함을 자각케 하여 자만을 꺾고, 자기기만의 범위만큼 이익과 특권을 정당화하지 못하게 만든다. 더 나아가 특권과 비특권의 격차 관계를 폭로함으로써 특권층의 사회적 위신을 무너뜨린다.

또한 이성은 불의로 고통받는 사람들로 하여금 사회 내 권리를 더 뚜렷이 자각하게 하고, 그 권리를 더 강력히 주장하도록 설득한다. 그 결과 발생하는 사회적 갈등은 '합리적 정의'라기보다 '정치적 정의'에 기여하지만, 덜 친밀한 인간관계에서의 모든 정의는 합리적이면서 동시에 정치적이다. 다시 말해, 갈등하는 권리의 합리적 이해·조정과 힘 대 힘의 주장이 함께 작동해 확립된다. 이러한 정의는 오직 '개인'의 관점에서만 도덕을 규정한다면 도덕적으로 창조된 사회가치의 범주로 보기 어렵다. 그러나 사회의 관점에서는 도덕적 성취다. 전체 사회와 각 집단이 습관과 전통이 아니라 합리적 정의의 '이상'으로 사회관계를 심판한다는 뜻이기 때문이다.

각 집단의 부분적 입장에서는 충돌 없이 사회 조화를 이루기 어렵다. 그러나 합리적 정의의 이상은 갈등의 시작과 해결 모두에 작용한다. 이성의 계발과 정신의 성장은 점차 공정하고 정의로운 관계 형성에 크게 기여한다. 사회 모든 충동을 포괄적 이상과 연결해 통제하고, 사회상황의 모든 요인을 분석하는 통찰을 키워 주기 때문이다. 심리학은 모든 인간행위의 복잡한 동기망을 밝히고, 사회과학은 그 결과를 사회생활의 넓은 영역까지 추적한다. 세분화되어 있으나, 인간행위 관련 사실을 알고자 하는 지성의 전형적 노력이다.

심리학자가 사람들이 진정한 동기를 분석하도록 돕고, 불가피한 가식과 은폐된 욕망을 분리해 보이게 한다면 사회의 도덕 순수성은 증대될 것이다. 사회과학자가 전통·관습의 사회정책이 옹호자들이 조작·가장해 온 결과를 낳지 못함을 지적할 수 있다면, 정직한 사회적 의도는 목적을 달성할 더 적절한 수단을 찾을 것이고, 정직하지 못한 가식은 드러날 것이다.

예컨대 자유방임(laissez-faire) 경제이론이 산업시대에 유지된 까닭은,

전체 복지가 경제활동에 가능한 최소한의 정치적 제약만 가해야 개선된다는 무지한 신념을 맹목적으로 받아들였기 때문이다. 지난 100년의 역사는 이 이론의 반박사다. 그럼에도 특히 미국처럼 정치적으로 무능한 나라에서는 이 이론이 여전히 명맥을 유지하거나 겨우 연명하고 있다. 이런 가식적 이론이 지탱되는 이유는, 현대의 무정부적 산업체제의 수익자들이 자유방임 이론의 위신 하락을 파렴치하게 다루는 동안, 그 적용이 낳은 불의에 시달리는 사람들이 자신의 비참이 사회적 무정부와 정치적 무책임 때문임을 알지 못하기 때문이다. 물론 권력자들은 자신들의 철학적 갑옷을 잃어도 쉽게 항복하지 않는다. 갑옷 없이도 싸움은 계속된다. 다만 그들의 세력은 약해지고 반대편의 힘은 커진다.

경제권력이 독립을 원할 때는 자유방임의 사회철학을 동원해 경제적 자유에 대한 정치적 제약을 물리친다. 반대로 노예계층의 반란과 불만을 무마하려고 국가의 경찰력을 쓸 때는 '평화가 자유보다 귀중하다'며 강제력 사용과 그에 따른 자유 억압을 정당화한다. 사회적 사실에 대한 합리적 분석은 이러한 가식을 벗겨낸다. 또한 원인 제거의 노력 없이 너무 쉽게 경찰력을 쓰는 현실과, 그로써 불의와 불만을 영속화시키는 경향도 드러낸다.

궁극적으로 사회적 지성은 사회적으로 공인된 목적에 대한 수많은 졸속한 방법—정직하든 부정직하든—을 걷어내고, 더 높은 수준의 사회 도덕성 획득에 기여할 것이다. 다만 심리학자와 사회과학자가 지성 계발의 가능성을 지나치게 과대평가한다면, 이는 이성의 힘을 과신해 그 한계를 인정하지 않으려는 합리주의의 소박성으로 비칠 것이다. 사람들은 기만이 폭로되었다고 해서, 혹은 스스로 그 기만을 의식했다고 해서 곧장 부정직을 그치지 않는다. 사회 내 불평등한 권력이 존재하는 한 사람들은 그것을 유지하려 한다. 자신에게 편리한 수단을 쓰고, 그것을 정당화할 가장 그럴듯한 이론을 동원할 것이다. 그럼에도 지성과 이성의 계발을 통해 사회정의가 증진될 가능성은 남아 있다. 이성·지성은 자연이 자극하는 직접 대상 너머로 사회적 충동을 확장하고, 인간행위의 모든 동기와 결과를 밝혀 정직한 과오와 부정직한 가식을 줄인다.

사회정의의 발전에는 일정 수준의 이성 계발이 필요하다. 그러나 이성의 한계 때문에, 특히 복잡한 집단 관계에서는 순수한 도덕행위가 불가능한 목표가 되기 쉽다. 인간은 결코 완전히 이성적일 수 없다. 개인에서 집단으로 갈수록 이성이 충동에 대해 차지하는 비중은 더 부정적으로 변한다. 공동의 지성과 목적은 늘 불완전·일시적이며, 집단은 공동의 충동에 의지해 맹목적이 되기 쉽다. 이성이 자연적 충동의 목표보다 더 포괄적·수용 가능한 목표를 내세울수록, 그 목표를 향한 적절한 동력(動力)을 어떻게 확보할 것인가가 문제로 떠오른다. 존 듀이류의 사회철학은 그 동력을 '생 자체의 총체적 충동성'에서 찾는다. 생명은 에너지이고, 역동성은 전진을 약속한다. 이성이 흐름을 위한 곧고 넓은 통로를 열면 생명은 그 길로 흐른다. 이성이 없다면 생명은 이성 이전의 좁고 고달픈 웅덩이를 헤맨다.

그러나 이런 이론은 인간행위의 복잡성을 설명하지 못하고, 이성이 규정한 목적과 충동의 총체가 규정한 목적 사이의 불가피한 갈등도 제대로 보지 못한다. 충동의 총체는 합리적으로 결합될 수 있지만, 이성이 제시하는 최상의 목표보다 훨씬 직접적 목표에 기울기 때문이다. 사람들은 소유욕이나 권력의지 같은 중심을 둘러싼 '합리적 결합'은 이루지만, 그 권력의지를 초월하거나 상충하는 사회적 목표 달성의 의무감은 약하다.

스펜서와 베스터마르크 같은 사회학적 자연주의자에 따르면, 더 포괄적인 이성 목적을 지지하는 양심의 소리는 사실상 집단에 대한 공포에서 비롯되며, 도덕적 의무감은 사회가 개인에게 가하는 내·외적 압력의 표현일 뿐이다. 그러나 이런 설명은 개인이 자기 집단에 도전하는 인간 행위를 설명하지 못한다. 종종 이는 '다른 공동체'에 대한 충성에서 비롯된다고 해석되지만, 그 공동체가 개인의 도덕적 상상 속에서만 존재한다면—이를테면 '인류 공동체'—이는 사회적 양심을 넘어선 '개인적 양심'의 존재를 보여주는 셈이다. 대부분의 도덕 판단은 집단 의견에 좌우되고, 사람들은 독자적 도덕판단을 내릴 지성적 통찰을 결여한 탓에 소속 사회의 도덕 의견을 수용한다. 그렇다 해도 흔히 '양심'이라 부르는 도덕생활의 독특한 현상을 이 사실만으로 설명할 수는 없다.

　여기서 도덕적 의무감의 본성을 충분히 검토할 수는 없으나, 사람들이 여러 도덕 자원 가운데서도 '선에 대한 의무감'을 갖는다는 점을 지적할 필요가 있다. 이 도덕감은 도덕판단의 내용을 부여하지 않는다. 어떤 선악 판단을 하든 그 판단에 따라 행위하도록 요구하는 '행위의 원리'다. 이는 삶의 역동성과도, 집단의 비난을 두려워하는 심리와도 다르다. 직접 충동과 이성의 포괄적 목적이 상충할 여지를 마련함으로써 자신을 드러낸다. 칸트가 말했듯 '도덕법칙에 대한 경외'가 그 본질이라면, 이성은 법칙을 제시할 수는 있어도 경외를 스스로 불러일으키지는 못한다. 브로드가 의무감의 역동성을 설명하려 '올바르게 행하려는 욕망'이라는 특이 욕망으로 본 것도 설득력이 있다.

　우리의 목적상 중요한 사실은: 사람들은 여러 도덕 자원 가운데—그 정의가 어떠하든—'선에 대한 의무감'을 갖고 있다는 점이다. 이는 때로 합리적 관점에서 보면 잘못된 도덕판단에도 정당성을 부여하지만, 일반적으로는 충동에 맞서 이성을 지지한다. 역사적으로 이는 인간 본성의 합리적·충동적 요소 모두에 관계한다. 순수하지는 않으나 개념적 지식 능력만큼 인간에게 독특하다. 그러므로 의무감은 훈련으로 강화·확장될 수 있고, 사용하지 않으면 약해진다.

길버트 머레이는 《그리스 서사시의 탄생(The Rise of Greek Epic)》에서 양심의 위력을 보여준다.

낡은 법규를 파기하고 아무도 두려워하지 않는 난폭한 추장을 떠올리면, 그는 무엇이든 할 수 있을 만큼 자유로운 자로 보인다. 그런데 그의 무법 속에서도 그를 불안하게 하는 행위가 나타난다. 그가 그런 행위를 했다면 스스로 규탄하고, 하지 않았다면 억제한다. 누가 강제해서도, 특별한 결과 때문도 아니다. 그는 '경외(aidos)'를 느끼기 때문이다. 호메로스의 아킬레우스가 에에티온을 죽였으되 갑옷을 빼앗지 않고 장례를 치른 대목이 그렇다. 그는 잃는 것도 얻는 것도 없었다. 그렇게 하는 것이 당연하다고 말할 사람도 없었다. 다만 그는 그 자리에서 경외를 느꼈다.

냉소가는 양심이 '적의 전멸'은 막지 못하고 시신 모욕만 막았다고 말할지 모른다. 맞다. 양심은 도덕 자원이지만, 도덕가들이 기대하는 것만큼 강하지 않다. 양심은 개인 욕망 전체에 맞설 때보다 한 충동을 다른 충동에 맞서 지지할 때 더 큰 힘을 낸다. 또한 자연이 규정한 목표를 넘어 충동을 이끌기보다는, 가정생활 같은 사회적 가치의 충동을 공고히 할 때 더 효과적이다.

레스리 스티븐스의 말처럼, 회개에서 비도덕적 요소를 제거하고 보면 양심은 법률만큼 강하지 않다. 직접적 해악이나 이웃의 혐오·멸시가 지속적으로 독을 주입하지 않는 한, 대부분은 그 독침을 억제하는 일이 더 쉽다. 이는 양심의 강화가 바람직하지 않다거나 영향력이 작다는 뜻이 아니다. 다만 의무감은 희미하고 불투명하나 사회질서를 무너지지 않게 하기에는 충분하다. 이성의 발달이 양심의 '작용 기회'를 넓히는 것은 사실이지만, 양심 자체의 힘을 강화하는지는 의문이다. 오히려 이 점에서는 종교가 더 유력할 수 있다(종교와 양심의 관계는 뒤에서 다룰 문제다).

개인의 합리적 자질과 독특한 도덕적 자질을 함께 늘릴 가능성은 현실적이어서, 연구자들이 이 방법에 희망을 거는 것은 놀랍지 않다. 그러나 그들은 종종 도덕의 한계를 잊는다. 이성을 늘릴 수 있는 가능성은 다수의 개인이 자신이 속한 전체 사회 상황을 충분히 이해할 만큼 이성을 늘릴 수 있음을 보장하지 않는다. 충동을 억제하는 이성의 능력도, 충동들의 갈등—특히 집단의 충동 갈등—을 막을 만큼 충분치 않을 수 있다. 도덕에서 이성의 한계를 분석하려면, 이기적 충동의 힘이 가장 신랄한 심리분석가나 가장 엄밀한 심리학자가 생각하는 것보다 훨씬 강하다는 사실을 인정하는 데서 시작해야 한다. 저급하거나 노골적 차원의 이기 충동이 꺾이면 곧 더 은밀하고 정교한 형태로 돌아온다. 그것이 사회적 충동에 의해 꺾이면 사회적 충동으로 흡수되어, 공동체에 대한 헌신은 이타의 표현이자 변형된 이기주의의 표현이 된다. 이성은 사회적 충동 전체와의 조화라는 명목으로 이기심을 억제하지만, 동시에 그 이기심을 '정당한 요소'로 인정하게 만든다. 사회는 생생한 능력의 조화를 도모하기 때문이다. 이기적 요구에 대한 정당화가 너무 성급히 이뤄지지 않도록 막고, 이성이 확립한 견제력이 파괴되지 않게 하는 일은 대단히 어렵다. 도덕의 합리주의는 어떤 때엔 '개별 이기심은 사회에 위험'하다고, 또 어떤 때엔 '개별 이기심은 사회 조화에 필수'라고 말한다. 이기충동은 강력하고 집요해, 앞선 정당화를 즉각 이용하려 든다.

19세기 공리주의 운동은 이기충동을 가능한 가장 포괄적 사회 목적을 향하게 함으로써 이기와 사회충동의 조화를 도모하려 했다. 그러나 이는 신흥 중산층이 이해관계를 추구할 도덕적 정당화를 제공하는 효과도 냈다. 이성은 이기주의를 성급히 정당화할 뿐 아니라, 비이성적 자연에서 가질 수 없던 '힘'을 스스로에게 부여한다. 인간의 자기의식은 이성의 산물이다. 인간은 자신을 타인과 환경에 관련지어 바라봄으로써 자기를 의식한다. 자기의식은 생명 보존·연장 충동을 강화한다. 동물의 자기보존은 자연이 제공한 필요를 넘지 않지만, 인간의 자기보존은 '세력 강화'로 쉽게 전환된다. 자기의식에는 '유한성'을 깨닫는 데서 오는 병적 특질이 있다. '유한한 자아'를 '무한' 속 점으로 인식하는 것이다. 모든 자기의식에는 이 유한성에 대항하려는 표지가 있다. 종교적 차원에선 무한 속으로 흡수되려는 욕구로, 세속에선 보편화된 의미를 부여하려는 노력으로 나타난다. 따라서 제국주의의 근원은 모든 자기의식에 있다. 일단 자기 초월의 의미를 획득하면, 인간은 생명을 위해 싸우던 열정과 정당성으로 사회적 명예와 지위를 위해 싸운다.

방어 수단이 공격 수단으로 바뀌기 쉬운 것은 자연의 법칙이다. 삶의 의지와 힘의 의지는 명확히 구분하기 어렵다. 감정에서도 방어와 공격은 혼합되어 공포가 용기로 바뀌고, 승리를 지키려 새 공포가 생긴다. 프랑스가 유럽의 패권을 두고 '안전보장'을 주기적으로 말하는 까닭도 여기에 있다. 멸망에 대한 공포와 권력 사랑이 뒤섞인 인간정신의 표본이다. 개인이든 집단이든 권력을 얻는 순간 위험한 명예의 위치에 놓이며, 계속 권력을 강화해야만 안전을 유지한다. 그래서 자연이 제공한 무해하고 정당한 전략이 인간정신에서는 제국주의적 목적과 책략으로 전환된다. 두 가지는 분리하기 어려울 만큼 얽혀, 자연의 전략은 늘 제국주의의 정당화 수단이 된다. 오늘날 백인종의 제국주의적 지상권은 기술·통치·경제력보다, '파우스트적' 영혼의 자기의식에 더 의존한다는 분석도 있다.

왈도 프랭크는 페루 문명에 대한 에스파냐의 승리를 '개인의 영혼에 대한 찬양'에서 설명한다. 에스파냐인은 개인 인격을 믿었고, 모든 경험을 '의지'와 결부했다. 반면 페루의 '아일루(ayllu)'는 자연의 표면에 의해 한정된 의지였고, 인격의 차원이 빈약했다. 이는 넓게는 인간과 자연의 관계에도 적용된다. 인간을 자연 너머로 이끄는 바로 그 힘이 자연적 충동에 새로운, 가공할 능력을 부여한다. 인간의 잔혹은 순간적 기분에 좌우되는 자연의 잔혹보다 지속적이다. 동물의 잔혹은 배고픔이 해소되면 끝나지만, 인간의 탐욕은 상상력으로 더욱 커지고, 보편 목적을 달성하기 전엔 만족을 모른다. 유한성에 대한 저항은 제국주의적 희망의 보편성을 낳는다.

정신이 온전할 때 인간은 자신의 생명을 전체의 유기적 일부로 본다. 그러나 인간이 제정신을 차리는 일은 드물다. 인간은 이성보다 상상력의 지배를 받으며, 상상력은 정신과 충동의 결합물이다. 합리적 세력은 충동에 맞서 싸우려 하나, 그 힘은 빈약하다. 관찰자의 공정함도, 행위를 좌우할 초월적 지점도 장악하지 못한다. 오히려 권력의지는 이성을 '신하'처럼 부린다. 가장 합리적인 사람도 이해관계가 얽히면 더 이상 합리적이지 않다. 엘베티우스의 말처럼, 미덕과 악덕은 결국 '개인적 이해관계'의 변형이며, 우리는 이해관계에 굴복해 불의의 편에 서는 판단을 내리기 쉽다.

이처럼 개인 이해관계는 가장 이상적 계획과 보편 목적에도 파고들기에, 위선은 모든 덕스러운 노력의 불가피한 부산물이다. 이는 인간 도덕성에 대한 칭찬이자 한계의 증거이기도 하다. 우리는 특정 목적에 보편 가치를 부여하지 않고는 최선을 다해 그것을 추구하지 못한다. 그러나 이기심을 완전히 숨기지도, 더 고상한 목적에서 제거하지도 못한다.

심지어 부정직·애매한 동기를 제거하려는 의식적 노력도 위선을 완전히 막지 못한다. 사람들은 일반의 이익을 자기 이익만큼 생생히 느낄 수준의 높은 합리성에 도달하기 어렵다. 벤담은 한때 '현명한 이기심이 이타성과 조화됨을 깨달으면 직접 욕망에서 벗어날 수 있다'고 믿었으나, 후일 '자기편애(self-preference)의 원리'를 깨닫고 실망했다. 인간은 본성상 '모든 타인의 총합 행복'보다 '자신의 행복'을 더 좋아한다는 것이다. 다소 비관적이지만, 초기 공리주의의 낙관보다 진실에 가깝다.

개인이 명분과 공동체를 위해 자신을 헌신할 때조차 권력의지는 남는다. 가족 안에서도 마찬가지다. 가족에 대한 헌신이 가족에 대한 독재적 관계 가능성을 배제하지 않는다. 남편·아버지의 독재는 오랜 시간에 걸쳐 상호성의 원리에 종속되었다. 여성은 현대 사회에서 경제권과 자립권, 나아가 정치권을 확보함으로써 남성 지배의 잔재를 극복했다. 참정권 이전의 오랜 선전에서 남성들은 여성 권리 확대에 반대하며, 기존 특권층이 늘 써온 논법—'능력이 없다'—을 되풀이했다. 사용해야 발달하는 능력을 쓰게 하지 않으면서 능력이 없다고 비난했던 것이다.

설사 가족 내부에 상호성이 확립되어도 가족은 여전히 '자기 확장'의 수단이 될 수 있다. 가장은 가족이 가능한 모든 좋은 것을 갖기를 바라는데, 이는 직접 관계가 낳는 자연스러운 동정에서 비롯되면서도 자신의 자아 투사이기도 하다. 가정은 종종 가장의 성공을 정당화하는 수단이 된다. 금욕주의나 집단주의가 가족 헌신을 각각 신에 대한 충성의 파생으로, 공동체 충성을 위협하는 것으로 본 데에는 일말의 진실이 있다. 모든 직접 충성은 더 포괄적 목적에 대한 잠재적 위험이자, 승화된 이기주의의 기회다. 공동체·계급·인종·민족 같은 큰 집단은 자기부정과 자기확대의 이중 기회를 제공하며, 둘은 함께 진행된다.

애국심은 저급한 충성이나 '자연적' 충성보다 높은 이타성으로 보일지 모르나, 절대적 관점에서는 이기주의의 다른 형식일 뿐이다. 집단이 클수록 전체 인간 집단에 대해 더 이기적으로 자신을 표현한다. 집단이 클수록 공동 지성·목표의 달성이 어려워지고, 순간 충동·직접적 목적과 결탁한다. 전쟁 위험과 열정이 집단을 하나로 묶는 경우가 아니면, 집단이 클수록 집단적 자기의식의 달성은 더욱 어렵다. 갈등이 집단 유대의 전제 조건처럼 보이는 현실은 오히려 사회의 병적인 측면이다. 게다가 공동체의 힘이 클수록 개인의 시각에서 보편가치를 더 대표하는 듯 보인다. 국가를 '궁극 공동체'로 본 트라이치케의 논리에는 일정한 설득력이 있으나, 그는 그 도덕적 난점을 과대평가했다.

인간은 집단적 이기주의를 제어할 국제 공동체를 만들려 노력하겠지만, 실제 그만한 능력이 있는지는 의문이다. 우리는 국가 내부의 반사회적 집단 이기주의를 제어하는 데조차 충분히 성공하지 못했다. 동정의 확대는 투쟁을 없애기보다 더 큰 범위의 투쟁을 낳았다. 문명은 개인의 악덕을 더 큰 공동체로 이전하는 장치가 되었다. 이 장치는 사람들에게 자신들이 도덕적이라는 환상을 주었지만, 오래 지속되지는 않았다. 기술문명은 상호의존적 국제 공동체를 만들었으나, 그에 걸맞은 국제적 지성과 양심 형성은 미진하다. 현대인은 자신의 조직을 넘어선 집단—인류—까지 윤리적 태도를 확대하는 데 선대보다 나아졌다고 보기 어렵다. 현대의 집단은 과거보다 훨씬 크지만, 그로 인한 도덕적 성과는 이질성의 확대와 상호성의 축소로 부분 상쇄된다. 현대 국가는 여러 계급으로 나뉘고, 강력한 계급은 타국을 희생시켜 이익을 추구한다. 지배계급은 국민의 희생으로 얻은 특권을 공고히 하려 한다. 현대 사회는 계급 갈등과 국제 분쟁에 동시에 휘말린다. 계급적 특권은 국제적 혼란을 겪지 않고서는 쉽게 폐기되거나 축소되지 않기 때문이다. 인류의 지성은 발전하고 있으나, 기술 진보가 야기한 사회 문제를 풀 만큼 충분히 빠르지는 않아 보인다.

사회적인 윤리 책임,
개인적인 도덕 책임

친구 두 명을 구하고 숨진 '우정'

친구들과 피서를 왔던 한 10대가 강물에 빠진 고교생 친구 두 명을 구한 뒤 목숨을 잃어 주위를 안타깝게 한다. 충북 영동소방서에 따르면 조 모(19, 대전 대덕구 대화동) 군은 이달 초 오전, 친구 가족 등 일행 10여 명과 함께 충북 옥천군 동이면 금강 4교 강변에서 피서를 즐기다가 오후 3시께 물놀이 중이던 친구 김 모(18, 대전 모 고교 2학년) 군 등 두 명이 갑자기 물속에서 허우적대는 것을 발견한다.

조 군은 곧장 주변에 있던 튜브를 집어 던져 친구들에게 내밀었으나 한 명만이 가까스로 튜브에 매달린다. 그러자 나머지 친구 한 명을 구하기 위해 조 군은 주저 없이 물속으로 뛰어든다. 수심 2m가 넘는 강물 속에서 점점 가라앉던 친구를 붙잡아 강변 쪽으로 밀어냈지만, 정작 자신은 힘이 빠져 그대로 물속으로 가라앉고 만다.

사고 당시 주변에는 피서객이 많았지만, 조 군이 물속으로 사라지고 나서야 여러 명이 달려들어 의식을 잃은 조 군을 끌어낸다. 그러나 조 군은 안타깝게도 병원으로 후송되던 중 끝내 숨지고 만다.

영동소방서 관계자는 "조 군이 물에 빠졌을 때 주변 사람들이 보고만 있어 구조가 늦어진 것 같다"며, "친구들을 구하고 목숨을 잃은 조 군을 보니 마음이 무척 아프다"라고 전한다. 조 군이 구한 두 명의 친구는 인근 병원에서 치료를 받고 현재 양호한 상태라고 한다.

조 군의 행위는 사람이라면 마땅히 해야 하는 일인가? 아래 내용을 참고하여 조 군의 행위를 평가해 보자.

프로이트(Sigmund Freud)의 관점

프로이트의 윤리관은 '이익의 도덕'과 깊은 관련이 있다. 그는 도덕을 '쾌락의 원리'와 '현실 원리'의 타협 결과라고 본다. 이타주의는 사실 이기주의에서 나온 것이며, 무의식적인 과정을 거쳐 나타난다.

어린아이는 부모의 사랑을 잃지 않기 위해 금지 사항을 받아들이고 그것을 내면화한다. 이 과정에서 '초자아(super-ego)'가 형성된다. 다시 말해 사랑을 얻기 위해 만족을 포기하는 것이다. 따라서 도덕은 본래 인위적이며, 부모의 요구가 무엇이든 '사랑의 위협'이 그것을 가치 있게 만든다. 악랄한 아버지를 둔 아이도 결국 그 아버지의 격률에 따라 초자아를 형성할 수 있다는 것이다. 이런 의미에서 프로이트는 '이기주의가 도덕의 기초'라고 본다.

베르크손(Henri Bergson)의 관점

베르크손은 참된 도덕을 영웅과 성자의 의식 속에서 구현되는 것으로 본다. 영웅과 성자는 집단의 관습을 끊고, 새로운 도덕적 가치를 창조하는 선구자다. 그들의 감동은 단순한 혼란이 아니라 새로운 질서를 만드는 창조적 약동이다.

영웅과 성자의 열정은 대중을 감화시킨다. 그들의 호소는 대중을 잠에서 깨우고, 기존의 '닫힌도덕'을 넘어선 '열린도덕'을 제시한다. 소크라테스와 예수는 당시 사회의 도덕에 도전했기에 박해받았지만, 그들의 가르침은 오늘날까지 살아남아 인류의 양심을 일깨운다.

따라서 사회적 관습인 '닫힌도덕'은 결국 과거의 위대한 도덕적 혁명에서 비롯된 것이며, 영웅의 도덕은 그것을 다시 깨우는 창조적 활력이라고 할 수 있다.

조 군의 행위를 어떻게 평가할지는 독자 각자의 몫이다. 다만 프로이트의 관점에서라면, 조 군의 선택은 무의식 속의 초자아가 요구하는 희생이었을 수 있다. 반면 베르크손의 관점에서는, 조 군은 집단의 이익을 넘어선 '열린도덕'을 실천한 영웅의 모습으로 볼 수 있다.

삼강과 오륜은 다르다

부자, 군신, 부부, 장유, 붕우가 지켜야 할 가치를 얘기하는 오륜(五倫)은 그 상하 관계 때문에 유교의 보수성을 상징하는 것으로 여겨진다.

우리에게 유교의 다른 이름은 삼강오륜이다. 삼강오륜은 집안에서는 여필종부, 부창부수, 삼종지도와 같은 여성 차별의 가족 윤리를 이끌고, 밖에서는 군사부일체, 멸사봉공, 대의멸친, 상명하복과 같은 군주 중심의 정치 윤리를 이끄는 원리로 여겨진다. 이런 다양한 속언·속담·구절들을 요약하면 '충신불사이군, 열녀불경이부(忠臣不事二君, 烈女不更二夫)'라는 표현으로 압축된다. "충신은 두 임금을 섬기지 않고, 열녀는 두 남편을 받들지 않는다"라는 말 속에 가족 안팎을 규율하던 봉건 윤리로서 삼강오륜의 특징이 잘 요약되어 있는 것이다.

머리말에 인용한 유교 삼강오륜의 인식이 오늘날까지 면면히 계승되고 있음을 짧지만 선명하게 보여준다. 그리고 우리는 앞에서 지적된 '오륜=상하관계=유교의 보수성'이라는 등식을 별 의심 없이 당연한 것으로 받아들인다. 아니, 인용문을 꼼꼼히 검토한다면 유교를 너무 후하게 대접한다고 비난할 사람도 있을 것이다.

유교의 보수성이라니? 언제 유교가 진보적인 적이 있기나 했단 말인가? 하는 심정으로, 가령 부모가 죽으면 삼 년 동안 시묘살이를 해야 한다는 효행의 야만성, 남편이 죽으면 그 아내에게 따라 죽기를 강요하는 열녀 만들기의 비인간성을 기억하는 사람이라면 '보수성'이라는 모호한 표현로 유교가 그동안 저지른 갖은 악행과 야만의 역사를 호도한다고 비판할 수 있으리라. 도리어 근대 중국의 대문호 루쉰이 유교를 두고 "예교가 사람을 잡아먹는다."라고 일갈한 것이 더 적절해 보일 것이다.

그러니까 연전에 이 땅에서 《공자가 죽어야 나라가 산다》라는 책이 몇 달 동안 베스트셀러가 됐던 것은 우리들의 유교에 대한 속내, 즉 '유교=야만'이라는 인식이 환하게 드러난 사건으로 이해할 만하다. 그렇다면 동아시아는 오래전부터 오늘에 이르기까지 '유교=삼강오륜=야만'이라는 등식에 대해 속으로 이를 갈고 침을 뱉었던 셈이다. 그런데 삼강오륜은 유교의 대표 명사로서 적절한 표현일까? 과연 '삼강오륜'이란 말은 무슨 뜻일까?

삼강과 오륜

유교 공부를 하다 보면 삼강오륜만큼이나 자주 대하는 말이 '사서삼경'이다. 이중 사서(四書)는 '네 권의 책'이라는 뜻으로 《논어》, 《맹자》, 《대학》, 《중용》을 가리킨다. 또 삼경(三經)은 '세 권의 경전'이라는 뜻으로 《시(詩)》, 《서(書)》, 《주역(周易)》을 이른다. 합치면 일곱 권의 책인데, 구태여 '경'과 '서'를 구별한 까닭은 유교의 아버지인 공자가 그의 학교에서 교과서로 삼았던 《시》와 《서》, 그리고 《주역》을 '경'이라 부르고, 공자 사후 유교의 발전에 따라 편찬된 《논어》 등 네 권의 책은 '서'라고 이름 붙인 데서 비롯한 것이다(사서삼경이라는 이름은 11세기에 주자학을 건설한 주희가 붙인 것이다).

이처럼 사서삼경이 서로 다른 일곱 책으로 구성된 것임을 감안하면, 삼강오륜도 여덟 개(3+5)의 각각 다른 덕목을 일컫는 것이어야 할 듯하다. 한데 그렇지가 않다. 삼강을 구성하는 요소인 군신·부자·부부는 오륜 안에 고스란히 포섭된다. 다시 말해 사서삼경의 일곱 책은 전혀 겹치지 않는데 비해, 삼강과 오륜은 중첩되어 있으니 결국 다섯 관계일 따름이다. 좀 이상하지 않은가?

구체적으로 살펴보자. 삼강은 '세 가지 벼리'라는 말이다. 첫째는 군위신강(君爲臣綱), 둘째는 부위자강(父爲子綱), 셋째는 부위부강(夫爲婦綱)이다. 여기 핵심어는 '강(綱)'이다. 강은 '벼리'를 뜻하는데, 벼리란 어부가 던져 그물을 펼치고 잡아당겨 오므리는 외줄이다. 그물은 강(綱)과 목(目), 곧 벼리와 그물눈으로 구성된다.

그물코에 제아무리 고기가 많이 잡혔더라도 그물을 당기는 벼릿줄에 어부의 생계가 달렸으므로 벼리(강)는 그물의 주(主)가 되고 그물눈(목)은 고기 딸린 종속물이 된다. 곧 강과 목 사이에는 주종 관계가 형성된다. 이에 '강목(綱目)'에는 주종·상하·지배-복종 관계 등의 사회적 의미가 깃들게 된다. 그렇다면 삼강의 첫 번째 '군위신강'이란 "임금이 신하의 벼리가 된다"는 뜻이므로 임금이 신민의 주인이요, 백성은 군주의 종속물이 된다. 둘째 '부위자강'은 "아버지가 자식의 벼리가 된다"는 뜻이므로 아버지는 집안의 주인이고 자식은 아버지의 종이 된다. 셋째 '부위부강'은 "지아비가 지어미의 벼리가 된다"는 뜻이니, 가부장제 논리가 형성되는 출발점이 이곳이다. 여기서 여필종부·삼종지도·부창부수와 같은 봉건적 가족 윤리가 파생된다.

한편 오륜은 '다섯 가지 인간관계'라는 뜻이다.

첫째, 부자유친(父子有親),

둘째, 군신유의(君臣有義),

셋째, 부부유별(夫婦有別),

넷째, 장유유서(長幼有序),

다섯째, 붕우유신(朋友有信).

부자유친은 부모와 자식 관계를 작동하는 원리가 '친(親)'이라는 것이고, 군신유의는 군주와 신하 간의 관계를 맺어주는 열쇠가 '의(義)'라는 뜻이다. 군신유의에는 불의한 군주에 대한 군신관계를 거부할 권리가 신하에게 허용된다는 점을 특기해야겠다. 셋째 부부유별에는 부부가 서로를 '특별히(別)' 대접해야 한다는 뜻이 들었고, 넷째 장유유서는 형과 아우, 윗사람과 아랫사람 간에 서로를 존중해야 한다는 의미가 있으며, 다섯째 붕우유신에는 친구·동료·거래 관계에서는 '신뢰'가 핵심이라는 뜻이 들어 있다.

어쨌든 오륜 가운데 군신·부자·부부 요소는 소재적으로 삼강과 완전히 겹친다. 그렇다면 사서삼경과는 달리, 삼강/오륜은 선택적이다. 삼강과 오륜은 이것이 아니면 저것일 수밖에 없다. 삼강이 바르다면 오륜이 그르고, 오륜이 옳다면 삼강이 틀린 것이다. 요컨대 삼강과 오륜은 서로 다르다.

삼강

그러면 삼강이란 무엇인가? 춘추전국시대를 종식시킨 진나라 통일 이후 동아시아에는 제국의 시대가 열린다. "진종일 내리는 소나기는 없다"(《노자》)고 하였던가. 법가적 전제주의로 천하를 통일한 진나라는 그로 인해 12년이란 짧은 역사로 무너지고 곧 한나라가 선다. 진나라의 전철을 밟지 않으려는 듯, 한나라 제국은 이른바 외유내법(外儒內法), 곧 '겉으로는 유가를 표방하면서 속으로는 법가'를 통치술로 삼는다. 겉말은 유교적 언어를 채용하되 속살은 법가의 이념으로 채운다는 뜻이다. 양두구육이라고 할까.

유가와 법가를 섞은 제국 통치 이념이 '일통(一統)'과 '삼강오상(三綱五

稱)' 논리다. 곧 황제를 중심으로 천하를 수직적으로 결합하려는 논리가 '일통'이요, 제국의 통치 논리를 정당화하려는 정치·사회적 이데올로기가 '삼강오상'이다. 그 설계자는 동중서였다. 삼강의 논리에 대해 동중서는 이렇게 말한다.

군신·부자·부부의 도리는 모두 음양의 도에서 취했다. 임금은 양이고 신하는 음이며, 아버지는 양이고 아들은 음이며, 남편은 양이고 아내는 음이다.

삼강의 구조가 음양론에 기초했음을 밝히는 대목이다(함께 '오상'은 당시 유행하던 오행사상에서 비롯된 것이니, 삼강오상은 곧 오행설을 바탕으로 하였음을 알 수 있다). 그런데 동중서의 삼강 구조에 대해 현대 중국 철학자 풍우란은 다음과 같이 비평한다.

동중서에 따르면 하나의 사물이 있으면 반드시 또 하나의 사물이 그것과 짝을 이룬다. 그 사물이 주(主, 주도적인 것)이고 그것과 짝을 이룬 사물은 종(從, 종속적인 것)이다. 양은 주이고 음은 종이며, 임금은 주이고 신하는 종이며, 아버지는 주이고 아들은 종이며, 남편은 주이고 아내는 종이다. 이 주종 관계는 서로 바뀔 수 없고 영원히 변경할 수 없다.

곧 삼강은 군신·부자·부부를 다루지만 각각의 관계는 상호적인 것이 아니라 상하 차등적이며, 쌍방적이지 않고 일방적인 특징을 갖는다. 요컨대 군주·아비·남편이 벼리(주인)가 되고 그 상대인 신민·자식·아내는 그 종이 된다. 그리고 이 주종 관계는 불변한다.

삼강 논리의 정점은 군주에 있다. 동중서는 제국체제에 걸맞게 군주 독점의 유일체제로 천하를 디자인했다. 군주를 정점으로 한 피라미드

제국체제 건설, 이것이 일통과 삼강오상의 지향이었다. 따라서 삼강 구조의 핵심은 '군위신강'이라는 정치 이념이고, 나머지 '부위자강'과 '부위부강'이라는 가족 이념은 군위신강에서 파생된 것이다. 요컨대 삼강은 군주 독재의 정치 논리를 사회의 기본 단위인 가족 속으로 침투시키려는 이데올로기였다. 그것은 오륜의 첫 번째가 '부자유친'이었던 데 반해 삼강의 첫머리가 '군위신강'인 데서도 확연하다.

군신 관계와 마찬가지로 가족 내에서 부부 사이와 부자 사이마저도 지배-복종 상하 체제로 기획한 것이다.

한편 동중서의 친구이자 역사가로 이름난 사마천의 《사기》 속에도 삼강의 윤리가 산견된다. 널리 알려진 〈백이숙제열전〉에는 이른바 '충효의 논리'가 깔려 있다. 백이는 아버지의 부당한 유언에도 불구하고 순종하고, 숙제는 형을 거슬러 왕위에 오를 수 없다며 나라를 떠난다. 말기에 주(紂)왕을 치려는 주나라의 역성혁명 앞에서 두 형제는 "신하는 임금을 정벌할 수 없다"며 간하고, 끝내 새 왕조의 곡식을 먹지 않겠다며 굶어 죽는다. 여기서 '충신불사이군' 설화가 태동한다.

또 〈전단열전〉에는 "충신은 두 임금을 섬기지 않고, 정숙한 여인은 지아비를 두 번 바꾸지 않는다(忠臣不事二君, 烈女不二夫)"는 구절이 보인다. 이 구절은 고려 충렬왕 때 문신 추적(秋適)이 어린이들을 위해 쓴 《명심보감》에 인용되며 조선 정치문화의 삼강을 다지는 데 기여한다. 이처럼 한나라 초기 동중서와 사마천은 정치 이념과 그 역사적 정당화의 측면에서 삼강 윤리를 동아시아 정치문화로 구축하는 데 핵심적 역할을 했다.

그런데 《사기》와 더불어 삼강 윤리가 동아시아 전통사회의 기층에 자리 잡게 된 데는 《천자문》의 역할을 빼놓을 수 없다. 남북조 시대 양(梁)나라 문인 주흥사(周興嗣, 470(?)-521)가 지은 아동용 교과서 《천자문》은 동아시아 최장기 베스트셀러였다. 우리나라에는 삼국 시대에 보급되었고, 백제 왕인 박사가 《논어》와 함께 일본으로 전했다는 기록도 있다. 윤리 관련 대목을 보면 삼강 이념이 얼마나 강렬하게 각인되었는지 알 수 있다.

- 資父事君(자부사군): "어버이를 섬기는 도리를 밑천 삼아 임금을 섬긴다." 가족의 효를 정치적 충(忠)으로 연결한다.
- 孝當竭力, 忠卽盡命(효당갈력, 충즉진명): "효도는 힘을 다하고, 충성은 목숨을 다한다." 충효 논리를 확정짓는다.
- 夫唱婦隨(부창부수): "남편이 부르면 아내가 따른다." 삼강 중 '부위부강'을 전형적으로 반영한다.

이렇게 보면 《천자문》은 삼강 논리를 충실히 반영한 이데올로기 선전물로도 평가할 수 있다. 요컨대 삼강은 군주와 아버지, 남편이 주체가 되고 신민과 자식, 아내가 객체가 되는 주종 관계의 윤리다. 이는 상하·권력·지배-복종 관계를 특징으로 한다. 삼강은 한 제국 건설을 계기로, 동중서가 기획하고 사마천이 정당성을 덧입힌 뒤 《천자문》 같은 아동용 도서를 통해 동아시아 전반에 대중화·토착화되었다.

오륜

유교에서 인륜의 중요성은 이미 공자에게서 강조되었지만, 다섯 가지로 구체화한 이는 전국 시대 사상가 맹자다(곧 삼강보다 오륜이 시대적으로 앞선다). 맹자는 인간다움의 구성 요소로서 의·식·주 같은 물질적 환경과 함께 '인륜'을 필수 요건으로 든다. 오륜, 곧 다섯 가지 인간관계를 갖추지 못한 인간은 옳은 인간이 아니라는 뜻이다(유교의 인간은 서구의 개인적 존재가 아니라 '관계론적' 존재다).

부자유친·군신유의·부부유별·장유유서·붕우유신 등 다섯 윤리가 그것이다. 여기서 유의할 점은 삼강과 오륜의 차이다. 특히 둘이 겹치는 부자·군신·부부 관계에서의 차이에 주목하자.

첫째, 부자유친은 "부자 관계는 '친(親)'이라는 원리에 의해 작동된다"는 뜻이다. 군신유의도 마찬가지다. 군주와 신하 관계를 여는 열쇠가 '의(義)'라는 뜻이다. 여기서 '친'과 '의'(나머지 '별'·'서'·'신'도)는 삼강처럼 어느 일방에만 적용되는 규범이 아니라 쌍방에 공통적으로 적용되는 원리다. 오륜은 쌍방적이고 상호적이라는 점이 특징이다. 이 점을 주희는 도(道)와 기(器)의 체계로 설명한다.

> 부자유친을 놓고 보자면 '친'은 도(道)요, 부자 관계는 그릇(器)이다. 군신유의를 놓고 보자면 '의'는 도요, 군신 관계는 그릇이다. 부부에는 '별(別)'이 있고, 장유에는 '서(序)'가 있고, 붕우에는 '신(信)'이 있다.

즉 부자 간의 '친', 군신 간의 '의'는 양쪽을 동시에 제어하는 원리다. 나머지 관계도 마찬가지다. 요지는 오륜 체계는 상호성과 상보성을 전제로 한다는 것. 결코 군주가 신하에게 일방적으로 강요하는 것이 '의'가 아니고, 아버지가 자식에게 복종을 강요하는 것이 '부자유친'이 아니다. 그렇다면 앞서 "오륜은 그 상하 관계 때문에 유교의 보수성을 상징한다"는 진술은 오륜이 아니라 삼강에 해당한다. 오륜은 삼강과 달리 상하관계를 상정하지 않으며, 상호 관계·상보성을 필수 요건으로 하기 때문이다.

《논어》의 군신 관계를 보자.

제자 자로가 임금을 섬기는 방법을 묻자, 공자가 말하길 "속이지 말고, 덤벼들어라(犯)."

'속이지 말라'는 윗사람에게 거짓으로 대하지 말라는 뜻이다. 주목할

부분은 '덤벼들어라'다. 문면으로는 군주의 잘못을 목숨 걸고 간(諫)하라는 권고로 읽힌다. 여기에는 군주와 신하가 각각 독립된 존재이고, 군주라 하여 신하의 몸과 뜻을 사유화할 수 없다는 전제가 깔린다. 공자는 신하가 군주의 수족(도구)으로 동화되어서는 안 되며, 직분은 달라도 수평적 상호성 위에 가치의 공유를 추구해야 한다고 본다. 그러므로 유교 본래의 가치는 삼강이 아닌, 오륜에서 제시되는 '군신유의'적 맥락이라 할 수 있다.

마찬가지로 "임금은 신하를 예에 합당하게 대접하고, 신하는 충으로 임금을 섬겨야 한다"는 《논어》의 지적도 상호성의 원리다. 예(禮)와 충(忠)은 동시적·교차적·상보적으로 수행되는 실천 덕목이며, '군신유의'의 구체화다.

둘째, 부모와 자식의 관계도 같다. 공자에게 효도란 자식의 일방적 복종이 아니다. 부모는 자애로, 자식은 효행으로 사랑을 주고받는 쌍방의 교류다. 그러니 가부장적 상하 질서(부위자강)가 아니라 상호성(부자유친)이 유교 본래의 가족 윤리에 합당하다.

셋째, 부부 관계도 그러하다. 맹자의 오륜 중 사륜(부자·군신·장유·붕우)을 생산하는 근원이 부부이기에 혼인을 '인륜지대사'라 했다. 이는 남편이 아내를 지배하는 체제(부위부강)나 '남편이 부르면 아내는 따른다'(부창부수) 같은 주종 관계와 전혀 다르다.

《순자》에도 상호성이 분명하다. 애공이 "자식이 부모의 명에 순종하는 것이 효인가, 신하가 임금의 명에 복종하는 것이 충인가?"를 거듭 묻자, 공자는 직접 답하지 않고 이렇게 말한다.

큰 나라에는 임금과 다투는 신하가 넷이면 영토를 보존하고, 천승의 나라엔 셋이면 사직을 보전하고, 백승의 집안엔 둘이면 종묘를 보전한다. 또 아비와 다투는 아들이 있어야 아비가 무례를 하지 않는다. 자식이 아비를 추종하기만 하면 효는 어디 쓰며, 신하가 임금에 복종하기만 하면 충은 어디 쓰겠는가. 자식이 부모의 명을 살펴 마땅함을 헤아려 따르는 것이 효요, 신하는 임금의 명을 살펴 마땅함을 헤아려 집행하는 것이 충이다.

요컨대 순종이 효가 아니요, 복종이 충이 아니다. 이치를 헤아려 간하고 다투는 데 충과 효가 있다. 훗날 주희는 이를 '상반이상성(相反而相成)', 곧 서로 반대되는 자리에서 도리어 상대를 이뤄 준다고 표현했는데, 오류 전체에 두루 적용된다.

삼강오륜? 삼강 대 오륜

오늘날 유교의 대명사처럼 쓰이는 '삼강오륜'의 속살은 결이 비틀려 있다. 삼강은 오륜이 아니며, 오륜은 삼강과 다르다. 더구나 삼강이 옳다면 오륜이 틀린 것이고, 삼강을 따르면 오륜을 버려야 한다.

- 삼강은 군신 관계를 앞세우고, 오륜은 부자 관계를 중시한다. 삼강은 군주 중심 상하 지배 체제를 가족 단위까지 투사하려는 정치적 욕망에서 비롯되었다. 반면 오륜은 전국 시대의 파괴된 가정을 복구하고 새 시대를 열려는 맹자의 신문명 프로그램이다.
- 삼강이 상하·지배-종속의 수직 구조라면, 오륜은 상호성·상보성을 중심으로 한 횡적 관계다. 삼강에서 통치자 중심의 위민(爲民) 정치를 추출할 수 있다면, 오륜은 맹자의 여민동락과 맞닿아 있다. 삼강이 동중서의 일통 철학에서, 오륜이 공자·맹자의 본래 유가에서 비롯된 것도 우연이 아니다.

만일 유교를 공자와 맹자의 사상을 본질로 삼고 《논어》와 《맹자》를 경전으로 삼는다고 정의한다면 오륜이 옳고 삼강은 그르다. 이 입장에 선 오륜이 유교의 정통이고, 삼강은 타락·왜곡된 이데올로기다(나는 이 입장에 찬동한다). 반면 《중용》의 "오늘 살면서 옛 도를 따르려는 자에겐 재앙이 미친다"는 관점을 핵심으로 본다면, 제국체제에 맞춰 법가·노장을 통섭한 동중서의 삼강이 옳고 오륜은 퇴행적이라 할 수도 있다. 어쩌면 이천 년 유교 사상사, 오백 년 조선 정치사상사는 '삼강 대 오륜'의 갈등과 길항의 역사로 재규정될지 모른다.

이처럼 유교 사상사의 내부를 '삼강 대 오륜', 곧 '위민 대 여민'의 대립 구도로 읽는다면, 유·도·법·불을 무차별 섞어 '동양 사상'이라 뭉뚱그리는 오늘의 피상적 동아시아 의식을 한층 심화하는 데 도움이 될 것이다.

신사임당과 이이

    스승이었던 어머니의 죽음은 1551년 5월 17일이었다. 열여섯 살이었던 이이(李珥)는 평안도에 수운판관(水運判官)으로 갔다가 임기를 마치고 돌아오는 아버지를 모시고 마포 서강에 이르러 짐을 풀었다. 물품을 점검하던 그는 깜짝 놀랐다. 짐 꾸러미 안에 있던 유기그릇에 빨갛게 녹이 슬어 있었다. 잘 닦아 넣어 두었던 그릇에 녹이 슬다니, 불길한 일이었다. 잠시 후 집에서 급히 달려온 하인이 슬픈 소식을 전했다. 어머니 사임당 신 씨가 세상을 떠났다는 기별이었다. 정신이 아득해지고 눈앞이 흐려졌다.

    사임당 신 씨는 자상한 어머니였지만 동시에 훌륭한 스승이기도 했다. 그의 형제들은 어머니로부터 글씨 쓰기와 그림 그리기를 모두 배웠다. 그런 어머니가 세상을 떠난 것이다. 그는 3년 동안 시묘(侍墓)살이를 하면서 주자의 《가례(家禮)》에 따라 잠시도 상복을 벗지 않았다. 제수도 손수 장만했는데, 그릇 씻는 일까지도 종들에게 맡기지 않았다. 하지만 열여섯 살 소년이 감당하기에는 슬픔이 너무 컸던 것일까. 정성스럽게 삼년상을 치렀는데도 슬픔은 가시지 않았다.

    무엇보다 어머니를 다시 볼 수 없다는 사실이 믿기지 않았던 그는 우연히 봉은사(奉恩寺)에 갔다가 삶과 죽음의 문제를 논한 불경을 읽고, 깊은 감명을 받아 속세를 떠날 결심을 하게 된다. 승려가 되어 해탈에 이르면 삶과 죽음의 경계를 넘어설 수 있을 것으로 생각했기 때문이다. 그는 금강산 암자에 들어가 침식도 잊어가며 계율을 지키고 선정(禪定)을 닦았다. 틈날 때마다 이름난 고승을 찾아다니며 삶과 죽음의 문제를 토론하기도 했다.

하지만 오래지 않아 누구도 삶과 죽음의 문제에서 벗어날 수 없다는 사실을 깨달았다. 모든 인간은 죽는다. 예외는 없다. 인간이 할 수 있는 것은 그 경계를 넘어서는 일이 아니라 다만 삶을 성실하게 살아가는 일일 뿐이다. 어머니를 여읜 데서 시작해 삶과 죽음의 문제에 천착했던 그 시기가 그의 삶에서 무용했을 리는 없으나, 결국 불교 수행에서 원하는 답을 구하지 못한 그는 집으로 돌아와 다시 유학 공부에 힘썼다.

사임당

사임당(師任堂) 신씨(申氏)는 본관이 평산(平山)이고, 1504년 강릉 북평촌 오죽헌(烏竹軒)에서 다섯 딸 중 둘째로 태어났으며 1551년 서울에서 세상을 떠났다. 아버지 신명화(申命和)는 고려 개국공신 신숭겸(申崇謙)의 후손이며 기묘명현(己卯名賢)의 한 사람으로, 1516년에 진사에 급제했으나 벼슬길에 나아가지는 않았다. 어머니는 생원이었던 이사온(李思溫)의 외동딸 용인이씨(龍仁李氏)였는데, 이이가 쓴 외할머니에 대한 기록 〈이씨감천기(李氏感天記)〉에 따르면 남편이 위독할 때 남편의 생명을 대신하겠다고 빌어 병을 낫게 한 일로 나라의 정려(旌閭)를 받았다.

사임당은 19세에 이원수(李元秀)와 혼인해 이선(李璿)·이번(李蕃)·이이(李珥)·이우(李瑀) 네 아들과 세 딸을 두었다. 딸들의 이름은 전하지 않는다. 다만 맏딸은 '매창(梅窓)'이란 호를 사용했는데, 어머니에게 글과 그림을 배워 초충도와 매화도를 잘 그렸다.

스스로 지은 '사임당(師任堂)'은 당호이며 본명은 전해지지 않는다. 일설에 '인선(仁善)'이라는 주장이 있으나 확실하지 않다. 당호 사임당은 주나라 문왕의 어머니 '태임(太任)'을 스승으로 삼는다는 뜻이다. 여성이 자신의 존재를 알릴 수 있는 유일한 방법이 누군가의 아내이거나 어머니로서였던 시대였기에, 문왕이라는 걸출한 인물을 길러낸 태임에 견주어 자신의 이상을 나타낸 것으로 보인다. 또 다른 당호 '임사재(任師齋)'도 같은 뜻이다.

어린 시절 그녀는 대부분의 기간을 서울에서 생활한 아버지와 떨어져 강릉 외가에서 자라며 외할아버지의 훈도를 입어 올곧고 단정한 인물로 성장했다. 특히 여성임에도 유학 경전을 두루 읽어 의리에 밝았으며, 글씨와 그림에 뛰어난 재능을 보였다. 이이가 지은 〈선비행장(先妣行狀)〉에 따르면 그녀는 천성이 온화하고 얌전하였으며 지조가 정결하고 거동이 조용했다. 일을 처리할 때 사람들을 편안하게 하고 자상하게 대했으며 말이 적고 행실을 삼가고 겸손하여, 아버지 신명화 또한 그녀를 아꼈다 한다.

이원수와 혼인한 뒤에도 시가의 허락을 얻어 친정에 머물다가 아버지가 세상을 떠나자, 삼년상을 치렀다. 1524년 시가가 있는 서울로 갔다가 이후 다시 친정으로 돌아갔다. 1541년 시가의 살림을 주관하던 홍 씨가 늙어 집안일을 돌보지 못하게 되자 맏며느리 역할을 하기 위해 서울로 갔으나, 그전까지 대부분의 기간을 강릉에서 지냈고 자녀들 또한 대부분 강릉에서 태어났다.

흰 구름 아래에서 어머니를 생각한다

시가의 살림을 주관하기 위해 강릉을 떠나 서울로 가던 그녀는 대관령을 넘으며 이 시를 지었다.

늙으신 어머님을 고향에 두고
서울을 향하여 홀로 가는 이 마음
우리 집 돌아보니 아득하기만 한데
흰 구름 저문 산을 날아내리네

여기서 '흰 구름'은 당나라 적인걸(狄仁傑)이 태행산(太行山)에 올랐을 때 흰 구름(白雲)을 보고 "저 구름 아래에 어버이가 계시다"라 한 고사에서 딴 구절이다. 그녀 또한 구름이 간 뒤에야 발걸음을 옮겼으리라.

서울의 시가살이는 고달팠다. 남편 이원수는 성품이 호탕하여 집안일을 돌보지 않았으므로 살림이 매우 어려웠고, 그마저 벼슬살이로 타지에 머무는 경우가 많아 거의 혼자서 집안일을 살펴야 했다. 그럼에도 그녀는 알뜰한 솜씨로 살림을 꾸리며 위로는 시어머니를 모시고 아래로는 자녀들을 양육하는 데 빈틈이 없었다. 때로 남편의 잘못을 간하기도 하고 자녀들을 훈계하기도 했는데 매양 법도를 따랐으며, 종들에게도 함부로 꾸짖는 일이 없어 집안사람들 모두가 존경하고 따랐다.

그녀의 효심은 천성에서 우러난 것이었다. 평소에도 친정에 홀로 계신 어머니를 그리워해 밤중에 기척이 조용해지면 눈물을 흘리며 울었고, 어떤 때는 새벽이 되도록 잠을 이루지 못했다. 하루는 친척 어른을 모시는 여종이 집에 와 거문고를 뜯었는데, 거문고 소리를 듣고 눈물을 흘리며 "거문고 소리가 그리워하는 사람을 느끼게 한다"고 했다. 고향의 어머니를 생각한 것이었다. 그 무렵 지은 시 〈사친(思親)〉이다.

첩첩 산 너머 천 리 길 내 고향
자나 깨나 꿈속에도 돌아가고파

한송정 가에는 외로이 뜬 달

경포대 앞에는 한 줄기 바람

흰 갈매기 모래톱에 모였다 흩어지고

고깃배는 바다 위로 오고 가리니

언제나 다시 강릉길 밟아

색동옷 입고 앉아 어머니 모실까

_〈사친〉 전문

1551년 5월 중순, 마흔여덟의 그녀에게 병마가 들이닥쳤다. 남편 이원수는 평안도에서 일을 끝내고 아들 이이와 함께 막 서울로 돌아오던 참이었다. 병석에 누운 지 이삼일 만에 그녀는 자식들에게 "내가 살지 못하겠구나" 하고는 평소처럼 편안하게 잠들었는데, 새벽에 세상을 떠났다. 그녀는 여성이었지만 유학 경전에 밝았고, 묵적(墨跡)이 뛰어났다. 7세 때 안견(安堅)의 그림을 모방해 그린 산수도(山水圖)가 세상에 널리 알려졌고, 포도와 벌레 그림은 세상에 흉내를 낼 사람이 없을 정도였다. 이이의 손위 누이 이매창과 동생 이우는 모두 시서화로 이름이 널리 알려졌는데, 평소 어머니의 가르침 덕분임은 말할 것도 없다.

하루 한 끼, 청빈한 삶

이이의 자는 숙헌(叔獻), 호는 율곡(栗谷)이다. 본관은 경기 풍덕부(豊德府) 덕수현(德水縣). 조부 이천(李蕆)은 좌찬성에 증직되었고, 아버지 이원수는 감찰에 이르러 증직되었으며, 어머니 사임당 신씨는 정경부인에 증직되었다. 그는 1536년 외가인 강릉 북평촌(北坪村)에서 태어났다. 나면서부터 남달리 영리해 말을 배우며 곧 글을 알았는데, 세 살 때 외할머니가 석류(石榴)를 보이며 "이것이 무엇 같으냐" 묻자 옛 시구를 들어 "석류 껍질 속에 부서진 붉은 구슬"이라 답해 주변을 놀라게 했다. 타고난 효심은 어머니를 닮았다. 문인 김장생(金長生)이 기록한 행장에 따르면, 서울로 오기 전 사임당이 병이 들었을 때 다섯 살 이이는 몰래 외할아버지 사당에 들어가 어머니의 회복을 빌었다 한다.

어린 시절부터 어머니의 교육을 받으며 자랐고, 13세에 진사 초시에 합격한 이래 치르는 시험마다 장원을 놓치지 않아 사람들이 그를 '구도장원공(九度狀元公)'이라 불렀다. 23세에는 당대의 노사숙유(老士宿儒)로 일컬어진 이황을 찾아가 가르침을 청했다. 겨울 별시에 응시해 장원급제했는데 이때의 답안지가 유명한 〈천도책(天道策)〉이다. 천도와 인도의 관계를 논한 이 글은 임금의 책문에 대한 답으로, 명나라에까지 알려진 명문이다.

29세에 호조좌랑에 임명되어 중앙 정치무대에 나아간 뒤 20여 년 동안 황해도 관찰사, 사헌부 대사헌, 홍문관 대제학, 예문관 대제학, 이조판서, 형조판서 등 국가 요직을 두루 거쳤다. 유성룡(柳成龍)의 기록과 김장생의 행장에 따르면 임진왜란 발발 전에 '십만양병론'을 주장하며 각종 화약 무기를 개발하고 전함을 건조해 왜의 침략에 대비해야 한다고 했다. 당시 유성룡을 비롯한 다수 신료가 "적도 없는데 병력을 양성하는 것은 화근"이라 비판했지만, 전쟁이 일어나자 그의 선견지명이 높이 평가되었다.

그는 하루에 한 끼만 먹었고 평생 검소한 삶을 바꾸지 않았다. 박제가의 《북학의》에 따르면 "소가 지어 준 곡식을 먹고 또 소의 고기까지 먹는 것은 옳지 않다"며 평생 쇠고기를 한 점도 먹지 않았다 한다.

경장을 제시한 경세가

이이는 우계(牛溪) 성혼(成渾)과 '인심·도심' 논쟁을 벌인 뛰어난 성리학자였을 뿐 아니라, 온갖 적폐에 시달리던 조선 사회의 병을 정확히 진단하고 경장책(更張策)을 제시한 탁월한 경세가였다. '경장(更張)'은 본래 느슨해진 가야금 줄을 다시 팽팽히 당겨 음을 조율한다는 뜻으로, 각종 제도를 새롭게 개혁하되 기존 체제를 허물지 않고 재건하는 것을 말한다. 그는 경장을 통해 조선을 재건하고자 당시 임금 선조에게 여러 차례 상소를 올려 나라의 문제를 지적하고 백성의 삶을 안정시킬 실질적 정책을 제안하는 한편, 구습을 타파하고 새로운 경제정책 시행을 간곡히 주청했다.

> 법령이 오래되면 폐단이 생기고, 폐단이 생기면 그 해가 백성에게 돌아갑니다. 계책을 세워 폐단을 바로잡는 것이 백성을 이롭게 하는 길입니다. … 전하의 마음이여, 이것이야말로 백성을 편안케 하고 하늘의 노여움을 되돌릴 일대의 기회입니다. … 한갓 법도만으로는 법도가 아니면 미루어 갈 수 없고, 한갓 법도만으로는 착한 마음이 아니면 실천하지 못합니다. 전하께서 백성을 사랑하는 마음이 본디 이와 같은데도, 그 정치가 시행되지 못하는 이유는 여러 신하의 계책이 단지 끄트머리만 다듬고 근본을 헤아리지 않았기 때문입니다.

그는 백성을 잘 양성해 나라의 근본을 튼튼히 하고, 국방을 특별히 강조해 군제를 개혁할 것을 주창했다. 백성 빈곤의 원인을 탐관오리의 상습적 수탈에서 보고 이들을 제어해 민생을 구제해야 한다고 하며, "참으로 나라에 이익이 되는 일이라면 끓는 가마에 던져지고 도끼에 목이 잘리는 형벌을 받는다 하더라도 피하지 않겠다"고 했다. 또한 "그렇지 않으면 10년을 넘기지 못해 화란이 일어날 것"이라 경고했는데, 불행히도 8년 뒤 임진왜란이 터졌다.

하루 세 끼조차 제대로 먹지 않으면서 나라를 위해 헌신한 그는, 세상을 떠났을 때 장례비가 없어 벗들이 돈을 모아 장례를 치렀다. 청빈한 삶의 전형으로 유학의 정신을 몸소 실천한 것이다. 그의 경제정책 또한 나라를 부강케 해 백성의 곤궁을 풀겠다는 절박함에서 비롯되었고, 유학의 애민사상과 경세정신이 발휘된 결과였다.

수기와 치인의 완성

이이는 49세로 비교적 이르게 세상을 떠났지만, 다양한 분야에 방대한 저술을 남겼다. 만언봉사(萬言封事)를 비롯한 상소문, 《소학집주(小學集註)》·《사서언해(四書諺解)》 같은 유가 문헌 주석과 언해, 당시 이단으로 치부되던 《도덕경》을 유가 맥락으로 풀이·편집한 《순언(醇言)》, 명종부터 선조에 이르는 17년간 경연 강론을 엮은 《경연일기(經筵日記)》 등이 있다. 그중에서도 《성학집요(聖學輯要)》와 《격몽요결(擊蒙要訣)》이 널리 알려졌다. 특히 《성학집요》는 그가 평생의 정력을 쏟은 책으로, 임금에게 올린 글에서 스스로 이렇게 말했다.

신의 정력(精力)이 여기에서 다했습니다. 총명하신 전하께서 늘 곁에 두신다면, 타고난 덕으로 왕도를 펼치는 학문에 조금이나마 도움이 될 것입니다.

《성학집요》는 사서오경과 성리학 관련 문헌에서 핵심을 뽑아 엮은 책으로, 선조에게 바친 만큼 임금이 성군이 되기를 바라는 마음이 담겼다. 그 외에도 정치·경제·교육 등 다방면에 뛰어난 방책을 제시해 유학자로서 책임을 다했다. 훗날 다산 정약용이 수기치인(修己治人)을 논하며 "수기만 하는 것은 반쪽"이라 한 바 있는데, 선비가 개인 수양에만 머물지 않고 세상에 나아가 백성을 구제해야 한다는 실학적 사유의 실마리는 바로 이이에게서 찾을 수 있다.

그는 세상을 떠나기 전 제자들에게 집안일에 대해서는 한마디도 하지 않고, 오로지 나랏일과 관련된 여섯 조목만을 받아쓰게 했는데, 이것이 그의 절필이었다. 어머니 사임당 신 씨가 집안을 잘 다스려 자식들을 훌륭히 길렀다면, 아들 이이는 나라를 잘 다스릴 도를 제시해 유학자들의 모범이 되었으니, 모자의 삶을 합치면 수기와 치인의 유학 공부가 완성되는 셈이다.

이이는 아버지를 위한 행장은 남기지 않았지만, 어머니의 삶을 정리한 〈선비행장〉을 기록했다. 그만큼 어머니의 삶에서 보고 배운 바가 컸기 때문일 것이다. 이 행장에는 앞에 소개한 시 두 수 외에 두 줄의 낙구(落句)도 전한다.

밤마다 달을 보고 비노니
생전에 뵈올 수 있게 하소서

이 시구는 사임당이 어머니를 그리워하는 마음을 담았지만, 어머니 사임당을 그리워하며 행장을 기록한 이이 자신의 마음이기도 했을 것이다.

신하 노릇 바로 하기

《서경(書經)》〈대우모(大禹謨)〉편에 이런 말이 있다.

임금이 자기가 임금 노릇하는 것을 능히 어렵게 여기고, 신하가 자기가 신하 노릇하는 것을 능히 어렵게 여기면 정치는 잘되어 백성들도 그에 감화된다.

여기서 '어렵게 여긴다'는 것은 사욕을 풀어놓지 않고 공적으로 주어진 과제에 충실하다는 말이다. 총선 전까지는 대통령을 비롯한 여당 인사들이 그것을 가볍게 여기는 모습을 자주 보았다. 그런데 총선 이후부터는 야당 대표를 비롯한 야당 인사들이 오히려 그 자리를 가볍게 여기며 마구잡이로 입법의 칼을 휘두르고 있다. 그러니 백성들이 감화될 리가 없다.

노나라 임금 정공(定公)이 공자에게 물었다.

"한마디 말로 나라를 흥하게 할 수 있다고 하는데 정말 그런가?"

공자가 대답했다.

"사람들이 하는 말 중에 '임금 노릇하기 어렵고 신하 노릇하기 쉽지 않다'라는 말이 있습니다. 임금 노릇하기가 어렵다는 것을 아신다면 한마디 말로 나라를 흥하게 할 수 있지 않겠습니까?"

정공이 다시 물었다.

"한마디 말로 나라를 망하게 할 수 있다고 하는데 정말 그런가?"

공자가 대답했다.

"사람들이 하는 말 중에 '내가 임금 노릇하는 것에는 즐겁지 않지만, 오직 내가 말하면 거스르는 이가 없는 것이 즐겁다'라는 말이 있습니다. 그 말이 옳아서 거스르는 이가 없다면 정말로 좋을 것입니다. 그러나 그 말이 옳지 않은데 거스르는 이가 없다면, 한마디 말로 나라를 잃지 않으리라 장담할 수는 없을 것입니다."

지난 총선에서 여당이 대패한 이유도 이 공자의 말 속에 담겨 있다. 그 중심에 이철규 의원이 있었다는 것은 주지의 사실이다. 요즘 다시 나와서 "운동권 출신" 운운하며 편 가르기 발언을 하는 것을 보니 '동이불화(同而不和)'가 떠오른다. 공자는 화이부동(和而不同)은 군자의 길이요, 동이불화는 소인의 길이라 했다. 망해가는 나라에는 반드시 망하게 만든 신하가 있기 마련이다.

실패의 가치

"한 번도 실패하지 않았다면 그것이 가장 큰 실패다. 마음껏 실패하라." 머리로는 이해되지만, 실천은 쉽지 않은 이 메시지를 내건 흥미로운 학회가 있다. 2021년에 설립된 '카이스트 실패연구소'(소장 조성호 전 산학과 교수)의 '실패학회'다. '실패의 과학: 다른 시각으로의 초대'를 주제로 실패 세미나, 학생들의 실패 과제 자랑대회, 실패담 에세이 공모전 등을 진행했다. 학생들이 실패담을 공유하며 실패를 두려워하지 않고 도전 정신을 키우자는 취지다. 지난해에 이어 두 번째로 열렸는데, 화제가 되면서 카이스트 캠퍼스 담을 넘어 기업과 재단 등에서 관심과 협력 요청이 쏟아지고 있다고 한다. '실패'라는 화두가 우리 모두의 절실한 곳을 찌르기 때문일 것이다.

"100등에서 10위권으로 가려면 앞선 기술을 카피하고 따라가면 됐다. 한국의 성장 방식이었다. 하지만 새로운 것에는 매뉴얼도 정답도 없다. 실패를 통해 스스로 정보를 얻어야 한다." 조성호 소장이 말하는 '실패의 쓸모'다. "파산, 불합격 같은 실패도 긴 시간에서 보면 자양분이 된다. 실패를 수동적으로 경험하지 않고 능동적으로 대해야 한다"는 것이다.

'실패학'의 대가 에이미 에드먼슨 하버드대 교수도 최근작 《옳은 실패》(시공사)에서 제프 베이조스 아마존 창업자의 말을 인용한다. "혁신과 발견을 위한 실험에서 성공을 미리 안다면 그건 실험이 아니다." 그녀는 혁신과 변화에는 실패가 필수라고 강조한다. "당신의 목표가 혁신인데 실패하지 않았다면, 그것은 곧 혁신 시도를 하지 않았다는 증거다."

실패는 인류 역사와 늘 함께해 왔지만, 개인에게는 언제나 버거운 상대였다. 특히 우리는 실패에 유독 박하다. 고도성장과 과도한 경쟁 속에서 한 번 추락하면 두 번째 기회를 얻기 어려우니, 실패는 두려움을 넘어 공포가 된다. 그래서 더욱 필요한 것이 '실패의 기술'이다.

에드먼슨 교수가 전하는 실패의 기술은 이렇다. 상황을 빠르고 공개적으로 알려 작은 실수가 큰 실패로 이어지지 않게 하라. 잘못을 솔직히 인정해 심리적 안정을 만들어라. 그래야 새로운 도전에서 위험을 감내할 수 있고, 익숙한 영역에서도 실패 가능성을 염두에 두며 경계심과 호기심을 유지할 수 있다. 개인이 각자도생식으로 익히는 기술만으로는 부족하다. 실패의 가치를 인정하는 사회적 철학과 기술이 절실하다.

'아' 다르고 '어' 다른 법

언어는 프레임이다. 머릿속의 생각이 언어라는 형식을 빌려 표현되기도 하지만, 때로는 언어가 생각을 특정한 틀에 가두기도 한다. '아' 다르고 '어' 다르듯, 어떤 말로 표현하느냐에 따라 사건이나 대상에 대한 해석이 달라진다. 청소부가 환경미화원으로, 간호원이 간호사로, 당선자가 당선인으로 바뀐 것은 부정적 어감을 긍정적으로 되돌리려는 의도였다.

언어는 맥락이기도 하다. 같은 낱말이라도 어떤 상황에서 쓰이느냐에 따라 뜻이 완전히 달라진다. 자녀가 어떤 일을 했을 때 부모가 "잘한다"라고 말한다고 해보자. 이 말은 때로는 칭찬의 의미가 되지만, 때로는 책망이나 실망의 뉘앙스를 품기도 한다. 몸짓, 눈빛, 어감 같은 맥락에 따라 같은 말이라도 전혀 다른 의미로 쓰이는 게 언어다.

이런 언어의 속성을 떠올리는 까닭은, 우리가 오래전부터 관행처럼 써온 말 속에 차별과 왜곡, 편견이 숨어 있는 건 아닌지 되돌아보기 위해서다. 특히 '육아휴직', '출산휴가', '경력 단절'이라는 말을 다시 생각해 볼 필요가 있다.

'휴가'와 '휴직'이라는 말에는 공통으로 쉴 휴(休)가 들어 있다. 글자 그대로라면 '쉬는 일'이다. 그런데 그 앞에 출산과 육아라는 말이 붙는 순간, 맥락은 완전히 달라진다. 출산휴가가 과연 쉬는 일일까? 육아휴직이란 게 정말 '휴식'일까? 회사 생활을 잠시 멈춘다고 해서 '휴가'나 '휴직'이라는 표현을 아무렇지 않게 쓰는 게 온당한 일인지 의문이 든다.

실제로 일·가정 양립 문화의 확산은 저출생 극복을 위한 중요한 대책임에도 불구하고, 동료와 상사의 눈치 때문에 육아휴직을 쓰지 못하는 경우가 많다. 그 이유는 '육아휴직'과 '출산휴가'를 곧 '쉰다'는 의미로 받아들이기 때문이다. 남들이 일하는 동안 혼자 쉬러 간다는 인식이 여전히 남아 있어, 결국 눈치를 보게 되는 것이다.

이 때문인지 지난해 11월, 국민 300여 명으로 구성된 정책 모니터링단 '국민WE원회'에서는 "눈치 안 보고 육아휴직하고 싶다"는 토로와 함께 출산휴가를 '필수 육아', 육아휴직을 '집중 육아' 등으로 바꾸자는 의견이 나왔다. 용어 하나 바꾼다고 현실이 당장 달라지진 않겠지만, 언어를 기존의 프레임에서 꺼내는 것만으로도 눈치 보지 않는 문화를 확산할 토대가 될 수 있다.

'경력 단절'이라는 말도 마찬가지다. "물이 반밖에 안 남았다"와 "물이 반이나 남았다"는 표현이 전혀 다르듯, 경력 단절이란 단어 역시 해석에 따라 얼마든지 달라질 수 있다. 일을 그만두었다는 사실만 강조하기보다, 경력을 보유하고 있다는 점을 살려 '경력 보유자'라 부른다면, 부정의 그림자 대신 긍정의 무게가 더해질 수 있다.

그러니 우리가 아무 고민 없이 써왔던 말들이 과연 현실을 제대로 반영하고 있는지, 점검할 필요가 있다. 필요하다면 용어 자체를 바꾸는 일도 고려해야 한다. '아' 다르고, '어' 다른 법이니 말이다.

안중근 순국 115년…
더 돋보이는 동양평화론

　1910년 3월 26일 오전 10시, 뤼순(旅順)에는 아침부터 부슬비가 내리고 있었다. 그날 형장으로 끌려 나온 안중근 의사는 국권 회복과 자주독립을 위해 연해주로 망명해 의병을 조직하고 항일 투쟁을 벌이던 중, 동양 평화의 파괴자이자 한국 침략의 원흉인 이토 히로부미(伊藤博文)를 하얼빈(哈爾濱)에서 처단한 인물이다. 그는 뤼순 감옥에서 교수형으로 꽃다운 생을 마감했다. 정확히 115년 전, 바로 이맘때였다.

　당시 관동도독부 히라이시 우지히토(平石氏人) 고등법원장은 안 의사가 상고를 포기하는 조건으로 '동양평화론' 집필을 완성할 때까지 사형을 연기해 주겠다고 했지만, 일본 정부의 긴급 지령에 따라 서둘러 형을 집행했다. 재판 역시 심문·변호·구형·선고가 일주일 만에 형식적으로 끝났으며, 그 자체가 원인 무효였다. 하얼빈은 제정 러시아 조차(租借) 지역이었고, 적장을 사살한 국사범을 일본 형법으로 다스린 것은 부당한 재판권 행사였기 때문이다.

　안 의사는 사형 집행 당일 아침, 뤼순 감옥에서 공판정을 오가며 호송을 맡았던 일본군 헌병 지바 도시치(千葉十七)에게 '위국헌신 군인본분'(爲國獻身 軍人本分)이라는 유묵을 써주었다. 나라를 위해 헌신하는 것이 군인의 본분이라는 확고한 신념의 표현이었다. 그러나 일본인들은 지금도 안 의사를 일본의 대륙 진출을 방해한 인물, 혹은 일본 근대화의 주역 이토를 죽인 테러리스트 정도로 인식하는 경우가 많다. 하지만 이는 양국 근대사가 극단적으로 충돌한 중대한 사건이었다. 이토 처단은 개인의 원한이 아니라 국가적 차원의 일이었기 때문이다. 이 근본적 인식 차이가 해소되지 않는 한, 미래지향적 한일 관계는 요원하다.

옥중에서 집필한 '동양평화론'에서 안 의사는 일본의 침략 정책을 꾸짖었다. 동시에 분쟁이 끊이지 않던 뤼순을 동북아의 중심지로 삼아, 한국·일본·중국 세 나라가 자주 독립국으로 협력해 오늘날 유럽연합(EU)과 같은 지역 공동체를 만들자고 제안했다. 동북아 개발은행 설립, 공동 화폐 발행, 상비군 창설 등을 통해 구미 열강의 침략을 막아내자는 구상이었다. 강대국 간 패권 경쟁이 여전히 끊이지 않고, 북한의 핵 위협이 고조되는 오늘의 현실에서, 대한민국의 지속적인 발전과 평화적 통일을 위해 안 의사의 사상을 다시 새겨야 한다.

중국은 최대의 관광·교역국이고, 일본은 시장경제와 자유민주주의를 공유하는 우방이다. 이런 맥락에서 최근 활발히 논의되는 한·일·중 경제 통합론이나 한·일 군사정보보호협정(GSOMIA·지소미아) 정상화는 깊은 시사점을 던진다. 안 의사는 옥중에서도 '국가안위 노심초사'(國家安危 勞心焦思), '지사인인 살신성인'(志士仁人 殺身成仁)과 같은 200여 점의 유묵을 남기며 나라의 장래를 걱정했다. 그는 31세를 일기로 순국했지만, 그 정신은 지금도 살아 있다.

사형 하루 전날, 그는 유언을 남겼다.

"국권 회복과 자주독립이 이루어진다면 죽음에 여한이 없을 것이다. 대한 독립의 소리가 천국에 들려온다면 나는 춤추며 만세를 부를 것이다."

험난했던 20세기의 독립운동사에서 상징적 대한국인을 꼽으라면, 동양 평화와 자주독립을 위해 헌신한 안 의사가 단연 그 주인공이다. 황해도 명문가 출신으로 '노블레스 오블리주'를 몸소 실천한 그의 숭고한 애국정신과 불꽃 같은 삶은 민족정기의 표상으로, 천추에 길이 빛날 것이다.

양심이 곧 길이다

세상에 객관적으로 '옳은 것'이 있을까? 자신에게 주어진 환경에 따라 옳고 그름의 기준이 정해지는 것은 아닐까? 내가 옳다고 생각하는 것이 상대방에게도 반드시 옳지는 않기 때문이다. 인간의 본성은 일부 몰지각한 과학자들이 말하는 것처럼 '이기적'이며, '이타적인 행동'은 자신이 나중에 도움이나 인정을 받기 위한 '호혜적 이타주의'라고 치부되기도 한다. 그렇다면 만약 옳은 것이 있다면, 그것은 무엇일까?

고대 인도의 위대한 서사시 마하바라타(Mahabharata)에는 전설적인 유디스티라 왕과 그의 네 동생들에 관한 이야기가 전해진다. 유디스티라, 비마, 아르주나, 나쿨라, 사하데바. 이들은 모두 한 여인 드라우파디와 결혼했다. 다섯 형제와 드라우파디는 인생의 마지막 여정을 준비하며, 지상의 왕국을 버리고 천상으로 들어가기를 꿈꾸었다. 그들이 천상으로 가기 위해서는 히말라야산맥 꼭대기까지 올라가야 했다. 그곳에 하늘로 가는 마차가 숨겨져 있었기 때문이다.

가장 먼저 포기한 사람은 드라우파디였다. 비마가 형 유디스티라에게 물었다.

"왜 드라우파디가 포기했지요?"

유디스티라는 추락하는 드라우파디를 돌아보지도 않은 채 대답했다.

"그녀는 영웅 아르주나만 사랑했지. 덕스럽지 않았어."

드라우파디가 천상에 들어가기 위해서는 매일 자신 앞에 가로놓인 작은 산을 정복해야 했다. 그 산은 다섯 남편 가운데 오직 아르주나만 사랑한 정욕이었다. 그것을 '덕(德)'으로 극복해야 했지만, 평소 덕스럽지 않고 감정에 사로잡혀 있었기에 끝내 등정할 힘을 잃고 말았다.

그다음 추락한 이는 사하데바였다. 비마가 이유를 묻자 유디스티라는 여전히 뒤돌아보지 않고 말했다.

"그는 자신이 똑똑하다는 자만심 때문에 추락했지."

사하데바는 자신이 아는 사소한 지식을 최고라고 착각하기 시작했다. 바로 그 자만심이 그를 무너뜨렸다. 고대 그리스의 소크라테스가 가장 현명했던 이유는, 자신이 아무것도 모른다는 사실을 아는 유일한 사람이었기 때문이다.

그다음으로 나쿨라가 추락했다. 비마가 또 이유를 묻자 유디스티라는 냉정히 말했다.

"그는 자신의 생김새에 감탄하며 살았기 때문에 추락했지."

나쿨라는 자신이 잘생겼다는 편견을 가지고 살았다. 자신에게 집중하지 못하고 타인의 기준에 휘둘려 결국 아름다움의 가치를 잃고 만 것이다. 꽃이 아름다운 이유는 스스로 아름답다고 주장하지 않기 때문이다.

이후 아르주나가 추락했다. 비마가 슬픔 속에 까닭을 묻자 유디스티라는 담담히 대답했다.

"아르주나는 자신이 세상에서 가장 위대한 영웅이라고 생각하기 시작했기에 추락했지."

진정한 영웅은 완벽한 영웅이 되려고 매일 수련의 길 위에 서 있는 자이다.

이제 유디스티라와 비마만 남았다. 그러나 비마 역시 끝까지 버티지 못했다. 유디스티라는 말했다.

"너는 굶어 죽는 사람들을 생각하지도 않고 맛있는 음식을 너무 많이 먹었구나."

결국 비마도 추락했다.

홀로 남은 유디스티라는 나무 밑에서 외로움과 추위, 굶주림에 떨고 있었다. 그때 개 한 마리가 나타나 그의 곁을 지켰다. 아마도 인도의 토종견 '파리아(Pariah)'였을 것이다. 개와 유디스티라는 형제가 되었다. 먹을 것을 찾으면 나누었고, 찾지 못하면 함께 굶었다. 외로움은 서로에 대한 사랑으로 승화되었다.

어느 날 개가 무언가를 발견한 듯 고개를 끄덕였다. 인드라의 전차가 숨겨진 비밀 장소였다. 둘은 함께 달려갔다. 전차는 위용을 드러냈고, 인드라 신의 목소리가 울려 퍼졌다.

"유디스티라여, 네가 마침내 도착했구나! 어서 전차에 올라 하늘로 가자!"

유디스티라는 개와 함께 전차에 오르려 했다. 그러나 인드라는 손을 들어서 막으며 말했다.

"무슨 짓이냐! 개를 데리고는 절대 하늘에 갈 수 없다. 저 개는 늙고 쓸모없다. 하늘에 들어갈 자리가 없다."

개는 멈춰 서서 유디스티라의 발 위에 머리를 조아렸다. 유디스티라는 개를 바라보다 눈물을 머금고 말했다.

"개가 함께 갈 수 없다면 저도 내려가겠습니다. 이 개는 저의 충직한 동반자였습니다. 저를 무조건적으로 사랑했고 항상 도왔습니다. 천상에서의 기쁨은 이 개를 잃는 슬픔에 비하면 아무것도 아닙니다. 제 개가 하늘에 갈 자격이 없다면 저 또한 자격이 없습니다."

그가 개와 함께 산 아래로 내려가려는 순간, 인드라 신이 소리쳤다.

"멈춰라, 유디스티라여! 너처럼 고귀한 인격을 가진 사람을 본 적이 없다. 이 개는 바로 네 인격의 근원인 '다르마(Dharma)'다. 너는 마지막 시험을 통과했다."

그 순간 개는 다르마 신으로 변해 유디스티라를 축복했다.

개가 상징하는 '다르마'는 인간의 옳음이다. 그것은 용기나 지혜, 영웅적 정의가 아니다. 자신의 양심이 자신에게 해가 되더라도 행동으로 옮기는 내적인 훈련이자 원칙이다. 사람들의 눈에는 어리석고 손해만 보는 일처럼 보일지라도, 자신 안의 양심을 지키는 행동이야말로 하늘나라로 가는 전차에 오를 수 있는 차표이다. 아니, 이 땅을 하늘나라로 바꾸는 힘이다.

어떤 사람이 될까

　18세기 중국 문인 원매(袁枚)는 유(柔)와 약(弱), 강(剛)과 폭(暴), 검(儉)과 색(嗇), 후(厚)와 혼(昏), 명(明)과 각(刻), 자중(自重)과 자대(自大), 자겸(自謙)과 자천(自賤)을 구분할 줄 알아야 사람을 제대로 평가할 수 있다고 했다.

　온유함과 나약함, 강직함과 포악함, 절제력과 인색함은 겉보기에 비슷해 보여도 본질은 전혀 다르다. 넉넉하고 남을 편하게 해주는 성격이 좋아 보였는데, 막상 함께 일하다 보면 사리 판단이 어두워 안타까운 경우가 있다. 참 똑 부러지고 분명한 성격인 줄 알았는데, 그러지 않아도 될 일에까지 지나치게 각박하여 인정머리 없는 사람임을 알고 실망할 때도 있다. 자존감과 교만, 겸손과 열등감은 서로 닮아 보이지만, 실은 자존감이 있어야 겸손할 수 있고 교만은 열등감과 한통속임을 우리는 안다. 얼핏 보아서는 비슷해 보여도 내면을 들여다보면 전혀 다르고, 그 차이가 엄청난 결과로 이어짐을 예리하게 짚어낸 구절이다.

　'사람에 대한 평가'는 동아시아 사상과 역사 서술에서 매우 중요한 위치를 차지해 왔다. 학문의 근간은 내가 어떤 사람인지를 성찰하고, 어떤 사람이 되어야 할지를 배우고 실천하는 데 있었기 때문이다. 공부는 남에게 실력을 입증해 사회적 지위를 얻기 위해서가 아니라, 나를 제대로 된 사람으로 만들어가기 위한 것이라는 '위기지학(爲己之學)'의 강조도 같은 맥락이다. 공자와 제자들의 문답에 동시대 인물들에 대한 평가가 끊임없이 등장하는 것도, 사마천이 왕조의 서술과는 별개로 더 많은 분량의 인물 열전을 쓰고 매번 말미에 논평을 덧붙인 것도, 결국 어떤 사람이 되어야 할지를 찾으려는 오랜 열망의 반영이라 하겠다.

예나 지금이나 어떤 사람이냐가 결국 일의 성패를 결정한다. 따뜻하고 부드러우면서도 강단이 있고, 불의에는 단호하면서도 사람을 함부로 짓누르지 않는 사람. 자신에게는 절제하되 남에게는 인색하지 않고, 후덕하면서도 사리에 어둡지 않으며, 일 처리는 분명하되 인정이 넘치는 사람. 자신을 소중히 여기되 그렇다고 대단한 사람인 양 과시하지 않고, 남 앞에서는 늘 자신을 낮추되 내면이 충실하여 콤플렉스가 없는 사람.

나는 그런 사람을 만나고 싶다. 그리고 무엇보다 그런 사람이 되고 싶다.

왕을 비웃은 음악가

1907년, 러시아의 작곡가 니콜라이 림스키코르사코프는 오페라 〈황금 닭〉을 발표했다. 이 작품은 푸시킨의 서사시 황금 닭 이야기를 바탕으로 한 것으로, 제정 러시아의 권력과 정치적 부패를 풍자했다. 겉으로는 우화적인 이야기지만, 그 속에는 당시 사회의 문제를 고발하는 날카로운 메시지가 담겨 있다.

주인공 도돈 왕은 적의 침입과 반란으로 지쳐 있는 무능한 군주다. 어느 날 점성술사가 나타나 황금 닭을 선물하는데, 이 닭은 적의 침입을 미리 경고하는 능력을 지니고 있었다. 왕은 이 능력이 사실이라면 점성술사의 소원을 들어주겠다고 약속한다. 이내 황금 닭이 울리자, 왕은 출정에 나서고, 적국의 셰마하 여왕을 만나 그녀의 아름다움에 매혹된다. 왕은 여왕에게 함께 나라를 다스리자고 제안하지만, 충신 폴칸 장군이 이를 반대하자 그를 추방하고 처형한다.

궁전으로 돌아온 왕 앞에 점성술사가 나타나 약속한 소원을 요구한다. 뜻밖에도 그의 소원은 셰마하 여왕을 아내로 달라는 것이었다. 왕은 분노해 점성술사를 처형한다. 그 순간 황금 닭이 날아와 왕을 쪼아 죽이고, 여왕은 왕을 조롱하며 떠난다.

림스키코르사코프가 〈황금 닭〉을 작곡한 배경에는 1905년 '피의 일요

일' 사건이 있었다. 러시아 노동자들이 차르에게 임금 인상을 요구하며 벌인 대규모 시위가 군의 폭력적 진압으로 비극을 맞이한 사건이다. 이는 러시아 혁명의 도화선이 되었고, 림스키코르사코프는 이 사건에 분노하다가 교수직에서 해임되기도 했다.

그는 이 작품을 통해 푸시킨이 그린 제정 러시아의 모순을 재구성했다. 무능한 도돈 왕은 통치자의 전형, 황금 닭은 권력 유지의 도구, 셰마하 여왕은 권력자의 욕망, 점성술사는 권력의 비선 실세, 폴칸 장군은 직언하다 희생되는 충신을 상징한다.

오페라의 마지막에서 백성들은 왕을 조롱하는 노래를 부른다.

"황제는 죽었다. 행복한 황제, 태평한 황제… 편안하게 손 하나 까딱하지 않고 백성들을 다스렸네. 화가 났을 때는 폭풍 같았고, 닥치는 대로 죽여 모두 두려움에 떨게 했네. 하지만 구름이 걷히고 공기가 맑아지면 아무 일 없었다는 듯 다시 빛나곤 했지."

이 노래는 민중이 느낀 냉소와 비웃음을 드러내며, 억눌린 백성들의 고통과 불만을 대변한다.

오늘날 우리 사회에도 비슷한 모습이 반복된다. 권력자는 충언하는 자를 멀리하고, 편리한 수단을 제공하는 간신을 곁에 두려 한다. 국민이나 야당, 언론과의 대화와 설득이라는 어려운 길보다는, 명령과 제거로 문제를 해결하려는 손쉬운 방식을 택한다. 그러나 황금 닭은 평상시에는 통치를 돕는 도구일 수 있어도, 폭정이 도를 넘었을 때는 통치자를 무너뜨리는 심판자로 돌변할 수 있다.

100여 년 전 러시아의 시와 오페라가 오늘날 우리에게 전하는 교훈은 절대 작지 않다.

우리가 잃어버린
'기본'에 대하여

과거엔 우리 곁에 있었으나 지금은 사라져 버린 것과 다시 만나면 반갑다. 때론 뭉클하기도 한다. 그중 하나가 바로 '기본(基本)'이다. 모든 기본에는 공통된 요소가 있다. 바로 '단순(simple)함'이다.

폴 볼커는 1979년부터 1987년까지 미국 연방준비제도이사회(FRB) 의장을 지낸 인물이다. 당시 미국은 물가가 무섭게 치솟아 인플레이션에 시달리고 있었다. 그가 의장으로 취임했을 때 물가상승률은 13%에 달했다. 볼커는 대통령과 의회의 압력, 대형 금융회사의 로비를 물리치고 꿋꿋하게 반(反)인플레이션 정책을 밀고 나가 결국 물가를 3%대로 잡았다.

볼커의 어린 시절 일화가 있다. 어느 날 가족과 소풍 간 호숫가에는 멋진 저택들이 늘어서 있었고, 수상스키가 호수를 가로질러 내달리고 있었다. 부러운 눈길로 볼커가 "엄마, 우리는 왜 저런 게 없지?" 하고 묻자, 어머니는 짧고 단호하게 대답했다. "저 사람들은 집을 은행에 잡히고 돈을 빌린 거야. 우리는 은행 돈을 빌리지 않는단다." 볼커는 아흔한 살에 자서전을 쓰면서 "평생 어머니의 이 말씀을 가슴에 품고 살았다"고 회고했다. '공직자에게 주어지는 노벨상이 있다면 가장 먼저 받아야 할 사람'이라는 평가를 받았던 그의 경제 철학, 그 기본은 이렇게 단순했다.

오늘 우리는 어떤가. 청년들이 영혼까지 끌어모아 주식과 부동산에

'올인'하는 나라에 살고 있다. 5,200만 인구의 해외여행 횟수가 1억 2,000만 일본인의 해외여행 횟수와 맞먹는다. 가계부채를 폭탄처럼 목에 달고 사는 데도 익숙하다. 2019년 5월, 문재인 대통령은 국가재정전략회의에서 "국가 채무 비율이 GDP의 40%를 넘으면 안 된다는 과학적 근거가 무엇이냐"고 묻고, "빚을 내서라도 재정을 더 투입하라"고 지시했다.

2011년, 독일 집권당 원내대표가 "요즘 유럽 전체가 '독일어'를 쓰기 시작했다"고 말해 소동이 일었다. 그가 말한 '독일어'는 경제 안정을 이루려면 재정 적자를 줄이고 세금을 올리며 공공지출을 절제해야 한다는 '독일식 기본'을 가리켰다. 남유럽 일부 국가는 고통 없는 안정을 외치며 독일을 히틀러에게 빗대어 비난했지만, 후회하는 데 그리 긴 시간이 걸리지 않았다.

'바보는 문제가 풀리기를 기다리고, 지도자는 문제를 푸는 사람이다.' 어느 외국 정치인의 말이다. 어떤 문제는 그냥 기다려도 풀리지만, 국민연금·공무원 연금·건강보험 적자는 자동으로 해결되지 않는다. 적기를 놓치면 상황은 눈덩이처럼 불어난다. 출산율 절벽, 인구 노령화, 생산 인구 감소, 경제 규모 축소라는 악순환의 바퀴는 점점 빨라진다. 눈을 감는다고 문제가 사라지지 않는다.

한국의 대학도 기본을 잃은 지 오래다. '일류' '이류' '삼류'라는 우물 안 계급장을 달고 있으나, 세계로 나가면 한두 계급 낮춰야 한다. 대학 수능의 제1 법칙은 '생각해서는 안 된다'는 것이다. 입시 학원은 '생각하지 않고 어려운 문제를 피해 가는 기술'을 파는 산업으로 변질되었다.

'일류 대학'의 다수는 교수들이 투표로 학장·총장을 뽑는다. 이는 마치 국가대표 축구팀 선수를 모아 감독을 뽑는 격이다. 학생은 떠나도 교수는 남는다. 투표로 선출된 총장이 유권자인 교수를 개혁할 수 없다. 교육부는 사립대학까지 공기업처럼 지배하며 부실을 쌓아왔다. 출산율이

한 해 27만 명으로 떨어진 나라에서 공장의 일손 부족을 걱정하기보다 먼저 연구소가 텅텅 비는 사태를 맞게 될 것이다.

볼커는 공직에 있던 아버지로부터 "권한이란 책임을 뜻한다"는 가르침을 배웠다. 윤석열 대통령은 지난 1년간 전임 정부가 남긴 '쓰레기'를 치우는 데 많은 시간을 보냈다. 한미, 한일 관계 정상화도 그런 청소 작업의 일환이다. 이제는 내정에서 실적을 내야 한다. 이라크 전쟁에서 승리했던 아버지 부시가 재선에 실패한 것도, 역대 좌파 정권이 남북문제로 정치적 이득을 보려다 번번이 실패한 것도 같은 맥락이다.

정치의 '기본'은 언제나 국민 삶의 향상이다.

윤리와 이익은
어떻게 함께 가는가

동양철학은 세계의 생성과 운영을 하나의 기준으로 설명하지 않고, 복합적인 요인의 상호작용으로 풀어내려 했다. 유일신이나 이데아, 절대 이성보다 자연, 기, 연기 등의 개념을 통해 자연과 사회 현상을 해명하려 한 것이다. 그 결과 동양철학은 남성과 여성, 음과 양, 동(움직임)과 정(고요함), 윤리와 이익, 빈과 부처럼 다양한 짝 개념을 만들어냈다. 이 짝 개념은 때로는 서로 잘 어울리기도 하고, 때로는 으르렁거리며 대립하기도 한다. 싸우다가도 화해하는 관계인 것이다.

오늘날 우리도 날로 심화하는 양극화를 걱정하지만, 정작 그 해법을 찾기는 쉽지 않다. 이해관계가 날카롭게 맞서다 보니 모두를 만족시키는 길이 보이지 않기 때문이다. 공자가 살던 시대에도 빈익빈 부익부 현상이 사회 문제로 떠올랐다. 《논어》는 이를 빈부(貧富)와 의리(義利)의 틀로 다루었다.

공자의 시대는 신분사회였다. 높은 신분일수록 경제적 안정이 보장됐지만, 제후국 간 경쟁이 치열해지면서 계급 이동이 일어났다. 국가가 다른 나라의 침략으로 영토를 잃거나 멸망하면 왕족도 하루아침에 거지가 되었다. 반대로 전쟁이 잦아지면서 군사·행정·외교 능력을 지닌 이들에게 기회가 열렸다. 그 과정에서 선비와 평민 중 일부가 능력을 발휘해 새로운 사회적 역할을 맡게 되었다.

이처럼 춘추시대는 '귀속 지위'와 '성취 지위'가 공존한 시대였다. 다수는 부모 세대의 신분을 그대로 물려받았지만, 일부는 개인 능력으로 전혀 다른 삶을 살았다. 이런 변화 속에서 안정은 줄고 불안정은 커졌다. 높은 신분에도 생계가 막막한 이가 생기는가 하면, 낮은 신분에서도 벼락부자와 벼락출세가 나타났다.

사마천은 《사기》의 '열전'에서 이 시대 사람들의 성공과 실패, 영광과 좌절, 영예와 추락을 흥미롭게 기록했다.

빈부 갈등이 심화하자 공자의 제자들도 이 문제에 관심을 기울였다. 그 가운데 자공(子貢)은 국제무역으로 성공한 인물로, 오늘날 말하는 '유상(儒商, 자애로운 상인)'의 대표 사례로 꼽힌다. 그는 경제 문제에 유독 관심이 많아 공자와 대화를 나누었다.

자공은 말했다.

"가난하더라도 있는 자에게 아첨하지 않고, 부유하더라도 없는 자에게 교만하지 않으면 빈부 갈등이 심해지지 않을 것이다(貧而無諂, 富而無驕)."

공자는 이렇게 답했다.

"가난하더라도 올바른 길을 즐기고, 부유하더라도 예술과 문화를 좋아한다면 빈부의 차이 자체가 문제가 되지 않을 것이다(貧而樂道, 富而好禮)."

자공은 남에게 피해를 주지 않는 소극적 해법을 말했지만, 공자는 빈부의 틀을 넘어 더 넓은 가치를 추구해야 한다고 본 것이다. 얼핏 보면 두 사람의 말은 현실과 동떨어진 이상론처럼 보인다. 하지만 공자는 빈부 문제를 단순히 경제 문제로만 보지 않고, 삶의 가치관 전환을 통해 다각도로 바라보길 원했다.

《맹자》는 도의와 이익을 첨예하게 대립하는 관계로 설정한다. 그래서 흔히 유학은 이익을 부정한다고 오해된다. 그러나 공자는 도덕이나 사회적 가치를 해치지 않는 한 부의 추구를 부정하지 않았다. 어려서부터 생계를 책임져야 했던 경험이 경제 행위를 자연스러운 삶의 일부로 이해하게 한 듯하다.

근대 일본의 기업가 시부사와 에이이치(1840~1931)는 '논어와 주판'에서 공자의 견리사의(見利思義, 이익을 보면 의를 생각함)를 주목했다. 그는 이를 '의리합일(義利合一)', 즉 윤리와 이익은 하나로 일치해야 한다는 사상으로 발전시켰다.

그러나 공자의 사상은 합일이라기보다 '의리상고(義利相顧)', 곧 윤리와 이익이 서로 돌아보며 견제하는 것에 가깝다. 수레가 좌우 바퀴를 함께 굴려야 나아가듯, 윤리와 이익도 어느 한쪽만으로는 불완전하다. 함께 균형을 이룰 때 비로소 사회가 오래 갈 수 있다.

근대사회는 신의 은총을 내세우며 사익 추구를 정당화했지만, 셰익스피어의 《베니스의 상인》이 보여주듯 자본가는 흔히 냉혈한으로 묘사되었다. '반기업 정서'가 극심했기 때문이다. 오늘날 우리는 성공한 기업가를 그때처럼 차갑게만 보지는 않는다. 그러나 그렇다고 따뜻하게 보지도 않는다.

기업가가 따뜻하게 보이려면, 공자가 강조한 의리상고의 가치를 다시 새겨야 한다. 윤리와 이익이 함께 가는 길, 그것이야말로 오래가는 길이기 때문이다.

인간과 인공지능

지구는 태양 주위를 돌고 달은 지구를 돌며, 지구는 축을 중심으로 끊임없이 회전한다. 인간이 지금까지 관측과 연구로 밝혀낸 바에 따르면, 우주의 모든 것은 마치 프로그래밍한 듯 일정한 법칙 아래 끊임없이 작동하고 있다.

지구에 사는 생명체, 특히 인간은 우주 법칙과 연동하여 유전적·사회적 규칙을 만들고, 패턴을 형성하며 진화해 왔다. 태양이 떠오르면 활동을 시작하고, 달과 별이 드러나면 쉰다. 우주의 고정된 질서 속에서 경험되는 순환을 밤낮과 계절의 패턴으로 인식하고, 단순 적응을 넘어 이를 활용하는 법을 터득해 생존했으며, 생존을 넘어 '진화'하고 발전해 온 것이다.

우리는 무심코 '진화'라는 말을 자주 쓴다. 그러나 인간의 시간으로는 불변에 가까운 우주의 법칙 속에서 '진화'란 표현은 본래 생명체에게 어울린다. 무생물에는 변화나 변천이라는 말이 적합하다. 돌이 진화한다, 쇠가 진화한다, 물이 진화한다, 이런 표현은 어색하다. 문학적 은유라면 몰라도 말이다.

그럼에도 분명한 예외가 있다. 인간이 만든 것에는 '진화'라는 말을 붙인다. 사회의 진화, 과학의 진화, 철학의 진화, 예술의 진화, 무기의 진화, 컴퓨터의 진화, 인공지능의 진화 같은 표현이 자연스럽게 쓰인다.

사전도 이를 반영한다. '진화'는 생물의 점진적 변화 현상일 뿐 아니라, 특정한 사물이나 상황의 점진적 발달 과정으로 확장 정의된다. 여기서 '발달'은 의도를 가진 존재의 행위에서 비롯된다. 결국 인간이 '진화'를 추동하는 주체로 자리매김한다.

심지어 인간은 자신이 속한 생물·무생물의 범주를 넘어 우주에도 '진화'라는 말을 부여한다. 우주의 진화, 태양의 진화, 지구의 진화처럼. 빅뱅 이론에 따르면 우주는 140억 년 전 대폭발로 시작되어 지금도 팽창 중이다. 은하는 약 130억 년 전 형성됐고, 태양의 나이는 50억 년, 지구는 46억 년, 지구 생명은 약 35억 년 전 등장했다. 이런 과정 전체를 '우주의 진화'라 칭하는 것 자체가, 인간이 빅뱅을 추동한 무언가를 '생각과 의도를 가진 존재'로 인식한다는 방증일 것이다.

에덴동산의 선악과, 바벨탑의 사건으로 상징되는 인간의 욕망은 신에 닿고자 하는 충동을 품어 왔다. 그 욕망은 평온하게 일상에 스며 있지만, 언제든 부메랑처럼 돌아올 수 있다는 두려움과 함께한다.

인공지능에 대한 두려움도 한때는 막연했으나, 알파고와 이세돌의 대결을 보면서 현실감 있게 다가왔다. 오래전부터 기계의 계산 능력이 인간보다 뛰어났지만, 우리는 두려움 없이 유용하게 활용해 왔다. 1997년 IBM의 슈퍼컴퓨터 '딥블루'가 체스 세계 챔피언을 이겼을 때도 충격은 있었으나, 인간의 직관과 추론을 넘어선 것은 아니었다.

그러나 바둑은 경우의 수가 사실상 무한에 가깝다. 그런 바둑에서조차 알파고가 인간을 꺾자 충격은 훨씬 컸다. 딥마인드 팀은 무작위 검색(몬테카를로)과 다층 신경망을 접목한 강화학습(Deep Learning)을 적용했다. 입력된 방대한 데이터를 바탕으로 기계 스스로 심층 학습하게 한 것이다. 심지어 개발자조차 기계가 학습 과정에서 내부적으로 무엇을 하는지 완전히 설명하지 못한다.

이는 생명의 진화에서 '획득 형질'을 연상시킨다. 더 나아가 만약 자가 복제 기능까지 갖춘다면, 인공지능은 라마르크의 '용불용설'을 구현하며, 인간보다 더 빠른 속도로 스스로 진화하는 존재가 될 수 있다. 그래서 '인공지능이 인간의 자리를 빼앗을 것' '전쟁을 일으킬 것'이라는 두려움이 증폭되는 것이다.

그러나 여기서 간과되는 점이 있다. 기계가 지닌 '의도'는 어디까지나 인간이 부여한 것이다. 인공지능은 인간의 선택압 아래에서만 진화한다. 결국 인간이 두려워해야 할 것은 기계가 아니라, 인간 자신의 의도, 그중에서도 소수의 탐욕이다. 탐욕이 첨단 기술을 도구로 삼을 때 사회 불균형은 더 깊고 빠르게 심화할 것이다.

따라서 인공지능 시대를 대비해 사회·경제·정치·문화 전반에서 깊은 성찰이 필요하다. 단순히 비즈니스 윤리에 머물 것이 아니라, 자본주의 체제 안에서 불균형을 해소할 수 있을지, 불가능하다면 어떤 대안이 필요한지 고민해야 한다.

또한 인공지능이 대신할 수 없는 인간 고유의 잠재력을 일깨워야 한다. 생명체의 진화는 돌연변이와 다양성 덕분에 가능하다. 돌연변이가 없다면 생명은 결국 소멸한다. 인간 사회도 마찬가지다. '평범함'만으로는 진보가 없다. '돌연변이' 같은 비범한 사람들이 필요하며, 다양한 성향이 공존할 수 있는 사회여야 한다.

인간 존엄, 인종 평등, 성평등, 성적 지향 존중, 생명과 자연과 동물 보호 같은 가치들은 결국 굴레와 고정관념을 깨뜨리는 방향성이다. 진보란 타자와 나를 함께 풀어주는 것이다. 이처럼 다양성을 존중하는 진보된 인간 사회라면, 인공지능과의 공존은 두려움이 아니라, 인간의 자존감을 지키며 평화롭고 풍요로운 길이 될 수 있을 것이다.

그치지 않는 비는 없다

영화 〈바람과 함께 사라지다〉의 명대사로 알려진 "내일은 내일의 태양이 뜰 거야!"는 원문 'After all, tomorrow is another day!'를 창의적으로 의역한, 초월 번역의 걸작 사례로 꼽힌다. 일본에서는 이 문장을 "내일은 내일의 바람이 불 거야!"로 번역했는데, 이는 일본어에 있는 '바람에 맡기다'라는 표현에서 착안한 것이다. 돛단배가 바람에 길을 맡기듯, 어려움이 닥쳐도 낙담하지 말고, 상황에 맞춰 대응하면 된다는 뜻이다. 이처럼 '내일은 내일의 바람이 분다'는 번역은 문화적 맥락을 살린 절묘한 선택이라 할 수 있다.

비슷한 속담으로 '그치지 않는 비는 없다(止まない雨はない)'가 있다. 여기에 얽힌 오이가와(大井川) 이야기가 전해진다. 오이가와는 도쿠가와 막부의 본거지 슨푸(駿府)와 에도를 잇는 주요 교통로를 가로지르는 강이었다. 군사적 이유로 막부는 다리 건설은 물론 배의 운항까지 금지했다. 따라서 강을 건너는 유일한 방법은 '가와고시닌소쿠(川越人足)'라 불린 인부들이 사람과 짐을 짊어지고 건너는 것이었다.

재미있는 것은 수위에 따라 통행료가 달라졌다는 점이다. '허벅지-허리-가슴-어깨' 순으로 물이 차오를수록 요금이 올라갔고, 그 이상이면 아예 건너는 것이 금지되었다. 장마나 폭우로 강물이 불어나면 여행자는 발이 묶이고, 인부들은 며칠씩 돈벌이를 하지 못해 속이 탔다. 이때 그들이 초조한 마음을 달래며 되뇌던 말이 바로 '그치지 않는 비는 없다' 였다. 오늘날의 표현으로 하면 "이 또한 지나가리(This too shall pass)"와 같은 위로였다.

장마철에는 사람들의 마음이 쉽게 지치고, 경제 활동도 위축되곤 한다. 하지만 일이 뜻대로 풀리지 않을 때일수록 잠시 걱정을 내려놓고, '그치지 않는 비는 없다'는 말을 떠올리는 게 좋다. 비가 그친 뒤를 준비하며 마음을 다잡는 그 시간이야말로, 인내의 참된 힘일 것이다.

봄과 정치,
다른 두 풍경

성마른 매화가 찬바람을 무릅쓰고 전령을 맡는다. 남쪽에서 올라온 벚꽃이 천진난만한 웃음을 터뜨리는 가운데, 점잖게 자리한 목련이 달덩이 같은 얼굴로 반가운 손님을 맞는다. 양지바른 언덕배기에는 개나리가 노랗게 자지러지고, 연초록 잎눈이 트는 나뭇가지 사이로 진달래가 수줍게 고개를 내민다. 모진 북풍에 웅크렸던 자두나무 등걸에도 하얀 꽃눈이 맺히고, 화단에 빽빽이 선 영산홍은 잠에 겨운 듯 눈을 끔뻑인다. 백화제방, 온갖 꽃들이 다투어 피어난다.

봄이 성큼 다가온다. 집 안에서도 봄기운이 감돈다. 베란다에 늘어선 화분에도 봄의 기척이 느껴진다. 이름 모를 연초록이 정체를 밝히지 않은 채 모가지를 치켜든다. 과일을 먹고 난 후 심어 둔 씨앗이 싹을 틔운 모양이다. 사과, 배, 복숭아, 자두, 포도에서부터 호박, 감자, 귀리에 이르기까지 씨앗을 여기저기 묻어 두었으니, 정체를 알 길은 없다.

때에 맞춰 흙을 뚫고 올라오는 새싹들을 바라보고 있노라면 절로 화기가 돌고 미소가 번진다. 소리 없는 자연의 교향악이 들려오고, 생명의 숨결이 담긴 천의무봉의 걸작이 눈앞에 펼쳐진다. 누구도 흉내 낼 수 없는 향연 앞에서 온몸을 가로지르는 전율을 느낀다. 주눅 든 삶의 회의가 눈 녹듯 사라지고, 생에 대한 애정과 희망, 풋풋한 생기와 신선한 용기가 잔잔히 차오른다. 봄은 생명의 신비를 전하는 천사다.

그러나 봄 같지 않은 곳이 있다. 정치판이다. 유난히 추운 겨울이 가고 사방이 꽃으로 가득한데도 정치권은 여전히 백해무익한 싸움판이다. 추악한 당파 싸움이 외교로 번져 국익을 훼손하고, 그 불씨가 법정과 헌법재판소로 옮겨붙어 법치를 무너뜨리고 있다. 사회가 백가쟁명으로 활력을 되찾아야 할 때에, 오히려 내로남불과 자기 합리화로 세월을 허비하니 한숨만 깊어진다.

선조 때 동인과 서인으로 나뉘어 다투다 임진왜란의 고초를 겪었고, 인조 때 사색당파로 치고받다 삼전도의 치욕을 당하지 않았던가. 지금은 그때보다 더 심각한 위기 상황이다. 역사의 준엄한 가르침을 잊은 채, 출세욕에 눈먼 일부 정치 지도자들이 연일 뉴스에 나와 거짓으로 국민을 속이고 있다. 권력 의지와 집권 욕망에 사로잡혀 국익과 민생을 내팽개친 채 스스로 '긁어 부스럼'을 만들고 있다.

지난 정권은 애써 맺은 일본과의 위안부 합의를 무너뜨리고, 징용 배상 판결을 방치하다 국제 갈등을 불러왔다. 박정희 대통령이 "내 무덤에 침을 뱉어라"는 각오로 이룬 합의가 한순간에 무위로 돌아갔고, 박근혜 대통령이 욕을 무릅쓰고 결단한 위안부 합의도 손바닥 뒤집듯 뒤 엎었다. 그러나 정작 감당하지 못한 채 우왕좌왕하다 물러났다.

그 뒷수습은 고스란히 윤석열 대통령의 몫이 되었고, 선대 대통령들이 감수한 욕까지 덤으로 떠안고 있다. 그럼에도 반성하기는커녕 삭발하고 죽창가를 불러대는 모습은 도무지 이해하기 어렵다. 세상 이치를 알 만한 사람들이 아닌가.

백화가 만발한 봄을 맞아, 이제는 당파를 넘어 나라와 국민을 위해 머리를 맞대야 한다. 심신을 새롭게 하고 역사의 교훈을 되새길 때다. 봄이 그러하듯, 정치에도 진정한 새로움이 깃들기를 소망한다.

장미와 장밋빛

예로부터 장미는 아름다움과 사랑, 그리고 기쁨의 상징이었다. 붉은 색·흰색·노란색·분홍색 등 꽃의 색깔이 이를 잘 보여준다. '5월의 여왕', '만화(萬花)의 여왕'이라는 수식어도 그 때문에 생겨났다. 그만큼 장미는 사람과 오랜 세월을 함께한 꽃이다. 고고학적으로는 3천만 년 전의 화석이 발견되었고, 관상용으로 재배된 것은 불과 3천 년 전부터다. 그럼에도 궁전과 교회당의 장식에 쓰였고, 중국과 서남아시아의 고대 유물이나 벽화에도 등장하니 동서고금을 막론하고 사랑받아 온 꽃임을 알 수 있다.

우리나라에서는 삼국시대 기록에 이미 '장미'라는 이름이 보인다. 《삼국사기》와 《고려사》가 이를 증언한다. 조선 세조 때의 문신이자 서화가 강희안은 원예서 《양화소록》에서 장미를 '가우(佳友)', 곧 '아름다운 벗'이라 불렀고, 아홉 품계 중 다섯째로 분류했다. 다소 낮은 평가로 보이는데, 이는 당시 장미가 오늘날의 서양 장미가 아니라 야생 찔레꽃이었기 때문일 것이다. 광복 이후 미국 등지에서 들여온 우량종을 개량한 오늘의 장미를 강희안이 보았다면, 주저 없이 으뜸으로 꼽았을지도 모른다.

김영일이 작사하고 백난아가 노래한 대중가요 〈찔레꽃〉에는 "찔레꽃 붉게 피는 남쪽 나라"라는 구절이 있다. 하지만 사실 찔레꽃은 흰 꽃만

핀다. 다만 일부 남도 지방에서는 해당화를 '때찔레' 혹은 '찔레'라 불렀으니, 꼭 틀린 가사라고 할 수는 없다.

영어에서 장미를 뜻하는 '로즈(rose)'는 본래 붉은 색을 가리킨다. 서양에서 이름은 꽃의 빛깔을 담은 것이다. 반면 한자 '장미(薔薇)'는 명나라 이시진의 《본초강목》에 따르면 줄기가 부드러워 담장에 기대어 자라는 생태적 습성에서 유래했다. 즉, 동서양의 이름은 색과 생태라는 서로 다른 시각에서 붙여진 것이다.

사전에서 '장미색'은 꽃잎과 같은 짙은 붉은빛을 뜻한다. 그런데 이 단어가 '장밋빛'으로 바뀌면 의미가 확장된다. 낙관적이거나 희망적인 상태를 비유하는 말이 되는 것이다. 정치의 영역에서는 특히 선거철마다 '장밋빛 공약'이라는 표현이 자주 등장한다. 그러나 이는 실현 가능성보다는 희망적인 전망만 부각한 채, 결국 '빛 좋은 개살구'로 끝나기 십상이다.

젊은 세종들을 기다리는 봄밤

"최용대 기자님, 감사합니다. 분노는 요즘같이 역행하는 세상을 바로 잡으려는 시국에 필요한 것이되, 그것이 삶의 모든 부분을 잡아먹게 돼서는 안 된다는 말씀이죠? 자기 삶은 자기 삶대로, 나머지 영역의 세상은 또 그 나름대로 굴려 가며 살아야 한다는 말씀이죠?" 어느 늦은 밤, 한 청년이 내 시사 논설을 읽고 글을 보내왔다. 평생 조금이나마 나은 세상 만드는 길이 그것이려니 하며 성심껏 읽고 쓰고 내 아이들을 가르치며 살아왔는데, 나라가 이 지경으로 진창에 빠진 것을 보니 허탈하기 이루 말할 수 없고, 기성세대로서 젊은 사람들에게 참 미안한 참이었다.

"그런데 한편으로는 이런 생각도 들어요. 어쩌면 분노와 자기 일을 해 나가는 것이 그리 어긋나지 않을 수도 있다는 생각이요. 요즘 우리는 불합리하게 자기 삶을 옥죄는 세상에 대해 무감하고 무심하기를 배우는 것 같은데, 사람들이 분노를 느끼고 표출하는 경험을 통해 자기 삶과 내면의 뜻과 감정을 자기 주인으로서 느껴가는 게 아닌가 싶어요. 어쩌면 이런 걸 배울 기회조차 없었던 채로 무감과 무력만을 배우고 치열한 생존의 장에 내몰렸던 사람들이, 이번 기회를 통해 스스로 배우고 있는 건 아닐까요?"

내가 하지 않은 말까지 짐작해 전해오는 그의 총명함이 좋아서 내 머릿

속에는 "청출어람청어람(靑出於藍靑於藍)"이라는 구절이 스쳐 지나갔다.

"요즘은 앞으로 살아갈 길의 방향을 스스로 만들어가야겠다는 생각을 더 많이 합니다. 사례로 드신 괴테의 행적을 보면, 그는 세상을 자기 안에 품고 모든 일을 할 수 있다는 자긍심을 지닌 듯한데 저도 그 부분을 닮고 싶더군요. 자긍심과 능력이 서로를 북돋우며 고양된 힘이 된 것 같은데, 저 역시 그런 선순환에 오를 수 있을까 동경하게 됩니다."

청년의 입에서 흘러나온 "선순환"이라는 말이 아름다워, 내 정신도 더 맑아졌다.

그런 이야기가 오가며 깨어 있었던 덕분에 새벽 두 시가 넘어 지금, 이 글을 쓰고 있다. 허공에 내민 한 손을 잠시 잡아 준 듯해, 다음 기회에 그 청년에게 간단히 고맙다고 인사를 전했더니 답장이 또 왔다.

"의도치 않게 선생님의 좋은 일을 거든 셈이 됐네요. 의지하는 사람들이 있다는 건 때로는 고되면서도 그래도 힘 나고 감사하며 보람된 일인 것 같아요. 아니, 한밤중 늦게까지 선생님께서 정말 고생 많으셨을 걸 생각하면 마음이 아프면서도 또 한편으로는 부럽고 동경이 되기도 하네요. 그 청년분도 차에 담긴 기자님의 따뜻한 위로를 받고 다시 힘내서 어려움을 헤쳐 나가셨으면 좋겠어요."

마음을 읽어내는 젊은 청년의 따뜻한 심성이 고스란히 전해왔다.

단편적으로밖에 알지 못하지만, 젊은 시절의 세종이 바로 저런 모습이 아니었을까 싶다. 들은 말을 경청하고, 들은 바를 되새기며 질문으로 배움을 새겼다 한다. 예의를 다하면서도 깊은 이해 위에 자신의 의견을 덧붙여 피력함으로써, 스승 된 신하 앞에서 군주로서의 체통을 지키며 인간과 지식의 총화를 이루어간 청년이었다.

젊은 날이 그러했기에, 장년과 노년에 이르러 대화와 창의의 정치를 펼쳐낼 수 있었을 것이다.

정의란 무엇인가,
다시 묻다

오래전 《정의란 무엇인가》라는 제목의 책이 유행한 적이 있었다. '유행'이라는 단어를 쓰는 것이 미안하기는 하지만, 실제로 유행했던 것은 사실이다. 그 책을 읽지 않으면 지식인이 아닌 것처럼 보일까 염려되었고, 그 책을 읽어야 정의로운 것을 좋아하는 사람이라는 평판이 생길 것 같아, 정의에 관해 무언가 답을 얻을 수 있을지도 모른다는 일말의 기대를 품고 책을 펼쳤다.

책을 읽으면서 '정의의 기준은 무엇일까, 최소한 무엇인가는 있지 않을까' 하는 생각으로 직무에 조금이라도 도움이 될 만한 단서를 찾으려 애썼다. 그러나 어디선가 언젠가 들었던 것 같은 에피소드들이 반복되면서 혼란만 가중되었고, 보검처럼 얻고자 했던 단서는 기다림으로 변했다. 마지막 에피소드가 끝나고 책을 덮었을 때, 남은 것은 다 알 만한 이야기뿐, 찾고자 했던 정의의 단서는 없었으며 고민만 더해졌다. 그러한 고민을 널리 전파하는 것이구나 싶어 약간은 허탈하기도 했다.

그 책 속 에피소드들이 기억에서 거의 사라져갈 즈음, 문득 이런 생각이 떠올랐다. "정의는 과정이구나." 그 책은 바로 그 '과정'을 말하고 있었다. 결과적으로 무엇이 정의인지 누구나 주장할 수는 있지만, 그 가운데 정답이라 내세울 만한 것은 없다는 깨달음이 들었다. 책을 덮은 지 몇 년 만에 도달한 결론이었기에 신기했고, 자신의 아둔함에 놀라웠지만, 지금까지 그 결론은 나에게 있어 정의에 관한 '정답'이 되어 있다.

결과적 정의를 구한다고 하는 것은, 마치 삶에 정답이 있다고 단정하는 것과 같다. 물론 삶에 정답이 있다고 믿고 살던 시절도 있었다. 새마을운동이 한창이던 때, 국민교육헌장을 외우며 후손에게 잘사는 나라를 물려주자고 땀을 흘리던 시절, 민주화를 이루겠다고 외치며 교도소에 가는 것을 두려워하지 않던 시절 말이다. 그 계몽주의적 시절에는 민주화, 국민소득 1,000달러, 선진국 같은 분명한 목표가 제시되었고, 사회 구성원들은 세뇌된 듯 '근면, 성실, 면학'이라는 정답을 따랐다.

그러나 이제 삶에 정답이 없다는 것을 안다고 해서 곧바로 '결과적 정의가 없다'고 말하는 것은 아니다. 중요한 것은 상대방과 사회 구성원의 다양한 주장을 듣고, 논거를 숙고하며, 토론하고 설득하고, 건의하고 검토하고 다시 건의하는 과정을 거치는 일이다. 물론 그 과정 끝에 결론이 한 가지로 모아지기는 쉽지 않다. 마지막에는 다수결에 따르거나 결정권자의 의지가 관철될 수밖에 없겠지만, 핵심은 결론이 아니라 과정 그 자체다. 시간이 적지 않게 들고, 번잡하며, 심리적·육체적 체력이 소모될 수도 있지만, 그 과정을 거치지 않을 때 치러야 할 비용에 비하면 훨씬 경제적이다.

간혹 나폴레옹처럼 과단성 있게 "나를 따르라"고 외치며 '선한 결론'을 제시하고 믿고 따르라 하는 이들이 있다. 그러나 이미 인터넷과 스마트폰, 나아가 AI가 만들어낸 정보 평준화 시대에 그런 계몽가적 방식은 설득력도 정의로움도, 공정성도 갖추지 못한다. 오늘의 사회는 한 개인의 판단력과 자제력에 모든 것을 걸기에는 이미 너무 복잡해져 있기 때문이다.

태극기에 담긴
성리학의 우주 생성 이론

태극기(太極旗)의 태극 문양은 유가 경전에 제시된 전일적(全一的) 우주 생성 원리를 상징한다. 송대 성리학에서 정립된 태극의 생성론은 조선 500여 년의 학문 전통을 거쳐 19세기 말 국기 제정에 직접 영향을 주었다. 1882년 조미수호통상조약 체결 때 처음 사용된 태극기는 이듬해 조선의 국기로 공포되었다.

유교의 우주관이 국기에 담긴 사례는 사실상 태극기가 유일하다. 더불어 한국 지폐에는 수십 년간 이황·이이 등 성리학자의 초상이 실려 왔고, 서울 도심 곳곳에서도 유교 상징을 쉽게 본다. 외국인의 눈에는 한국이 지금도 "성리학의 나라"로 비칠 수 있다. 그렇기에 한국인이라면 태극기의 상징을 한 번쯤 제대로 이해할 필요가 있다.

문제는 태극기의 뜻이 절대 쉽지 않다는 점이다. 일장기가 태양, 성조기가 연방을 상징하는 것과 달리, 태극기는 '태극이 음양을 낳고, 오행의 변화를 거쳐 천지 만물을 생성한다'는 성리학적 우주론을 품고 있다. 성리학을 모르면 태극기의 깊은 뜻을 온전히 이해하기 어렵다.

"성리학은 종교인가, 철학인가?"

강의실에서 자주 받는 질문이다. 성리학은 엄밀한 논증만으로 이루어진 철학이라 하기엔 직관적 언명이 많고, 믿음을 전제로 하는 종교라 하기엔 우주 질서와 인간 도리를 논변하는 철학적 면모가 뚜렷하다.

성리학 입문서로 널리 읽힌 주희(朱熹)의 《근사록》은 제1장에 주돈이(周敦頤)의 〈태극도설〉을 배치한다. 그 첫 구절이 "무극이태극(無極而太極)"이다. 여기서 '이(而)'를 어떻게 읽느냐에 따라 "무극이면서 태극이다" 또는 "무극이지만 태극이다"가 된다. 주희는 이를 순·역접이 아닌 경성으로 보아, 무극과 태극에 차서가 없다고 풀이한다. 곧 "무극=태극"이라는 뜻이다. 영역본 "Non-polar and yet Supreme Polarity"는 신비감을 주되 난해하지는 않다. 아리스토텔레스의 '부동의 원동자'나 창세기·빅뱅에 익숙한 이에게 "없음과 있음의 동시화"는 상상할 수 있는 개념이기 때문이다.

〈태극도설〉은 '태극이 음양오행을 낳고, 그 상호작용으로 천지와 만물이 생한다'는 우주 생성론을 압축한다. 20세기 이후 중국 철학자들은 이를 축적된 자연 지식과 엄밀한 사유가 결합한 체계라 주장했지만, "무극이태극"이 보편타당한 대전제로 성립하는지, 경험과 논증으로 확인 가능한지는 여전히 난제다. 전통의 성리학자들은 그 진리를 어떻게 안다고 믿었을까?

성리학의 논증 방식은 어디에 서 있는가

주희는 "태극도는 하나의 실리(實理)이니, 하나로써 관통한다(一以貫之)"고 단언했다. 제자들이 "무극이태극"의 뜻을 묻자 "자세히 보면 알 수 있다"고 답한다. 또 "태극은 본래 무극이며, 형체는 없고 오직 이(理)가 있다"고 해석했다. 태극을 형상이 아닌 '리'로 보아 무극=태극=리로 등치시킨 셈이다.

여기서 '리(理)'는 천리·성리·윤리·물리 등으로 확장되는 보편 법칙성,

내재적 주재성을 가리킨다. 성리학의 사유는 '근본 원리(태극) → 구체 실재(만물)'로 내려오는 연역적 사변이다. 이 점은 신 존재 증명에서 출발한 중세 스콜라 철학의 방식과도 상통한다.

그렇지만 "무극이태극"은 엄밀한 검증 명제라기보다 직관적 언명, 혹은 시적 표현에 가깝다. 주희의 "자세히 보면 알 것이다"식 답변은 철학적 논증이라기보다 경전 권위에 기대는 선언에 가깝다. 그렇다면 주희의 확신은 어디서 오나? 답은 분명하다. 경전(經典)의 권위다.

성리학은 순수 철학이 아니라 '경학'이다

성리학은 유가 경전을 새롭게 해석한 중세의 경학 체계다. 주희는《논어》《맹자》《대학》《중용》을《사서집주》로 체계화하며 신유학을 열었다. 기독교 교리가 성경에 의존하듯, 성리학의 주장은 모두 경전에 근거한다. 경전의 권위가 흔들리면 성리학의 논리도 토대를 잃는다.

청 말까지 유생들은 '주례' 등 경전을 재해석해 국난 타개를 모색했다. 신해혁명 이후 경전 독송이 교육과정에서 사라지며 경학은 급속히 해체되었고, 그 공백은 서구 사상이 채웠다. 오늘의 시각에서 성리학을 현대 철학의 개념 틀로 재구성하려는 시도들이 있으나, 경전과 유리된 성리학은 모래 위의 누각이 되기 쉽다.

다시, 태극기로

태극의 우주 생성론은 '주역' 특히 〈계사전〉의 권위 위에 선다. 경학의 권위가 무너지는 순간, 그 우주론도 설 자리를 잃는다. 그럼에도 19세기 후반, 국가 이념이 성리학이던 조선이 국기에 태극을 채택한 것은 자연스러운 선택이었다. 아이러니하게도, 바로 그 시기가 동아시아 전역에서 성리학적 세계관이 급속히 해체되던 때였다는 사실은 기억해 둘 만하다. 무너져가던 우주관의 핵심 기호가 신생 국가의 깃발 한복판에 자리한 것. 그 역설이 태극기의 역사적 의미를 더욱 깊게 만든다.

펄 벅,
한국 독립운동의 친구

　중국 양쯔강변의 도시 전장(鎭江)은 1935~1937년 대한민국 임시정부가 머물렀던 곳이다. 상하이, 항저우에 이은 세 번째 피난처였다. 전장시는 이를 기념하기 위해 몇 해 전 임시정부 부지 인근의 학교를 기념관으로 꾸몄다. 5년 전 임시정부 루트 탐방단으로 참여해 그곳을 찾았을 때, 한 전시 문건이 눈에 띄었다. 미국 작가 펄 벅이 1935년 8월 15일 자 중국 신문에 〈한국인은 마땅히 자치를 해야 한다(韓國人應該自治)〉라는 칼럼을 발표하며 한국인의 항일투쟁을 지지했다는 내용이었다.

　펄 벅에 대해 내가 아는 것이라곤 소설 《대지》로 노벨문학상을 받은 작가라는 점이 전부였다. 그래서 더 놀라웠다. 이후 그의 삶을 살펴보면서, 그가 어떻게 한국 독립운동의 열렬한 지지자가 되었는지를 이해하게 됐다.

　펄 벅은 미국에서 태어난 지 세 달 만에 선교사인 부모를 따라 중국으로 건너갔다. 젊은 시절을 전장에서 보낸 그는 인근 난징대 교수로 재직했다. 그곳에서 한국인 유학생들을 처음 만났는데, 대부분 독립운동가의 자제들이었다. 펄 벅은 그들을 통해 한국의 독립운동을 접하며 깊은 인상을 받았다.

　'독립운동가들의 고향'을 궁금해하던 그는 1960년 한국을 찾는다. 한국의 역사와 문화를 조사하고 자료를 모은 그는 독립운동을 소재로 한 장편소설을 구상했다. 이어 2년간 집필 끝에 《살아있는 갈대(The Living Reed)》를 출간한다. 소설은 구한말에서 광복까지, 나라를 위해 투쟁한 한 가문의 4대에 걸친 이야기다. '소설로 읽는 한국 독립운동사'라 불러도 손색이 없다.

소설은 대원군 섭정, 갑신정변, 명성황후 시해 사건, 경술국치 등 격동의 구한말을 배경으로 제암리 사건, 의열단 활동, 만주 항일투쟁으로 이어지는 역사를 그려낸다. 주인공 김일한은 구한말의 관료이지만, 펄 벅이 진정으로 그리고 싶었던 인물은 그의 아들 연춘이었다. 연춘은 중국과 만주를 누비며 항일투쟁의 전설이 된다. 그의 별명은 '살아있는 갈대'다. 갈대가 꺾여도 해마다 다시 돋듯, 불굴의 한민족을 상징하는 이름이다.

《살아있는 갈대》는 《대지》와 더불어 펄 벅의 대표작으로 꼽힌다. 그는 책의 첫머리에 "한국은 고상한 국민이 살고 있는 보석 같은 나라이다"라고 적었다. 소설은 한국 독립운동과 항일투쟁에 대한 오마주다. 펄 벅은 독립운동을 통해 한국을 알게 되었고, 한국인의 친구가 되었다. 그는 이후에도 한국을 소재로 한 소설을 몇 편 더 썼으며, 말년에는 경기도 부천에서 살며 혼혈 고아들을 위한 '소사 희망원'을 운영했다. 지금 그 자리에는 '부천펄벅기념관'이 세워져 있다.

그는 자서전에서 "독립운동가들의 항일 정신이 오늘의 한국을 있게 한 직접적 원인이 되었다"고 말했다. 그의 분석은 정확했다. 역사학자 장석홍 교수에 따르면, '대한민국'이라는 국호 자체가 독립운동 과정에서 태어난 것이며 항일투쟁이 곧 한국의 정체성을 만들었다. 국호뿐 아니라 태극기, 애국가, 무궁화 역시 모두 독립운동 과정에서 국가 상징으로 정착했다.

일제하의 항일운동은 대한민국을 만든 원형질이다. "대한민국은 민주

공화국이다"라는 헌법 제1조의 뿌리는 임시정부에 있다. 현행 헌법 역시 임시정부의 법통을 계승한다고 명시하고 있다.

그럼에도 지난 정권들은 헌법 정신을 왜곡하며 독립운동의 역사를 경시해 왔다. 국사편찬위원회가 새 교과서 집필진에게 근현대사와 독립운동을 균형 있게 서술해 달라고 당부하는 이유가 여기에 있다. 역사를 정권의 이해관계에 따라 바꾸려 해서는 안 된다. 우리가 역사를 두고 논란으로 갈라지는 사이, 중국은 임시정부 유적지를 복원하고 안중근기념관을 세워 항일 연대 정신을 기리고 있다.

5년 전 항저우 임정기념관에서 만난 중국인 관장은 이렇게 말했다. "중국이 부동산 개발 이익을 포기하고 항저우 임정 청사를 보존하는 것은 항일 연대 정신을 기리며 한국과의 우호를 도모하기 위한 것입니다." 우리 독립운동은 단순한 항일투쟁이 아니었다. 안중근 의사의 〈동양평화론〉이 보여주듯, 그것은 민족을 넘어선 인도주의적 평화운동이었다. 펄 벅이 한국 독립운동가의 친구가 되고, 중국이 한국의 항일 정신을 존중하는 이유도 여기에 있다.

교과서는 특정 권력의 도구가 아니라 한 시대 인문 정신의 상징이 되어야 한다. 인문 정신의 핵심은 다양한 삶과 생각이 공존할 수 있다는 개방성과 포용성이다.

오늘의 위기는 지난 수십 년간 우리가 선택한 가치의 결과다. 이를 교정하는 데에도 긴 시간이 필요하다. 정치가는 당장의 신세계를 약속하지만, 새로운 세계는 결코 하루아침에 오지 않는다.

학교에 가는 이유

살아오면서 배운 것 가운데 가장 자랑스러운 것은 무엇일까? 미적분학, 암벽 등반, 무용, 클라리넷? 모두 아니다. 어디서든 내세울 수 있는 가장 위대한 성취는 사실 유치원을 졸업할 무렵 이미 이뤄졌다. 바로 '말하기'를 배운 것이다.

만 두 살이면 아이는 말을 시작한다. 1년쯤 지나면 수백 개의 단어를 머릿속에 담는다. 새로운 단어는 대개 한 번만 들어도 곧장 저장된다. 네 살쯤 되면 어떤 놀이를 할지, 무슨 음식이 더 맛있는지를 놓고 갑론을박까지 벌인다. 태어나자마자 한국어 학원에 다녔을 리 만무하다. 그저 자라면서 어른들의 대화를 곁눈질로 듣기만 해도, 아이는 어느 순간 자연스럽게 말한다. 만약 수학도 이렇게 배우기 쉬웠다면 초등학교부터 수학 포기자가 생기는 일은 없었을 것이다.

그러나 어떤 것들은 배우기 어렵다. 읽기와 쓰기가 대표적이다. 아이 방에 동화책과 크레용, 종이를 아무리 쌓아둔다 해도, 아이가 홀연히 한글을 깨치는 기적은 일어나지 않는다. 글자 기호를 알맞은 소리와 뜻에 연결하는 요령을 부모나 교사가 몇 년 동안 반복 학습해야 비로소 아이는 글을 읽을 수 있다. 글쓰기는 더 어렵다. 대학을 졸업한 성인조차 자기소개서를 쓰라 하면 얼굴이 하얗게 질린다.

왜 말하기는 쉽고, 읽고 쓰기는 어려울까? 답은 인류의 진화 역사에 있다. 수백만 년 동안 말을 잘해 이웃과 정확히 의사소통했던 이들이 그렇지 못한 이들을 제치고 우리의 조상이 되었다. 그 과정에서 인간은 의식적 노력 없이도 모국어를 습득할 수 있는 심리적 도구를 진화시켰다. 반면 문자는 고작 8천 년 전 발명되었고, 오랫동안 특권층의 전유물이었다. 대중 다수의 삶과는 무관했던 셈이다. 읽고 쓰기를 쉽게 익히도록 특화된 심리적 도구가 진화할 시간은 턱없이 부족했다. 그래서 우리는 학교에서 고생하며 읽기와 쓰기를 배운다. 대학마다 한국어 회화 강좌는 드물지만, 글쓰기 강좌가 넘쳐나는 이유도 이 때문이다.

진화 역사 속에서 오래된 지식은 쉽게 습득된다. 옛날 아프리카 사바나 초원에서 살아남기 위해 꼭 필요했던 지식이라면 인간은 물 흐르듯 배우도록 진화했다. 이런 '타고난 학습'은 동식물, 물건, 인간, 수, 시공간, 언어 등 여러 영역에 걸쳐 있다. 예를 들어, 동물이 죽으면 더는 먹지 못한다는 것, 물건을 손에서 놓으면 땅에 떨어진다는 것, 눈썹을 찌푸리면 화가 났음을 추측하는 것, 하나·둘·셋 정도의 작은 수를 더하거나 빼는 것, 집으로 가는 길을 찾아내는 것 등이 그러하다. 이런 일차 지식은 학교에 가지 않아도 누구나 터득한다.

하지만 현대 사회가 요구하는 지식은 훨씬 많다. 미적분학, 양자역학, 진화론, 글 읽기 같은 것은 우리의 뇌가 자동으로 배우도록 설계되어 있지 않다. 그래서 우리는 다른 목적을 수행하던 심리적 도구를 억지로 끌어와 임시변통으로 사용한다.

읽기를 예로 들어 보자. 눈앞의 강아지를 가리키며 '강아지'라 부를 수 있는 능력을 빌려, 종이에 쓰인 '강아지'라는 기호를 보고 해당 소리와 뜻을 연결하는 것이 읽기다. 원래 잘 배우도록 설계되지 않았으니, 많은 이가 읽기와 쓰기를 따분하게 여기는 것도 무리가 아니다. 만약 읽기에 특화된 심리적 도구가 진화했다면, 사전에 파묻혀 밤새 글자만 읽는 은둔형 외톨이가 사회문제가 되었을 것이다.

학교는 우리가 타고나지 않은 이차 지식을 체계적으로 가르치는 곳이다. 교과를 설계할 때, 학생들이 이미 어떤 일차 지식을 가지고 교실에 들어오는지 고려한다면 교육은 더 즐겁고 효율적일 수 있다. 예를 들어, 내일 비가 올 확률은 많은 사람에게 알쏭달쏭하다. "내일은 비가 오거나 오지 않거나 둘 중 하나인데, 확률이 20%라니 무슨 말인가?" 하지만 과거와 유사한 날 10일 가운데 2일은 실제로 비가 왔다고 설명하면 쉽게 이해한다. 조상들이 경험한 세상은 확률이 아닌 '빈도'로 주어졌기 때문이다.

우리는 로그 함수를 미분하거나, 자기소개서를 쓰거나, 양자역학을 공부하도록 태어난 존재가 아니다. 이런 이차 지식은 의식적인 노력, 명확한 가르침, 외부의 보상이 있어야만 배울 수 있다. 같은 정보라면 낯설고 부자연스러운 형식보다는 친숙하고 자연스러운 형식으로 제시할 때 우리의 오래된 뇌는 더 잘 학습한다는 사실을 기억할 만하다.

한국 지도부,
이 순간의 의미를 알고 있는가

1950년 6월 25일 새벽, 38선 부근에서 인민군의 첫 총성이 울렸을 때, 그 소리가 앞으로 3년 동안 100만 명을 희생시키는 비극의 시작이 될 것이라 직감한 이가 과연 있었을까. 매일 적정을 주시하던 일선 지휘관이나 안보 책임자 중 일부는 곧바로 전면전 발발을 감지했을지 모른다. 그러나 그 누구도 그 총성이 한반도를 폐허로 만들고 70년 분단을 고착시킬 출발점이 될 것이라 예견하지는 못했다. 현재의 의미를 역사 속에서 정확히 포착하기는 그만큼 어렵다.

북한 스스로는 앞날을 예측했을까. 김일성과 박헌영은 불과 한 달이면 부산까지 점령해 대한민국을 바닷속에 밀어 넣을 수 있다고 확신했다. 그러나 전쟁은 그들의 오판을 비웃듯 전개되었고, 결국 책임을 둘러싼 정치투쟁 끝에 박헌영은 처형당했다. 가해자라 해서 현재의 의미를 제대로 아는 것은 아니었다.

패망으로 귀결될 전쟁을 시작하는 국가 지도자가 반드시 비합리적인 것은 아니다. 그들 또한 승산과 이득을 따져 움직인다. 그러나 한 번 일어난 사건은 다음 사태의 방아쇠가 되고, 그다음 사건은 또 다른 사태를 불러내며, 결국 인간의 통제 범위를 벗어나 전혀 다른 국면으로 흐른다.

오늘날 김정은의 모습은 6·25 당시 김일성을 떠올리게 한다. 그는 핵과 미사일 위기를 도발하면서 자신만만해하지만, 그 확신은 할아버지의 오판과 다르지 않을 수 있다.

남북 국력의 격차는 이미 40배에 달한다. 북한이 재래식 군비로 균형을 맞추는 것은 불가능하다. 따라서 그들이 핵에 집착하는 것은 망상이 아니라, 자신들에겐 가장 현실적인 선택지라 믿기 때문이다. 그러나 핵 독자 개발은 한미 동맹을 흔들고 국제사회로부터 치명적인 대가를 불러올 수밖에 없다.

문제는, 한반도 핵 위기와 같은 사태는 교과서에도 전례가 없다는 점이다. 핵보유국이 핵 비보유국을 향해 '핵 불소나기'니 '핵참화'니 하며 위협한 적도, 소수의 핵으로 수천 기를 가진 미국을 협박한 적도 없었다. 금기였던 선을 북한은 아무렇지 않게 넘나들고 있다.

냉전 시기 미국과 소련은 서로의 카드를 드러내며 억지를 유지했고, 그것이 핵 참화를 막았다. 그러나 한반도에는 이런 규칙이 없다. 압박의 강도만으로는 부족하다. 실천으로 이어지는 신뢰가 확보되어야 상대의 도발을 억제할 수 있다. 지금처럼 말의 홍수가 이어지면, 신호등 고장 난 네거리에 과속 차량이 뒤엉키는 꼴이 된다.

따라서 한국과 동맹국은 북한의 추가 도발을 억지하는 데 모든 역량을 집중해야 한다. 필요한 무기 도입도 주저할 이유가 없다. 그러나 사람이 상황을 관리하지 못하면, 상황이 사람을 집어삼킨다. 역사 속 현재의 의미는 시간이 흐르면 드러나지만, 그때 깨닫는 것은 아무 소용이 없다. 여야가 주도권 다툼에 매몰된 지금, 과연 한국 지도부는 이 순간의 의미를 제대로 이해하고 있는가.

김정은이 정상회담 중 기자들에게 "잘 연출됐습니까?"라고 묻던 장면은 그의 치밀함을 보여주는 단서다. 이런 연출에 속아 북한 체제가 최악의 인권 탄압 독재이며, 김정은이 필요하다면 혈육조차 잔인하게 제거

하는 독재자임을 잊는다면, 북핵 폐기라는 본안은 물론 자유민주 통일
도 물거품이 될지 모른다.

인정할 건 인정하는 태도

우리나라 대학 입학생들의 평균적인 수학 실력은 아마도 세계 최고 수준일 것이다. 그러나 그 실력은 한쪽으로 치우쳐 있다. 계산하고 답을 구하는 능력은 뛰어나지만, 정작 수학교육의 근본 목표인 논리적 사고력에는 취약한 모습을 보인다.

'집합론'과 '수학논리 및 논술'을 강의하면서 내용을 파격적으로 낮추어도 학생들은 힘겨워한다. 아주 간단한 문제조차 논리적 사고를 바탕으로 서술하거나 답을 찾는 데 어려움을 겪는다. 오래 관찰하니 어려워한다기보다는, 논리를 만나면 뇌가 작동을 멈추는 듯한 경우가 많다는 것을 알게 됐다. 왜 이런 뇌 정지 현상이 일어나는 것일까?

그 이유는 우리 사회의 문화와 교육에서 찾아야 한다. 어려서부터 정확하게 말하고 서술하는 훈련을 중시하지 않는 문화 속에서 자라다 보니, 논리적 사고는 낯설고 어려운 것이다. 중고등학교 수학에서도 악순환이 반복된다. 수학이 어렵다는 이유로 학생들이 힘들어하는 집합, 명제, 함수 같은 기초 개념들을 자세히 가르치지 않게 된다. 결국 문화와 교육 모두 논리력 향상에 도움이 되지 않는다.

합리적 사고의 중요성

논리적 사고까지는 아니더라도 일정한 '합리적 사고'는 현대 사회에서 개인의 삶의 질과 행복을 좌우하는 매우 중요한 요소다. 합리적 사고가 결여된 사람들의 공통점은, 바로 합리적으로 사고해야 한다는 인식 자체를 간과한다는 데 있다. 그러다 보니 정확하지 않은 말을 하거나 잘못된 판단을 해도 부끄러움을 느끼지 않는다.

정확한 정보에 근거해 판단해야 한다는 생각조차 하지 않는 경우도 많다. 마음에 드는 정보만 선택하고 직관에만 의존하다 보면 사고는 왜곡된다. 옳고 그름을 따지는 것 자체를 껄끄럽게 여기는 경우도 있다.

합리적으로 사고하기 위해서는 인정할 것은 인정하는 태도가 꼭 필요하다. 객관적인 사실을 인정하는 태도, 작아 보이는 것이라도 분명한 증거라면 받아들이는 태도, 자기 생각과 어긋나는 사실이라도 수용하는 태도가 합리적 사고의 출발점이다.

지구가 평평하다고 믿는 사람들이 미국에 여전히 많다. 지구가 둥글다는 증거를 아무리 제시해도 그들은 받아들이지 않는다. 우리나라에도 지구의 나이가 46억 년이 아니라 6000년 남짓이라고 믿는 사람들이 있다. 심각한 암에 걸려 의사의 권고를 무시한 채 민간요법만 붙드는 경우도 많다. 이 모든 것은 인정해야 할 사실을 인정하지 않는 태도에서 비롯된다.

음모론과 인정 태도의 결여

좋은 판단력과 분별력은 좋은 정보력에서 나온다. 정보력이란 올바른 정보와 상황에 적합한 정보를 취사선택하는 힘이다. 그리고 그 힘은 인정할 것은 인정하는 태도에서 비롯된다.

그러나 지금 우리 사회는 달라 보인다. 현직 대통령의 느닷없는 계엄 선포 이후 좌우 진영의 대립은 극단으로 치닫고, 근거 없는 음모론이 판을 친다. 자기가 믿고 싶은 것만 믿는 확증편향은 전염병처럼 번지고 있다. 이는 인정할 것은 인정하는 태도를 상실했기 때문이다.

부정선거를 믿는 사람들은 대통령이 임명한 선관위 사무총장뿐 아니라 선관위 직원 전체를 의심한다. 사무총장이 "선관위 서버는 해킹이 불가능하다", "개표는 수작업으로 이루어진다", "부정선거가 가능해지려면 수십만 명이 동원되어야 한다"고 밝혀도 받아들이지 않는다. 인정하지 않으려는 태도가 합리적 사고를 가로막는 것이다.

혁신은 혼란 속에 온다

조지프 슘페터가 자본주의를 이끄는 힘이라고 설파한 '혁신'은 디지털 기술로 대전환이 일어나는 오늘날 더욱 중요한 요소다. 우리는 지금 혁신을 제대로 실행하고 있는지 평가해 볼 때다. 규제기관 설득과 제도화 노력의 경험에 비추어 보면, 그 평가는 낮을 수밖에 없다.

혁신을 마치 잘 정리된 정답의 형태로 보는 경향이 있다. 앞선 기업이나 나라가 사업 모델을 만들고 제도를 정립하면, 그저 빨리 따라가겠다는 태도다. 경영진이 "투자는 하되 손해는 보지 말라, 신사업은 하되 위험은 감수하지 말라"는 지시를 내리면서 동시에 혁신을 강조한다면 어떻게 될까.

슘페터가 말한 '창조적 파괴'의 개념은 기존 시장이 파괴되면서 불가피하게 따라오는 혼란을 직시하고, 그에 대응해야 함을 내포한다. 그럼에도 규제기관은 가상자산 사업이나 차량공유 서비스 같은 새로운 혁신이 등장할 때, 이용자 보호, 시장 건전성 유지, 사고 방지 등에만 치중하는 경향이 있다. 그러나 새로운 가상 자산이 금융 산업을 혁신할 수 있고, 차량공유가 기존 택시 제도의 문제를 혁신할 여지가 있다면, 투기 방지나 택시 기사들의 어려움 해소와 같은 과제를 균형 있게 다루는 태도가 필요하다.

디지털 기술이 기반이 된 시장은 국경을 넘어 글로벌 단일 시장으로 수렴한다. 따라서 기업과 국가 모두 혁신 경쟁을 피할 수 없다. 자본은 유능한 기술자와 시장을 찾아 이동하고, 개인은 더 값싸고 질 좋은 서비스를 찾아 국경을 넘나든다. 챗GPT, 제미나이 같은 인공지능(AI) 프로그램의 이용자들은 서비스 제공자의 국적에 관심이 없다. 비트코인 같은 가상 자산은 특정 국가에 속하지 않으며, 때로는 서비스 제공자의 역할을 국적 없는 탈중앙화 알고리즘이 대신하기도 한다.

기업이 자국 시장만을 겨냥한다면 지속적 성장은 어렵다. 정부가 불법행위나 기존·신사업자 간 충돌 등 혁신의 부산물로 생겨나는 혼란을 막는 데만 집중해 자국 기업을 규제하고, 외국 기업의 진입도 차단한다면, 결국 혁신을 추구하는 기업들은 떠나가게 된다.

기술은 장려하되 사업은 규제하는 이원적 태도도 문제다. 반도체 기술의 중요성에는 모두 동의하지만, 보조금 지급이나 주 52시간 근로제의 예외를 인정하는 법은 제정하지 못하고 있다. 블록체인 기술은 장려하면서, 정작 블록체인 토큰이 포함된 서비스는 억제하는 모순이 발생한다. 그러나 토큰화야말로 블록체인 혁신의 핵심이다.

혁신적 기술과 서비스는 그를 포용하는 제도가 마련될 때 꽃핀다. 증기기관과 대항해술이 생산성을 발달시켰지만, 다수 투자자로부터 자본을 조달하고, 출자금 내에서만 책임을 지도록 한 회사 제도가 정립되었기에 자본주의는 본격적으로 꽃필 수 있었다. 초기 주식회사가 투기와 사기의 대상이 되었고, 초기 인터넷이 불법 음란물과 저작권 침해로 얼룩졌지만, 제도를 정비했기에 결국 혁신은 세상에 자리 잡을 수 있었다.

일본 정부는 블록체인을 활용한 웹3.0 도입 정책을 적극적으로 추진하고 있다. 트럼프 정부 또한 디지털 자산을 적극 육성하고 그에 맞는 제도를 수립하겠다고 선언했다. 한국 역시 넓고 긴 시야에서 제도화를 고민해야 한다. 올해 노벨 경제학상 수상자들이《국가는 왜 실패하는가》에서 강조했듯, 혁신과 창조적 파괴의 역동성을 유지하지 않는 국가는 언제든 퇴행할 수 있다는 사실을 새겨야 한다.

힘이 되는 한 줄

　며칠 전 무심히 바라본 차창 밖으로 말쑥한 양복 차림의 청년이 지친 걸음을 옮기고 있었다. 그 발걸음에서 삶의 무게가 묵직하게 전해졌다. 현대 사회를 살아가는 사람들의 일상은 치열함으로 가득 차 있다.

　찰리 채플린은 "인생은 가까이서 보면 비극, 멀리서 보면 희극"이라는 말을 남겼다. 지나고 보면 아무 일도 아닌데, 그때는 왜 그토록 힘들어했을지 되뇌곤 한다. 목표를 향해 달리느라 일상을 즐길 줄 모르고 사는 경우도 많다. 그래서 인생을 즐기려면, 때로는 인생 선배들의 경험에서 나온 조언이 큰 도움이 된다.

　나는 '지지자불여호지자, 호지자불여락지자(知之者不如好之者, 好之者不如樂之者)'라는 논어의 구절을 좌우명처럼 새기며 살아왔다. 아는 사람은 좋아하는 사람만 못하고, 좋아하는 사람은 즐기는 사람만 못하다는 말이다. 일상에 감사와 즐거움이 깔리면 같은 상황도 더 긍정적으로 바라볼 수 있다. 긍정의 태도와 에너지는 주변에도 좋은 시너지를 낳는다. 나 역시 직장 생활에서 지치지 않고 스트레스를 이겨낸 비결 중 하나가 이 긍정적 사고와 즐기는 마음이라 생각한다.

　한때는 옛사람들의 문구가 오늘날 우리에게는 진부한 표현일 뿐이라 여긴 적도 있었다. 그러나 세월이 쌓일수록 고전의 문구와 격언이 오래 살아남은 이유를 절실히 느끼게 된다. 짧은 한 줄이 어려운 순간을 버티는 힘이 되고, 선택의 갈림길에서 기준점이 되기 때문이다.

'하해불택세류(河海不擇細流)'라는 말은 강과 바다는 작은 물줄기를 가리지 않는다는 뜻으로, 경영자로서 모든 임직원을 소중한 인재로 여기게 하는 가르침이 됐다. 또 '삼인행필유아사(三人行必有我師)'라는 공자의 말은 세 사람이 함께 길을 가면 반드시 그중에 내 스승이 있다는 뜻으로, 어떤 위치에 있든 배움의 자세를 잃지 않게 해준다.

꼭 성현의 말씀이 아니어도 깨달음을 주는 한 줄은 있다. 예전에 영업을 잘하던 은행 선배에게 비결을 묻자 "서울대 위에 들이대"라는 농담 섞인 말 한마디가 긴 설명보다 더 큰 통찰을 준 적이 있다. 또 자녀가 무심히 던진 사랑한다는 말, 아버지가 남겨주신 힘내라는 한마디가 삶의 빛나는 순간이 되어 고비를 이겨내는 원동력이 되기도 한다.

누구나 마음속에 간직한 힘이 되는 한 줄쯤은 있을 것이다. 바쁜 일상은 쉽게 바뀌지 않지만, 잠시 걸음을 멈추고 그 한 줄을 떠올리며 활력과 의지를 되찾는 순간을 더 자주 가질 수 있기를 소망한다.

〈 인문 〉

사람이 살아가는 세계에는 숱한 이야기가 깔려있다. 어떤 사람은 쟁무알처럼 송송 뚫린 이야기를, 어떤 사람은 옷동을 푫는 울소리 같은 이야기를 걸어왔다. 이야기의 심지는 사람이다, 초롱불의 심지를 들어 울리며 가슴가슴 볼꽃을 밝히듯 사랑의 이야기는 또 다

른 사람에게 전너가 그의 심지가 된다.

서인은 외로운 존재로 감동골 탐보한 삶을 써야한다. 서인은 그런 삶을 쓰기 위해 언제나 깨어 있어야 하고, 인간의 존재에 대해, 세계와 현실에 대해, 삶과 인생에 대해 느끼한 자취를 언어에 각인 시켜야 한다. 느끼의 길은 문자이 빼어 있지 않은 시어(詩語)들은 다만 의미를 전달하는 거로에

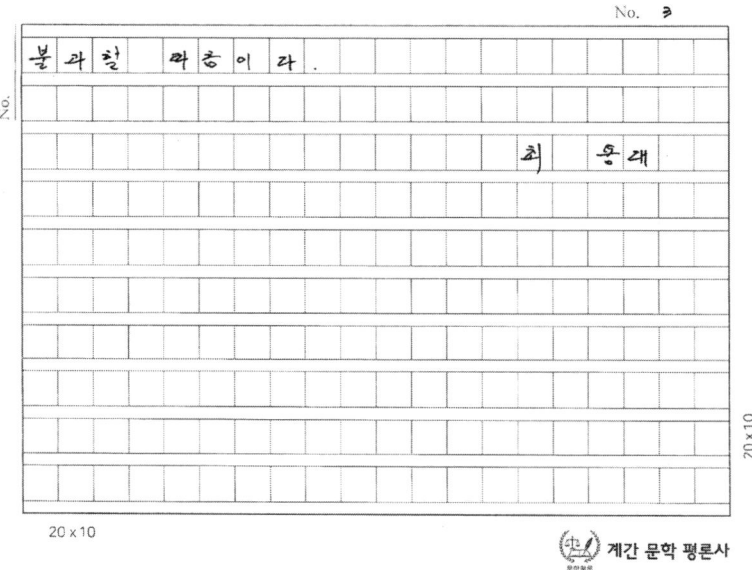

불과할 따름이다.

최용대

오늘을 묻는 인문학

앉는 법을 가르치는 민들레의 봄날 길바닥은 초등 강원이고, 기는 법을 가르치는 칡넝쿨의 초여름 허공은 중등 강원이며, 나는 법을 배우고 가르치는 뜬구름 하늘은 계절을 비켜 앉은 고등 강원이다.

– 최용대

人間과 社會,
어울려 사는 법

인간 사회는 인간 생활의 시작보다도 더 깊이 역사 안에 뿌리내리고 있지만, 인간은 집단적 생활의 문제를 해결하는 데 별다른 진전을 보이지 못했다. 세기마다 새로운 복잡성이 생겨나고, 새 세대마다 또 다른 고통 거리에 직면한다. 지금까지의 모든 세기 동안 사람들은 악을 섞거나 서로 싸우지 않고, 어울려 사는 법을 배우지 못했다. 사람들이 살고 있는 사회는 모든 사람이 추구하는 생명의 기초이자 결과다. 아무리 인간의 재주가 많아 인간적 요구를 충족시킬 만큼 재화(財貨)를 늘릴 수 있다고 하더라도, 모든 인간의 욕구를 다 충족시키기는 어렵다. 인간은 다른 동물들과 달리—다행인지 불행인지—생존의 필요를 넘어 욕망을 뻗게 하는 상상력을 갖추고 있기 때문이다.

인간 사회는 인간 생명의 보존과 성취를 약속하는 자연적 혹은 문화적 산물들을 공정하게 분배하는 문제를 도저히 피할 수 없다. 불행히도 자연의 정복과 그에 따른 인간에 대한 자연의 혜택이 증가했음에도, 그 사실이 정의의 문제를 쉽게 해 주기는커녕 도리어 첨예화했다. 인간에게 적대하던 자연의 독아(毒牙)를 빼 버린 기술·공학은 사회적 응집력(凝集力)을 크게 강화·신장시킨 사회를, 그리고 힘의 분배가 매우 불균형해 정의 실현이 더욱 어려워진 사회를 동시에 만들어 놓았다.

자연의 부적절성을 제거하는 도구가 인간 사회의 불합리성을 오히려 키우는 발판이 된다는 것은, 자연과 인간 사회 양자의 부적절성에 뿌리를 둔 병폐에서 비롯한 인간의 불행한 운명이다. 이것이 지금까지 인간의 운명이었다. 인간 역사 속 불길한 경향이 완전한 비극이 되기까지, 인간 정신은 점점 더 견디기 어려운 사회 부정의 질곡에서 구제받기 힘들 것이다. 그렇다고 인간 본성에 인간 사회를 해결할 자질이 없는 것은 아니다.

　인간에게는 본래 인간끼리의 유기적 관계가 주어져 있다. 다른 사람들의 요구가 내 요구와 경쟁적 관계에 있을 때조차, 사람에게는 타인의 요구를 고려하려는 자연적 충동이 있다. 인간은 다른 고등동물들과 마찬가지로 자손을 생각한다. 더구나 긴 유아기의 존재는 인류 역사 아주 초기부터 유기적 사회집단의 기초를 만들었다. 점차 지능과 상상력, 그리고 사회적 충돌의 필연성이 이 집단의 크기를 키웠다. 직접적 가족관계보다 희미한 혈연관계조차 사회 유대의 기초가 될 수 있을 때까지 자연적 충동은 세련·신장했다. 이 초기 시대 이래로 인간의 협력 단위는 규모가 점점 커졌고, 단위 사이의 중요한 관계의 범위도 넓어졌다. 그럼에도 국가 단위의 싸움은 일시적 관계라기보다 영구적 성격으로 남아있다. 각 국가는 공동생활 안에서 평화와 정의를 유지하기가 점점 어렵다는 사실을 체감한다.

　지능이 인애(仁愛)의 충동을 증진해, 혈연·자연 관계로 묶인 사람들뿐 아니라 다른 이들의 요구와 권리까지 고려하게 만들 수는 있다. 그러나 보통 사람의 능력에는 한계가 있어, 자신에게 요구되는 것을 똑같이 다른 사람에게 주는 일은 불가능하다.

　18세기 이래 교육자들이 '자발적 협력을 통한 정의'가 보다 보편적이고 적절한 교육사업의 결과로 따라오리라는 환상에 도취해 왔다 해도,

믿을 만한 이유가 있다. 곧 인애의 감성과 사회적 선의가 결코 그토록 순수하고 강력하지 않다는 것, 그리고 우리 자신의 권리와 욕구에 견주어 다른 사람들의 권리와 욕구를 고려할 합리적 능력이 충분히 발달하지 못해, 지적·종교적 도덕주의자의 사회적 유토피아—명백하든 암묵적이든—인 '무정부주의의 시대'를 불러올 가능성을 만들어 내지 못했다는 사실이다.

친밀한 사회집단보다 규모가 큰 모든 사회 협력체는 어느 정도의 강제성이 필요하다. 한 국가가 순전히 강제만으로 통일을 유지할 수는 없지만, 또한 전혀 강제 없이 보존될 수도 없다. 상호 동의가 강하게 발달하고, 조직 사회 안에서 상충하는 이해관계를 조정·해결하는 표준적이고 공정한 방법이 확립된 곳에서는, 사회생활의 강제적 요소가 겉으로 드러나지 않다가 위기의 때나 반항적 개인에 대한 집단적 정책에서만 표면화되기도 한다. 그러나 강제의 요소가 전혀 없을 수는 없다.

한 사회 안에서 지리적·기능적 차이에서 오는 이해의 차이는, 상이한 사회철학과 정치적 태도를 낳을 수밖에 없다. 이 상이한 철학과 태도는 선의로 부분적 조화는 가능하지만, 완전한 조화는 불가능하다. 결국 조직된 사회집단이나 그러한 집단의 연합체에서 통일은, 지배적 집단이 자기 의지를 강제로 관철할 수 있기 때문에 가능해진다. 역사의 마지막 날까지 정치란 양심과 힘이 만나는 지대이며, 인간 생활의 윤리적 요소와 강제적 요소가 상호 침투하여 잠정적·불안정한 타협을 이루는 지대다.

사회적 투쟁을 민주주의적 방법으로 해결하는 일을 어떤 낭만주의자는 '경제적 요소에 대한 윤리적 요소의 승리'라 찬양하지만, 실제로는 겉보기보다 훨씬 강제적이다. 다수는 당당하다. 그것은 소수가 다수를 옳다고 믿어서가 아니라(소수파가 다수파에 그러한 도덕적 위신을 선뜻 내주는 일은 극히 드물다), 다수의 투표가 사회적 힘의 상징이기 때문이다.

소수가 자신이 수(數)의 힘을 능가할 전략적 이점을 지녔다고 자부할 때, 혹은 목적에 깊이 몰두했거나 사회 안에서의 자기 위치에 절대적 이해 관심을 가질 때, 그들은 언제나 다수 지배를 거부한다. 군사적 지배자·경제적 지배자·열성적 혁명 분자들은 전통적으로 다수의 의사를 경멸해 왔다.

최근 트로츠키(Trotsky)는 독일 공산주의자들에게 파시스트들의 압도적 득표율에 낙심하지 말라 권고했다. 불가피한 혁명 과정에서 국가 산업 발전의 역군인 공업 노동자의 역량이, 파시스트 운동에 영향력을 행사하는 관료들과 기타 부르주아지의 사회적 역량보다 훨씬 중요함을 알게 될 것이라고. 민주주의 과정에 합리적·윤리적 요소가 있는 것도 사실이다. 경쟁적 사회 세력들은 그 차이를 전장(戰場)보다 토론장에서 조정하려 들 것이고, 그렇게 해서 도덕적 설득이나 합리적 권리 조정으로 해소될 여지도 생긴다.

만약 정치 문제가 불편부당한 시민이 전적으로 관심을 기울여야 할 사회정책의 추상적 문제들에 그친다면, 투표와 선거전의 토론은 한 사회집단이 그 안에서 '공통의 정신'을 발전시키는 교육 프로그램처럼 여겨질 수도 있을 것이다. 그러나 실제로 정치적 견해는 불가피하게 어떤 경제적 이해(利害)에 뿌리내리고 있으며, 비교적 소수의 시민만이 자기 이해에 구애받지 않고 사회정책의 문제를 바라볼 수 있다. 그러므로 상충하는 이해관계는 완전히 해소되지 않는다. 소수는 국가의 경찰권, 필요하면 군사력을 통해 보강된 경찰력을 마주하고서야 복종한다.

경제력이든 군사력이든, 소수가 자신의 힘이 다수의 힘에 도전할 만큼 강력하다고 판단하면, 이탈리아 파시스트의 경우처럼 국가의 통치권을 빼앗으려 한다. 때로는 미국 남북전쟁처럼 승산이 크지 않음에도 무력 충돌에 호소하기도 한다.

남북전쟁 당시 남부의 대농장주들은, 동부 공업주의자들과 서부 농민의 결탁에 의해 투표에서는 졌음에도, 무리하게 국가의 통일을 파괴하면서까지 자기 이익과 특권 수호를 결심했다. 다시 말해, 정치에는 언제나 강제력이 작동한다.

경제적 이해가 날카롭게 대립하지 않거나, 조정의 정신이 부분적으로나마 대립을 해소하거나, 민주주의 과정이 도덕적 위신과 역사적 존엄을 획득했을 때는, 정치의 강제력은 숨어 표면적 관찰자에게 잘 보이지 않는다.

그러나 순수한 낭만주의자만이 한 국가가 무력의 행사나 위협 없이 '공동 정신'(common mind)에 도달하거나 '일반 의지'(general will)를 자각한다고 주장할 수 있다. 이는 국가들의 경우 특히 그러하나, 정도 차이는 있어도 다른 사회집단도 마찬가지다. 종교 단체조차 규모가 커지거나 일반 신도들에게 중요한 문제를 다루기 시작하면, 통일 유지를 위해 강제력에 호소한다. 종교 조직은 대개 파문·자격 정지 같은 조용한 형태의 강제력을 쓰지만, 그렇지 않을 때는 국가의 경찰력을 불러들이기도 했다.

인간의 정신과 상상력의 한계, 그리고 인간이 자기 이해를 초월해 동포의 이익을 온전히 자기 일처럼 보지 못한다는 사실 때문에, 사회 유대를 튼튼히 하기 위해 폭력은 불가피하게 동원된다. 그러나 평화를 보장하는 바로 그 폭력이 부정을 향해 틀어지기도 한다.

헨리 애덤스(Henry Adams)는 "폭력은 독(poison)이다"라고 했다. 과연 폭력은 도덕적 통찰의 눈을 멀게 하고 도덕적 목적을 향한 의지를 절름발이로 만드는 독이다. 어떤 사회를 구성하는 개인이나 집단은, 의도나 외양이 아무리 사회적이라 해도 실제로는 사회적 특권의 엄청난 분량을 자기 몫으로 삼는 경향이 있다.

원시 사회에서는 승려의 힘이 컸다. 초자연적 은택을 좌우했기 때문이기도 하지만, 군인들의 방법보다 덜 힘들이는 방식으로 공공질서를 세웠고, 때로 군인·지주의 권력에 맞먹는 권위를 가졌기 때문이다. 그럼에도 가장 뚜렷한 힘은 언제나 군사력과 경제력이었다.

- 고대 바빌론과 이집트 문명의 대두에서 유럽 봉건주의의 몰락에 이르기까지 계속된 농경 문명과 오늘날 상공업 문명 사이에는 중요한 차이가 있다.
- 전자의 경우 군사력이 일차적이었다면, 후자의 경우 군사력은 경제력에 견주어 이차적이 되었다. 농경 문명 시대에 군인들은 지주였다. 더 이른 시기에는 군사적 용감성을 빙자해 토지 소유권을 주장했고, 후기로 오면 군주가 영토를 방위하고 국권을 공고히 해 준 군인들에게 토지를 하사했다. 군인들은 군주에게 더 열성적으로 봉사했고, 그 대가로 경제적 안정과 사회적 신망을 누렸다. 이후에는 실업인과 기업주들이 과거 군인과 승려의 지위와 특권을 점차 빼앗아 갔다.

대다수 유럽 국가에서 군사 전통을 가진 귀족 지주에 대한 상공업 계급의 우위는, 봉건 전통이 약한 미국만큼 완벽하지는 않았다. 오늘날 일본의 경우 군인 계급은 여전히 강력해 상인 집단의 신흥 세력을 파괴할 위험마저 있다. 공업 문명에서 경제력의 우월성과 군사력을 그 도구로 삼는 능력에 대해서는 뒤에서 더 말하겠다.

우리의 관심은, 어떤 중요한 사회적 세력이든 사회적 불균형을 조성한다는 사실을 확인하는 데 있다. 역사를 평등주의가 아닌 관점에서 보더라도, 그리고 경제적 수입의 차이가 도덕적으로 정당화되거나 사회적으로 유익할 수 있다고 하더라도, 문명이 복잡해질수록 힘의 집중화가 심화한다는 사실, 그리고 그로 인한 불평등을 그 자체로 정당화할 수는 없다는 사실은 변하지 않는다.

모든 시대의 문학이 이 불평등을 합리화·정당화하려 애써 왔지만, 그 대다수는 가식적이다. 월등한 능력과 사회에 대한 봉사가 특별 대우를 받을 만하다 하더라도, 실제 대우는 언제나 봉사 그 자체가 시인하는 것보다 높아지는 법이다. 공정한 사회는 '보수'를 스스로 결정하지 않는다. 사회를 지배하는 권력층은 이 부수입을 자기들 몫으로 만든다. 현대 전문직처럼 특수한 능력이 힘과 결탁해 있지 않을 때, 평균보다 높은 여분의 수입이 있다고 해도 경제적 대군주들의 여분 수입과는 비교할 바가 아니다. 산업 사회에서의 진정한 힘의 중심은 경제적 군주들이다.

불평등한 특권을 가장 합리적이고 사회적으로 정당화하려는 시도는, 분명 사후적 꾀다. 이런 사실들은 기성 사회체제의 힘의 불균형에서 비롯한다. 정당화란 대체로 권력자들이 탐욕을 가리려는 욕망에서 조작되고, 사회가 인간 생활의 야수적 사실을 감추려는 경향에서 비롯한다. 일종의 병적이지만 이해할 수 있는 경향이다. 집단적 인간의 행태가 사실 그대로 드러날 경우, 개인들의 기도에 대한 신뢰를 쉽게 빼앗아 버리기 때문이다. 인류의 집단행동에 뒤따르는 불가피한 위선의 근원도 여기에 있다.

개인에게는 집단적 인간의 행위를 그들 양심에 대한 폭력으로 만드는 도덕법이 있다. 그래서 그들은 사실에 대한 낭만적·도덕적 해석을 만들어 내고, 집단 행위의 참된 성격을 드러내기보다 오히려 흐리게 만든다. 때로는 자신들이 저지른 잔인성에 대해서뿐 아니라 자신들이 당한 잔인성에 대해서도 도덕적 정당성을 부여하려 한다.

인간 집단행동의 위선은—이 문제는 뒤에 더 말하겠지만—자기 정당화일 뿐 아니라 인간 행동 일반에 대한 도덕적 정당화라는 측면에서도 드러난다. 이는 인간 정신의 비극, 곧 집단적 생활을 개인적 이상에 일치시킬 수 없다는 사실을 상징한다. 개인으로서 사람들은 서로 사랑하고 봉사해야 하며, 피차간에 정의를 세워야 한다고 믿는다. 그러나 민족·경제·국가라는 집단으로서 그들은, 자신의 힘이 명하면 무엇이든 택한다.

유목 경제에서 농경 경제로의 변천과 함께 시작되어, 수렵·목가적 사회조직의 단순한 균등주의·공산주의를 파괴한 복잡 사회의 힘의 불균형은, 모든 시대에 모든 형태로 사회적 부정의를 영속시켰다. 힘의 형태도 바뀌고 사회적 불평등의 등차(等差)도 달라졌지만, 본질은 변하지 않았다. 이집트에서는 군주·군인·승려의 요구에 따라 국토가 세 부분으로 나뉘었다. 평민에게는 토지가 없었다. 비교적 전체적 공산주의가 발달한 페루에서는 임금이 전 국토를 소유하고, 그중 3분의 1을 인민에게, 3분의 1을 승려에게 사용하도록 주었으며, 나머지 3분의 1은 자신과 귀족을 위해 남겨 두었다. 두말할 것 없이 평민들은 자기 몫의 3분의 1뿐 아니라 나머지 3분의 2도 경작해야 했다.

중국에서는 황제가 수 세기 동안 토지수용권(eminent domain)을 유지하고, 서기 3세기에 봉건적 시도를 분쇄했으며, 각 가정에 명목상 '자기에게 속한 토지'에서 경작할 권리를 부여했다. 다른 고대 제국들보다 불평등이 상대적으로 적었던 까닭이다. 그래도 노예제는 아주 최근까지 존속했다. 일본에서는 황제가 토지를 봉건 영주에게 주었고, 봉건주는 다시 하급 귀족에게 전대(sublet)했다. 19세기 후반 황제의 권력이 표면상 회복되고 성장 일로의 공업이 토호(土豪)에서 진출한 기업주 계급을 발달시켰다 하더라도, 군사적 용감성에서 비롯해 토지를 소유하며 지속되던 봉건족(封建族)의 권력은 사실상 오늘날까지 쉽게 사라지지 않았다.

로마에서는 귀족 계급 가부장의 절대적 소유권이 이 계급을 사회 계층의 정상에 올려놓았다. 그들의 부녀자와 어린아이, 평민, 끝으로 노예에 이르기까지 모든 다른 계급은 하위 계층에 머물렀다.

권력 위에 권력이 더해져 불평등이 점증하자, 이를 타도하려 한 그라키(Gracchi)의 노력은 그리스에서 솔론(Solon)과 리쿠르고스(Lycurgus)의 토지 개혁이 그러했듯 실패로 돌아갔다. 군사적 승리는 라티푼디움(latifundium)의 소유주들에게 수백 명의 노예를 안겨 주었고, 이들의 노동으로 소수 토지 자유 소유자의 수는 더 줄어들었다. 결과적으로 로마 제국의 쇠망이 준비되었다. 귀족과 노예만 있는 국가는, 내부 붕괴를 막아 줄 사회적 유대도, 외부 공격을 막아 줄 군사력도 갖추지 못한다.

역사를 통틀어 사람들은 권력이 그 참된 존재 이유를 파괴하는 경향을 보아 왔다. 권력은 내적 통일을 이루고 국가의 외적 방위를 만들려 애쓰지만, 가혹한 징수로 인한 증오를 키워 국가의 안녕과 질서를 파괴하고, 평민에게서 국가에 마음을 매어 두게 하는 기본적 권리마저 박탈해 애국심을 약화시킨다. 플루타르코스(Plutarch)가 티베리우스 그라쿠스(Tiberius Gracchus)의 말로 전하는 다음 구절은, 권력 계급이 영토를 지키기 위해 노예를 군무에 징집한다는 구실의 허구성을 잘 드러낸다.

"이탈리아의 들짐승들에게도 최소한 잠자리와 굴과 쉴 만한 동굴이 있는데, 나라를 위해 싸우고 죽은 사람들에게는 공기와 햇빛밖에 아무 것도 없다. 쉴 만한 거처도, 들어 살 집 한 칸도 없이 처자를 이끌고 이리저리 떠돌 뿐이다. 가난한 사람들은 다른 이들의 즐거움과 부(富), 여분을 위해 전쟁터에 나가 싸우고 죽는다."

결국 허구는 드러나고, 천대받는 사람들의 가슴속 애국심은 질식된다. 현대 프롤레타리아 사이에 애국심 결핍으로 고통받는 특권계급은, 역사를 조금만 들여다보아도 프롤레타리아 국제주의의 원인을 알 수 있을 것이다. 디오도로스 시쿨루스(Diodorus Siculus)는 이집트를 논하며 이렇게 말했다. "한 국가 안에서 아무것도 가지지 못한 인민에게 국가의 방위를 맡기는 것은 어리석다." 그의 시대와 나라를 넘어, 다른 시대와 나라에도 적용되는 말이다. 순수 러시아 공산주의자들은 제1차 세계대전 당시 '계급에 대한 충성'보다 애국심을 중시한 유럽 사회주의자들을 멸시했지만, 유럽 사회주의자들의 국가주의에는 간단한 설명이 있다. 그들은 러시아 동료들만큼 완전히, 아니면 적어도 그렇게 명백하게 전통 사회에서 배제되어 있지 않았다는 점이다.

모든 고대 문명의 노예제 역사는, 사회 단위가 커지고 복잡해질수록 사회 부정이 어떻게 발달하는지 보여 주는 흥미로운 사례다. 원시 부족 사회에서 권리는 집단 내부에서는 본질상 평등했으나, 집단 외부에는 권리가 인정되지 않거나 극히 제한적으로만 인정되었다. 전쟁 포로는 죽임을 당했지만, 농업이 발달하면서 포로의 노동력이 유용해지자 그들을 죽이기보다 노예로 삼았다. 권리 없는 개인이 집단의 직접 생활 속으로 들어왔기 때문에 권리의 평등은 사라졌다. 이 불평등은 포로가 더 이상 적이 아니며 집단생활에 유기적으로 흡수된 뒤에도 남았다. 노예제의 원칙이 일단 확립되면, 그것은 확대되어 성장해 가는 소유 제도의 희생물—빚을 못 갚아 노예가 된 자—까지 포괄했다. 원시 공동체는 처음에는 채무 노예에게 포로 노예가 누리지 못하는 권리를 주려 했으나, 세월이 흐르며 이 구별은 사라지고, 포로 노예도 마침내 채무 노예의 지위로 끌어올려졌다.

사람들이 그들의 사회집단 안에서 더 인도적 태도를 취하면 취할수록, 다른 집단 안의 개인에 대한 야수적 태도를 조금씩 극복한다. 그러나 그 승리는, 노예제 확립으로 인해 집단 간 관계의 도덕이 이전에 집단의 친밀한 생활 안에 도입된 데 비하면 미미하다. 야만은 계급 구별을 거의 모르거나 전혀 모른다. 계급 구별은 문명이 창조하고 세련시킨 것이다. 본래 인간에게 주어진 사회적 충동은 지능의 향상으로 확대된다 해도, 큰 공동체의 모든 구성원에게 똑같이 적용될 만큼 매우 강력하지는 않다. 노예와 자유인의 차이는 고등 사회에서 발전한 수많은 사회적 등차 중 하나일 뿐이다. 이 등차는 언제든 더 복잡한 문명과 더 큰 사회 단위 속에서 발달하는 군사적·경제적 힘의 불균형에 의해 결정된다. 점증하는 사회적 지능은 이에 굴욕을 당할 수도, 대항할 수도 있지만, 그 자체에 큰 변화를 주지는 못한다.

사회 부정에 항거한 이스라엘 예언자들도, 이집트와 바빌론의 사회적 이상주의자들도 올바른 사회에 대한 환상을 실현하지 못했다. 권력자는—비록 그 속에 자비로운 충동이 눈뜰 때가 있다고 해도—결국 맹수 같은 무엇으로 남는다. 그는 가정 안에서는 관대할 수 있고, 권력과 권리를 함께 누리는 집단 안에서는 정의로울 수 있다. 예외가 더러 있지만, 다른 집단 사람들에 대한 그의 최고의 도덕적 태도는 대개 이렇다. 곧 자신의 힘에 맞먹는 힘으로 도전하는 이들에겐 전쟁 같은 '스포츠 정신'의 태도를 취하고, 힘이나 특권이 자기보다 못한 이들에게는 인도주의적 관용을 베푼다. 인간의 인도주의는, 인간 행동에서 보이는 야수성과 도덕적 결과가 기묘하게 결합한 합성체의 전형이다. 그의 관용은 한편, 그의 힘 과시이자, 다른 한편 동정심의 표현이기 때문이다. 만약 그의 권력이 도전받거나 관용이 감사의 겸손으로 받아들여지지 않을 때, 그 관용의 충동은 얼어붙는다. 설령 권력자 개인이 위에서 말한 것 이상의 윤리적 태도를 보인다 해도, 계급으로서 그들이 집단으로 등장할 때의 태도는 대체로 다르지 않다.

19세기에 시작된 민주주의를, 때로는 왕가나 귀족 계급의 권력 대신 피통치자의 합의를 사회 응집력으로 대체한 것으로 생각한다. 이 판단은 부분적으로 진실이지만, 현대 민주주의의 맹목적 신봉자들이 믿는 것처럼 전적으로 진실은 아니다. 정부가 피통치자의 합의로 존재한다는 주장, 그리고 피통치자의 투표로 국가 정책을 결정하는 민주주의적 방식은, 실제로 국민 생활에서 강제력을 줄이고 상충하는 이해와 정치 제도의 변화를 평화롭고 점진적으로 해결하는 길을 마련할 수 있다. 그러나 민주주의의 교리와 제도는, 그것을 배태하고 키운 상인 계급의 특수 이해와 완전히 분리된 적이 없다. 그들의 관심사는 경제 활동에 가해진 정치적 제동을 완화하는 일에 있었고, 그 때문에 국가는 권위를 약화시키며 그 권위를 자신의 요구에 쉽게 응하도록 만들었다.

현대 공업주의 시대의 경제력 집중 심화와 더불어 민주주의의 발전은, 사회복지가 요구하는 만큼 경제력을 통제하지 못한다는 뜻이기도 하다. 그리고 정치력이나 군사력보다 경제력이 현대 사회의 중요한 강제력이 되었다는 뜻이기도 하다. 경제력은 때로 국가 권위를 무시하거나, 국가의 기관을 자기 목적에 이용한다. 정치권력은 사회 안에서 책임적이 되었고, 경제력은 무책임하게 되었다. 그 어김없는 결과로 정치력은 경제력에 대해 더 많은 책임을 지게 된다. 다시 말해, 사회를 묶는 힘을 가진 지배계급은 경제 과정을 조작해 언제나 자신에게 그 노동 이상의 보수를 지불한다. 차이는 토지 소유자가 아니라 공장주가 힘을 휘두른다는 점, 그리고 그 힘이 토지를 소유하던 귀족이 행사하던 권력보다 좀 더 '순수한 경제력'이고, 다소 덜 '군사력'이라는 점이다. 물론 경제력이 군사력과 완전히 분리된 것은 아니다. 경제력은 때로 국내·국외의 적으로부터 권익을 지키려고 국가의 경찰과 군대를 제 마음대로 쓰기도 한다.

군사력은 제3의 노예가 되어 버렸고, 더 이상 경제적 소유권을 지켜주는 수위가 아니다. 사회 안에서 권력의 성격과 사용법이 현대적으로 변한 양상, 그리고 상업·공업 계급의 이해를 넘어 사회에 항구적으로 기여한 민주주의 신조의 측면은, 따로 장을 달리해 더 자세히 논할 것이다.

지금은 민주주의 운동이 사회에서 권력과 정의의 성가신 문제에 항구적 해결책을 제공했다는 널리 퍼진 신념을, 다소 에누리해 받아들이는 것으로 만족해야 한다. 사회는 오랫동안, 사회 안 강제적 요소들이—인간의 지능과 상상력의 한계 때문에 불가피한—평화 수립 과정에서 불안을 낳는다는 사실로 괴로웠다. 더 나아가, 한 사회집단 안에서 불안정한 평화에 기여하던 그 요소들이 집단 간 분쟁을 격화시킨다는 사실로도 괴로워했다.

권력은 공동체 안의 평화를 위해 정의를 희생하고, 공동체 간의 평화를 파괴한다. 어떤 국가 공동체의 구성원들은 감성적으로 평화를 원하면서도, 공동체 간 분쟁을 부추기는 질투·시기·교만·완고의 충동을 동시에 만족시킨다. 현대 전쟁이 경제적 권력과 특권의 불균형을 수반하는 현대 자본주의 제도 때문에만 일어난다고 말하는 것은 진실의 일부에 그친다. 인간 지능의 기적적인 증가가 없이는, 오늘 국제 분쟁을 격화시키는 특권과 불공평한 권력이 설령 무너진다 해도, 여러 국가 공동체 간 이해 상충을 쉽게 해결하기 어렵다. 인류의 전 역사는, 집단 내부의 무정부 상태를 막는 권력이 집단 간 관계에서는 오히려 무정부를 조장한다는 사실을 증거한다.

고대의 임금들은 다른 존재와의 투쟁에서 충성과 희생을 요구했다. 그런데 그 투쟁에서 '국가의 이익'과 '국민의 복지'는 군주의 제멋대로인 목적에 완전히 종속되었다. 질투, 시기, 좌절된 사랑, 손상된 허영, 더 많은 보화에 대한 탐욕, 더 넓은 영토를 다스리고 싶은 권세욕, 종친 간 사소한 원한, 부자지간의 증오, 순간적 격정, 유치한 즉흥. 이 모든 것이 국제 분쟁의 일시적이 아닌, 영구히 되풀이되는 원인이자 계기였다.

인류의 성장하는 지능과 군주들의 인민에 대한 중대한 책임이 권력층의 변덕을 견제할 수는 있었지만, 자기 이익을 견제하지는 못했다. 권력자는 개인적 야심을 집단의 야심과 뒤섞거나, 집단의 야심으로 신성화할 수 있다면, 교만과 허영을 만족시키기 위해 사회적 투쟁에 참여할 것이다. 그리고 집단 구성원들의 사소한 허영과 격정을 위해서도 사회 투쟁에 종사할 것이다. 나폴레옹의 이야기는 고대사가 아니라 현대사다. 그는 프랑스 애국심의 도구, 혁명적 열정의 기관을 자처하며, 자신의 권력에 대한 과도한 탐욕을 만족시키려 유럽을 피로 물들였다. 유럽의 전통 절대주의에 반대하는 민주주의적 정조가, 파괴하려던 것보다 더 살벌하고 무서운 폭정에 이용될 수 있다는 사실, 그리고 프랑스 혁명의 평등·자유·박애의 꿈이 그토록 빨리 나폴레옹 제국주의의 악몽으로 바뀌었다는 사실은, 사람들이 집단적 문제를 해결하려는 인간적 방법의 부적당함을 드러낸다.

영국 기동함대와 대등한 해군력을 원했던 독일 황제의 유치한 허영은 제1차 세계대전을 불가피하게 만들었다. 그러나 그 허영이 백성의 편견과 성장하는 제국의 경제적 필요성과 양립하지 않았다면, 그가 그렇게 도취하지는 않았을 것이다. 시어도어 루스벨트(Theodore Roosevelt)는 미·서 전쟁(Spanish-American War)을 미국 국민에게 떠맡긴 작은 음모단과 함께 행동했다. 그의 야심과 허영은 가려지고 찬양되기도 했다. 청년기의 국가 권력 의지와, '거리의 무명인들'의 좌절된 호전적 충동과 군사적 열정이 그의 존재 안에서 상징적으로 나타나 대리 만족을 얻을 수 있었기 때문이다. 현대 대기업주들의 원료와 시장에 대한 요구, 지구의 후진·미개발 지역 통치권 경쟁은 현대 전쟁의 계기다. 그러나 각국 지배적 경제 집단의 야심과 탐욕만이 국제 분쟁의 유일한 원인은 아니다. 각 사회집단은 제국주의적 야심을 키우는 경향이 있다. 이 야심은 지도자와 특권층의 탐욕으로 가중되지만, 그만이 원인은 아니다. 모든 집단은 모든 개인과 마찬가지로 생존 본능에 뿌리내렸으나, 곧 그것을 넘어서는 팽창 욕구를 지녔다. 생의 의지는 권력 의지가 된다. 극히 드물게 자연은 '공격의 도구로 변할 수 없는 방위용 무기'만을 준다.

상상력으로 세운 권세와 영광을 개인 차원에서 실현할 수 없는 보통 사람의 좌절은, 그들이 자진해 집단의 지고한 야심의 도구·희생물이 되게 한다. 좌절된 개인 야심은 국가의 권력과 강대함에서 어느 정도 만족을 얻는다. 경쟁하는 국가 집단의 권력 의지는, 지금까지 인류의 도덕 감각으로는 헛되이 극복하려 애써 온 국제적 무정부의 원인이다. 어떤 나라는 다른 나라보다 강대하니, 이 나라들은 때로 효과적 제국주의로 무정부 상태를 방지한다. 산업 시대의 제국주의는 노골적이라기보다 내밀하다. 그러나 그런 평화는 폭력에 의해 얻어진 것이어서 언제나 불안하고 불의한 평화다. 강력한 계급이 한 나라를 이루듯, 강대국이 소수의 국제사회를 형성한다. 어느 경우든 그 평화는 불의하기에 잠정적이다. 그것은 상충하는 이해의 상호 조정으로 부분적으로 달성될 뿐, 합리적·도덕적 권리의 조정으로 이뤄지지 않는다.

이 평화는 스스로 너무 약해 도저히 강대국에 도전할 수 없다고 느끼는 나라들이, 스스로 강대해졌다고 믿어 도전하기 전까지만 계속된다. 국제연맹의 도덕적 영향력을 완전히 부정할 필요도, 그것이 합리적·도덕적 사회 조직에서의 성과를 전혀 대표하지 못한다고 단정할 필요도 없다. 또 현대 유럽의 평화가 프랑스의 무력에 의해 유지되며, 능숙한 프랑스 정치가의 솜씨로 베르사유 조약(Versailles)에 속았다고 느끼는 민중을, 덩치 큰 경제력과 군사력의 결합으로 견제하는 동안만 지속될 수 있다고 보아야 하는 것도 아니다. 다만 패배자를 주눅 들게 해 직접 행동을 못 하게 하는 그 힘이, 결국 필연적으로 반발과 '점증하는' 증오를 불러일으킨다는 점은 의미심장하다. 그리하여 사회는 끊임없는 전쟁 상태에 놓인다. 가장 직접적이고 친근한 사회집단 안에서만, 강제에 호소하지 않고 생활을 조직할 만한 도덕적·합리적 자원이 있을 뿐, 일반적으로 사람들은 강제에 의지해 일시적 통일을 얻고는, 끝내 더 큰 분쟁이 일어나 개인·계급·국가가 희생물이 되고 만다.

사회 안의 강제적 요소가 필요하면서도 위험하다는 사실은, 평화와 정의를 확보하는 전체 과업을 몹시 복잡하게 만든다. 역사는 사회적 유대와 정의라는 목적을 향한 긴 실패의 이야기다. 그 실패의 원인은, 한편으로 강제의 요소를 완전히 제거하려는 시도 때문이며, 다른 한편으로는 그에 지나치게 의존하는 탓이기도 하다. 강제에 전적으로 의존한다는 것은, 새로운 압제자가 전통 군주를 끌어내린 자리를 대신 차지한다는 뜻이다. 톨스토이식 평화주의자와 기타 무저항주의자는, 강제가 초래한 악을 보기 때문에 강제를 완전히 제거하고 사회를 무정부 원칙으로 조직할 수 있다는 헛된 환상에 빠진다.

그러나 그 확신은 환상이다. 친밀한 사회 안에서 개인이 해낼 수 있는 일이 무엇이든, 가장 생동하는 종교와 가장 날카로운 교육 프로그램일지라도, 사회 전체를 그 이상으로 끌고 갈 만큼의 도덕적 선의와 사회적 예지는 일정한 한계를 넘기 어렵기 때문이다. 사회가 당면한 문제는 분명하다. 생명과 생명 사이의 도덕적·합리적 조정을 돕는 요소를 늘려 폭력을 줄이는 일, 아직 필요한 폭력은 사회 전체의 책임 아래 두는 일, 사회에 대해 책임질 수 없는 형태의 힘(예컨대 경제적 소유권에 뿌리 둔 힘)을 약화하는 일, 그리고 사회적 통제 아래 둘 수 없는 힘을 억제할 도덕적 자제력을 길러내는 일이다. 이 방법들에는 모두 각기 한계가 있다.

사회는 아마 모든 힘을 그 통제 아래 둘 만큼 매우 슬기롭지 못할 것이다. 보통 사람들은 우둔하기 때문에, 경제적·정치적 과두정의 집정자들이 참된 목적을 동료들이 눈치채지 못하도록 가리고, 적절한 통제를 피하도록 방치할지도 모른다. 전체의 유익을 위해 도덕적 선의를 희생할 만큼 무책임한 권력을 가진 자들에게 도덕적 선의를 기대할 수 없기에, 그 힘은 강제적 방법으로 분쇄해야 한다. 그런데 그 방법은 언제나, 타도한 부정의를 대신해 새로운 형태의 부정의를 불러올 위험을 안고 있다. 예를 들어, 경제적 상전의 힘이 공산주의가 써 온 것보다 덜 가혹한 방법으로 파괴될 수 있다는 보증은 없다. 또한 혁명기의 이상주의 열정이 지나간 후, 공산주의의 과두 집정자가 내쫓긴 자본주의 집정자보다 낫다는 증거도 희박하다. 사회가 점점 복잡해질수록, 사회의 복잡한 기술과 과정을 책임지는 사람들—곧 사회적 힘을 가진 사람들—모두를 완전히 통제할 수 없게 되므로, 사회적으로 견제되지 않은 사람들의 정직성과 자제에 어느 정도 기대할 수밖에 없다.

하지만 여기서도 권력이 품성을 병들게 하는 독소를 제거할 만큼 강력한 도덕적 해독제를 보장하기는 어렵다. 그러므로 사회의 미래—평화와 정의—는 어느 하나가 아니라 다수의 사회 전략에 의존한다. 모든 전략은 도덕적 요소와 강제적 요소가 각기 다른 비율로 섞인다. 전제정치의 위험과 무정부 상태의 위험을 동시에 피하기란 대단히 어렵다. 그래서 인간 사회에 대한 항구적 평화와 동포애의 꿈은, 아쉽지만 충분히 실현될 수 없는 꿈이라는 예언이 무리는 아니다. 그것은 개인의 양심과 통찰이 환기한 환상이며, 집단적 인간이 성취하기 어려운 환상이다. 모든 참된 종교적 환상과 마찬가지로, 역사 속에서 근사치에는 이를 수 있어도 완전한 실현은 불가능하다. 환상의 생동성은 인간 영혼이 솟아오르려는 자연스러운 움직임이다. 집단적 생명을 얽어맨 운명에 대한 인간의 항거 척도이기도 하다. 환상은 그것 자체를 지나치게 번쩍이게 만들지 않을 때만 생생하게 유지된다. 그러나 역사적·현세적 마당에서 일하는 집단적 인간은, 결국 더 낮은 목표로 만족해야 한다.

다가올 세기를 향한 우리의 관심은, 강제가 전혀 없고 완전한 평화와 정의가 깃든 이상 사회를 만드는 데 있지 않다. 충분한 정의가 확보되되, 공동 사업이 전적인 불행으로 귀결되지 않도록, 강제가 가능한 한 비폭력적이 되게 하는 사회를 만드는 데 있다. 이 목표는 낭만주의자에게 너무 낮아 보일 것이다. 그러나 그들은 현대 사회의 위험을 모르거나, 집단적 인간 사업이 마음껏 쓸 수 있는 도덕적 자원을 안이하게 과대평가하기에, 그들이 가치 있다고 인정한 목표는 필연적으로 도달되지 못한다.

개인의 도덕과
사회의 도덕 사이의 갈등

인간 사회를 둘러싸고 일어나는 제반 문제를 현실주의적 관점에서 살펴면, 사회의 요구와 양심의 요청 사이에는 좀처럼 화합되기 어려운 지속적 모순과 갈등이 발견된다. 간단히 정치와 윤리의 갈등이라 부를 수 있는 이 모순은 도덕 생활의 이중적 성격에서 불가피하게 발생한다. 하나는 개인의 내면적 생활이고, 다른 하나는 사회생활의 요구다. 사회를 중심에 놓고 보면 최고의 도덕적 이상은 정의(正義)다. 개인을 중심에 놓고 보면 최고의 도덕적 이상은 이타성이다. 사회는 여러 면에서 어쩔 수 없이 이기심, 반항, 강제력, 원한 등 도덕성이 높은 사람들로부터 도덕적 승인을 얻기 어려운 방법을 사용하게 될지라도, 종국에는 정의를 추구해야 한다. 개인은 자신보다 뛰어난 것을 바라보며 스스로를 잃기도 찾기도 하면서, 자신의 삶을 실현해 가려 애써야 한다.

이 두 도덕적 입장은 상호 배타적이지 않고, 양자 사이의 모순도 절대적이지 않다. 그렇다고 쉽게 조화되지는 않는다. 우리는 앞서 이 둘을 조화시키려 했던 큰 노력을 분석해 보았다. 그 결과 개인적 양심의 도덕적 통찰과 성취가 사회생활에서도 중요하고 꼭 필요하다는 사실을 알게 되었다. 예컨대 개인의 도덕적 상상력이 동료 인간의 요구와 이익을 이해하지 못한다면 진정한 정의는 달성될 수 없다. 또한 정의 달성을 위한 비합리적 수단은 도덕적 선의지의 통제를 받지 않는 한 사회에 큰 위험을 초래할 수 있다. 정의 그 자체만으로는 곧 저급한 수준으로 떨어지고 만다.

따라서 정의는 더 높은 어떤 것의 인도를 받아야 한다. 정치인의 현실 감각이 도덕적 선지자의 '어리석음'을 빌리지 않는다면, 오히려 정말로 어리석어지고 만다. 반대로 도덕적 선지자의 이상주의가 인간의 현실적 집단생활과 교류하지 않으면 정치적으로 아무런 가치도 없을 뿐 아니라 도덕적 혼란만 야기한다. 그렇다고 해서 개인적 도덕과 사회적 도덕, 내적 도덕과 외적 도덕에 있는, 서로 융합되기 어려운 독특한 요소들까지 완전히 제거해서는 안 된다.

이 요소들로 인해 끊임없이 도덕적 혼란이 생겨남을 인정하지만, 동시에 그것들이 인간의 삶을 풍성하게 만드는 데 크게 기여한다는 점도 인정해야 한다. 이제 우리는 윤리학과 정치학을 조금만 더 살펴보고 이 글을 마무리하려 한다.

내면적 입장에서 볼 때 도덕적 행위는 이타적 동기에서 비롯된다. 외적 관찰자는 이기주의에서 선을 찾을지 모른다. 이런 사람은 인간 본성의 구조에서 이기주의가 더 자연스럽고, 사회에도 필요하다고 판단할 것이다. 그러나 행위 주체의 입장에서는 이타성이 도덕의 최고 기준이어야 함이 변함없다. 행위 주체만이 사회적으로 승인받은 행위가 이기심에 의해 얼마나 타락할 수 있는지 잘 알기 때문이다.

다른 한편으로 사회는 이타심보다는 정의를 최고의 도덕적 이상으로 여긴다. 사회의 목적은 모든 사람에게 사회적 균등을 부여하는 데 있다. 만약 이런 평등과 정의가 이기심의 상호 투쟁으로써만 달성되고, 이웃의 권익을 침해하는 이기심을 억제함으로써만 가능하다면, 사회는 사회적 갈등과 폭력까지도 승인하지 않을 수 없다.

역사적으로 내면적 입장은 주로 종교에 의해 계발되었다. 종교는 가장 심오한 내면 성찰에서 비롯되며 선한 동기를 행위의 기준으로 삼기 때문이다. 종교는 선한 동기를 사랑이나 의무로 규정하지만, 공통의 강조점은 행위의 내적 원천에 있다. 합리화된 형태의 종교는 일반적으로 사랑보다 의무를 최고의 덕으로 여긴다.

이는 칸트나 스토아의 도덕과 유사하다. 그들은 이타적 충동을 포함한 모든 충동에 도덕적 우월을 부여하기보다, 모든 충동을 이성의 통제 아래 두는 것을 더 바람직하다고 본다. 사회적 관점은 개인보다 집단적 인간의 행동을 중시하고 정치 생활의 필요성을 역설함으로써, 종교적 도덕과 첨예하게 대립한다. 다시 말해 정치적 도덕은 종교적 도덕과 가장 비타협적 대립 관계를 이룬다. 이성에 기초한 합리적 도덕성은 대체로 이 둘의 중간에 위치한다. 때로는 사회적 요구보다 인간 정신의 내면적 도덕 필요에 더 근접하기도 한다. 이처럼 내면성에 치중할 경우, 종교적 이타주의의 윤리보다 의무의 윤리를 더 심화시키게 된다. 그러나 일반적으로 합리주의 도덕은 일종의 공리주의(utilitarianism) 형태를 띤다.

도덕적 합리주의는 인간의 행위를 사회적 관점에서 바라보고, 보편성과 전체 사회와의 조화를 궁극 기준으로 삼는다. 이런 관점에서 도덕적 합리주의는 이타적 충동뿐 아니라 이기적 충동도 도덕적으로 승인한다. 그것들이 인간 본성에 들어맞고 사회적으로도 필요하기 때문이다. 다만 합리주의는 이기주의가 합리적 형태로 표출될 것을 요구한다. 이와 관련해 아리스토텔레스는 가장 권위 있는 이론을 제시했다.

그의 이론에 따르면 이성이 지나침과 모자람을 피하고 중용을 지킨다면, 이성은 이기적 충동과 이타적 충동을 제어하면서 둘 다를 정당화해 준다. 샤프츠베리 경은 이기심에 대한 사회적 정당화를 가장 잘 해낸 인물 가운데 하나다. 그는 '이기심'과 '자연적 사랑'의 조화가 최고의 도덕이라고 믿었다. 그는 이렇게 말한다.

> 만일 어떤 사람이 자기 파괴적이고, 자신에게 닥쳐오는 위험에 전혀 무관심
> 하며, 자신을 보호하고 유지하려는 열정을 갖고 있지 않다면, 이는 자연의
> 목적과 의도에 비추어 사악한 행위라 하지 않을 수 없다.

합리적으로 표현되고 중용의 법칙을 지키는 한 이기주의도 이타주의
와 동등한 도덕적 지위를 누릴 수 있다고 보는 합리적 도덕관은, 모든 상
식적 도덕 사상이 이타주의에 부여해 온 자연적 도덕 우위를 부정해야
한다는 어려움에 봉착한다. 그래서 버틀러 주교는 양심을 이기심과 자
애심의 균형으로 간주하는 데서 자신의 도덕 이론을 출발시킨다. 그러
나 양심은 점차 자애심 쪽을 편애하게 되어, 현실적으로 양심이 자애심
과 동일시되는 결과를 낳는다. 이에 버틀러는 양심보다 높은 힘인 이성
(사실상 양심과 동일)을 도입하여 이기심과 자애심을 조화시키려 했다.

내면적 도덕과 외면적 도덕을 조화시키려는 공리주의적 시도는 불가
피하며, 일정 한도 내에서는 가능하다. 이 시도는 종교적·정치적 도덕이
빠지기 쉬운 극단과 불합리, 갖가지 위험을 피한다. 공리주의는 종교적
도덕에 비해 훨씬 관대한 도덕 승인을 하면서도, 정치적 도덕보다 훨씬
철저히 강제력과 투쟁에 반대함으로써 내면 도덕과 외면 도덕의 모순을
풀어 보려 한다. 그러나 종교적 도덕이나 정치적 도덕보다 더 현실적이
지는 않다. 이기심과 사회적 이익, 이기주의와 이타주의를 너무 쉽게, 성
급하게 조화시키려 하기 때문이다. 공리주의적 합리 도덕론자들은 버틀
러 주교와 마찬가지로 다음과 같은 신념을 갖는다.

> 이기심과 자애심은 같을 수 없지만, 궁극적으로 양자는 완전히 일치한다.

최대의 자기만족은 적절한 자비심에 달려 있으며, 이기심은 올바른 사회적 행위를 유발하는 하나의 보장책이다.

따라서 도덕적 합리주의는 종교에 비하면 이기심 억제가 훨씬 약하고, 정치적 현실주의에 비하면 사회적 제재가 훨씬 약하다고 본다. 종교의 내적 억제와 완전한 공평무사를 이루려는 노력에는 위험이 있다. 그런 시도가 병적으로 흐르기 쉽고, 타인에게 이기심을 조장함으로써 불의를 키울 수 있기 때문이다.

종교의 가치는 항상 이타적 충동보다 강한 이기적 충동을 억제하는 데 있다. 만약 도덕이, 이기적 충동과 사회적 충동이 잘 균형 잡혀 있고 동등한 권리를 가진다는 자기충족적 가정에서 출발한다면, 실제로 이 두 충동 간 균형은 불가능해진다. 도덕의 문제가 개인 차원에서 집단의 관계로 옮겨갈수록 이기적 충동은 사회적 충동을 누르고 득세한다. 아무리 강한 내면 억제도 이기적 충동을 완전히 제어할 수 없다. 이를 위해서는 사회적 억제가 이루어져야 하며, 이러한 사회적 억제는 사회적 투쟁을 통해서만 가능하다.

이 같은 정치 전략이 지니는 도덕적 위험 요소들은 이미 살폈다. 이러한 위험은 종교적 도덕의 위험과 정면으로 대립한다. 종교적 도덕은 타인의 정의롭지 못한 주장에 맞서 자기주장을 펼 수 없게 만들어 오히려 불의를 영구화시키는 경향이 있다. 결국 낡은 불의를 폐위시키고 새로운 불의를 등극시키는 꼴이 된다.

그렇다고 사회적 억제와 내면 억제를 합리주의적으로 절충해 버리면, 곧바로 이기심에 대한 성급한 자기만족에 갇힐 우려가 있다. 그러므로 이기적 충동에 대해 잘못된 제약을 가하는 위험을 범하기보다는, 두 억제 사이의 불안정한 조화를 견뎌 내는 편이 사회에는 더 낫다. 톨스토이나 레닌의 주장이 사회에 위험할 수 있지만, 현대판 '아리스토텔레스 제자들'의 영향 아래 이기심과 타협하는 것보다는 덜 위험하다.

종교적 도덕과 정치적 도덕의 갈등을 생각할 때, 종교적 이상은 가장 순수한 형태에서 사회정의 문제와 전혀 무관하다는 사실을 염두에 둘 필요가 있다. 종교적 도덕은 사회적 영향과 관계없이 공평무사를 절대적 이상으로 삼는다. 종교는 순전히 내적 훈련만으로 이상을 실현하려 할 때 자기모순에 빠지고 사회적으로 위험한 결과를 낳을 수 있음을 알면서도, 인간 정신의 내면 요구를 올바르게 판단한다.

톨스토이와 성 프란체스코, 십자가에 희생된 예수 그리스도, 역대 성인들에 대한 존경은, 아무리 이기적인 사람이라도 마음 깊은 곳에서는 이기적이어서는 안 된다는 것을 알기에 희생적 삶을 존경하게 됨을 보여준다. 순수한 종교적 이상주의는 사회 문제에 관심을 두지 않는다. 그렇다고 물질적·세속적 이익에 대한 요구를 거부함으로써 오히려 그 이익을 얻을 수 있다는 환상에 빠져 있다는 뜻은 아니다. 예수 그리스도가 보여준 것처럼, 종교적 이상주의는 자기실현이란 곧 자기부정의 필연적 결과라고 믿는다. 다만 그 자기실현이 물질적 생활이나 세속적 이익의 차원에서 이루어지지 않을 뿐이다.

종교가 말하는 자기실현은 순교자의 불멸 영혼, 제자들의 가슴속에 계속 살아 있는 구세주의 승천과 같은 정신적 의미에서 이루어진다. 예수가 제자들에게 원수를 일곱 번씩 일흔 번까지 용서하라 한 것은 원수를 회개시키거나 호감을 사기 위해서가 아니었다. 참된 도덕적 완전성, 곧 하느님의 완전성에 가까워지기 위한 노력의 하나로 권고한 것이다. 또한 "십 리를 가 주라"고 한 것도, 억압자들이 관대해져 자유를 줄 것이기 때문이 아니었다. 원수가 되는 것을 피하고자 원수를 사랑하라 한 것도 아니다.

그리스도는 이 모든 도덕적 행위가 가져올 사회적 결과나 영향은 고려하지 않았다. 문제가 되는 것은 오직 내면적이고 초월적 차원에서 그것들이 지니는 의미다. 순수한 종교적 이상주의가 사회적 효과를 고려할 때 아무런 요구도 하지 않는 무저항주의를 방침으로 삼게 된다는 점은 자명하다. 종교적 이상주의는 타인의 주장이 아무리 그릇되어도 끝까지 들어 주고, 타인이 부당하게 자기 이익을 요구해도 이에 맞서기보다 양보하도록 가르친다. 에픽테토스는 "보기에 따라 그럴 수 있겠지요"라고 말하며 무엇이든 온유하게 인내하라고 했다.

이런 도덕적 이상주의는 성 프란체스코 같은 금욕주의(asceticism)에 이르거나, 재침례교파·메노나이트·덩커파·두코보르파처럼 일체의 정치적 책임을 부인하는 경향에 이르기도 한다. 퀘이커 교도들은 정치적 책임을 인정하지만, 영구적 무저항주의자는 아니다. 곧 폭력은 부인하되 저항 자체를 부인하지는 않는다.

이러한 도덕 전략에서는 사회적 결과가 전혀 고려되지 않는다. 그러나 적어도 개인적 관계의 영역에서는 구원적 사회적 결과를 가져올 수 있음을 부정할 수 없다. 용서가 언제나 범죄자의 회개로 이어지지는 않지만, 좋은 영향을 줄 수는 있다. 원수를 사랑한다고 해서 늘 원심이 온유해지는 것은 아니지만, 그러한 경향은 분명 존재한다. 특히 친밀한 인간관계에서는 그 경향이 더욱 강하다.

만일 정의가 확립되기 위해 모든 측면에서 이기심이 충돌하고 주장과 반주장이 맞서야 한다면, 인간 생활은 도저히 감당하기 어려워질 것이다. 사실 사랑·자애·공평무사 같은 종교적 가치들은 사회적 공리의 관점에서도 중요한 가치를 지닌다. 물론 종교는 이것들을 내면·초월의 입장에서 보려 하겠지만, 덕의 체계에서의 위치는 그 참된 가치에 의해 결정된다. 이 점에서 데이비드 흄은 이렇게 말한다.

사회적 덕에 자애로운 성향이 없다면 존중받지 못할 것이다. 인류의 행복, 사회의 질서, 가족 간의 화합, 친구들 사이의 상호 우애는 언제나 인간의 마음을 부드럽게 지배한 결과로 간주된다.

흄의 말에는 지나치게 사회적·공리주의적 뉘앙스가 스며 있지만, 일정 범위 내에서 타당하다. 예수의 가르침조차 "너희가 베푼 만큼 베풂을 입을 것"이라 하여 관용의 태도가 건전한 사회적 결과를 낳음을 강조한다. 도덕적 삶의 역설은, 진정한 상호 이해가 '상호 이해를 목적으로 삼지 않는' 사랑의 결실로 이루어진다는 데 있다. 사랑은 아무 대가를 바라지 않을 때 가장 순수하고, 가장 순수할 때 가장 강하기 때문이다. 그러므로 양쪽 모두에게 이익이 되는 완전한 상호 이해는 보답을 생각지 않고 사랑을 베풀 때 온전히 실현된다. 이는 사회를 초월한 이상을 추구하는 종교적 도덕의 광기가 어떻게 지혜가 될 수 있는지를 보여준다. 같은 이유로 가장 분별력 있는 도덕은 최선의 결과보다 차선의 결과에 만족할 줄 안다.

인간관계가 친밀한 곳에서는(그리고 사랑이 충분히 효력을 발휘하는 인격적 관계에서는) 사랑의 방법만이 정의에 이를 수 있는 유일한 길이다. 이해관계가 복잡하게 얽힌 곳에서는 상호 이해를 현명하게 계산하기가 사실상 불가능하다. 생활이 밀접히 연관된 곳에서 공유하지 않으면 행복은 파괴된다. 따라서 주장과 반주장으로 정의를 세우는 일은 불가능해진다. 이해관계를 면밀히 계산해 얻은 정의도 불가능하지는 않지만, 달성하기 어렵다. 이해관계는 매우 상호적이기에 개인 차원에서 이를 파악하고 규정하기가 쉽지 않다. 오히려 그런 시도 자체가 인간 정신의 파멸을 보여주는 증거일 수 있다.

친밀한 관계는 오직 인간의 정신에 의해 확립된다. 상호 이해의 정신은 상호 이해에서 파생된 개인적 이익에 크게 개의치 않는 태도에 의해 유지된다. 사랑이 정의를 실현하는 원동력이 되려면, 정의보다 더 순수한 무엇을 얻고자 애써야 한다. 앞서 말했듯 이기적 충동은 이타적 충동보다 훨씬 강력하기에, 이타적 충동이 보통 이상으로 강력한 지지를 받지 못하면 아무리 선한 사람이 생각한 정의라도 편파적일 수밖에 없다.

사회적 차원을 넘어선 가장 순수한 도덕 이상이 지니는 이러한 사회적 타당성은, 사회적 관계가 더욱 복잡하고 간접적으로 될수록 점차 약화한다. 어떤 집단이 다른 집단에 강력한 구원의 힘을 줄 만큼 일관되게 비이기적 태도를 유지하는 일은 있을 수 없다. 또한 서로 경쟁하는 집단이 상대의 도덕 역량을 높이 평가하여 자신의 현실적 이익을 포기하리라고 기대하기도 어렵다. 게다가 가장 고차적 비이기성, 곧 희생은 설사 궁극적으로 보답을 받는다 해도 그 직접적 대가가 너무 크다. 개인은 보답을 바라건 말건 자신의 이익을 희생할 수 있지만, 집단의 이해를 책임지는 사람이 자기 집단의 이익을 버리고 타 집단에 이익을 주는 행위를 어떻게 정당화할 수 있겠는가. 이에 대해 휴 세실(Hugh Cecil)은 말한다.

개인에게 자기 이익보다 타인의 이익을 중시하도록 강요하는 모든 도덕, 무사성을 요구하는 모든 도덕은 국가의 행위에 적합하지 않다. 누구도 타인의 이익에 관해 비이기적일 권리를 갖고 있지 않다.

이 판단이 완전한 것은 아니다. 현명한 정치가는 자기 집단의 이익이 인류 공동체의 전체 이익과 명백히 정의롭지 못한 관계에 있을 때, 자신의 이익을 주장하지 않을 것이다. 또한 더 높은 상호 이익을 위해 직접 이익을 희생하는 것도 그르지 않다. 다만 개인의 이익과 달리 공동체의 이익 영역에서는 모험이 훨씬 덜 허용된다. 모험이 불가하면 이기적 이익이 뚜렷해지고, 그 결과 도덕적·구원적 성질이 사라진 자애만 남는다.

톨스토이의 가르침은 정치·경제적 억압에 맞선 저항을 무마하고 러시아를 비관적 피동성의 구렁으로 몰아넣는 데 일조했다. 지나친 테러리즘이 톨스토이를 일체의 폭력과 저항 반대로 몰았음은 분명하다. 그러나 테러의 폭력주의나 톨스토이의 평화주의 모두 실패로 끝났다. 그 결과 러시아는 전통적 불의에서 벗어날 수 없다는 비관주의가 판쳤다. 사실 둘 다 낭만적 중간 계급과 귀족적 이상주의에서 비롯된, 지나치게 개인주의적 성향 탓에 정치적 효력을 발휘하지 못했다.

테러리스트들은 병든 이상주의자였다. 그들 계급이 낳은 폭력에 대한 죄의식에 병적으로 시달리며, 피해 약자를 옹호한다는 명분으로 의도적 죄를 저질러 그 죄의식에서 벗어날 수 있겠다고 생각했다. 그들은 스스로 비종교적이라 믿었지만, 실제로는 상당히 윤리적이고 종교적 색채가 강했다. 그들에게 폭력이 가져올 정치적 효과는 부차적이었다. 반면 톨스토이를 따르는 평화주의자들은 정면으로 배치되는 방법으로 사회문제를 해결하고자 했으나, 이들의 태도 또한 불안정한 개인의 양심에서 나왔다. 결국 두 부류 모두 정치적 현실을 올바로 이해하지 못했다. 집단행동(collective behavior)의 중요 특성을 파악하지 못했기 때문이다. 낭만적 테러리스트들은 독립적 테러 행위를 체계적·일관된 정치 계획과 연결하지 못했고, 평화주의자들은 정치적 힘을 순수한 무저항과 동일시하는 우를 범했다.

종교적 이상주의가 가장 순수한 결실을 보아 이기적 욕망을 가장 강력히 억제할 때, 그것은 정치적 시각에서 전혀 실천 불가능한 방책이 된다. 곧 종교적 이상주의를 채택할 경우, 이기적 충동에 가장 강한 내면 억제를 가하려는 집단과 사회적 억제를 가하려는 집단의 화해는 불가능해진다. 따라서 이 두 방법을 억지로 조화시키기보다, 도덕에서의 솔직한 이원론을 받아들이는 편이 낫다. 이 이원론은 두 측면을 지닌다. 곧 자신에게 적용되는 도덕 판단과 타인에게 적용되는 판단을 구별하고, 개인에게 기대하는 것과 집단에 기대하는 것을 구별한다. 전자의 구별은 매우 명백하며, 도덕 문제가 심각하게 제기될 때 언제나(명시적이든 암묵적이든) 채택된다.

자신에겐 관대하고 타인에겐 엄격해지는 잘못을 시정하려면, 무엇보다 타인의 이기주의보다 자기 이기주의를 더 가혹하게 억제하는 훈련이 필요하다. 전체 도덕 상황의 논리에서도 이러한 훈련은 필수다. 우리는 타인의 행동을 외적 측면에서만 볼 수 있다. 이 입장에서는 이기심을 사회적으로 정당화하는 일이 불가피하다. 내적 관점에서 볼 수 있는 것은 자신의 행동뿐이다. 이 입장에서는 모든 이기주의가 도덕적으로 승인받지 못한다. 이러한 부정이 때로 타인의 적대감을 부를 만큼 이기심을 파괴하더라도, 이기주의를 도덕적으로 부정함으로써 과도한 이기적 주장이 줄어드는 효과와 비교하면 그리 심각한 대가는 아닐 것이다. 설사 종교적 규율로 이기주의가 감소해 직접 상황에서 불의가 생겨난다 해도, 종교적 규율은 도덕 원칙을 찬양하고 후대의 본보기를 세우는 데 중요한 사회적 유용성을 지닌다.

개인의 도덕과 집단의 도덕을 구별하는 일은 더욱 복잡한 문제다. 인간의 집단은 도덕적으로 무디기에, 순수한 공평무사의 도덕을 집단에서 찾기란 거의 불가능하다. 어떤 사회집단도 순수한 사랑을 온전히 간직하지 못한다(러시아 농민이나 해방된 흑인들처럼 도덕적 타성과 이상이 뒤섞인 예외적 경우를 제외하면 더욱 그렇다). 이러한 집단적 이기심은 불가피하다. 이기심이 비정상적으로 확장되면, 이에 맞서는 다른 집단의 이기심으로만 견제할 수 있다. 게다가 도덕적·합리적 설득 이외에 강제력도 병행되어야 실효를 거둔다. 도덕적 요인은 결과적으로 발생하는 사회적 경쟁과 갈등을 어느 정도 완화할 수는 있어도, 완전히 제거하지는 못한다.

도덕적 선의지를 원리로 삼는 사람들은 집단의 '특수 이익'을 모든 인간의 총체적·궁극적 조화의 이상과 연결하려 한다. 이러한 노력은 특권 계급의 이기심을 제한하고 비 특권계급의 이익을 옹호할 수는 있으나, 어느 한 집단을 설득해 그 이익이 전체 사회적 이상에 복속되도록 만들 만큼 공정하다고 보기는 어렵다.

사랑의 정신은 사회적 투쟁을 넘어 사람들을 잇는 공통 약점과 정서에 대한 상당한 이해를 지니지만, 그것만으로 투쟁을 막기에는 역부족이다. 사랑의 정신도 억제와 강제력이라는 수단을 사용할 수밖에 없다. 그러한 수단을 통해 저항자의 도덕 능력에 대한 신뢰를 표현하고, 그 능력을 줄이기보다 확대하는 방향으로 고무·격려하기 때문이다. 그러나 그 과정에서 강제력 사용 자체가 드러내는 도덕적 불신을 완전히 감출 수는 없다. 따라서 순수한 개인적 도덕과 '적당한' 정치 전략 사이에는 여전히 일정한 갈등과 대립이 남는다.

적당한 정치 전략이 아무리 필요해도, 개인의 엄격한 도덕 훈련이 불필요한 것은 아니다. 또한 가장 비타협적 이상주의를 배제해야 하는 것도 아니다. 개인은 공동체 안에서 살더라도 개인적 도덕의 가장 숭고한 규범에 충실해야 할 때가 있다. 때에 따라 자신이 속한 집단에서 벗어나 개인적 이상을 지켜야 하기도 한다. 이런 행동은 극단적 무저항주의자들처럼 정치적 무책임을 낳기 쉽지만, 나름의 사회적 유용성도 있다. 개인적 양심의 이름으로 국가의 폭력성에 저항하는 종교적 평화주의자들은 계급 의식으로 무장한 노동자 계급처럼 한 국가의 권력 의지를 좌절시키지는 못한다. 그러나 이들의 수가 많아지면 정부 정책에 영향을 미친다. 또한 그들의 모범은 적대국 개인들 사이에도 저항심을 퍼뜨려, 자기 공동체의 힘을 약화하지 않으면서도 분쟁의 충격을 완화할 수 있음을 보여준다.

집단에 대한 충성심이 유지되고, 이러한 충성심이 타 집단과의 관계에서도 인정된다면, 개인의 높은 도덕 이상 역시 필요하다. 한 집단이 다른 집단과 상충할 때라도 개인은 비이기적 태도를 취할 수 있다. 개인의 이익은 집단의 이익과 얽혀 있기에, 집단의 이익을 추구하면서 동시에 자기 이익도 추구할 수 있다. 그러나 이런 간접적 이기주의는 집단 내 개인이 보이는 노골적 이기적 행동에 비하면 미약하다.

그 개인이 집단의 지도자일 경우, 자신의 이익을 얻으려는 야심을 억제할 필요가 있다. 이기적 태도를 버린 지도자는 집단의 사기를 크게 고양할 수 있다. 피억압 계층의 지도자들은 비록 공공연한 경제적 결정론자이거나 인격을 중시하는 이상주의를 경멸하는 태도를 보이기도 하지만, 대체로 매우 높은 도덕 이상에 따라 행동한다. 만약 그들이 사리사욕을 좇았다면, 가진 능력으로 특권 계급으로 쉽게 편입할 수 있었을 것이다. 실제로 유능한 지도자들 가운데 간혹 그런 유혹에 굴복한 사례가 있는데, 이는 계급이나 민족의 진보를 가로막았다.

예컨대 흑인 사회의 진보는 유능하고 교육받은 이들이 백인과의 동화를 지향하거나 마찰 최소화를 추구하는 경향 때문에 지체되었다. 미국의 노동운동 또한 유사한 이유로 충분한 역량을 발휘하지 못했다. 미국식 개인주의의 영향을 깊게 받은 유능한 노동자들은 노동계급 전체의 단결보다 자본가 계급 혹은 그 앞잡이의 지위로 올라가는 데 더 큰 관심을 기울였기 때문이다.

설상가상으로 한 집단에서 유능하다고 인정받은 사람은, 처음에는 아무 사심 없이 집단의 이익을 위해 평생을 헌신하겠다고 다짐하지만, 집단 내부 혹은 더 특권적인 집단으로의 전환이 가져올 엄청난 개인 보상 때문에 끊임없는 유혹을 받는다. 개인의 이익이 항상 그가 속한 집단의 이익과 합치되는 것은 아니다.

서로 다른 공동체 간 사회적 충돌이 아무리 중대하더라도 개인에 대한 도덕 훈련의 필요성이 줄어드는 것은 아니다. 이러한 훈련을 통해 선의지의 감정과 상호 이해의 태도가 계발되지 않으면, 어떤 공동체도 통일과 조화를 달성할 수 없다. 사회적 투쟁의 불가피성과 필연성을 강조하는 정치적 현실주의를 받아들인다 해도, 개인의 맹목적 이기주의를 견제하고 상호 이해와 협력을 넓혀야 하는 의무는 사라지지 않는다. 인간 생활의 협력적·도덕적 면이 중요하냐, 사회적 투쟁의 필연성이 중요하냐는 문제는 시대와 환경에 따라 달라진다. 사회 세력 간 전반적 균형이 자연스럽게 받아들여지고, 사람들도 기존 제도 안에서 삶을 아름답게 가꾸는 데 열중했던 안정의 시대가 과거에 분명 존재했다. 중세가 그랬다.

현대인의 양심에는 모욕적으로 보일지 몰라도, 그들은 불의를 당연시하면서도 인생과 예술의 우아함·세련·섬세함을 가다듬고 깊게 만들었다. 그들의 눈으로 보면 오히려 우리 시대가 야만주의의 재현처럼 보일지도 모르겠다. 우리 시대는 좋든 나쁘든 사회 문제에 깊이 연루되어 있다. 기술 문명의 발달로 사회의 안정은 어려워졌다. 기술의 발달은 생활 환경을 급속히 바꾸어, 사람들로 하여금 조상 전통에 더는 경외심을 품지 않게 만들었다. 삶의 물질 환경이 급변하면서 불안 심리가 확대·심화하고 있다.

기술만능주의가 인류 전체를 위험한 방향으로 이끌고 있는지 단언할 수는 없으나, 산업화가 일정한 방향으로 진행되는 것은 틀림없다. 그리고 그 방향은 오랫동안 인류를 괴롭혀온 불의를 증대시키는 쪽이자, 인류 전체를 상호 의존적 경제체제 속에 통합하는 쪽이다.

이 과정에서 우리는 공동체 내 개인 간의 관계보다 공동체 상호 간의 관계에 더 주목하게 된다. 사람들은 집단행동의 냉혹성으로 새롭게 고통받는다. 그 경향은 이러한 냉혹성이 낳는 불행을 가중해, 더 늦기 전에 사회 문제를 해결해야 한다는 강한 긴박감을 불러일으킨다. 따라서 우리는 같은 세대로서 공통의 환멸과 고통을 느낄 수밖에 없다.

이런 상황에서는 전통과 미래의 운명을 인생의 필수 요소로 여겼던 시대에 사랑받던 최고의 이상과 유화적 감정들이, 오늘의 관점에서 사치로 보이기 쉽다. 그러한 이상과 감정은 도덕적으로도 불리한 여건에 놓인다. 현대 사회의 절망적 성격을 모른 채 비교적 안락을 누리는 이들만이 빠지는 사치로 간주할 수 있기 때문이다.

우리는 지금 인격적·도덕적 이상주의가 위선이라는 혐의를 받고, 때로 그 이유로 비난받는 시대를 살고 있다. 정직성이 냉소주의의 발끝에도 미치지 못한다는 평가가 난무한다. 비극이다. 개인적 양심이 자연세계와 인간 정신을 자연에 묶어 두는 집단적 관계를 넘어설 때 느끼는 벅찬 감정은 결코 사치가 아니라 인간 영혼의 필연적 현상이기 때문이다. 다만 우리의 비극에는 아름다움도 있다. 적어도 우리는 삶에서 환상적 요인을 일정 부분 제거했다.

이제 우리는 사회적 불의를 대가로 치르며 개인 생활의 만족을 추구하기 어려운 세상에 산다. 개인의 구원만을 위해 천국에 이르는 사다리를 세울 수 없고, 인간사의 방탕과 부패를 방치할 수도 없다. 이런 일을 하는 데 가장 강력한 담당자는 낡은 환상을 새로운 환상으로 바꾼 사람들일 것이다. 그 환상 가운데 가장 중요한 것은 '인간의 집단생활이 완전히 정의로울 수 있다'는 생각이다. 이는 오늘 매우 가치 있는 환상이다. 그 환상이 사람들의 영혼을 부추겨 숭고한 광기를 일으키지 않는 한, 정의는 결코 달성될 수 없기 때문이다. 이런 광기 없이 누가 사악한 권력,

혹은 높은 지위에 깃든 정신적 사악에 맞서 싸울 수 있겠는가. 환상이 위험한 것은 맹렬한 환상주의를 자극하기 때문이다. 그러므로 우리는 환상을 철저히 이성의 통제 아래 두어야 한다. 다만 그 긍정적 역할을 다하기도 전에 이성이 환상을 파괴하지 않기를 바랄 뿐이다.

마음으로 필사하는 사회계약

19세기 말에서 20세기 초 활동한 독일 사회학자 막스 베버는 당시 서구 사회의 변화를 '탈신비화'라 불렀다. 주술과 마법의 힘에 의존하고, 인간 이해를 넘어서는 신비한 영역을 인정하던 시대가 지나, 무엇이든 설명하고 예측하며 통제할 수 있다는 합리적·과학적 신념이 퍼져나가던 시대의 흐름을 포착한 말이었다. 그가 언급한 관료제는 오로지 합리성과 법에 따라 권위를 확보하는, 신비함이 벗겨진 의사결정 기계였다. 베버는 어디까지 옳았을까?

훌륭한 합리성 속에서도 모종의 신비함이 느껴진다는 역설은 차치하더라도, 신비에 대한 감각은 현대에도 사라지지 않았다. 합리성만으로 확보할 수 없는 정당성을 국가 제도에 부여하고 있기 때문이다. 대표적 사례가 법원이다. 법원은 여전히 법복을 입은 법관이라는 세속적 성직자들이 폭력을 독점한 국가의 권위에 힘입어, 사회의 현존 질서를 지탱하는 법률의 의미를 새겨주는 '성스러운' 공간이다. 삼권분립 하에서 민주공화국의 최후 보루, 기본권의 마지막 수호자라는 '주술적' 현판이 붙은 세속적 신전인 셈이다. 헌법이 보장하는 독립성뿐 아니라, 죄를 지으면 벌을 받는다는 인간의 원초적 정의감과 두려움이 역사적으로 응축되어, 사람들의 마음에 근대적 모습의 신성을 불러일으키는 제도가 곧 사법부다. 그 신전의 제사장들인 법관은 오로지 법, 그리고 따지고 보면 신비한 개념인 '양심'에 따라 판결한다. 개별 판결이 부당하다고 여겨질 수 있어도, 사법부 전체는 그 개별성을 넘어서는 독립성과 중립성, 합리성, 자유와 질서의 상징이었다.

현행 제6공화국 헌법의 꽃 중 하나이자 현 정국 중심에 있는 헌법재판소도 마찬가지다. 제5공화국까지 허수아비에 불과했던 헌법위원회가 헌법재판소로 재설계된 뒤, 초기 헌법재판소는 권위주의 정권의 막대기였던 사회보호법 5조 보호감호에 위헌을 선언하고, 억울한 이들이 호소할 곳 없었던 검찰의 불기소처분에 헌법소원 제도를 열어주는 등 적극적 판단을 내리며 시민들에게 '헌법 재판'의 가치를 각인시켰다. 행정수도 이전 등 사회적 논란의 한가운데 있던 사안으로 비판을 받기도 했으나, 2017년 대통령 탄핵 결정에서 보듯 제6공화국에는 헌법적 이슈에 대해 최종적이고 비가역적 판단을 내릴 권위 있는 '신성한' 기구가 있다는 사회적 신념이 자리 잡아 왔다.

2025년 1월 19일 새벽의 사건이 충격적으로 다가온 이유는, 현대 국가의 한 성역이자 사회적 약속이라는 성스러운 휘장이 둘러쳐진 공간의 경계가 무너진 상징적 사건이었기 때문이다. 많은 시민이 국회가 침범당한 2024년 12월 3일 밤과, 법원이 침범당한 1월 19일 이후 말을 잃어가는 것은 '탈신비화의 맨얼굴'을 보았기 때문일 것이다. 신비가 극복된것이 아니라, 단순히 부정되고 폭력적으로 파괴되었을 때 어떤 일이 벌어질 수 있는지를 직감한 것이다.

그러나 파괴적 탈신비화는 이미 진행되고 있었다. 오래전부터 정치인들은 '대화와 타협'으로 풀어야 할 일들을 사법화했고, 자신들이 원하는 결과에는 자기애적 찬사를, 반대의 경우에는 유감과 비판을 넘어 제도 자체를 부정하는 노골적 언사를 서슴지 않았다. 그들에겐 정쟁의 방책일지 모르지만, 공동체를 유지하는 사회계약은 조금씩 훼손되어 갔다.

자유로운 시민들은 법원 판결을 비판하는 데 주저할 필요가 없다. 현실의 사법부는 '신성불가침'의 영역이 아니다. 민주적 원리에 따라 구성되지 않은 제도였던 것도, 역사적으로 늘 민주주의 편에 서지는 않았던 것도 사실이다. 이 순간에도 정의를 세우지 않고 상처 입은 시민들을 싸매주지 못했던 판결들이 떠올라 망설이게 된다. 그런데도 헌법과 시민은 사법부에 권위를 부여한다. 그것이 사회계약의 일부이기 때문이다.

작금의 재판관 자격 논쟁과 법리 논쟁에서 보듯, 이데올로기적 충돌의 시대에 신비의 외투가 벗겨진 권위는 힘을 잃는다. 결국 현대에도 신성함의 감각은 사회를 지탱하는 힘으로 남아 있다. 그것마저 사라진다면 노골적 폭력만이 남는다. 그것은 사회를 지탱하는 힘이 아니라 억압하고 파괴하는 힘일 뿐이다.

국가를 강조해 온 보수도, 국가를 비판해 온 진보도 제도가 무너져 가는 모습을 보고 당황했다. 공화주의적 제도를 지탱하려는 의지는 보수와 진보가 다를 이유가 없다. 최근 헌법 필사가 유행이라고 한다. 수도사들이 경전을 조심스레 베껴 쓰듯, 우리 마음에 필사해 둔 사회계약은 무너지지 않는다. 기후 위기와 전쟁의 가능성에 직면한 후대 시민들에게 찢어진 사회계약서까지 남겨줄 수는 없다.

3·1운동 100주년, 역사가 비추는 오늘

미국의 독립기념일은 7월 4일이다. 워싱턴에서는 불꽃놀이가 열리고, 각국의 미국 대사관은 기념 파티를 연다. 미국 국민 대다수도 실제 미국이 7월 4일에 독립한 것으로 알고 있다. 그러나 사실 1776년 7월 4일은 식민지 13개 지역 대표들이 모여, 훗날 제3대 대통령이 되는 토머스 제퍼슨이 작성한 독립선언서를 공식 채택한 날이다. 그러므로 정확히 말하면 '독립선언서의 날'이다. 미국은 그로부터 7년이 흐른 1783년 9월, 파리조약을 통해서야 비로소 독립을 인정받았다.

미국 독립선언서는 '세계 역사를 흔든 주요 문서'로 대접받는다. 사람이 태어날 때부터 갖는 권리와 국민 주권의 원리를 간명하게 표현한 내용 때문이며, 후대 역사에 끼친 영향 때문이다. 이를 잘 보여주는 사례가 1945년 9월 2일, 호찌민이 공화국 수립을 선포하며 발표한 '베트남 민족독립선언서'다. 이 선언서는 "모든 인민은 평등하게 태어났으며, 조물주로부터 양도할 수 없는 권리를 부여받았다. 그것은 생명, 자유, 행복 추구의 권리다…"라는 구절로 시작한다. 미국 독립선언서의 '인간(men)'을 '인민(people)'으로 바꾼 것이다.

어제는 3·1 독립운동 100돌이 되는 날이었다. 3·1 독립선언서가 탄생한 날이다. 3·1운동의 의의는 '만일'이라는 단어를 넣어 생각해 볼 때 더욱 분명해진다. 만일 3·1운동이 없었더라면 상하이 임시정부가 세워질 수 있었을까. 만주 일대의 무장 독립투쟁이 대원을 모아 버틸 수 있었을까. 나라를 잃은 지 10년이 지나며 사그라지던 독립과 자주의 혼과 기억이 다시 불붙을 수 있었을까. 무엇보다, 만일 3·1운동이 없었더라면 점령국 일본과 세계에 우리 민족이 여전히 살아 있음을 증명할 수 있었을까.

3·1 독립선언서에는 미국 독립선언서와 다른 몇 가지 특징이 있다. 3·1 독립선언서에는 33인의 민족 대표 명단이 명기돼 있다. 그러나 최초의 미국 독립선언서에는 59명의 서명자가 있었지만, 그 이름은 없었다. 그들의 안전을 위해 6개월 동안 비밀에 부쳤기 때문이다. 당시 조선에는 일본 육군 2개 사단과 1만 3,000명의 헌병 경찰이 그물을 치고 있었다. 반면 미국 식민지에 주둔한 영국군의 존재감은 미미했다.

또 미국 독립선언서에는 짧은 본문과 28개에 달하는 불만 사항이 나열돼 있다. 불공정한 세금, 행정 권력 남용, 무역 제한을 열거하며 영국 국왕 조지 3세를 폭군으로 규탄했다. 반면 3·1 독립선언서는 일본의 불의와 약속 번복을 지적하면서도 "이해가 다른 두 민족 사이에 화해할 수 없는 원한이 쌓이지 않도록 할 길"을 제시했다.

조선의 독립이 동양과 세계 평화에 기여하고, 일본을 사도에서 벗어나게 하리라는 전망 또한 담았다. 미국 독립선언서에는 없는 시각이다. 1919년 당시 세계 인구의 80%가 식민지 상태였다. 3·1운동은 비폭력으로 1차 대전 승전국과 맞섰던 세계 최초의 독립투쟁이었다.

3·1운동 100주년을 맞은 남북의 모습은 밤과 낮처럼 확연히 달랐으나, 낮과 밤처럼 묘하게 등을 맞댄 듯 보였다. 북은 반역사적이었다. 선전 매체 '민족끼리'는 "3·1 민족 봉기는 외세에 의존한 상층부가 구차하게 독립을 얻으려다 실패한 것"이라고 깎아내렸다. '김일성 중심 사관'에 따른 해석이었다.

한국 대통령은 비현실적이었다. "친일 잔재인 변형된 색깔론과 빨갱이라는 표현을 하루빨리 청산해야 한다"고 말했다. '태극기 부대' 발언을 거울에 비춰 뒤집은 듯한 내용이었다. 미·북 회담이 결렬된 다음 날, "비무장지대가 곧 국민의 것이 될 것" "금강산 관광과 개성공단 재개를 미국과 협의하겠다" "한반도 종단 철도가 완성되면 동아시아 철도 공동체 실현을 앞당길 수 있다"는 말이 먼저 부풀어 있었으나, 그래서 더 허망하게 들렸다.

3·1운동의 주역들이 지금 한반도를 굽어본다면 무엇이 제일 먼저 눈에 들어오겠는가. 최소 8만 명에서 최대 12만 명을 수용하고 있다는 북한의 5개 정치범 수용소일 것이다. 할아버지, 아들, 손자 3대가 북한을 세습 통치한다는 말에는 귀를 의심할 것이다. 이것이 100년 전 노예의 사슬을 끊으려 궐기했던 조국의 모습인가 하며 몇 번이고 눈을 비빌 것이다. 국가 지도자의 비현실적 판단은 고층 빌딩에 매달린 비계와 같다. 줄이 끊기면 국가와 국민이 함께 추락한다.

새로운 시작을 응원하며

약속 시간보다 일찍 도착해 카페에 앉아 있는데, 뒤쪽에서 몇몇 엄마들의 목소리가 들렸다. 이제 초등학교에 입학할 아이들이 있는 학부모 친구들 모임인 듯했다. 3월은 학교에 입학하는 아이들 덕분에 사회 전체가 들뜨는 계절이다. 때가 때인 만큼 요즘 자주 받는 문자 메시지는 '2~3월 특가 세일'을 홍보하는 내용이다. "자녀의 입학과 신학기를 축하한다"는 말로 여기저기서 열을 올린다.

모두가 축하하는 3월은 한 해의 세 번째 달이자 또 하나의 새로운 시작이다. 우리는 새해 첫날을 지나며 몸과 마음을 새롭게 다잡고 출발한다. 그런데 3월이 되면 또다시 시작하는 분위기가 된다. 인생을 백 년 산다고 치면 그중 5분의 1 정도는 학생으로 지내며 매해 3월을 맞는다. 3월은 입학 선물을 주고받으며 기대와 설렘을 느끼는 달이고, 계절상으로도 겨울을 이겨낸 꽃들이 피어나며 새로운 출발에 용기를 북돋워 주기 좋은 달이다.

하지만 3월에는 낯선 환경에서 무엇을 어떻게 해야 할지 몰라 긴장하게 된다. 이맘때면 '특가 세일' 문자만큼이나 자주 듣는 고민이 있다. 대개 새로운 환경에 적응하며 겪는 문제다. 누구나 거치는 과정이고, 살아가면서 수백 번도 경험할 수 있는 고민이다. 흔하디흔한 일이지만, 그 상황에 처한 당사자들에게는 무겁고 심각하다.

어릴 적부터 내 딸처럼 지켜본 조카가 있다. 지난해 대학교에 입학한 풋풋한 신입생이다. 늘 웃음이 가득했던 아이였는데, 얼마 전 만났을 때는 미소가 반이나 사라진 상태였다. 마음속 이야기를 털어놓는데, 선배들의 기에 눌리고 동기들과는 알 수 없는 눈치작전에 시달린다고 했다. 누군가가 "동기들은 취업 전선에서 아군이 되기도 하고 적군이 되기도 할 것"이라 말했단다. 입학하자마자 사회 진출을 준비해야 한다는 압박감, 그 과정에서 학번 동기들과 경쟁해야 한다는 불안, 고등학교 시절의 진한 우정을 대학에서는 이어갈 수 없을지도 모른다는 걱정이 겹쳐 신입생으로서의 설렘이 눌려버린 듯했다.

얼마 지나지 않아 또 다른 조카의 하소연을 들었다. 오랫동안 취업을 위해 기도 부탁을 하던 아이였다. 취업의 기쁨도 잠시, 날마다 출퇴근길을 눈물로 보낸다며 "내가 흘린 눈물로 가뭄도 해소할 수 있을 정도다"라고 했다. 대학 4년과 1년여의 취업 준비 끝에 합격 소식을 듣기까지는 몰랐다고 했다. 말단 신입사원으로 살아가는 일이 7, 80군데 이력서를 내던 시절보다 훨씬 고단할 줄은. '다 포기하고 싶을 때 꺼내보는 세 가지 카드'를 이야기하다가 웃음과 눈물이 교차했다. 그래도 최종 합격 소식을 전하자 등을 두드리며 칭찬하던 부모의 얼굴, 첫 출근 전날 생일 때보다 더 푸짐한 밥상 앞에서 나누던 희망의 말들, 온갖 푸념을 들어주며 "잘할 거야"라고 응원해 준 친구들을 떠올리며 다시 기운을 차린다고 했다.

새로운 출발선 위에 선 모든 사람은 벅차고 설렌다. 그러나 출발 신호를 듣고 달리기 시작하면 가쁜 숨과 타는 목마름에 지치기 마련이다. 그때 시원한 물을 건네주는 사람이 있다면, 잠시 숨을 고르도록 쉬어갈 수 있는 반환점이 있다면, 달리는 동안 지친 온몸을 주물러 주는 사람이 있다면 다시 달릴 힘을 얻는다. 3월이라는 출발선에서 달리기를 시작한 이들에게는 앞으로 더 많은 위로와 응원이 필요하다. 그 위로와 응원을 얻어야만 자신에게 주어진 트랙을 꾸준히 달려갈 수 있다. 첫발을 떼며 가졌던 설렘이 지속되는 것은 누군가의 끊임없는 애정과 응원이 있기 때문이다.

이만큼 세월을 지나온 나도 돌아보면, 때마다 자신감을 북돋워 준 응원자들이 있었다. 그 응원의 멘토들은 눈에 보이기도 하고, 보이지 않게 존재하기도 했다. 눈에 보이는 사람의 따뜻한 말 한마디도, 보이지 않는 어떤 존재가 보내준 참된 응원도 결국 지금의 나를 만들었다. 그래서 나는 3월을 시작하며 낯선 환경에 적응하려는 모든 이들에게 애정 어린 응원을 보낸다. "시작이 반이다"라는 말은 식상할지 모르지만, 새롭게 시작한 만큼 남은 절반을 설렘과 기쁨으로 보낼 수 있기를 기도한다. 출발할 때의 마음으로 모든 일을 감당한다면, 긴장과 두려움이 우리를 가로막을 이유가 어디 있겠는가. 봄 내음을 한껏 껴안으며 시작하는 3월의 축제에 모두가 여유로운 미소를 지을 수 있기를 바란다.

도전과 시련의 새해,
당당하게 맞서 이겨내자

새해가 밝았다. 지난해 숱한 어려움을 어렵사리 헤쳐 나왔지만, 우리 사회는 운명처럼 다시 새로운 도전과 위협을 마주하고 있다. 피해서 돌아갈 수 없고, 오직 담대하게 맞서 슬기롭게 헤쳐 나가야 할 도전이다. 매번 새해를 맞아 으레 지난해를 되돌아보는 것은 앞날을 헤쳐 갈 지혜를 얻기 위해서다. 과거는 늘 현재로 살아나 미래의 갈 길을 일깨운다.

국민 삶의 행복을 으뜸 목표로 삼아야 한다. 지난해 국민은 고되었다. 대통령 탄핵이 드리운 그늘이 걷히는가 싶더니, 북한 김정은 정권의 무모한 핵 위협이 경제와 민심에 주름을 보탰다. 경제성장률은 3% 아래로 떨어졌고, 그마저 비뚤어진 소득 분배 구조 때문에 중·하층 서민에게는 아무런 혜택을 주지 못했다.

양질의 일자리는 좀처럼 늘지 않아 저소득층은 희망의 사다리를 찾기 어렵게 됐다. 대신 부(富)의 대물림이 곳곳에서 확인되면서 '숟가락 계급론'이 무성해졌고, 마땅한 일자리를 찾지 못한 청년들의 낙담과 한숨이 잦아졌다. 자영업자의 몰락이 이어지고, 전셋값은 고공행진을 거듭했으며, 가계부채가 크게 늘면서 서민 삶의 주름은 더욱 깊어졌다. 출산율은 낮아지고 기대수명은 늘어 인구구성이 급속히 변했지만 이에 미처 대비하지 못해 사회 전체의 노후 불안도 커졌다. 어느 연령층도 예외 없이 불안에 사로잡혀야 했다.

공동체의 으뜸 목표는 구성원 다수의 행복한 삶이어야 한다고 우리는 믿는다. 국가나 민족의 번영을 지향점으로 삼아 경제성장률 같은 외형적 수치에 목매어 온 데에 대한 반성에서다. 1987년 민주화 이후 한결 성숙해진 사회 발전의 결과로, 그런 수치보다 공동체 내부의 분배 구조 개선과 구성원 개개인의 삶의 현실이 훨씬 중요한 시대가 되었다고 보기 때문이다. 물론 물질적·경제적 기반이 국민 행복을 재는 유일한 잣대는 아니지만, 그것 없이는 행복을 논할 수 없는 기초적 조건, 필요조건임은 분명하다. 더욱이 지난 한 해 국민 삶의 고통 대부분이 경제적 요인에서 비롯했다는 점에서, 인간다운 삶을 위한 최소한의 물질적 조건을 충족하는 일은 앞으로도 오랫동안 우리 사회의 목표일 수밖에 없다.

새해 우리 경제의 전망도 흐리다. 지난해 말 미국의 금리 인상과 중국의 경기 침체 등 'G2 리스크'가 본격적으로 파급되어 저성장과 내수 침체, '수출 절벽' 등을 부를 가능성이 크다. 엔저를 발판으로 국제 경쟁력을 끌어올린 일본과, 날로 기술 추격을 가속하는 중국 사이에서 '신(新)넛크래킹'을 겪게 될 개연성도 커지고 있다. 안으로는 내수와 투자 부진, 저출산·고령화 등에 따라 저성장 추세가 이어질 위험이 크다. 밖으로도 세계 경기 둔화와 석유 등 원자재 가격 하락, 신흥국 경제 침체, 이슬람국가(IS)의 테러 위협 증대 등 위험 요소가 줄지어 있다.

이런 상황에서 우리 경제의 활로를 열기 위해서는, 당장 영업이익으로 대출이자도 갚지 못하는 한계기업에 대한 구조조정부터 시급하다. 산업 질서를 교란할 뿐 아니라 금융 불안의 불씨이므로, 정교하고도 신속하게 구조조정을 마쳐야 한다. 더욱 중요한 것은 차세대 성장 동력과 신기술의 확보다. 반도체를 빼면 1990년대 말 외환위기 이후 우리 경제를 이끌어 온 조선·철강 산업이 휘청거리고, 자동차 산업의 성장세도 주춤한다. 새로운 성장 동력 발굴에 불가결한 창의력을 키울 교육 시스템의 발본적 전환과 사회적 인식의 개혁에 박차를 가해야 한다.

대립과 갈등을 소통과 화합으로

지난해 국민 삶을 한결 고되게 한 것은 정치적 갈등과 대립의 격화, 그 결과인 정치의 무위(無爲)·무능이었다. 여야가 만연한 갈등을 해소할 작은 계기조차 만들지 못했을 뿐 아니라, 청와대와 여당, 야당 내부의 대립과 분열까지 더해졌다. 모든 쟁점을 정치적 이해득실의 시각에서 바라본 끝에 쟁점 법안을 두고 의견 접근을 이루지 못했다. 우리 사회가 나아갈 길을 가늠하고, 국민 행복을 늘리기 위한 정책의 법제화에 힘써야 할 정치권이 제 밥그릇 문제조차 해결하지 못해 우려와 불안을 안겼다. 비정상의 정상화보다 시급한 과제가 없었다.

더욱이 고질화한 정치적 대립이 국민 인식으로 번져, 모든 사회 현안에 대한 정치적 해석과 수용 태도의 차이를 빚었다. 정치 갈등과 사회 갈등이 겹치면서 우리 사회는 완전히 절반으로 쪼개지기라도 하듯 노사 갈등, 계층 갈등, 세대 갈등, 지역 갈등이 확대일로다. 상대의 다른 의견에도 귀 기울여 소통하고, 남의 의견이 옳다면 적극 수용하며, 결과적으로 상호 양보와 타협을 이뤄내는 인식의 전환이 올해에는 사회 전반에 퍼지길 바란다. 그 전환은 문제 제공자인 정치권에서부터 시작돼야 마땅하지만, 자율적 변화가 어렵다면 국민이 올해 6월 지방자치 선거에서 표로써 심판할 수밖에 없다.

올해는 새로운 정부가 탄생해 남북 관계에서 획기적 진전을 이루길 바란다. 지난해 김정은의 핵 위협으로부터 국민이 불안하지 않고, 안보에 안심할 수 있도록 하길 바란다. 남북 관계의 국면 전환을 위해서는 북한의 핵·미사일·인권 문제에서 일정한 진전이 전제돼야 하겠지만, 북한

이 먼저 변하기만 기다려서는 부지하세월이다. 과감하게 북한의 변화를 끌어낼 선제적 조치가 필요하다.

한편, 미·중 대결 구도의 심화와 일본의 군사적 부상 등 급변하는 동북아 정세에 주도적으로 대응하기 위해서도 남북 관계의 안정과 진전은 필수다. 남북 긴장이 커질수록 독자적 대응은 어려워지고, 주변 강대국의 입김에 흔들리게 마련이다. 정부는 새해에 다른 이유를 떠나 남북 관계 개선에 적극 나서야 한다. 대북 관계의 획기적 개선이 장기적으로 북한을 디딤돌 삼아 대륙으로 우리 경제의 활로를 열 방책이라는 점에서도, 정부의 용기와 결단이 요구된다.

원칙과 실용의 조화에서 공동선을 찾자

한반도 주변 정세는 올해 한층 더 복잡다단해질 것으로 보인다. 이에 따라 우리의 외교 역량도 어느 때보다 혹독한 시험대에 오를 것이라는 관측이 잇따른다. 미·중의 패권적 갈등이 본격적으로 드러날 남중국해 영유권 분쟁은 동북아 위기의 불씨다. 중국과 동남아 국가들의 분쟁에 미국이 적극 개입하려 하면서 위기가 커졌다. 굴기하는 중국이 미국의 세계 전략에서 어떻게 자리매김해야 할지를 가늠하는 리트머스 시험지가 되고도 남는다.

"강대국 사이의 종속변수가 아니라 스스로 중심을 잡고 미래를 개척해야 한다"는 정부의 자세는 원론적으로 옳다. 그러나 보다 절실한 요구는, 우리를 종속변수로 격하하는 동북아 질서와 구도에 변화를 불러올 수 있는 적극적 전략에 모인다. 미국과 중국 사이에서 기계적 중립을 취하는 소극적 사고로는, 날로 굳어지는 패권 대결 구도에서 자유롭기 어렵다.

국제 테러는 올해의 화급한 지구촌 현안이다. 어느 나라도 테러 안전

지대일 수 없는 상황이다. 파리 테러를 자행한 IS가 한국을 '십자군 동맹국'에 포함한 이래, 테러는 우리에게도 이미 발등의 불이 되었다. 국가정보원에 따르면 2010년 이후 국제 테러 조직과 연계됐거나 테러 위험인물로 지목돼 강제 출국당한 국내 체류 외국인은 48명에 달한다. 이들 중 인도네시아인 1명은 출국 후 IS에서 활동하다가 숨진 것으로 알려졌다.

여야가 법제화를 놓고 대립하는 테러방지법의 인권 침해 소지를 가볍게 볼 수는 없지만, 그렇다고 임박해 오는 테러 위협을 관망할 수는 없다. 초당적 인식으로, 인권 침해 우려를 최소화할 지혜와 장치를 갖춰 국회가 적극 입법에 임해야 한다.

결국 나라 안팎의 모든 도전을 용기와 지혜로 헤쳐 가야 한다. 또한 그 대응법을 둘러싼 정치·사회적 갈등이 대부분 원칙론과 실용론의 충돌이라는 점에서, 구성원 모두가 따뜻하게 가슴을 열고 양자의 조화를 기할 수 있기를 기대한다.

뮌헨에서 시작된 기적의 드라마,
김재관 이야기

한강의 기적은 대통령이나 기업인의 리더십만으로 이룰 수 있는 일이 아니었다. 그들 뒤에서 구체적인 밑그림을 그린 영웅들이 있었다.

한국은 후진국에서 선진국으로 성장해 이제는 유럽에 전투기, 탱크, 자주포를 수출하는 전무후무한 나라가 되었다. 그 원인은 여러 가지가 있겠지만, 박정희, 이병철, 정주영 같은 거인들이 동시대에 태어났다는 것도 분명 기적의 한 요인이다. 광개토대왕 같은 인물들이 한꺼번에 등장한 셈이다. 그러나 이들은 과학과 기술에 대해서는 문외한이었다. 구체적인 산업 전망과 설계도를 그릴 능력이 있을 리 없었다. 대통령과 기업 회장의 리더십만으로 되는 일이 아니었다. 도대체 아무것도 없던 1960~70년대에 어떻게 고도 공업국의 기반이 닦였는지는 늘 의문이었다. 그런데 한 분이 보내준 책을 통해 그 답을 조금이나마 알게 되었다. 우리는 우리 기적의 역사에 대해 너무도 모르고 있다는 사실을 새삼 절감했다.

그 책은 《뮌헨에서 시작된 대한민국의 기적》(홍하상, 백년동안)이다. 주인공은 김재관(1933~2017). 그는 서울대 공대 기계공학과를 졸업하고 1956년 산업은행과 서독 유학생 시험에 동시에 합격했다. 산업은행은 그에게 유학 기간에도 월급을 주겠다고 약속했다. 이승만 대통령이 만든 인재 양성 제도 덕분이었다. 이승만은 과학을 몰랐지만, 미국에서 MIT를 둘러보며 "이것이 나라의 생사를 좌우한다"는 사실을 절감했다. 산업은행은 김재관에게 출국 전까지 국내 산업 현장을 두루 살펴보도록 알선하기도 했다. 전쟁 직후 열악한 시절이었지만, 한국은 이미 잠재력이 있는 나라였다.

부산 피란 시절 미군 부대에서 일하던 김재관은 미군 무기들이 모두 특수한 철로 만들어진다는 사실에 주목했다. 아마 그때 이미 그의 전공은 금속학으로 정해졌는지도 모른다. 뮌헨공대에서 박사 학위를 받은 그는 세계적 제철소인 데마크 종합기획실에 들어갔다. 2년 뒤 박정희 대통령이 차관을 얻으려 서독을 방문했다. 서독에 파견된 광부와 간호사들 앞에서 눈물의 연설을 했던 바로 그 방문이었다.

박 대통령은 유학생들을 초청해 조찬 모임을 열었다. "하고 싶은 이야기를 해달라"는 말에 한 사람이 앞으로 나섰다. 김재관이었다. 박정희와 김재관의 첫 만남이자 한국 산업사에 기록될 순간이었다. 그는 대통령에게 '한국 철강 공업 육성 방안'이라는 두툼한 논문을 전달했다.

김재관은 유학과 직장 생활 내내 한국에 종합제철소를 짓는 문제에 몰두했다. 제철소는 이미 이승만 시대부터 국가적 과제였지만 방향을 잡지 못하고 있었다. 제철이라는 거대하고 복잡한 문제를 제대로 아는 한국인은 김재관이 유일했다. 금속학을 공부하고 세계 굴지의 제철소 기획실에서 일한 경험이 있었기 때문이다.

박정희는 김재관을 눈여겨보았다. KIST(한국과학기술연구원) 해외 유치 과학자 18명 중 한 사람으로 불러 제1연구부장을 맡겼다. 박 대통령은 일본으로부터 받아낸 대일청구권 자금을 제철소 건설에 투입하기로 했다. 일본은 그 돈을 타당하게 쓰는지 입증하라고 요구했다. 그 중대한 임무를 김재관이 맡았다. 협상은 도쿄에서 열렸다.

놀라운 것은 당시 30대 중반이던 그가 이미 10년, 20년 뒤 한국 산업의 미래를 내다보고, 자동차와 조선에 필요한 특수강까지 생산할 수 있는 제철소를 준비했다는 사실이다. 일본은 그의 방안에 대해 "불가능하다"며 반대했다. 그러나 그는 제철소의 모든 것을 아는 전문가였다. 결국 일본은 김재관 방안의 타당성을 인정할 수밖에 없었다. 이것이 포항종합제철(포스코) 신화의 시작이었다. 김재관이 그린 포스코 공장 배치도는 20년 뒤 생산 규모가 9배로 커진 후에도 조금도 수정 없이 적용될 수 있었다.

그는 이어 KIST에서 '한국 기계공업 육성 방안'을 보고했고, 이를 토대로 1973년 박정희 대통령은 '중화학공업화 선언'을 했다. 한국이 농업국가에서 공업국으로 바뀌는 순간이었다. 그 골간은 선철, 특수강, 중기계, 조선이었다. 선철과 특수강은 산업의 쌀인 동시에 무기 제조의 핵심 재료였다. 김재관은 뮌헨공대에서 이미 독일군 함포와 대포의 금속 조성을 공부해 두고 있었다. 중기계는 곧 탱크 제작을 뜻했고, 조선은 유조선과 함께 군함을 만드는 일이었다. 오늘날 K-방산의 토대가 그때 마련되었다.

박 대통령은 김재관을 상공부 중공업차관보로 임명했다. 그는 일부의 강한 반대를 무릅쓰고 대통령에게 독대를 청해 '한국형 승용차 양산화' 계획을 채택시켰다. 당시 조선과 자동차 모두 기업인들은 손사래를 쳤지만, 유일하게 정주영 회장이 "하겠다"고 나섰다. 현대자동차와 현대중공업 신화의 시작이었다.

박 대통령은 다시 김재관을 ADD(국방과학연구소) 부소장에 임명했다. 임명된 날, 당시 심문택 소장, 김재관, 그리고 KIST 조선 담당 김훈철 세 사람은 남해 한산도의 충무공 사당을 찾아가 "나라를 위해 목숨을 걸고 임전무퇴로 국방 기술을 완성한다"고 맹세했다고 한다. 이 ADD에서 결국 미사일까지 탄생했다. 박 대통령이 KIST 연구원들에게 밥을 사주면, 그 자리에서 코피를 쏟는 연구원들이 한둘이 아니었다고 한다. 오늘의 대한민국은 그냥 이루어진 것이 아니었다.

이상의 이야기는 여러 경로로 확인한 결과 사실과 다르지 않았다. 대한민국의 기적에는 이름조차 알려지지 않은 수많은 영웅이 있다. 그들을 알고 기리는 것만큼 값진 후세 교육은 없을 것이다.

사회 발전을 여는 갈등의 역설

갈등은 한 인간의 내면에서, 혹은 인간 사이의 상호작용 속에서 나타나는 사회 현상이다. 한 사람이 한 번에 해결할 수 없는 둘 이상의 강한 욕구가 병존할 때, 혹은 한 사람이나 집단의 기대와 목표 지향적 행동이 타인이나 다른 집단에 의해 좌절되거나 차단되는 상황에서 발생한다. 결국 제한된 목표를 한 사람이 동시에 이룰 수 없거나, 여러 사람이 그것을 차지하기 위해 경쟁하고 투쟁하는 상태를 뜻한다.

사람과 사람 사이의 갈등은 이유가 다양하지만, 대체로 두 가지로 정리할 수 있다.

첫째, 양립할 수 없는 이해(利害)의 충돌에서 비롯된다. 내가 얻으면 상대가 잃고, 상대가 이득을 얻으면 내가 손해를 보는 상황이다.

둘째, 문화나 생활 방식의 차이에서 발생한다. 신혼부부나 기숙사 룸메이트 사이의 초기 갈등은 대개 서로에 대한 이해 부족에서 비롯된다.

갈등은 발생 그 자체보다, 그것을 제대로 다루지 못해 심화하는 데 문제가 있는 경우가 많다. 무엇이 갈등을 악화시킬까. 갈등 당사자들은 갈등을 감정이나 관계의 문제로 인식하는 경향이 있다. 상대가 자신을 시기하거나 증오하고, 복수하려 하거나 배반했다고 믿는 식이다. 이렇게 문제를 규정하면 해결은 더 어려워진다. 갈등을 심화시키는 사람은 갈등을 승패의 게임으로 받아들인다. 내가 양보하면 패배라고 여기고, 나의 패배는 곧 상대의 승리라고 믿는다. 그러니 양보할 수 없다. 자기중심적 사고도 갈등을 키운다. 갈등 상황에서 자신이 중요하다고 여기는 것을 상대도 똑같이 중요하게 여긴다고 가정하기 때문이다. 그래서 의사소통이 중요하다. 갈등의 당사자들은 자신이 상대에게 느끼는 감정을 상대도 그대로 느낀다고 생각하는데, 이를 이른바 '거울적 사고'라고 한다.

일반적으로 개인의 심성에 쌓이는 긴장은 그 원천이 무엇이든 폭발적이거나 공격적 행태로 나타나기 쉽다. 그 결과로 편견, 증오, 적대감, 책임 전가, 언쟁, 싸움, 폭력 등이 뒤따른다. 개인은 긴장을 낮추거나 해소하려는 방법을 찾게 마련이다. 갈등의 반대편에는 도덕, 조화, 합의, 협동, 이타적 애정 같은 가치가 놓여 있다.

집단 또는 조직 간 갈등은 원인이 다양한 만큼 유형도 다양하다. 우선, 집단이 맡은 업무 수행에 필요한 자원이 부족하면 자원 확보 경쟁에서 갈등이 생긴다.

둘째, 목표와 현실에 대한 인식 차이에서 갈등이 발생한다.

셋째, 한 집단이나 조직이 다른 집단의 활동을 통제하려 하거나, 상대가 그러한 간섭을 피하려 할 때, 이른바 자율권 문제로 갈등이 생긴다.

넷째, 조직 내 두 부서가 협력해야 할 때 방법을 둘러싼 견해 차이로 갈등이 일어난다.

그 밖에도 부서 간 높은 상호 의존성이나 일방적 의존 관계, 과도한 수평적 분화, 구성원 간 이질성, 의사소통의 왜곡, 비합리적 의사 결정 등도 갈등의 원인이 된다.

가장 높은 차원의 갈등은 국가 간 갈등이다. 주권 국가는 이기적이고 경쟁적인 속성을 갖는다. 한 국가가 자율적 선택과 결정을 주장하면, 다른 국가 역시 자유와 독립을 주장하며, 결국 서로 신뢰하기 어려운 궁지에 빠지기 쉽다. 이런 국제 체계에서 한 국가가 국력을 증강하면 다른 국가는 불안을 느끼고, 상대적 힘을 보강하려 나선다. 힘의 균형이 잠시 유지되기도 하지만, 그 균형은 새로운 불안의 씨앗이 되어 악순환을 낳는다.

갈등의 순기능도 있다. 조직이나 개인의 문제에 관심을 모아 변화를 촉발하고, 합리적으로 해결될 경우 쇄신과 발전, 재통합의 계기가 된다. 창의성, 진취성, 적응성, 융통성을 높이고, 침체한 조직에 활력을 불어넣는다. 구성원들의 다양한 심리적 욕구를 충족시키는 계기가 되며, 갈등을 관리·방지하는 방법을 학습할 기회도 제공한다. 반면, 갈등은 해결 노력하는 동안 성과와 목표 달성을 지연시키고, 조직의 안정성과 조화, 통일성을 해칠 수 있다. 창의성과 진취성을 질식시키거나, 작은 문제에 집착해 환경 변화를 놓치게 만들 수도 있다. 그럼에도 많은 시각은 갈등을 비합리적·비정상적이기보다 합리적·정상적인 현상으로 본다.

하나의 공간에서 둘 이상의 행위자가 활동하면, 정도의 차이는 있더라도 분쟁·대립·경쟁이 생기기 마련이다. 그래서 갈등은 때로 집단의식을 강화하고 공동체 형성, 사회 통합에 기여한다. 갈등은 인간 사회에 정상적으로 존재하는 '생리 현상'으로 보아야 한다. 다만 불필요한 갈등이 발생하지 않도록 환경을 조성하는 노력이 필요하다.

갈등 해결의 윤리적 덕목으로는 인권 존중, 공정성, 책임성, 정직성, 준법정신, 관용의 내면화가 기본이다. 동시에 제도적 방법을 갖추는 일도 중요하다.

사회 갈등을 줄이는 길은 권력 분산과 참여 민주주의에 있다. 권력이 중앙에 집중될수록 갈등은 증폭된다. 그런 점에서 지방자치의 실현은 민주주의의 기반이다. 정치·경제·사회·문화 전 영역에서 시민 참여를 확대하는 개혁 역시 필요하다.

사회가 단 하나의 가치만을 과도하게 추구하면 사람들의 가치관은 무의식중에 획일화되기 쉽고, 그만큼 갈등은 커진다. 하나의 목표를 위해 수단과 방법을 가리지 않게 되기 때문이다. 따라서 사회 문제 해결을 위해서는 가치 다원주의를 정착시켜야 한다. 재화나 권력 같은 단일 척도로 사람을 평가하지 말고, 인품·예술·학문·기술 등 다양한 가치를 통해 평가해야 한다. 가치 다원주의가 자리 잡으면, 성적이 낮다고 좌절하는 학생의 문제나 성적이 좋은 학생들이 적성과 무관한 인기 학과로 몰리는 현상도 완화될 수 있다.

갈등을 평화적으로 관리하는 가장 효과적인 방법은 갈등의 제도화다. 갈등을 무조건 탄압하기보다 합법적 절차 안으로 수용하는 편이 사회 발전에 도움이 된다. 그렇게 되면 사회 체제는 더 신축적이면서도 견고해진다. 갈등의 빈도는 늘어날 수 있으나 강도는 낮아지고, 타협의 정신으로 더불어 잘사는 사회를 지향할 수 있다.

마지막으로, 갈등 해결 능력을 기르기 위해 유념할 점을 덧붙인다.

첫째, 우리는 집단주의와 가족주의 문화가 강해 많은 갈등을 비교적 쉽게 풀 수 있다고 믿기 쉽다. 그러나 정(情)이나 억지로 해결하려는 접근은 지양하고, 이성적이고 합리적인 대화와 토론으로 문제를 풀어야 한다.

둘째, 서로 다른 생각과 의견을 허용하지 않는 사회가 폐쇄 사회이고, 그 반대가 개방 사회다. 얼핏 폐쇄 사회가 갈등이 적고 해결도 쉽다고 생각할 수 있지만, 실제로는 개방 사회에서 갈등 해결이 더 용이하다는 점을 알아야 한다.

갈등은 인간이 사회적 동물로서 타인과 더불어 살아가는 한 피할 수 없는 현상이다. 사회가 복잡하고 다양해질수록 갈등은 늘고, 집단 이기주의나 전쟁 같은 심각한 갈등으로 비화하기도 한다. 그러나 갈등에는 역기능과 순기능이 공존한다. 우리는 이를 상기하며 균형 잡힌 시각을 지니고 있는지, 그리고 사회 통합을 위해 어떤 갈등 해결 수단을 검토하고 실행할 수 있는지 스스로에게, 또 서로에게 물어야 한다.

새로운 세상을 꿈꾸며

밭에서 이삭 줍는 시골 아이 푸념하길

동분서주 진종일에 대광주리 못 채워요

올해엔 벼 베는 농부 마음도 공교로워

남은 이삭 모조리 거둬 관가에 바쳤겠지

_〈비천한 시인이 남긴 불후의 시〉

이 시는 이삭 줍는 아이들의 이야기를 노래한 손곡 이달(李達)의 〈습수요(拾穗謠)〉다. 수확이 막 끝난 가을 들판 한가운데, 어린아이들이 이삭을 찾아 부지런히 움직인다. 농사지을 땅이 없는 이들이 어린아이에게 남아 있는 이삭과 버려진 볏단을 가져오게 해 끼니를 돕고 이엉을 엮는 까닭이다. 이런 사정을 알기에 수확하는 농부들은 부러 이삭이나 볏단을 깡그리 거두지 않고 들판에 적당히 남겨 두곤 했다. 이것이 가난한 백성이 서로 도우며 살아왔던 오래된 삶의 양식이었다. 하지만 올해에는 남아 있는 이삭이 좀체 눈에 띄지 않는다. 농부의 마음이 갑자기 각박해져 이삭을 남김없이 거두어 버린 것일까? 이유를 알 수 없는 아이들의 푸념이 들려오지만, 시인은 이미 그 까닭을 알고 있다. 농사를 짓는 이들 또한 관에서 혹독하게 물리는 세금을 감당하느라, 이삭까지 남김없이 싹 쓸어 담아도 살아가기가 힘겨워졌기 때문이다. 그러니 땅이 없어 농사를 짓지 못하는 사람들의 삶이야 말해 무엇하랴.

시인 이달은 자가 익지(益之)이고 호가 손곡(蓀谷)으로, 이수함(李秀咸)의 서자로 태어났다. 최경창(崔慶昌), 백광훈(白光勳)과 함께 어울려 시를 지으며 전국을 돌아다녔는데, 훗날의 시인들은 이들의 시가 송풍(宋風)을 넘어 당풍(唐風)을 이루었다고 하여 삼당시인(三唐詩人)이라 일컬으며 우러러보았다. 그중 으뜸으로 꼽히는 이달은 어머니가 홍주(洪州)의 관기(官妓)였으므로 천출이었기에 평생 세상에 쓰이지 못했다. 이달은 출신이 비천한 데다 평소 예절에 구애되지 않아 용모가 단정치 못하고 성격도 자유분방하여 많은 이로부터 꺼림을 당했다. 하지만 시를 짓는 이들만은 그의 탁월한 재능을 알아보았다. 신광한(申光漢)과 함께 시의 쌍벽으로 불리던 정사룡(鄭士龍)은 그가 서출임에도 물리치지 않고 두보의 시를 가르쳤고, 영의정을 지낸 박순(朴淳)도 그가 자신의 문하에 드나들도록 허락하여 최경창, 백광훈 등과 교류하게 했다. 이달은 이 두 사람 외에도 임제(林悌), 허봉(許鳳), 양대박(梁大樸), 고경명(高敬命) 등 당대의 이름난 시인들과 어울려 시를 지었고, 허난설헌(許蘭雪軒)과 허균(許筠)에게 시를 가르치기도 했다.

이달과 절친하게 지내던 허봉이 허난설헌의 오빠이자 허균의 형이었는데, 자기 누이와 아우를 이달에게 소개해 시를 배우게 했기 때문이다. 홍만종(洪萬宗)의 《소화시평(小華詩評)》에는 허균이 이달을 처음 만나는 장면이 이렇게 기록되어 있다.

손곡 이달은 젊은 시절 하곡(허봉)과 친했다. 하루는 이달이 허봉의 집을 찾았는데 마침 허균이 형을 찾아왔다. 허균이 이달을 낮추어 보고 예를 갖추지 않았지만, 이달은 태연히 시에 관해 이야기하고 있었다. 허봉이 아우에게 이르길 "시인이 이 자리에 있는데 아우는 어찌 그래 소문도 듣지 못했는 가? 그대를 위해 시 한 수 지어 달라 부탁해 보겠네" 하고는 운을 떼자, 이달이 바로 절구 한 수를 지었는데 낙구는 다음과 같았다.

"담 모퉁이 작은 매화 피었다 지고 나니, 봄 신명이 살구꽃 가지 위로 옮겨 가네."

허균이 보고 깜짝 놀라 얼굴빛을 바꾸고 공경하는 태도로 사죄하며 마침내 벗이 되었다.

이후 허난설헌도 이달에게 시를 배우면서 허씨 집안의 세 남매가 모두 이달과 교유했다. 이달은 한때 원주 손곡에 숨어 살면서 호를 손곡이라 했으나, 타고난 방랑벽을 어쩌지 못하고 일흔이 넘도록 시를 지으며 전국을 떠돌았다. 말년에는 평양에 머물다 세상을 떠난 것으로 보인다.

그의 마지막 모습은 양경우(梁慶遇)의 《제호시화(霽湖詩話)》에 보인다. 양경우는 1609년 종사관이 되어 용만(龍灣)으로 가는 길에 평양에 들렀다가 이달을 만났는데, 당시 이달은 늙은 관노의 집에 얹혀살고 있었고 나이가 이미 칠십이 넘었다고 전한다. 그는 늙은 나이에도 평안도 지역을 떠돌며 여러 편의 시를 지었는데, 그중 안주(安州)의 시골집에 하룻밤 묵으며 쓴 〈숙안주촌사(宿安州村舍)〉에는 평생 나그네로 떠돌아다닌 그의 고단한 삶이 비친다.

산이란 산, 길이란 길 모두 눈에 덮였는데
물가 마을엔 외로운 연기 한 줄기
나그네는 하룻밤 묵을 곳 찾는데
잦아드는 해 언뜻 황혼이구나

이달은 이렇게 평생 몸 붙일 곳 없이 떠돌며 빌어먹는 신세였기에 세상 사람들은 그를 천대했다. 하지만 시인들은 바로 그 점 때문에 그를 아끼고 사랑했다. 허균이 〈손곡산인전(蓀谷山人傳)〉에서 말한 것처럼, 그의 몸은 가난 속에 늙어 갔지만 그의 시는 썩지 않을 것이다. 어찌 한때의 부귀로 그 이름을 바꿀 수 있겠는가.

이달이 어디에 묻혔는지는 전하지 않는다. 지금은 태어나 어린 시절을 보냈을 법한 홍성 구항면 황곡리 하대마을과, 당대를 익히며 한동안 묻혀 살았던 원주 부론면 손곡리에 시비가 서 있을 뿐이다.

가을바람 찬 서리에 떨어진 난초

이달에게 시를 배운 허난설헌은 이름이 초희(楚姬)이고 자가 경번(景樊)이며, 난설헌은 호다. 초희와 경번을 이름과 자로 삼은 까닭은 춘추시대 초나라 장왕의 아내 번희(樊姬)를 본받으라는 뜻에서였고, 난설헌(蘭雪軒)으로 자호한 까닭은 여름에 자라는 난초가 겨울에 잘못 피었다는 뜻을 취한 것이다. 아버지는 당대 유림의 신망을 입던 초당(草堂) 허엽(許曄)이고, 위로 오빠 허성(許筬)과 허봉, 아래로 동생 허균이 있었다. 허엽은 화담 서경덕에게 배웠고 훗날 동인의 영수가 되었으며, 형제 모두 탁월한 재능으로 세상에 이름을 떨쳤다.

허난설헌은 여덟 살에 〈백옥루상량문(白玉樓上樑文)〉을 써 일찍이 신동으로 이름이 났고, 열 살이 조금 넘어 허봉의 소개로 이달의 제자가 되어 당시(唐詩)를 배우면서 시가의 품격을 갖추기 시작했다.

곱게 자란 창가의 난초, 가지와 잎 어찌 그리 향기롭던가
가을바람 한 번 스치니 슬프게도 서리 맞아 떨어졌네
빼어난 자색은 시들어도 맑은 향기 끝내 죽지 않으니

내 마음 슬퍼 흐르는 눈물이 옷소매를 적시네

이 시에 등장하는 난초는 허난설헌 자신을 빗댄 것일 터다. 곱게 자란 난초가 비록 가을바람 찬 서리에 떨어져도 향기는 끝내 사라지지 않듯, 시인으로서의 꿈을 접지 않으려는 그의 의지가 엿보인다. 또 "북쪽 이웃 가난하여 입을 옷조차 없이, 주린 배 움켜쥐고 오두막에 쓰러졌네."라거나 "성자리 길고 길어 청춘은 늙어 가고, 오랜 전쟁에 군마도 여위어 가네."라고 노래한 시구를 보면, 가난하고 천대받는 사람들의 이야기를 시어로 옮겼던 이달의 정조를 빼닮았다고 할 수 있다.

하지만 시대는 그의 재능이 꽃피도록 허락하지 않았다. 불행은 결혼과 함께 시작되었다. 남편 김성립(金誠立)은 명문가의 자제로 훗날 과거에 급제하여 홍문관에 들 정도로 문장에 뛰어났으나, 함께 시를 논할 만한 상대가 되지 못했다. 완고하고 보수적인 시가의 가풍은 그의 천재성을 질식시켰다. 설상가상으로 죽기 한 해 전에는 믿고 따르던 오빠 허봉이 타지에서 불귀의 객이 되었고, 비슷한 시기에 두 아이가 병으로 일찍 세상을 떠났다. 아래의 시는 그가 두 아이의 죽음을 슬퍼하며 지은 〈곡자(哭子)〉다.

지난해에는 사랑하는 딸 잃고
올해에는 사랑하는 아들 잃었네
슬프고 슬프다, 광릉 땅이여
두 무덤 마주 보고 서 있구나

쓸쓸한 바람 백양나무에 불고
귀신불은 소나무 숲에 떠도네

종이돈 살라 너희 혼을 부르고
맑은 물 따라 너희 무덤에 올리네

알고말고 너희 혼이
밤마다 서로 따르며 노니는 줄
비록 배 속에 아이가 있다 하나
어찌 잘 자라주길 바랄거나

휘영휘영 슬픈 노래 부르니
울음 삼키며 피눈물 흘리네

거듭된 슬픔을 감당할 수 없어서였을까. 허난설헌은 스물일곱 살 되던 해, 꿈에 받아 적었던 시구 그대로 세상을 떠났다. 동생 허균은 그때의 일을 이렇게 기록했다.

누이가 생전 꿈에서 받아 적은 시에 "푸른 바다 아득히 요해(瑤海)에 잠기고 푸른 난새 채색 봉황에 기대었는데, 붉은 연꽃 스물일곱 송이 서리 내린 차가운 달빛 아래 떨어지네."라고 하더니 이듬해 세상을 떠났다. 3에 9를 곱하면 27로 누이의 나이가 같다. 사람의 일이란 미리 정해진 운명이 있어 피할 수 없음이 이와 같단 말인가?

또 평하기를,

누이의 시는 모두 천성에서 나온 것이다. 유선시(遊仙詩)를 즐겨 지었는데 시어가 맑고 깨끗하여, 익힌 음식을 먹는 속인들은 따라갈 수 없다. 문장도 우뚝하고 기이한데 사륙문이 특히 좋다. 〈백옥루상량문〉이 세상에 전한다. 둘째 형(허봉)은 일찍이 "난설헌의 재능은 배워서 이를 수 있는 것이 아니라, 이백(李白)과 이하(李賀)가 남긴 노랫말을 읊은 것이다."라고 평했다. 아, 살아서는 부부 금슬이 좋지 못했고, 죽어서는 제사를 받들 자식이 없으니 아름다운 구슬이 깨져 버린 원통함이 그지없다.

조선의 풍운아, 꿈을 이루기 위해 삶을 던지다

허난설헌과 함께 이달에게 시를 배웠던 허균은, 앞의 두 사람이 여인으로 태어나거나 신분의 한계를 어쩌지 못해 꿈을 묻어야 했던 것과 달리 뜻을 펼칠 수 있는 운명을 타고난 듯 보였다.

그가 태어난 양천 허씨(陽川許氏) 집안은 "허씨가 당파의 가문 중 가장 치성하다"고 《실록》에 기록될 정도로 당대 손꼽히는 명문가였다. 동인의 영수로 유림의 신망이 높았던 아버지 허엽은 말할 것도 없고, 이복형 허성 또한 이조판서와 병조판서를 지내며 동인이 남인과 북인으로 갈라진 뒤 남인을 대표하는 인물이 되었다. 둘째 형 허봉도 일찍 나라의 인정을 받아 스물넷의 젊은 나이에 이조좌랑이 되었으니, 든든한 배경과 뛰어난 재능을 두루 갖춘 행운아였다. 그러나 품은 뜻에 비해 조선이라는 나라가 너무 좁았던가, 그 또한 불행을 피하지는 못했다.

유몽인의 《어우야담》에는 허균이 아홉 살에 시를 지어 사람들을 놀라게 했는데, 곁에 있던 이들이 모두 "훗날 문장에 뛰어난 선비가 될 것"이라 칭찬했지만, 유독 매형 우성전만은 그의 시를 보고 "비록 문장에 뛰어난 선비가 된다 하더라도, 허씨 가문을 뒤엎을 사람도 반드시 이 아이일 것"이라 말했다는 이야기가 실려 있다. 사실이라면 어린 시절부터 엇갈린 평가를 받은 셈인데, 훗날 그의 삶 또한 이 말과 부합하니 나중 이야기로 지어낸 듯도 하다. 그러나 허균이 스스로 운명을 풀이한 〈해명문

(解命文)〉을 보면, 이 이야기를 빈말로 치부하기에는 공교롭다.

나는 기사년(1569) 병자월(11월) 임신일(壬申日) 계묘시(癸卯時)에 태어났다. 사주쟁이들이 "신금(申金)이 명목(命木)을 해치고 신수(身數)가 또 비었으니, 곤액이 많고 가난하며 병이 잦고 꾀하는 일들이 이루어지지 않겠다. 그러나 자수(子水)가 중간에 있으므로 수명이 짧지는 않으며, 동쪽으로 흐르는 물이 맑고 깨끗하니 재주가 넘쳐나겠고, 묘금(卯金)이 또 오르므로 이름이 천하 후세에 퍼질 것이다."라고 했다. 나는 늘 이 말을 의심해 왔으나, 출사한 지 십 칠팔 년 이래로 엎어지고 자빠지며 총애와 치욕이 반복되는 일이 그 말과 부합하니 이상하기도 하다. 일찍이 살펴보건대 한유와 소식 또한 마갈(磨蝎)을 신궁으로 타고났는데, 갈(蝎)은 곧 묘(卯)다. 아, 나 또한 묘시에 태어난 사람으로, 문장이나 기개는 두 공에 미치지 못하나, 참소와 시기를 당해 드러나지 못하고 억눌려 배척받는 자취는 천년이 지나도 부절을 맞춘 듯 같다. 아, 괴이하다.

스스로 지은 글처럼, 허균은 조정에 나아간 뒤 온갖 시기와 비방에 시달리며 여러 차례 관직을 삭탈 당했다. 1594년 과거에 급제한 뒤 세자시강원 설서와 예조좌랑을 거쳐 병조좌랑으로 승진할 때까지만 해도 벼슬길은 순탄해 보였다. 그러나 1598년 황해도 도사로 부임했을 때 기생과 어울린다는 이유로 파직되었다. 복직되기도 했으나, 이후에도 불교를 숭상한다는 이유, 서얼이나 천민 출신과 어울린다는 이유, 선현을 모독했다는 이유, 왕명을 거역했다는 이유 등으로 파직과 복직이 반복되었다.

급기야 1610년에는 과거 답안지를 채점하며 조카를 부정 합격시켰다는 혐의로 수십 차례 탄핵을 받아 전북 익산으로 유배되었다. 이곳에서 문집 《성서부부고》를 엮었고, 한글 소설 《홍길동전》도 이 무렵 지은 것으로 보인다.

이후에도 기행과 파격은 멈추지 않았다. 그를 크게 위태롭게 한 사건은 '계축옥사'였다. 1613년 대북파가 반대 세력인 소북파를 제거하기 위해 일으킨 옥사다. 그해 3월 박응서를 비롯한 명문가 서자 일곱 명이 작당해 문경새재에서 상인을 죽이고 은 수백 냥을 약탈하는 사건이 일어나자, 대북파의 모사 이이첨이 이를 역모 사건으로 엮어 영창대군 세력을 제거했다. 그런데 주모자로 지목된 서자들은 평소 허균과 가까웠고, 일곱 명 중 심전의 서자 심우영은 그의 제자이기도 했다. 허균은 위험했으나 당시 이이첨과 가까이 지내며 화를 피했다.

극적으로 위기를 모면한 그는 그해 예조참의를 거쳐 이듬해 호조참의에 제수되었고, 명나라에 다녀온 뒤 1616년 형조판서, 1617년 예조판서에 올랐다. 그 사이 한두 차례 유배나 강등을 당했으나 광해군의 신임으로 곧 복직되었다. 그러나 과정에서 권신 이이첨과 사이가 벌어졌고, 허균의 딸이 세자 후궁으로 들어가기로 내정되면서 두 사람은 적대 관계로 바뀌었다.

그러던 중 1618년 8월 10일, 남대문에 "포악한 임금을 치러 하남 대장군이 곧 올 것"이라는 벽서가 붙었다. 조사 결과 벽서를 붙인 자가 허균의 심복 현응민(玄應旻)으로 드러났고, 허균은 벽서의 작성자로 지목돼 8월 16일 의금부로 압송된 뒤 국문을 받고, 8월 24일 능지처참을 당했다. 그의 나이 마흔아홉이었다.

그가 과연 역모를 꾸몄는지, 아니면 모함으로 죽었는지는 《광해군일기》를 살펴봐도 확실치 않다. 다만 사람을 모아 거사를 도모한 정황이 있었으니, 실제로 반역을 꾀했을 수도 있다. 만약 그렇다면 그가 이루고자 한 것은 반역이 아니라 혁명이었을 것이다. 그는 일찍이 단종을 애도하는 《조의제문》으로 충절의 상징이 된 김종직을 두고, 명예를 훔치는 도적이라 신랄하게 비판하지 않았던가. 그는 충절을 지키는 사직의 신하라기보다, 운명을 그대로 받아들이지 않고 삶을 내던져 세상을 변혁하려 한 혁명가였다. 그는 이렇게 말했다.

법이나 지키며 시키는 대로 일하는 백성은 항민(恒民)이다. 두렵지 않다. 모질게 빼앗겨 윗사람을 원망하고 탄식하는 백성은 원민(怨民)이다. 이들도 두려워할 만한 이가 아니다. 다만 자취를 푸줏간에 숨기고 몰래 딴마음을 품고 천지간을 흘겨보다가 혹 시대의 변고라도 생기면 자기가 바라는 바를 실현하고 싶어 하는 사람들은 호민(豪民)이다. 호민은 몹시 두려워해야 할 사람이다. 호민이 나라의 허술한 틈을 엿보고 편승할 만한 형세를 노려 팔을 휘두르며 밭두렁 위에서 한차례 소리 지르면, 원민과 항민도 제 살길 찾느라 호미와 고무래를 들고 따라와 무도한 놈들을 쳐 죽이지 않을 수 없는 법이다.

엄격한 신분 사회에서는 누구도 감히 입 밖에 내기 어려운 이야기였다. 그가 바라던 세상은 아마도 스승 이달이나 누이 허난설헌처럼 아름다운 재능을 가진 자가 버려지거나 깨지지 않는 세상, 나아가 양반과 상민, 부자와 가난한 자, 적서의 차별이 없는 이상이었다.

승자독식의 덫,
공정의 길을 묻다

그룹 아바(ABBA)의 〈The Winner Takes It All〉이라는 노래를 좋아한다. 멜로디가 마음에 들어 즐겨 들었을 뿐, 가사에는 크게 신경 쓰지 않았다. 그런데 가사를 찾아보니, 연인을 빼앗긴 여인의 슬픈 심정을 승자에게 모든 것을 빼앗긴 패자의 마음에 비유한 것이었다. 사랑하는 사람을 잃으면 세상 모든 것을 다 잃은 것 같고, 반대로 쟁취하면 세상 모든 것을 다 얻은 것 같다는 뜻이니, 이해가 가는 면도 있다.

하지만 사랑이나 스포츠처럼 예외적인 경우는 있을지라도, 인간 사회에서 과연 승자만 살아갈 수 있겠는가. 승자만 좋은 것을 모두 누릴 수 있겠는가. 승자독식이 인간의 원초적 본능과 욕구에 기인한 것이므로 이를 아예 금지할 수는 없을 것이다. 그렇다고 본능과 욕구대로만 살게 한다면 세상은 만인에 대한 만인의 투쟁으로 변하지 않겠는가.

그래서 이를 자제시키고 사람들을 조화롭게 살게 하기 위해, 중국에서는 오래전부터 예(禮)를 중시하는 공맹 사상이 국가 경영과 사회 질서를 유지하는 철학이 되었고, 서양에서는 민주주의와 법치주의가 국가와 사회를 지탱하는 원리로 등장하지 않았을까 싶다. 특히 근대 이후 상호 간의 합의와 다수결을 통해 국가를 운영하는 민주주의, 그리고 특정인의 마음대로가 아닌 법과 규칙에 따라 질서를 유지하자는 법치주의가 전 세계를 지배하는 원리가 되면서, 승자독식을 어느 정도 제어할 수 있게 된 것이다.

그런데 우리의 현실을 돌아보면, 승자독식이 과연 제대로 제어되고 있는지 의문이 든다.

조금 출세했다는 사람들은 권력, 명예, 재력, 자녀들의 출세까지 모든 것을 다 얻으려 든다. 그것이 인간의 본성에서 비롯된 것이라면 정도를 지켜 추구하는 것을 누가 탓하겠는가. 문제는 정도를 지키지 않고 편법과 불법, 반칙을 저질러 가면서까지 이를 추구하려 할 때다. 출세한 사람들의 이런 민낯은 언론을 통해 어렵지 않게 찾아볼 수 있다.

또 강자들은 자기 마음대로 하고 싶을 때, "법에 그렇게 적혀 있으니 법대로 하자"고 말하며 자기에게 유리하게 해석하고 적용한다. 기존의 관행이 있고, 법에도 다른 해석의 여지가 있음에도, 법치주의를 악용하여 상대를 짓누르는 것이다. 이것이 바로 형식적 법치주의이며, 독재자들이 즐겨 쓰던 방식이다. 요즘 우리 사회의 강자들이 이런 방식을 자주 사용하는 것을 보면 씁쓸하다.

필자가 중·고등학교를 다니던 시절, 시험이 끝나면 교실 게시판에 1등부터 100등까지 석차가 붙었다. 최우등 학생들은 예체능 성적이나 체벌 등 여러 면에서 우대를 받았다. 심지어 공부가 다소 부족해도 아버지가 재력이 있거나 유력 인사라면 똑같은 대우를 받았다. 학생들은 등수에 따라 가치가 매겨졌고, 그 가치에 따라 혜택이 달라졌다. 아이들은 이를 보고 자랐고, 훗날 부모가 되어 자기 자녀들에게도 "무조건 이겨야 한다"고 가르치게 된다.

이제는 우리 사회도 단순히 이기는 것만이 아니라, 공정하게 경쟁하며 남을 배려하는 것 또한 귀하게 여기는 사회가 되어야 하지 않을까 싶다.

예측의 한계와
세상의 가능성

한 해를 시작할 때는 365일이 쇠털같이 많아 보인다. 그러나 달력의 마지막 장을 넘길 때면 그 많은 날이 다 어디로 갔는지, 아쉬움이 안개처럼 밀려온다.

새 달력을 벽에 건다. 동지가 가까워져 오니 이제 소한·대한을 지나면 정월이고, 곧 입춘이다. 지는 해가 정유년이라면 새해는 무술년이다. 십간 십이지 육십갑자가 매년 그렇듯 되풀이되지만, 그래도 새해는 더 정중히 맞아야 할 것 같다.

일력과 달력이 앞날을 정해놓은 듯 보이듯, 지구는 자전과 공전의 법궤도 위에 있다. 타오르는 아침 해와 붉게 물드는 저녁놀처럼 세상은 예측할 수 있는 것처럼 보인다. 그래서 역술가는 사람들의 운명을 사주팔자로 설명하기도 한다. 그러나 그 운명을 지닌 사람들이 모여 사는 세상은 어찌하여 늘 예측 불가능한 것일까. 아마도 우리 세상의 시스템이 불안정하고 신통치 않다는 증거일 것이다.

묵은 한 해를 보내고 새로운 해를 맞는 감회가 천문학의 원리처럼 단순할 수만은 없다. 한 해를 보내는 의미는 나라마다, 사람마다 다르게 다가온다.

우리가 서 있는 지구는 초속 468m로 고속 회전하며, 태양의 주위를 초속 29.8km로 빠르고 정확하게 돈다. 그래서 하루는 24시간, 일 년은 365일이다. 질주하는 지구를 떠난 우주로켓이 머나먼 화성이나 목성을 향해 날아갈 수 있는 것은, 우주 자연의 움직임이 수학적으로 정확히 계산되기 때문이다. 이렇듯 우주는 그대로가 곧 법이다.

'요람에서 무덤까지'라는 말처럼 인간의 삶의 시작과 결말도 일정 부분은 이미 결정되어 있어, 사람들이 살아가는 방식 또한 분류할 수 있다. 생존이 삶의 전부였던 시대에는 더욱 그러했다.

그러나 이제 사람들은 단순한 생존이 아니라, 경제 성장 속에서 삶의 행복을 찾는다. 세상은 물질의 무대에서 마음의 무대로 옮겨가고 있다. 그렇다면 마음은 어떻게 움직일까. 파란 하늘에 흰 구름이 흘러가듯, 이심전심의 세계가 있지 않던가.

해와 달과 지구 같은 큰 세계도, 분자와 원자 같은 작은 세계도 삼천대천 세계를 이루며 물리의 법칙으로 설명되고 예측된다. 하지만 사람의 마음은 물리의 법칙과는 다른 차원에 속한다. 예측이 불가능한, 양자의 세계 같은 에너지의 장일지도 모른다.

올해 청춘을 보낸 이들은 10년, 20년 뒤에 2017년을 어떤 모습으로 기억할까. 일자리를 위해 쌓았던 스펙, 수없이 발송했던 이력서, 그리고 무응답으로 일관한 철밥통 기득권의 완고한 행진. 그것만으로 응답하기엔 너무 쓸쓸하지 않은가. 2017년의 콘텐츠는 결국 우리가 함께 그려간 미래에 달려 있다.

역동적이고도 안정적인 세상은 예측이 가능하다. 그러나 불안정한 세상은 예측할 수 없다. 예측할 수 없는 세상은 신작로에 튀어 오르는 빗방울처럼, 그저 비켜 가 버릴 뿐이다.

과거를 넘어,
일본에 더는 돈을 묻지 말자

일본 기업이 일제 강점기 때 강제노역 피해자들에게 배상 책임이 있다는 대법원판결을 서울지방법원이 뒤집었다. 매우 이례적인 일이다. 이 사건을 보면서 오래전의 좋지 않은 기억이 떠올랐다.

현역 기자 시절, '중앙선거관리위원장을 지낸 대법관 출신 법조인이 아내가 운영하는 편의점에서 일하고 있다'는 제보를 받은 적이 있다. 사실 확인 결과 사실이었다. 대법관 출신 변호사는 도장만 찍어도 몇천만 원을 번다는 말이 있을 정도였기에 의외라고 생각했다. 그런데 기사가 나간 지 다섯 달 만에 그분은 편의점을 그만두고 로펌으로 옮겼다. 애초 인터뷰에서 "당분간 자연인으로 살며 서민처럼 경제생활을 하겠다"고 했던 분이어서 적잖이 당혹스러웠지만, '그럴 사정이 있겠지' 하고 넘어갔다. 그의 진의를 폄하하고 싶지는 않았다.

5년 뒤, 2018년 김명수 대법원이 전원합의체를 통해 일본 기업이 강제노역 피해자들에게 배상해야 한다는 판결을 내렸다. 얼핏 들으면 당연한 것 같지만, 그렇게 단순하지 않다. 1965년 한일 양국은 청구권 협정을 통해 '두 나라와 국민의 청구권이 완전하고 최종적으로 해결됐다'는 데 합의했다. 당시 일본에서 받은 5억 달러는 일본 외화보유액의 4분의 1에 달하는 거액이었고, 이 돈이 '한강의 기적'을 이루는 마중물이 됐음은 모두가 아는 사실이다. 정부는 이 합의에 따라 국내 징용 피해자들에게 신고를 받아 두 차례 보상금을 지급했다.

그럼에도 일부 피해자들이 다시 일본 기업을 상대로 소송을 제기했다. 한국 1, 2심 법원은 모두 시효가 지났다며 각하했다. 상식적인 판단이었다. 그런데 2012년 대법원이 이를 뒤집는 '놀라운' 판결을 내렸다. 주심은 바로 '편의점 대법관'이었다. 이 판결이 한일 관계 파탄의 시발점 중 하나가 됐다. 이후 2018년 김명수 대법원이 같은 판결을 재확인했다.

당시 만난 법조인들은 하나같이 이 판결을 비판했다. 한 사람은 "퇴임을 두 달 앞둔 대법관이 정권 교체기에 다음 자리를 생각하고 내린 포퓰리즘 판결"이라고 단정했다. 그리고 본지의 편의점 보도를 언급했다. 헌법재판소장이 다른 사람으로 낙점되자, 몇 달 만에 편의점을 그만두고 로펌으로 옮겼다는 것이다. 모두가 '설마…' 하며 자리를 마쳤지만, 마음은 편치 않았다.

필자는 지금도 그분에게 악의가 있었다고 생각하지 않는다. 누구나 살다 보면 우연을 겪고 오해를 받는다. 인물평을 들어보니 인품도 흠잡을 데 없다고 했다. 그러나 판결 직후 "건국하는 심정으로 판결문을 썼다"는 언론 보도를 보고선 석연찮은 느낌을 지울 수 없었다.

진짜 운동권 출신들에 따르면 지금 정권 주변에는 '민주화된 다음에 민주화 운동을 한 사람'이 많다고 한다. '해방된 다음에 독립운동을 한 사람'도 많다. 세상에서 제일 쉬운 일이 바로 그것이다. 지금 정권에서 죽창가를 부르고 '토착 왜구' 운운하는 이들 대부분이 해방된 뒤에 독립운동하는 사람들이다. '건국하는 심정…'도 혹시 해방 이후의 독립운동 아닌가.

위안부 문제와 달리 징용자 문제는 1965년 한일 협정에 명시돼 있다. 물론 개인 청구권이 없어지지 않는다는 원론적 주장도 있지만, 이를 근거로 외국 기업에 직접 배상을 요구할 수는 없다. 국제사회가 인정하지 않는다. 같은 논리로 일본인들이 한국 내 재산에 대해 개인 청구권을 주장한다면 우리는 감당할 수 있겠는가. 그저 이불 속에서 우리끼리 만세 부르는 것일 뿐이다.

21세기 대한민국이 왜 이렇게 구차해야 하나. 1965년 당시 한국과 일본의 GDP 격차는 29배였으나 지금은 3배 수준으로 좁혀졌다. IMF 통계에 따르면 구매력 기준 1인당 소득은 한국이 4만 7,000달러, 일본이 4만 4,000달러다. 이것이 극일 아니면 무엇인가. 그런데도 우리가 여전히 일본에 돈을 달라고 해야 할까. 그 혜택을 본 것은 피해자 할머니들이 아니라 윤미향 일파가 아니었던가.

중국은 일제의 가장 큰 피해국이지만 전쟁 배상금을 요구하지 않았다. 배상받은 나라는 필리핀, 베트남, 인도네시아, 미얀마 등이다. 이제 대한민국이 돈이 없나. 더는 일본과 과거사 문제를 두고 돈 얘기는 하지 않았으면 한다.

수능 이후에도
삶은 계속된다

꼭 47년 전 11월이 생각난다. 그 시절엔 대학수학능력시험(수능)이라 부르지 않고 대학 입학 예비고사(예비고사)라 불렀다. 대학 입학 본고사 제도가 있었기 때문이다. 예비고사를 속어로는 그 첫음절의 로마글자를 따 'Y고사'라고도 불렀다. 예비고사 성적이 대학 입학에 끼치는 영향은 일부 대학을 제외하면 아예 없거나 매우 작았다. 그래도 예비고사를 치르고 나니 한고비는 넘겼다 싶어, 마음 한구석이 조금 후련했다. 여러분 대부분도 1975년 11월의 나처럼 어떤 후련함을 느끼고 있을 것이다. 불안이 짙게 뒤섞여 있을 후련함이다. 대학 입학 여부가 확실히 가려질 때까지 그 불안은 꼬리를 물고 이어질 것이다.

서양처럼 학년도가 가을에 시작해 대학 입학 여부가 늦은 봄이나 여름에 결정된다면 더 좋겠다는 생각이 문득 든다. 늦은 봄이나 여름의 싱그러움이, 늦가을과 겨울의 을씨년스러움보다는 여러분 같은 입시생의 불안한 마음을 더 다습게 어루만져 줄 것 같아서다.

한국인의 개인사에서 대학입시만큼 중요한 일은 달리 찾기 어렵다. 물론 어느 사회에서나 교육은 계층 이동의 경로다. 또는 그 반대로 계층 고착의 경로이기도 하다. 그러나 그것이 한국처럼 결정적인 사회는 드물다. 한국은 10대 말에 특정한 방식으로 측정된 지적 성취에 따라 한 사람의 삶이 결정되는 사회다. 그리고 거기서 가장 중요한 잣대가 되는 것이 수능 점수다. 그 수능 점수가 중요한 기준이 되어, 여러분은 어떤 대학에 들어가게 되거나 들어가지 못하게 될 것이다. 내가 43년 전 처음 치른 예비고사가 수능과 다른 점이 바로 거기에 있다.

수능 점수에는 그간 쏟은 노력만이 아니라, 수능 당일의 몸 상태나 마음 상태 같은 우연적 요소도 꽤 반영되었을 것이다. 그런 우연적 요소보다 수능 점수에 더 많이 반영된 것은 학생이 속한 사회 계급일 것이다. 경향적으로 부유한 집 출신이라면 노력에 견줘 수능 점수가 높을 가능성이 크고, 그렇지 못한 집 출신이라면 노력에 견줘 수능 점수가 낮을 가능성이 크다. 그것만 해도 큰 불공평이다. 소위 명문 대학들은 부유한 집 출신 학생들을 뽑을 가능성이 커지고, 이름이 덜 알려진 대학들은 부유하지 못한 집 출신 학생들을 뽑을 가능성이 크다.

그런데도 한국 명문 대학들의 탐욕은 거기서 멈추지 않는다. 그들은 수시모집이라는 것을 통해, 혹시라도 수능에서 조금 실패할 수 있을 부유한 집 출신 학생들, 또는 수학능력이 더 있다고 자신들이 판단한 학생들을 뽑는다. 과학고나 외국어고 같은 특목고 학생들이 수능에서 조금 실패할 경우를 상정해, 그 학생들을 '낚아챌' 방법을 마련해 놓은 것이다. 이것은 심지어 정시에서도 그렇다. 일부 사립대학이 수능 점수나 논술 성적이나 내신 등급이 높은 일반고 학생들 대신, 그것들이 낮은 특목고 학생들을 뽑아 물의를 일으킨 것은 잘 알려진 사실이다. 특목고 학생들은 대체로 부유한 집 자식들이다. 그리하여 한국의 계급은 고스란히 상속된다.

그것은 피에르 부르디외라는 프랑스 사회학자가 《재생산》이라는 책에서 세밀히 관찰한 현상이다. 그러나 부르디외가 관찰 대상으로 삼은 프랑스만 하더라도 계급의 상속이 한국만큼 경직되어 있지는 않다. 교육의 대부분이 공적 영역에서 이루어지는 프랑스에도 소위 일류 고등교육기관들이 있다. '그랑제콜'이라고 부르는 이 직업학교들은 프랑스 고등학생들이 가장 선망하는 고등교육기관이다. 이 학교들은 대학이라 불리지는 않지만, '대학 위의 대학'으로 평가받는다. 그랑제콜에 들어가기 위해서는 고등학교를 졸업하고도 1~2년에 걸친 준비반(프레파)을 거쳐야 한다. 어차피 프랑스의 대학 대부분은 국립이라 수업료가 거의 없다시피 하지만, 그랑제콜 학생들에게는 거기에 더해 정부가 생활비를 지급한다. 그 대신 그들은 졸업 뒤 일정 기간, 전공에 따라 공립학교 교사나 국공영 기업의 기술자·과학자로 일해야 한다. 그랑제콜 출신들이 우대받는 것은 사실이지만, 그 학교들의 규모가 워낙 작다 보니 프랑스 사회에서 이 학교들에 들어가지 못했다고 해서 패배자의 낙인이 찍히지는 않는다. 평준화된 일반 대학을 졸업하고도 노력에 따라 얼마든지 자기 꿈을 이룰 수 있다. 다시 말해 프랑스 자본주의는 한국 자본주의보다 난숙하지만, 학벌이 삶을 규정하는 정도는 약하다. 이는 계급 재생산, 곧 계급 '생식'이 프랑스에서는 한국보다 상대적으로 더 어렵다는 뜻이기도 하다.

사립대학의 비싼 수업료로 유명한 미국도 마찬가지다. 아이비리그라 불리는 동부의 사립대학들이나 서부의 스탠퍼드 같은 대학에는 들어가기 어려운 만큼 졸업 뒤에 좋은 직장이 보장되기도 하지만, 주립대를 나와도 살길이 막히는 것은 아니다. 주립대 가운데에는 캘리포니아대학교 버클리처럼 국제적 명성을 지닌 학교도 있다. 하버드대 로스쿨에서 파산법을 가르친 저명한 상법학자이자, 민주당 대통령 후보로 거론되기도 했던 엘리자베스 워런 상원의원은 이름 없는 대학을 나와 초등학교 교사로 이력을 시작했다.

한국은 상위권 몇몇 대학의 규모가 너무 커, 이 학교들을 나오지 못하면 사회적으로 성공하기가 쉽지 않다. 그 학교 출신들이 강력한 '벌(閥)'을 이루기 때문이다. '학벌'이라는 말이 한국처럼 꼭 들어맞는 사회는 매우 드물다. 프랑스에서 그랑제콜을 졸업했다는 것, 미국에서 아이비리그 출신이라는 것은 성공의 징표이긴 하지만, 해당 학교 수가 많고 정원이 워낙 적어 그 학교들을 나오지 않았다고 해서 패배자가 되지는 않는다. 그렇지만 한국은 상위권 몇몇 대학의 규모가 너무 크기 때문에, 그 학교에 들어가지 못했다는 사실이 곧 패배의 징표가 된다. 그리고 이 대학들이 정원을 줄일 생각은 전혀 없어 보인다. 정원을 줄인다는 것은 한국 사회에서 자기 학교 출신들의 힘, 곧 '학벌'의 힘을 줄인다는 뜻이기 때문이다.

일부는 그런 명문 공룡대학에 들어가 '벌'에 속하게 될 것이고, 다수는 거기에 들어가지 못해 '벌'에서 소외될 것이다. 그리고 이런 현상은 앞으로도 계속될 것이다. 교육부가 대학입시 제도를 고쳐 이런 계급 재생산의 부작용을 줄이려 한다지만, 그것은 헛된 일이다. 한국 사회의 학벌 문제는 대학입시 제도와는 아무런 상관이 없다. 문제는, 앞서 말했듯 10대 말 특정한 방식으로 측정된 지적 성취가 그 사람의 일생을 결정해 버린다는 것, 그 지적 성취는 짙게 계급을 반영한다는 것, 몇몇 명문 대학의 규모가 너무 크다는 것, 그리고 패자부활전이 없다는 것이다. 엄격한 대학 서열이라는 한국의 제도적 위계에서 몇몇 대학이 지닌 자리의 화려함은 그 대학 졸업생 개개인의 지적 능력에 대한 사회의 판단을 그들에게 유리한 방향으로 오염시키며 한국의 계급 지형을 더 고착할 것이다.

너무 우울한 얘기만 했다. 어쩌면 '공부 잘하는' 일부에게는 신나는 얘기였을지도 모르겠다. 내 얘기를 우울하게 들은 분들에게 큰 위안이 되지는 않겠지만, 대학이 여러분에게 부여할 초기 조건이 예측할 수 있는 인과관계로 여러분의 삶을 결정하지는 않으리라는 점을 지적하고 싶다.

삶에는, 대학입시만큼 결정적이지는 않을지 몰라도 그에 버금가는 여러 차례의 분기점이 있을 것이다. 세계가 그렇듯 삶도 카오스에 가깝다. 중국 베이징의 나비 한 마리가 날개를 파닥거리면, 그다음 달 미국 뉴욕에서 폭풍이 일어날 수도 있다는 얘기를 들어보았을 것이다. 기상 현상이 초기 조건에 민감하게 의존하기 때문에 장기적 기상 예측은 불가능하다는 사실을 강조하기 위해 만들어진 비유다. 들어갈, 또는 들어가지 못할 대학이 장기적으로 삶을 어떤 꼴로 빚을지는 아무도 모른다. 스스로 비하하지 않는 사람은 누구에게도 비하당하지 않는다. 스스로 존중하지 않는 사람은 누구에게도 존중받지 못한다. 앞으로 남은 긴 삶 속에서 늘 자존감과 명예심을 간직하기 바란다. 자존감과 명예심은 자만심이나 명예욕과는 전혀 다른 것이다. 자존감과 명예심을 지닌 사람은 자신의 도덕적 잣대에 어긋나는 행동을 삼간다.

모두 원하는 대학에 들어가길 바란다는 말은 하지 않겠다. 그것은 불가능한 일이기 때문이다. 그간 고생 많았다. 모두 제 몫의 행복한 삶을 살기 바란다.

잊혀가는 독도와 '평화선' 드라마, '독도의 날'

널리 알려지지는 않았지만, 이날은 '독도의 날'이었다. 대한제국이 1900년 10월 25일 독도를 울릉도의 부속 섬으로 제정한 날이다. 20여 년 전부터 민간 차원에서 이날을 기념하고 있다. 그러나 나는 독도의 날이 10월 25일보다는 1월 18일에 더 실질적 의미가 있다고 생각한다. 1월 18일은 대한민국이 독도를 실효적으로 지배할 수 있게 쐐기를 박은 날이기 때문이다.

대한제국이 독도 주권을 선언했다고 해도 실질적 의미는 없었다. 곧 일본에 병합되면서 한반도 전체가 일본 영토가 되었고, 국제법적으로 독도 역시 일본에 속하게 됐다. 다시 일본이 미국에 항복하면서 한국과 일본의 모든 영토가 미국 관할에 들어갔고, 독도 또한 그 안에 포함됐다. 이때부터 독도의 곡절이 시작되었다.

일본 총독이던 맥아더는 '맥아더 라인'을 선포했다. 일본 선박이 나아갈 수 있는 한계선이었다. 독도는 맥아더 라인 밖에 있었다. 자연스레 독도는 한국에 속하는 논리적 결과를 낳았다. 연합군 최고사령관 각서 1033호는 일본 선박의 독도 해역 출입을 구체적으로 막았다. 주권이 없던 일본은 이에 항의할 처지가 아니었다.

그러나 곧 두 가지 심각한 문제가 불거졌다. 6·25 남침으로 한국과 미국이 전쟁에 정신이 팔리자 일본 어선들이 노골적으로 맥아더 라인을 무시하고 독도 인근에 나타나기 시작했다. 여기에 더해 1951년 일본의 주권을 회복해 주는 샌프란시스코 조약이 최종 합의되었다. 독도를 놓고 한일 간 다투던 미국은 아예 이 조약에서 독도를 빼버렸다. 일본의 주권이 회복되면서 맥아더 라인도 무효가 되었다.

독도 영유에 대한 국제법적 보호가 한순간에 사라지는 위기가 닥쳤는데, 당시 한국의 해양력은 너무나 보잘것없었다. 세계적 해양 국가인 일본과는 비교조차 되지 않았다. 그러나 한국에는 외교 귀신 같은 이승만 대통령이 있었다. 부산 피란 시절임에도 그는 샌프란시스코 조약 발효 직전인 1952년 1월 18일, 일방적으로 '평화선'을 선언했다. 바다 60해리까지 우리 영해라는 발표였다. 울릉도에서 독도까지 약 50해리였으니, 독도를 영토로 포함하기 위한 선언이었다. 당시 국제법상 영해 기준은 3해리였다. 아무런 법적 근거가 없는 이승만 라인에 일본은 물론이고 국제사회도 어이가 없었다. 중공군 개입으로 함께 피 흘리며 싸우던 미국까지 반대했다.

세상이 모두 비난했지만, 이승만 대통령은 평화선을 넘는 일본 배들에 사정없이 총격을 가하고 나포했다. 평화선 선포 1년 뒤에는 독도의용수비대가 독도를 지키기 시작했다. 육지에서는 중공군과 바다에서는 일본과 싸우는 형국이었다. 1965년 한일 어업협정으로 평화선이 폐기될 때까지 300척이 넘는 일본 선박이 나포되었고, 4,000명 가까운 일본인이 한국 교도소에 구금되었으며, 40여 명은 사망하기까지 했다. 일본은 독도가 자기들 영토라 주장했지만, 실효적 조치는 아무것도 할 수 없었다. 독도에 대한 한국의 실효적 지배는 바로 이 평화선에서 시작된 것으로 생각한다. 이제 젊은 세대는 '평화선'을 거의 모르지만, 아무 힘도 없던 나라가 '힘에 의한 외교'로 영토를 지킨 드라마 같은 사례였다. 6·25 전쟁과 평화선 선포, 한미 동맹 체결까지, 실로 이승만 질풍노도의 시기였다.

　이승만의 외교적 선견은 알수록 감탄스럽다. 중공군 개입 뒤 유엔에서는 일본군 투입을 검토했다. 그러자 이승만은 "일본군이 오면 먼저 일본군을 물리친 다음에 중공군과 싸울 것"이라고 선언했다. 존망 위기에 빠진 나라라면 외부의 도움이라도 받으려 하기 마련이다. 하지만 그때 만약 일본군이 왔다면 두고두고 문제가 됐을 것이다. 1953년에는 대만군 투입도 논의됐다. 같은 반공 국가였지만, 이승만은 이마저 거부했다. "우리는 오랫동안 중국에 눌려 발전하지 못했는데, 다시 중국인의 도움을 받을 수는 없다"는 것이 이유였다.

　전쟁이 끝나고 1954년 이승만은 미국에서 아이젠하워 대통령과 최악의 한미 정상회담을 가졌다. 아이젠하워가 한일 관계 정상화를 요구하자 이승만은 단호히 거절했다. 화가 난 아이젠하워가 회담장을 떠나버렸고, 다시 돌아와 다른 문제를 논의하자고 하자 이번에는 이승만이 선약을 이유로 자리를 박차고 나가버렸다. 일본만은 용납할 수 없었다.

　이승만은 이때 미국 의회 연설에서 "공산국가인 중국은 언젠가는 자유세계를 크게 위협하게 될 것"이라고 예언했다. 1954년 당시 중국은 몹시 낙후한 나라였기에 이 발언은 주목받지 못했다. 그러나 일본의 진주만 공격을 예언했던 것처럼, 그의 중국 위협론 또한 69년이 지난 오늘 현실이 되었다.

　이제 한국과 일본은 자유민주주의 가치를 공유하며 중국·북한의 위협에 함께 대처해야 하는 관계다. 재일 교포 고교 야구팀의 방한까지 막았던 이승만식 '반일'은 더 이상 국익이 될 수 없다. 그런데 국내 일부에서 이승만을 '친일'이라고 매도하는 것을 보면 기가 막힌다. 하필이면 정권을 맡았던 문재인 정부 사람들 얘기다. 그들은 2019년 임시정부 수립 100주년을 맞아 독립운동가 10인을 선정하면서도, 임시정부 초대 대통

령인 이승만을 제외했다. 그들의 무지와 편견이 얼마나 심각한지를 이
보다 더 잘 보여주는 사례가 있을까.

저출산과 고령화로
소멸하는 나라

전 국민이 각성한다 해도 효과는 20년, 30년 뒤에야 나타난다. 그런데 이 와
중에 정치는 내전 중이다.

전 세계는 이민자·난민의 물결 속에 있다. 남미와 북아프리카에 이어 아시
아에도 곧 닥칠 것이다.

배달민족, 백의민족? 인구 구조 재편의 쓰나미가 다가오고 있다.

지난주 미국 유에스 뉴스 앤드 월드 리포트지에 흥미롭지만, 우리에
게는 결코 흥미로울 수만은 없는 기사가 실렸다. 전 세계 나라들을 분야
별로 조사해 등급을 매긴, 말하자면 세계 여론조사였다. 한국은 전체적
으로 '가장 좋은 나라(Best Country)' 부문에서 21위를 차지했는데, '강력한
국가(Strong Country)' 부문에서는 6위에 올랐다. 한마디로 '힘은 센 나라인
데 삶의 질은 그 힘에 비해 떨어진다'는 해석이 가능하다.

외교·국방·경제 등에서는 일본을 앞지를 정도이지만, 사회적 목적(40
위), 모험성(54위), 사업 개방도(74위) 등에서 크게 떨어져 전체 순위를 끌
어내렸다고 기사는 설명한다. 만약 '국내 정치' 항목이 있었다면 우리는
분명 하위권으로 추락했을 것이다. 그런데 이 기사 댓글 가운데 눈길을
끄는 것이 있었다. "전 세계 유례없는 저출산율로 소멸 직전의 나라인데

21위라니 너무 높다"는 비꼼이 섞인 촌평이었다. 소름이 돋는 지적이다. 우리나라는 저출산과 고령화로 서서히 가라앉는 배와 같다는 생각이 무겁게 다가왔다.

나는 지난 3월 칼럼에서 《붕괴하는 세계와 인구학》을 쓴 피터 자이한의 글을 소개한 바 있다. 그 책의 한국어판 서문은 더욱 씁쓸하다.

"지난 4반세기 동안 보인 (한국의) 인구 구조 없이는 (지금의) 자본 구조나 노동 생산성 수준도 유지하지 못한다. 한국은 수출과 수입 의존도가 가장 높은 나라이고, 세계에서 인구가 가장 빠르게 고령화하며 출산율이 가장 낮은 나라다. (중략) 에너지 접근, 물리적 안보, 안정적 노동력, 시장과 원자재 접근 등 어떤 문제에도 한국은 이미 가장 심각하게 노출돼 있다. 운송, 금융, 에너지, 원자재, 제조업, 농업에서 동시다발적으로 가속화하며 서로 중첩되는 여러 위기에 직면한 세계에서 한국이 어떻게 버틸지 모르겠다."

이런 지적 앞에서 우리는 난감할 수밖에 없다. 출산과 고령화 문제는 어느 지도자 한두 사람, 어느 정권에 의해 좌지우지될 수 없다. 또 설령 과감한 결단이 내려진다 해도 10년, 20년 안에 해결될 수 없는 한계를 지닌다. 지금 국민적 각성이 이루어진다 해도 그 효과는 20년, 30년 뒤에야 나타날 것이다. 그런데 우리 정치판은 지금 내전 상태다. 총만 쥐여주면 서로 쏘아 죽일 태세다. 정치 싸움에 온 정신이 팔려 20~30년 뒤 한국인의 존폐 문제에는 아랑곳하지 않는다.

지금 전 세계는 인구 이동, 곧 이민자와 난민 문제로 뜨겁게 달아오르고 있다. 미국은 남쪽 텍사스 국경에서 하루에도 수백, 수천 명씩 목숨을 걸고 넘어오는 밀입국자들로 정권의 향배가 달릴 정도다. 지중해에서는 북아프리카에서 이탈리아, 그리스로 들어오는 보트피플 문제가 전 인류적 관심사다. 가난한 나라 사람들은 먹을 곳, 살 곳을 찾아 잘사는 나라로 몰려간다. 이제 이것은 어떤 총으로도, 어떤 장벽으로도 막을 수 없는 인류의 삼투 현상이다.

이민과 난민의 물결은 머지않아 아시아에도 밀어닥칠 것이다. 서남아시아, 동남아시아의 빈곤층은 살아남기 위해 더 나은 환경을 찾아 북쪽으로 몰려올 것이다. 우리나라는 이미 노동 인구가 부족해 수만 명의 동남아인들을 고용할 수밖에 없고, 올해 2분기 출산율이 0.7까지 추락했으니, 인구 구조는 우리가 원하든 원치 않든 바뀔 수밖에 없다.

배달의 민족, 백의민족이라는 혈통 중심의 시대는 이미 갔다. 미국에서 흑인 대통령이 탄생했듯, 우리나라에서도 머지않아 타민족 출신의 선출직 인물이 등장할 것이다. 저출산·고령화와 맞서 의료, 노동, 인구 분포 측면에서 다양한 노력이 이루어지고 있는 것은 평가할 만하다. 하지만 그것만으로는 대한민국이 주류로서의 자리를 지켜내기 어렵다. 이는 해석의 문제가 아니라, 곧 닥쳐올 인구 구조 재편의 쓰나미에 대한 경고다.

극단적인 제안을 하자면, 적령기의 사람들에게 결혼과 출산을 국민적 의무로 간주하게 하고, 노령층을 더 오래 살도록 하는 데 국력과 세금을 소비할 때가 아니라는 인식의 전환이 필요하다. 앞서 인용한 자이한은 "나는 한국이 망하는 데 내기를 거는 것이 아니다"라며 한국이 난관을 극복하기 바란다고 했지만, 나는 거기서 오히려 한국이 어떻게 이 세기적·세계적 변화의 물결에서 벗어날 수 있겠느냐는 체념을 읽었다.

죽은 자를 기리지 못하는 체제

7월 27일은 6·25전쟁 정전 71주년이다. 북한에서는 이날을 '전쟁 승리의 날'이라고 부른다. 사회 전체가 거짓 위에 서서 거짓으로 돌아가는 곳이니 무슨 이름을 붙인다 해도 이상할 건 없다. 그런데 한 가지 특이한 점이 있다. 북한에는 우리 서울 동작구 동작동 현충원 같은 국립묘지가 없다는 사실이다. '전쟁 승리'라면서 정작 그 '영웅'들을 기리는 곳은 없는 셈이다. 북에도 혁명렬사릉, 애국렬사릉, 참전렬사묘가 있긴 하지만, 모두 간부나 특별 훈장을 받은 사람들을 위한 곳이다. 여기에 묻힌 사람은 1,000~2,000명 정도에 불과하다. 반면 우리나라의 2개 현충원과 6개 호국원에는 군경 29만 7,500여 명이 안장돼 있다.

6·25전쟁에서 국군 전사자는 13만 7,000여 명, 부상자는 45만여 명에 달했다. 국군 전사자와 참전 군경은 원하면 모두 국립묘지에 안장된다. 아직 찾지 못한 유해를 발굴하기 위해 71년이 지난 지금도 격전지 산속에서 발굴팀이 땀을 흘리고 있다. "○○○ 일병의 유해가 확인돼 가족에게 인계됐다"는 소식을 들을 때마다, 그 어떤 뉴스보다 이 나라가 굳건하고 앞으로도 그럴 것이라는 믿음을 갖게 된다. 아버님과 장인이 묻힌 호국원을 찾을 때면 '내 세금이 올바로 쓰이고 있구나' 하는 생각이 절로 든다. 두 분의 유해에 덮였던 태극기도 잊히지 않는다.

6·25 당시 북한군 전사자는 52만여 명, 부상자는 17만여 명이다. 유엔 군의 압도적 화력에 인명 피해가 극심했고, 치료가 제대로 되지 않아 부상하면 대부분 사망했다. 김일성의 명령으로 수많은 목숨이 스러졌는데 정작 북한에는 그들을 위한 묘지조차 없다. 왜일까. 여러 탈북민에게 물어봤지만, 시원한 대답은 듣지 못했다. 한 분은 "물어보시니까 처음 생각해 봤다"며 "북에 있을 때는 그런 의문을 가져본 적이 없다"고 했다. 또 다른 분은 "여기저기 중공군 묘지는 있었던 것 같다. 그런데 북한군 묘지는 본 적이 없다. 왜 그런지는 모르겠다. 북한은 원래 그렇다"고 했다.

탈북민들의 증언과 그들이 쓴 책, 영상들을 통해 나는 하나의 답을 얻었다. 어쩌면 이것이 한국인·한국군과 북한인·북한군을 가르는 근본적 차이일지도 모른다. 우리는 자유인이고 국군은 자유 국민의 군대다. 북한인은 김정은의 노비이고 북한군은 김정은 단 한 사람의 군대다. 자유인이 나라를 위해 싸우다 전사하면 동료 자유인들로부터 최고의 예우를 받는다. 그 상징이 현충원과 호국원이다. 하지만 노비가 죽으면 주인의 자산 명부에서 지워지는 것으로 끝이다. 세계 어디서나 그랬다. 그래서 북한에 중공군 묘지는 있어도, 북한군 묘지는 없는 것이다.

우리는 아직 북한 사회를 잘 모른다. 북한은 수십 개의 신분으로 나뉜 완전한 카스트 사회다. 부모의 신분을 그대로 세습한다. 직업도 세습된다. 아버지가 농부면 자식도 농부, 아버지가 광부면 자식도 광부다. 북한군은 이들 하층민의 자식들로 채워진다. 평양 간부 자제들은 군대에 가지 않는다. 필요해 가더라도 실질적 복무는 하지 않고, 뇌물만 쓰면 부대를 빠져나와 몇 년씩 집에서 살기도 한다. 북한의 '참전렬사묘'는 바로 이 특권층을 위한 곳이다.

북한군에는 '허약이 온다'는 말이 있다. 영양실조다. 군부대에 흔하다. 머리카락이 누렇게 변하고 눈이 커지다 설사하고, 심하면 죽는다. 쉐골

이 푹 꺼져 그사이에 물건을 넣을 수도 있다고 한다. 유골은 아무 데나 묻히고, 유족은 무덤이 어디 있는지도 모른다. 부대까지 가려면 열흘 넘게 걸리는데 여비가 없어서 갈 수가 없기 때문이다. 이런 곳에서 무슨 국립묘지가 있겠는가.

북한군의 실제 대화 주제는 '먹을 것'뿐이라고 한다. 어떤 탈북민은 북한군 시절, "한국군이 대포로 빵이나 쏴줬으면 좋겠다"고 생각했다고 했다. 압록강, 두만강 강가에 세워진 북한군 막사는 흙으로 만든 움막에 불과하다. 북한 여군들이 움막 밖 햇볕 아래 모여 서로의 이를 잡아주는 모습은 원숭이 떼와 다를 바 없었다. 이런 군인들이 국립묘지가 있다는 사실을 알 리 만무하다.

북한 주민은 미군보다 인민군을 더 무서워한다. 총 든 노비가 총 없는 노비를 강탈하는 것이다. 당 간부와 군 간부들은 화폐 개혁을 미리 알고 기존 화폐를 물건으로 바꾼 뒤, 개혁 후 다시 되팔아 큰돈을 챙겼다. 그 와중에 많은 주민이 자살했다. 이런 사회에서 '북한군을 위한 국립묘지'가 필요하다고 생각할 주민이 있을 리 없다.

세상에 '100%'란 없으니 우리는 여전히 남침에 대비해야 한다. 하지만 김정은이 전면전을 꿈도 꾸지 못할 이유는 분명하다. 군인은 굶주려 있고, 군대는 부패했으며, 탱크와 포는 제대로 작동하면 신기한 것이 북한군의 실상이다. 그보다 더 치명적인 한계는 그들이 자유인이 아니라 노비라는 사실이다.

서울 현충원에는 이런 문구가 새겨져 있다.

"조국과 함께 영원히 가는 이들, 해와 달이 이 언덕을 보호하리라."

그 앞에 서면, 현충원과 호국원의 존재 자체가 우리의 자유와 그 무한한 가능성의 증거라는 사실을 새삼 느끼게 된다.

이미자,
노래로 위대한 세대를 품다

'시대의 절창(絶唱)' 이미자, 노래 인생 60년… 그의 노래 뒤로 시대상이 영화처럼 흐른다.

이미자 씨는 붙박이별처럼 60년 세월 동안 노래의 하늘을 지켜왔다. 그것도 모서리가 아닌 한복판에서. 최희준, 패티 김…. 함께 반짝이던 뭇별이 다른 하늘로 떠나거나 지상으로 내려온 지금, 이제 그 혼자 남았다. 그래서일까. 두 시간 남짓 이어진 이야기 동안, 정물(靜物)처럼 자세 한 번 흐트러지지 않은 이미자의 등 뒤로 잉크 번지듯 흘러간 세월의 고적감이 퍼져 나갔다.

1959년, 아직 소녀 티를 벗지 못한 이미자가 취입한 '열아홉 순정'이 올해 환갑을 맞았다. "언제까지 나의 노래/ 아껴주는 당신 있음에/ 비를 맞으며 험한 길 헤쳐서/ 지금 나 여기 있네(〈노래는 나의 인생〉, 작사·작곡 박춘석)." 그 이미자가 5월 8~10일 서울 세종문화회관 대극장에서 '동백 아가씨' '섬마을 선생님'을 다시 부른다.

어쩌면 마지막일지도 모를 무대를 앞두고, 아픈 노래·슬픈 노래로 당대의 상처를 어루만져 준 가수 이미자를 본지 강천석(71) 논설고문이 만났다. 고희(古稀)의 팬은 팔십을 바라보는 가수 앞에서 한동안 호칭부터 망설였다.

　이미자 씨는 인터뷰 내내 자세를 고치지 않았다. 발은 가지런히 모았고, 등은 꼿꼿이 세웠다. 웃는 얼굴의 '슬픔의 여왕'에게선 철녀 같은 풍모도 느껴졌다.

▶ 이 선생을 뭐라고 불러야 할지 망설였습니다. 누가 '시대의 절창'이란 표현을 제안하더군요.

▷ 좋게 들어주셨네요. 사실 55주년 때보다 가창력은 못 해요. 다만 감정을 어떻게 실어야 하는지 경험이 받쳐주지요. 이번 60년 기념 음반은, 사랑받은 만큼 제 목소리 그대로 들려드려도 괜찮겠다 싶어 녹음했어요.

▶ 제 청력이 예전 같지 않은데 선생님 노랫말은 또렷이 귀에 박히네요.

▷ 한이 서린 노래가 마음에 닿으려면 가사 전달이 정확해야 해요. 혀 꼬부랑 소리는 감정을 실어 나르지 못하죠.

▶ 몇 주 전 동년배들에게 '이 시대 최고 가수'가 누구냐고 물었더니, 일곱 중 여섯이 대번에 선생을 꼽더군요. 젊을 땐 엘비스 프레슬리를 흥얼대던 친구들이었는데요.

▷ 기교 없이, 군더더기 없이, 앨범 취입했을 때와 똑같이 원곡 그대로 부르는 것. 그게 제가 지켜온 철칙이지요. 조심해도 박자를 당겼다 놓았다 하는 버릇이 튀어나올 때가 없진 않지만요.

▶ 이 선생 노래는 노래 이상의 무언가 같습니다. 노래 뒤로, 그 시대를 살아온 우리 모두의 자화상이 필름처럼 흘러가요.

▷ 바로 그 지점에서 내 노래와 그분들 가슴이 만나 서로 부둥켜안는 걸지도 모르죠. 중동 사막, 월남 밀림, 독일 지하 탄광에서 땀과 먼지로 범벅이 된 얼굴들을 보며, 정말 진심으로 위로해 드리고 싶었어요.

1964년 녹음한 〈동백 아가씨〉는 100만 장이 팔렸다. 3,000장만 팔려도 대박이던 시절이었다. '국민 가수'라는 호칭은 적지 않다. 2차 대전 후 프랑스의 에디트 피아프(1915~1963), 일본의 미소라 히바리(1937~1989)가 그랬다. 가수 이미자는 그 너머다. 그들이 노래한 세월은 2030년, 이미자의 가력(歌歷)은 올해로 환갑이다. 60년 노래 인생을 〈마이 웨이〉(My Way)로 마무리한 프랭크 시내트라(1915~1998)와 견줄 만할까.

▶ 노래하며 맞는 여든에는 어떤 감상이 따를까요.
▷ 어떻게 견뎌왔나 생각해요. 튀지 말고, 넘치지도 모자라지도 않게. 그런 마음으로 살아온 세월이지요.

가수 이미자는 60년간 2,100여 곡을 부르고, 앨범 560여 장을 냈다. 어느 노래에든 애정이 깃들었겠지만, 〈동백 아가씨〉〈섬마을 선생님〉〈기러기 아빠〉는 앓던 손가락처럼 유독 챙긴다.

▶ 대히트를 치면 얼마 안 가 금지곡이 되곤 했지요.
▷ 〈동백 아가씨〉는 레코드 차트에서 35주간 1위를 했는데, 하루아침에, 방송에서 사라졌어요. 〈섬마을 선생님〉〈기러기 아빠〉도 그래서 더 짠한 마음이 들어요.

1970년대, 후쿠다 다케오 일본 총리 방한 때 박정희 대통령이 청와대 만찬을 열었다. 초청 가수로 나간 그에게 박 대통령은 신청곡으로 〈동백 아가씨〉를 내놨다. 자신이 아끼는 곡마다 아랫사람들이 '왜색조' '퇴영적'이라며 꼬리표를 붙였다는 사실은 몰랐던 듯하다.

이미자는 월남 파병 장병 위문 공연을 네 차례 갔다. "이미자는 대통령 지명 가수니 꼭 가야 한다"는 말이었다. 다들 위험하다고 꺼리던 분위기였다. 우리 국적 항공편이 없어 홍콩까진 외국 항공기로, 거기서 필리핀 클라크 공군기지를 거쳐 월남에는 미군 군용기를 타고, 꼬박 사흘 만에 도착했다. 노래를 시작하자마자 눈물을 뚝뚝 떨구던 병사들은 끝날 무렵엔 통곡했다. 〈동백 아가씨〉를 부르고 또 불렀다.

▶ 서양 젊은이는 전쟁터에서 꿈에 치즈가 나타난다지요. 그들에게 치즈에는 '어머니의 맛' '아내의 정'이 배어 있으니까요. 먼 타국에서 땀으로 범벅이 된 한국의 젊은이들은 선생의 노래에서 그리운 이들을 떠올렸을 겁니다.

▷ '위대한 세대'가 있다면 바로 그분들이죠. 이제는 노년이 되셨습니다. 위로해 드리고 싶어요. 그때 그분들 가슴에 사무쳤던 노래를 들려드리려고요. 그런데 떠나신 분도 많아 안타깝습니다."

이미자의 노래는 목 놓아 울지 않는다. 슬픔을 안으로 삼킨다. '울컥'하기 전 '뭉클'에서 멈추고, 눈물을 '와락' 쏟기 전 '글썽'에서 멈춘다.

▶ 롤링 스톤스나 요즘 아이돌의 무대는 어린 소녀 팬을 기절시키기도 합니다.

▷ 청중을 기절시키는 노래는 오래 못 가요. 저는 슬픔의 방아쇠를 당

기는 데서 멈춰요. 그래서 노래가 물리지 않는 걸지도요.

▶ 전성기 무대의 맞은편에는 늘 패티 김이 있었지요.

▷ 저보다 세 살 위라 언니라고 불러요. 그분은 서양식, 저는 동양식. 개성이 분명했죠. 서로를 인정하고 친했습니다. 언니 은퇴 공연 때 분장실로 찾아가 "너무 아쉽다, 조금만 더 하셨으면" 하니, 그분이 그러시더군요. "미자는 여든까지 할 수 있어. 나는 그게 안 돼." 그 시절 함께 활동한 패티 언니, 현미, 최희준 선배의 노래도 이번에 부릅니다.

몸 안에 노래가 고여 밖으로 흘러넘치는 천생 가수. 여든을 목전에 둔 이미자의 무대에는 가사를 비춰주는 프롬프터가 없다. 강철 나비 같은 집중력이다.

이미자 씨와 강천석 논설고문은 '위대한 세대'에 대한 위로를 이야기했다.

▶ 노래 60년, 결혼 50년. 어느 쪽이 더 힘들었나요.

▷ 노래는 태어나면서 받은 선물이에요. 가정은 애써 만들고, 인내하며 지킨 거라 비교가 되지 않아요. 누가 아무나 주부 노릇을 할 수 있다고 하나요. 전업주부는 대한민국에서 가장 어려운 전문 직업이에요.

총각 선생님을 연모한 섬마을 처녀 이미자는 사실 서울 태생이다. 1970년 KBS 가요 프로그램 출연 인연으로, 당시 PD이던 지금의 남편 김창수 씨를 만났다. 그는 지금도 옛 동료들에게 너른 인품으로 기억되는 사람이다. 그런 남편이 우산을 받쳐줬지만, 종부(宗婦)로서의 결혼 생활 입문은 만만치 않았던 모양이다.

"집안 기제사가 돌아오면 온종일 지지고 부치고 끓이고…. 그 바람에 손이 커져서 지금도 음식을 조금 하면 맛을 모르겠어요." 한때는 '주부 이미자'에게 자기 이름 저금 통장도, 자기 이름 집도 없다는 말이 돌았다.

자신의 유명세가 남편의 그늘이 될까 봐, 몸을 동그랗게 말아 일부러 작아졌다. 실제로 이미자는 어깨가 작다. 그래서 한복이 유난히 잘 맞는다는 말을 듣는다.

이미자는 어린 시절 아버지와 단둘이 살았다. 고단하고 외로웠다. 훗날 아버지가 재혼해 동생들이 태어나긴 했지만, 그의 노래에 깃든 슬픔의 원류, 아픔의 수원지는 그 고단했던 유년기였는지도 모른다. 그런 그에게 가정은 어떤 일이 있어도 함락돼선 안 되는 굳건한 성채였다.

"'실패해선 안 된다. 가정에서 실패하면 다 실패하는 거다.' 수없이 다짐하며 고개를 넘었어요."

"무대에서 주저앉더라도 노래하고 싶다"던 백 년 가수. "은퇴라는 단어는 입 밖에 내기 싫다"던 그녀에게 "그럼 5년 뒤에 다시"라고 건네자, 손사래가 먼저였다. 우리 모두의 인생처럼, 이미자의 노래 인생도 황혼 빛으로 붉게 물들고 있었다.

▶ 이제 모든 것을 받아들일 때가 되신 거겠지요. 용서하고 싶은 상대, 용서받고 싶은 상대는 없나요.

▷ 없어요. 다 녹였어요. 노래로 녹이고, 세월이 녹이고….

두 시간 남짓 이야기를 나누고 돌아서는데, 문득 1970년대 서독 파견 광부들이 수백 미터 지하 막장에서 트랜지스터 라디오로 듣다 울고, 울

고 또 들었다는 이미자의 무대가 이번이 마지막일지도 모른다는 생각이
스쳤다.

지폐 속 위인,
삶 속의 롤모델

어느 나라든 화폐 속 인물 도안에는 그 나라 역사에서 존경받아 마땅한 인물, 곧 국민의 롤모델이 담기는 것이 관례다. 세계적 기축통화인 미국 달러화의 기본 단위인 1달러 지폐에 건국의 아버지 조지 워싱턴의 초상이 그려져 있는 것도 그 전형적인 예다. 우리나라 역시 훌륭한 위인들을 화폐의 주인공으로 삼아, 국민이 그들을 존경하며 삶의 길잡이로 삼도록 하고 있다.

롤모델의 의의는, 사람들이 어려운 상황에 놓였을 때 그분의 삶에서 가르침과 방향을 찾아 헤쳐 나가도록 나침반이 되어 준다는 데 있다. 이 점에서 롤모델의 존재는 오늘날 우리 사회에서도 여전히 대단히 중요하다.

왜냐하면 근래 우리가 부딪히는 많은 문제의 해결 열쇠는 사람의 성품, 곧 인성에 달려 있기 때문이다. 요즘 들어 인성과 인성 교육이 부쩍 강조되는 사실이 이를 잘 보여준다. 그렇다면 우리가 롤모델로 삼을 만한 인물은 어떤 유형이 좋을까.

우리 역사에는 훌륭한 인물이 많다. 이미 화폐에 담긴 분들도 여러 명 있다. 그 가운데 빈부귀천을 막론하고 누구에게나 본이 될 수 있는 이는 아마도 퇴계 선생일 것이다. 그는 최고 권력자도, 전쟁 영웅도, 타고난 천재도 아니었다. 다만 경상도 예안(지금의 안동)이라는 외딴 고을에서 태어나 자라, 34세에 늦깎이로 과거에 합격해 관직에 나아간 인물이다. 학문에 뜻을 두고 열심히 공부해 높은 경지에 올랐으면서도 누구에게나 따뜻하게 대했다. 당시 사회적 약자였던 집안의 여인들과 어린 제자들, 나아가 하인들의 처지까지 세심히 헤아렸다. 유명한 대장장이 제자 일화에서 보듯, 특히 어려운 처지의 이들에게 큰 감동을 주었다.

퇴계 선생은 칠십 평생 동안 공부하고 가르친 것을 삶 속에서 실천했기에 존경받는 참선비가 될 수 있었다. 그가 500년이 지난 오늘날에도 여전히 큰 스승으로 받들어지는 이유다.

그가 그렇게 되기까지는 많은 이들의 영향이 있었지만, 특히 주목할 인물은 어머니 춘천 박씨다. 퇴계는 6남 1녀 중 막내로 태어나 생후 7개월 만에 아버지를 여의고 홀어머니 밑에서 자랐다. 33세에 홀로 된 춘천 박씨는 낮에는 농사짓고 밤에는 누에를 치며 집안을 일구었다. 그러면서도 자식 교육에 열성을 기울여, 먼 거리도 마다하지 않고 스승을 찾아 자식들이 공부할 기회를 마련해 주었다. 지식 교육뿐 아니라 몸가짐과 행실의 중요성도 엄하게 가르쳐 일곱 남매 모두를 훌륭하게 길러냈다. 시어머니를 섬기는 데에도 온 정성을 다했다.

퇴계는 가장이자 어머니이자 며느리로서 삼중의 역할을 훌륭히 해내는 어머니를 가까이서 보며 자연스레 효심과 존경심을 키웠다. 그래서 "나에게 가장 큰 영향을 끼친 분은 어머니"라고 늘 말하곤 했다. 어머니가 세상을 떠난 뒤, 자신의 생일상에 차려진 음식을 보고는 "이 상은 마땅히 어머니께 드려야 하는데 드리지 못했다"며 물리게 했을 정도로 그 마음이 깊었다. 만인의 롤모델인 퇴계 선생의 진정한 롤모델은 바로 어머니였다.

춘천 박씨는 글은 몰랐지만, 퇴계 같은 큰 스승을 길러냈다. 학식은 없었어도 몸소 본보기가 되어준 참된 가르침이 있었기에 가능했다. 퇴계는 어머니가 할머니께 정성을 다하는 모습에서 효를 배우고, 검소하고 반듯한 삶의 태도에서 바른길을 배웠다. 백 마디 말보다 한 번의 실천이 더 큰 가르침이 됨을 보여주는 사례다.

불우한 환경을 딛고 오직 자신의 노력과 처신으로 한평생을 일군 퇴계, 그리고 온몸으로 가르침을 보여준 어머니 춘천 박씨. 이 두 분이야말로 혼탁한 세상에서 힘겹게 살아가는 우리에게, 또 지식 교육만 강조하며 말로만 가르치려는 오늘의 부모들에게, 더없이 훌륭한 롤모델이 아닐까.

판단력과 분별력이 중요하다

우리 각자가 지니고 있는 판단력과 분별력은 개인의 행복지수와 건강 (수명), 경제 상황에 큰 영향을 미친다. 나아가 사회 전체의 안녕과 발전에도 적지 않은 파급력을 끼친다. 그래서 나는 오래전부터 판단력과 분별력의 신장이 교육에서 가장 중요한 목표가 되어야 한다고 주장해 왔다. 작금의 국가적 위기 상황 역시 국가 지도자급 인물들의 부족한 판단력과 분별력에서 비롯된 것이 아닌가.

이번 사태에서 드러나듯 대통령의 판단력과 분별력은 형편없는 수준이다. 우리는 그를 보며, 학벌이 좋거나 지위가 높은 사람 중에도 그런 수준의 이들이 많을 것이라는 추측을 어렵지 않게 할 수 있다. 특히 사회적·정치적 권력을 무소불위로 휘두르며, 주관적 판단에 따라 벌 줄 사람을 선택하는 검사들 가운데 대통령과 비슷한 수준의 판단력을 가진 이들이 적지 않을 것이라 상상하면 소름이 끼친다. 국가의 운명을 좌지우지할 중요한 판결을 내려야 하는 법관 중에라도 그런 수준의 이들이 존재하지 않기를 바라는 것은 지나치게 순진한 기대일지도 모른다.

그러나 이번 국가적 위기는 우리 교육과 문화가 가진 문제를 되돌아보게 하는 좋은 계기다. 위기는 언제나 새로운 발전의 기회를 품고 있기 때문이다.

우선, 우리 사회가 '좋은 판단력'의 중요성을 간과하고 있다는 점을 짚어야 한다. 중요한 자리를 맡길 사람을 정할 때, 우리는 대체로 그 사람의 학력, 경력, 현재 지위 등을 바탕으로 평가한다. 그의 판단력이나 실제 업무 능력을 면밀히 살펴보려는 시도는 드물다. 그러다 보니 수준 이하의 인물이 요직에 앉고, 심지어 대통령 자리까지 차지하게 되는 것이다.

우리는 본래 다른 사람들의 주관적 판단을 쉽게 신뢰하지 않는 문화를 지니고 있다. 전문가들이 모인 위원회에서도 위원 개개인의 전문적 판단보다는 통계와 수치 자료에만 의존해 결정을 내리려는 경우가 많다. 주관적 판단이 필요 없다면, 애초에 왜 전문가들로 위원회를 꾸렸단 말인가. 이런 문화는 전문성이나 정직성이 부족하던 시절에 형성되었을 것이다. 그러나 이제 우리 사회는 선진국 문턱에 와 있다. 이제는 판단력과 전문성을 존중하는 문화가 정착되어야 한다.

최고의 명문대를 나왔다는 국가 지도자가 초등학생 수준의 판단력밖에 갖추지 못한 것은, 우리 교육이 근본적으로 잘못되었음을 방증한다. 점수 위주의, 암기식 위주의 경직된 교육이 문제였다. 그렇다면 지금 우리가 교육에서 최우선으로 삼아야 할 목표는 무엇일까. 나는 사람들이 흔히 강조하는 창의력보다 판단력이 더 앞서야 한다고 생각한다. 창의력은 이미 한국인에게 부족하지 않다. 우리 사회는 남들이 생각하지 못한 방법으로 일을 해내는 능력, 목표를 성취하거나 경쟁에서 이기는 능력, 뛰어난 예술적 창의성을 널리 보여 왔다. 그러니 지금 걱정해야 할 것은 창의력이 아니라 판단력이다.

학생들의 판단력을 기르려면 토론, 작문, 독서 교육을 중시해야 한다. 수학교육에서도 단순히 답을 찾거나 고르는 능력보다, 자기 생각을 논리적으로 서술하는 능력을 키워주는 방향으로 나아가야 한다. 수학교육의 일차적 목표는 학생들의 논리적 사고력과 문제 해결 능력을 기르는 것이지만, 궁극적으로는 판단력과 분별력을 키우는 데 있어야 한다.

육필원고

No. 1

(사 회)

사 람 과 사 람 간 의 갈 등 은 여 러 가 지
이 유 로 발 생 하 지 만 , 대 체 로 두 가 지
경 우 로 정 의 할 수 있 다 . 첫 째 , 두
사 람 간 의 이 해 (利 害) 의 충 돌 로 인 해
서 발 생 한 다 . 내 가 원 하 는 것 을 얻 으
면 상 대 방 이 손 해 를 보 고 , 상 대 방 이
이 득 을 얻 으 면 내 가 손 해 를 보 는 상 황

20×10

20×10

계간 문학 평론사

No. 2

이 다 . 둘 째 는 서 로 문 화 나 생 활 방 식
이 달 라 발 생 한 다 . 신 혼 부 부 , 기 숙 사
룸 메 이 트 강 의 초 기 갈 등 은 대 개 가 서
로 에 대 한 이 해 不 足 에 서 일 어 난 다 .

갈 등 은 인 간 이 사 회 적 동 물 로 서 타 인
과 더 불 어 살 아 가 는 한 나 타 날 수 밖
에 없 는 사 회 적 현 상 이 라 . 사 회 가 복
잡 해 지 고 다 양 해 짐 에 따 라 갈 등 은 증 가
일 로 에 있 으 며 정 산 이 기 주 의 나 국 제 적

20×10

20×10

계간 문학 평론사

인 전쟁과 같은 심각한 갈등을 야기하기도 한다. 하지만 갈등은 이같은 역기능 뿐만 아니라 순기능도 가지소 있다. 따라서 이들 상기시켜 균형점 시각승 갖추고 있는지, 또는 사회통합을 위해 이러한 갈등 지경의 수관을 정도하고 봉성란 수 있는지를 많은 사람들에게 묻고 싶다.

최 용 대

계간 문학 평론사

시대의 도전, 공동선의 길

예술은 우주에서 길을 찾는 일이고, 인문학은 세상살이에서 길을 찾는 일이다.

– 최용대

제도 개혁,
누구를 위한 것인가

공존과 협력의 시민 문화, 그리고 인간적 정서가 깊고 넓게 자리 잡는 변화 없이 제도의 형식에만 의존해 운영되는 민주정은 군주정이나 귀족정보다 못할 수 있다고 나는 생각한다. 그럴 경우 사회는 분열할 수밖에 없고, 개개인은 사나워지기만 할 것이다. 이런 조건 속에서 누가 '목적 있는 좋은 삶'의 전망을 할 수 있겠는가.

잘 알다시피 1987년 민주화 이후 30여 년 동안 수많은 제도가 개혁의 이름으로 만들어졌다. 그러나 선의를 앞세운 제도들이 반복적으로 생겨났음에도, 지금 우리가 한국 지도부의 현재를 과연 제대로 이해하고 있는가 하는 물음은 여전히 남는다.

1950년 6월 25일 새벽, 38선 부근에서 울린 인민군의 첫 총성을 듣고 "앞으로 3년 동안 100만 명의 국민을 살상하는 비극의 시작"이라고 직감한 사람이 있었을까. 하루하루 생업에 묻혀 살아가던 일반 국민은 차치하더라도, 매일 적정을 주시해 온 일선 지휘관이나 국가 안보를 책임진 지휘부조차 그 총성이 전 국토를 폐허로 만들고, 70년 넘게 남북 분단을 고착시킬 출발이 되리라 예상하지는 못했다. 역사 속 현재의 의미를 현장에서 정확히 포착하기란 그만큼 어렵다.

북한은 자신이 일으킨 전쟁의 앞날을 예측했을까. 전쟁은 주모자 김일성과 박헌영이 예상하지 못한 방향과 속도로 전개됐다. 그들은 한 달 안에 부산까지 밀고 내려가 대한민국을 바닷속에 밀어 넣을 수 있다고 확신했다. 그러나 전쟁이 멈춘 후 김일성과 박헌영은 전쟁 개시의 오판 책임을 서로에게 떠넘기며 정치투쟁을 벌였고, 패배한 쪽은 책임을 모두 뒤집어쓴 채 집단 처형을 당했다. 가해자라 해서 역사 속 현재의 의미에 더 밝은 것도 아니었다.

패전할 전쟁을 시작하거나, 자신이 만든 위기에 짓눌려 패망하는 국가 지도자가 반드시 비합리적 인간만은 아니다. 그들 또한 객관적으로 정세를 분석하고 자기 능력과 한계를 평가하면서, 승산과 이득이 확실하다고 판단될 때만 행동에 나선다. 그러나 한 번 벌어진 사건은 또 다른 사태의 방아쇠를 당기며, 그 연쇄는 인간의 통제를 벗어나 전혀 다른 방향으로 흘러간다.

집권 5년 차, 핵과 미사일 위기를 도발하며 자신만만해하는 김정은의 모습은 6·25 당시 김일성을 떠올리게 한다. 김일성보다 더 어린 나이에 권력을 잡은 김정은은, 할아버지와 마찬가지로 확신과 오판의 틀에 갇혀 있는지도 모른다.

북한이 과연 핵 없는 상태로 되돌아갈 수 있을까. 남북 군사 예산 규모는 이미 1970년대 중반 역전된 뒤, 지금은 40배 가까운 차이가 난다. 북한이 재래식 군비에서 남북 균형을 맞추는 것은 불가능하다. 그렇기에 북한은 핵 집착을 망상이 아니라 가장 현실적인 대안이라고 믿는다. 그러나 한미 동맹을 흔들며 독자적 핵무장에 나서는 방안은, 현실성은 차치하더라도 먼저 잃는 것이 너무 많다.

한반도 핵 위기와 같은 사례는 교과서 어디에도 전례나 해법이 나와 있지 않다. 강도의 차이는 있겠지만, 한국 국민과 미국 전략가가 북핵 문제 앞에서 공통으로 무력감을 느끼는 것도 이 때문이다. 핵 시대 이래,

핵보유국이 비핵 국가를 향해 '핵불소나기' '핵공격' '핵참화'를 공언하며 위협한 경우는 없었다. 수백, 수천 배의 핵무기를 가진 미국을 몇 발 안 되는 핵으로 위협한 나라도 없었다. 북한은 금기를 아무렇지 않게 넘나들었다.

국제사회에서 중요한 것은 자기 카드를 숨기되, 때로는 넌지시 보여줌으로써 상대의 도발을 억지하는 지혜다. 미국과 소련이 45년 냉전을 넘길 수 있었던 것도 이런 '경기 규칙'을 지켰기 때문이다. 그러나 한반도에는 그런 규칙이 없다. 서로 의표를 찌르려는 계산만 있을 뿐이다. 압박의 강도 못지않게 중요한 것은, 압박이 반드시 실행될 것이라는 신용을 쌓는 일이다. 지금은 말의 홍수 속에서 신뢰가 실종되고 있다. 한반도는 점점 신호등이 고장 난 네거리처럼, 과속 차량으로 가득한 풍경을 닮아간다.

이런 상황에서 한국과 동맹국은 북한 도발을 억제하는 데 모든 힘을 모아야 한다. 그러나 사람이 상황을 관리하지 못하면, 상황이 사람을 삼켜버린다. 역사 속 현재의 의미는 시간이 지나야 드러난다. 그러나 그때 가서 의미를 깨닫는 것은 아무 소용이 없다. 여야가 주도권 경쟁에 몰두하는 지금, 한국 지도부는 현재 이 순간의 의미를 얼마나 이해하고 있을까.

김정은이 정상회담에서 기자들에게 "잘 연출됐습니까"라고 말한 것은, 얼마나 치밀하게 준비해 나왔는지를 보여주는 단서다. 이런 제스처에 속아, 북한이 최악의 인권 탄압 체제이며 김정은이 필요하다면 형과 고모부도 잔인하게 처형한 독재자임을 잊어버린다면, 북핵 폐기라는 본안은 물론 자유민주 통일의 전망조차 물거품이 될지 모른다. 우리가 얻을 수 있는 것은 자유롭고 평화로운 삶이 아니라, 만들어지자마자 작동하지 않는 '죽은 제도들'뿐일 것이다.

그럼에도 여전히 정치권은 새로운 제도를 찾아 헤매고 있다. 그러나 이제는 제도만큼이나, 제도가 작동할 수 있는 조건과 토양에 깊은 관심을 기울여야 하지 않을까.

제도의 선택과 변화가 보편적 원리에 의해 결정될 수 있을까? 어느 나라에나 적용될 수 있는 최선의 제도가 존재할까? 그렇다면 이미 모든 국가는 유사한 체제로 수렴했을 것이다. 더 나아가 무정부 상태인 국제 관계는 세계정부로 귀결됐을 것이다. 그러나 오래전 몽테스키외가 《법의 정신》에서 지적했듯, 그것은 현실이 될 수 없다. 나라마다 다른 사회구성체와 역사적 조건 속에서 서로 다른 세력이 갈등하기 때문이다. 그래서 선거제도 하나만 보더라도 나라마다 형태와 내용이 다양하며, 같은 제도라도 효과는 각기 다르다.

'미국식 오픈프라이머리(국민공천제)'와 '독일식 선거제도'를 둘러싼 개혁 논란이 결국 당파적 이해 다툼으로 전락한 오늘의 현실은, 공허한 제도 개혁론이 누구를 위한 것인지 되묻게 한다. 정치가 법-형식을 둘러싼 갈등으로 치환되면 필연적으로 국가 관료제의 힘만 커진다. 이번 논란 역시 중앙선거관리위원회의 위상만 높였다.

인간은 추상적 존재가 아니라, 삶의 공간을 공유하는 타자와 관계 맺으며 자아를 실현하는 사회적 존재다. 또 시간적 제약 속에서 공통의 기억을 쌓아가는 역사적 존재다. 나아가 사회적 조건에 의해 규정되면서도, 동시에 그 조건을 스스로 형성하고 바꿔 갈 수 있는 정치적 존재다.

따라서 제도 개혁이 의미를 가지려면, 시민적 삶의 정서적 토양을 풍부하게 하고 정치의 가능성을 사회적으로 확장하는 방향성을 가져야 한다. 그렇지 않으면, 매일 허물고 다시 짓기 바쁜 우리의 도시 공간처럼 될 뿐이다.

개발과 재개발을 반복하며 무엇이 좋아졌는가. 국제 기준으로 영국 건축물의 평균 연령은 141년, 역사가 짧다는 미국도 103년이다. 그러나 한국은 25년에 불과하다. 세계에서 새 건물이 가장 많이 지어지는 나라답게 건축물의 연령은 더 짧아질 것이다. 이런 조건에서 한국 민주주의의 공동체적 기반이 성숙할 수 있을까.

절반 가까운 도시민이 2년에 한 번꼴로 이사를 하고, 휴일이면 교외로 빠져나가야 안식을 얻는 듯 자동차 행렬을 이룬다. 자신의 영혼을 돌보려는 이들마저 살던 마을을 떠나 대형 종교기관으로 몰려들어, 주일에도 주차난 속에서 씨름한다. 이런 현실에서 마을 공동체의 전망을 기대할 수 있을까.

'마을 만들기'조차 정부 예산과 공무원 주도로 이루어지는 관료제적 '사업'이 되어버린 상황을 우리는 어떻게 이해해야 할까.

인간적 정서와 공동체로부터 소외된 건축물과 도시 재개발이 행복을 줄 수 없듯, 시민의 구체적인 삶과 유리된 채 당파적 유불리에만 매달리는 제도 논란으로는 아무것도 달라지지 않는다. 시민들의 언어 세계 속에서 공명할 수 없는 법-형식적 제도 담론이 과연 어떤 사회적 가치를 가질까. 그런 제도 논란 속에서 시민과 사회는 무기력해지고, 남는 것은 무책임하게 강한 국가뿐이다. 사회적 내용이 결여된 공허한 제도 논란은 정치와 시민 사이를 더 멀어지게 할 뿐이다.

건국절 논란,
국민통합을 해친다

박정희를 대통령으로 인정하지 않았던 장준하는 학도병으로 끌려가 만주 일본군 부대에 배속됐다가 탈출해, 장장 6,000km를 걸어 임시정부를 찾아 충칭까지 간 여정을 회고록 《돌베개》에 그려놓았다. 그는 일본군의 눈을 피해 부산~신의주 간 거리의 일곱 배에 달하는 길을 무려 7개월 동안 걸어 마침내 임정의 품에 안기는 데 성공했다. 그때가 1945년 1월 31일이었다. 김구 선생을 만난 기쁨도 잠시, 임시정부 지도자들이 제각각 당(黨)을 하나씩 꿰차고 사분오열돼 있는 현실에 그는 기가 막혔다.

오죽했으면 장준하는 "차라리 일본군으로 되돌아가 항공대에 자원입대해 임정 청사부터 폭파해 버리겠다"고 저주를 퍼붓고 시안으로 떠났을까. 광복군이라는 학도병은 50명이 고작이었다. 해방을 몇 달 앞둔 임시정부의 몰골이 그랬다.

역사적으로 '임시정부'라는 명칭으로 그럴듯한 전례는, 프랑스가 히틀러에게 패망하자 국방 차관이던 드골이 1941년 영국에 망명정부를 세운 사례다. 프랑스 본국에는 히틀러의 꼭두각시 페탱 원수의 비시 정권이 있었지만, 드골은 런던을 거쳐 알제리에 본거지를 틀고 군대를 모아 연합군과 함께 전쟁을 치렀다. 그리하여 1945년 해방 후에는 당당히 귀국해 정부를 계승했고, 전승국의 일원으로 유엔 안전보장이사회 상임이사국 5개국 가운데 한 자리를 차지했다. 미국이 1776년 7월 4일 독립을 선포하고 1789년 제헌의회를 출범시켰지만 '건국일'을 1776년으로 정한 사례에 빗대, 한국도 1948년 8월 15일 정부수립일이 아닌 1919년 임시정부 수립일을 건국일로 삼자는 주장이 나온다. 문재인 대통령은 삼일절 행사에서 그런 셈법으로 올해를 '건국 100주년'이라 하겠다고 하여 좌우가 가파르게 대치하는 상황이다.

프랑스의 임시정부, 제헌 이전의 미국과 비교하면 상하이 임시정부는 여러모로 기운다. 프랑스 임시정부는 미국·영국 등 연합국의 '정부(국가)'로 승인을 받았다. 드골의 신분은 합법적 프랑스 정부의 내각 일원이었기에 국민의 신임이 전제돼 있다.

국가의 3대 요소인 국민·주권·영토로 보자면, 미국은 독립선언 당시 이미 영국과의 전쟁에서 우위를 점해 우리의 사례와 비교하기 어렵다. 드골은 상하이 임정과 비슷해 보이나 국제적 인정의 측면에서 김구와는 다르다. 장준하가 현장에서 목격했듯, 임정은 정부 형태라고 보기 어려웠다. 그래서 김구와 장준하는 1945년 11월 23일 개인 자격으로 귀국할 수밖에 없었고, 정부 수립 과정에서 임시정부의 '법통'을 내세우기 어려운 형편이었다. 실제로 김구 등이 임시정부를 '건국'이라 부른 적도 없었다.

우리가 모두 알다시피 1945년 8월 15일 광복 이후 남북으로 갈려 좌우 대립 속에 3년을 보냈다. 유엔 신탁통치 하에 선거로 단일 정부를 수립하고자 했으나 북의 김일성 집단이 불응해, 남한만의 선거로 정부를 세운 것이 1948년 8월 15일이다. 유엔과 세계가 인정한 유일한 합법정부가 된 것이다. 김일성은 9월 9일 북한만의 공산정권을 수립했다.

그 후 역대 정권은 줄곧 '정부수립'이라는 용어를 썼다. 그러다 2006년 이영훈 교수가 〈우리도 건국절을 만들자〉는 칼럼을 동아일보에 게재하면서 '건국절' 논쟁의 판도라 상자가 열렸다. 이후 뉴라이트 보수 계열은

1948년 정부수립을 '대한민국 건국 원년'으로, 진보 세력은 1919년 3·1운동에 이어 4월에 선포된 임시정부를 '건국'으로 보자는 역사 전쟁을 치열하게 벌여왔다.

문 대통령이 올해 3·1절을 '건국 100주년' 기념일로 추진하면서, 보수 진영이 주장하는 '1948년 건국'에 쐐기를 박았다는 보도가 나왔다. 이제 역사 전쟁은 더욱 치열해질 전망이다.

양 진영은 무엇으로 싸우는가. 보수는 "1919년은 국가의 3대 요건도 갖추지 못했고, 세계 누구도 대한민국을 국가로 인정하지 않았는데 무슨 건국이냐"고 한다. 이승만이 헌법 전문에 임시정부의 정신을 넣은 것(1987년 개헌 때는 '임시정부의 법통')만으로도 충분하다는 주장이다. 진보의 '1919년 건국론'은, 상하이 임시정부 선포 시 조선 왕권과 결별하고 '민(民)이 나라의 주인'임을 명시한 헌법 대강과 국호 '대한민국', 애국가 제정 등이 현재 대한민국의 뿌리라는 논리다.

둘의 차이는 크다. 1948년을 건국으로 보면 북한 정권은 한반도에서 '존재가 없는' 괴뢰정권이 되고, '건국의 아버지'는 이승만을 비롯한 기성 세력이 된다. 1919년 건국설을 따르면 남북을 아우르고 독립운동 세력을 포용할 수 있다. 다만 1919년을 건국으로 삼을 경우, 임시정부가 국민의 위임을 받은 정통·합법 정부였느냐는 물음에는 근거가 허약하다. 더 미묘한 것은 임시정부 소재지가 중국(상하이)이었다는 점이다. 이는 시진핑이 트럼프에게 "한국은 중국의 속국" 운운했던 말을 떠올리게 한다. 문 대통령이 설날 중국인들에게 조문 인사를 올려 '친중' 논란이 일었던 기억도 있다.

정통 사학자들의 견해는 어떨까. 국내의 한 원로 사학자 K 교수는 "정통 사학자들은 '건국'이란 용어를 기피한다"고 말한다. 다른 나라에서도 잘 쓰지 않는다. '건국'이라 하면 역사 전체를 하나의 국가만으로 아우르는 인상을 줘, 한국사로 치면 고조선·삼국시대·고려·조선을 모조리 부정하는 격이 된다는 것이다. 그래서 고려·조선을 세울 때는 '건국' 대신 '개국(開國)'이라는 표현을 썼고 '개국공신' 같은 말이 생겨났다.

그렇다면 가장 적절한 '국가의 날'은 역대 국가를 모두 아우르는 '개천절'을 쓰는 것이 최상이 아니겠는가. 충분히 설득력 있는 대안이다.

우리는 해방 후 '건국절' 없이도 세계 최빈국에서 경제·민주화의 모범국가로 우뚝 섰다. 그 과정의 주류는 누구였는가. 국민 모두였다. 재벌 패밀리도 이병철·신격호 등처럼 작은 장사치에서 출발했지, 왕후장상이 아니었다. 3·1운동이나 촛불 세력만을 주류로 삼겠다는 발상은 국민 통합의 반대 방향이다.

지금 한국은 경제 침체가 저출산을 부르고, 국운을 위태롭게 한다. 설상가상 남북 정상회담 이후 북핵 문제는 고착 상태로 미해결이다. 이런 문제 하나를 푸는 데 국력을 총동원해도 모자랄 판에, 건국절 논쟁으로 좌우가 갈려 갈등한다면 누구 좋은 일만 시키겠는가. 조선시대 당파 싸움, 1945~48년 좌우 분열로 나라가 흔들렸던 과오를 되풀이해 국력을 소진하는 일은 후손과 역사에 죄를 짓는 일이다.

다시 생각해 보자. 1919년에 '대한민국' 국호를 처음 썼고, 애국가도 만들었으니 '건국'이라 해도 틀린 건 아닐 수 있다. 그러나 건국절을 세운다면, 그것이 세계적으로도 자랑스러워야 한다. 프랑스 드골 이상의 요건을 갖춰야 이야기가 된다. 그러려면 임시정부의 국민 대표성이 입증되고, 업적이 자랑스러워야 한다. 창피한 수준이어서는 한국의 망신이다. 보수와 진보 모두 '이쪽이 건국 시점'이라 우길 뿐, 정작 임시정부의 업적을 제대로 조명하지 않는다. 그 검증이 우선이다. 그때까지는 '건국 100주년' 논의를 중단하는 것도 좋은 대안이다.

권력은 설득에서 시작된다

정치란 무엇인가. 학자들의 도덕군자 같은 규범적 가르침을 걷어내면, 요체는 권력을 획득하고 행사하는 모든 일이다. 국가 정치의 중심도 결국 대통령이 어떻게 그 자리에 오르며, 주어진 권한과 의무를 어떻게 다루느냐에 달려 있다. 권력 획득은 지지층의 이해를 대변하고 실행하려는 권력 의지가 핵심이지만, 권력의 행사는 위임해 준 국민을 위한 것이어야 한다. 모든 국민은 선거 등을 통해 국가의 의사결정에 참여하려 하고, 대통령의 국정 운영 방향과 원칙이 실행력을 가지려면 경쟁 정파의 이해와 의지까지 아울러야 한다. 일방적 권력 독점과 행사는 애초 자유주의와 민주주의 교과서 어디에도 없다.

《국가는 왜 실패하는가》의 저자인 대런 애쓰모글루 MIT 경제학과 교수는 새 저서 《권력과 진보》에서 이렇게 썼다. "권력은 결국 강압 아니냐고 생각할지 모르지만 꼭 그렇지는 않다. 현대 사회가 주로 의지하는 권력은 설득의 권력이다." 그는 "대통령이라도 순전히 강제로 군인들을 전쟁터로 내몰 수 있을 만큼의 강압적 권력을 가지긴 어렵다. 명령 한마디로 법을 바꿀 수 있는 정치 지도자도 드물다"고 했다. 사람들이 정치 지도자의 말을 따르는 것은 "사회적 제도, 규범, 믿음이 그 지도자에게 지위와 권위를 부여했기 때문"이라는 것이다. 정치 리더가 테크놀로지 발전의 방향을 선택하고 모두에게 이득이 되게 하는 것도 결국 설득 권력을 누구를 위해, 어떻게 행사하느냐에 달려 있다.

설득 권력의 출발점은 공감이다(로버트 치알디니, 《설득의 심리학》). 대척점에 선 정파의 입장을 이해하는 데서 시작된다. 낮은 업적 평가를 받는 노태우 전 대통령에 대해 정치학자들이 좌우를 막론하고 높이 평가하는 지점이 있다. 여소야대 정국에서 야당과 대화와 타협을 추구했다는 점이다. 그는 '물태우'라는 별명에 대해 "약한 지도자로 보이는 게 좋다. 겉으로 어떻게 보이든 대통령 심중에 강한 의지가 있으면 되지 않겠느냐"고 말했다.

설득 권력에는 상호성이 뒤따라야 한다. 무언가 먼저 주어야 한다는 뜻이다. 그 호의를 상대가 몰라줄 수도, 오히려 손해를 볼 수도 있다. 노무현 전 대통령은 사후 자서전 《운명이다》에서 이라크 파병 결정을 두고 이렇게 말했다. "옳다고 믿어서가 아니라, 대통령을 맡은 사람으로서 회피할 수 없는 선택이었기 때문에 파병한 것이다." 뻔히 알면서도 역사에 오류의 기록을 남겨야 하는 대통령 자리, 그것이 얼마나 무거웠는지 술회했다. 한미자유무역협정(FTA)과 함께, 우파에서도 그나마 평가받는 그의 공적은 결국 생각이 다른 이들을 설득한 결과였다.

설득 권력은 한쪽 진영만이 아니라 국민 대통합을 지향해야 한다. 대통령으로선 '회피할 수 없는 선택'이다. 윤석열 대통령은 지난해 10월 26일, 현직 대통령으로는 처음 박정희 전 대통령 서거 추도식에 참석해 "그분의 혜안과 결단, 용기를 배워야 한다"고 강조하며 박근혜 전 대통령과 함께 묘소를 참배했다. 다음 날에는 경북 안동을 찾아 유림을 만났다. 보수 대통합 메시지라는 해석이 많았다. 서울 강서구청장 보궐선거 참패와 관련해 "국민은 늘 무조건 옳다. 돌이켜보고 반성하겠다"고 했던 대통령이다. 그렇다면 다른 쪽이 품고 있는 유감에도 귀 기울여야 한다.

윤 대통령은 지난해 10월 29일, 핼러윈 참사 2주년을 맞아 열린 시민 추모대회에 참석하지 않았다. 주최 측에 민주당이 포함돼 있어 "정치 집회 성격"이라는 설명을 내놓았지만, 그로 인해 공감 정치는 설 자리를 잃었다. 진상규명과 사법적 문책을 요구하는 야당의 저의를 몰라서가 아니다. 그러나 참사 수준의 재난 앞에서 "국가에 국민 안전 책임이 있다"는 다수의 정서에 부응하려면, 단순한 추모 예배 이상의 도리를 다했어야 한다는 말이다.

범법 여부로 선인과 악인을 가르는 검사의 시각에서는 불편할 수 있다. 그러나 상호 적대감에 기대 각자의 정치적 영향력을 유지하는 '적대적 공생 관계'는 결국 전체를 위기에 빠뜨린다. 작금의 여야 관계가 그렇다. 지난 4·10 총선 결과로 국회의 여야 구도와 분점 정부 지속 여부, 그리고 윤석열 정부 후반기의 국정 동력이 갈렸다. 윤 대통령은 지금, 이 현실을 어떻게 받아들이고 있을까.

문화가 꽃피는 한 해를 바라며

인문학 사회 **정치** 문학 종교

2019년 새해가 밝았다. 과분하게도 연말연시에 건강과 행복, 소원 성취를 빌어주는 인사를 참 많이 받았다. 이 덕담처럼 올 한 해 모든 일이 술술 풀린다면 더 바랄 것이 무엇이 있겠는가. 그러나 인생살이가 어디 그렇게 순탄하기만 한가. 우리 사회가 그렇게 좋은 일들로만 가득했는가. 새해 인사로 받은 복을 다 누릴 수 없음을 세월을 통해 배웠다. 그래서 올해는 복을 받기보다 '인자하고 진실한 삶'을 하나라도 실천하며 살자고 다짐했다. 한편으론 직업 정신에서 비롯된 마음일지도 모르겠으나, 올 한 해 우리 사회 구석구석에 정치가 안정되고 경제가 살아나며 문화예술이 넘실대는 세상이 되기를 염원하며 새해를 시작한다.

요즘 4차 산업혁명이 미래 국운을 좌우할 것이라는 목소리가 하늘을 찌른다. 인공지능, 사물인터넷, 빅데이터 등 지능 정보기술 용어가 연일 회자한다. 불과 얼마 전까지만 해도 '지금은 문화 시대'라며 호들갑을 떨더니, 문화니 콘텐츠니 하는 이야기는 언제 그랬냐는 듯 쑥 들어가 버렸다. 4차 산업혁명 정책을 총괄하는 대통령 직속 4차산업혁명위원회만 보아도 민간과 정부 위원 대부분이 과학기술계 인사와 관련 부처로만 채워져 있다. 과학기술을 토대로 연출하고 춤추게 할 콘텐츠 전문가나 문화 관련 부처는 쏙 빠져 있다. 아무리 멋들어진 고속도로를 깔아 놓아도 사람과 화물을 실은 차량이 달리지 않으면 속 빈 강정일 뿐이다. 마찬가지로 콘텐츠 없는 지능 정보기술은 빛 좋은 개살구에 불과하다. 진정한 4차 산업혁명이 되려면 문화가 있어야 한다.

마침 문재인 정부도 작년 7월 '자유와 창의가 넘치는 문화국가'를 20대 국정 전략 중 하나로 세우며 문화국가 건설 의지를 천명했다. 그러나 문화국가의 요체인 문화는 하루아침에 만들어지지 않는다. 오랜 시간 교육을 통해 습득되고 축적되는 것이다. 문화국가는 정치 슬로건만으로 이뤄지지 않는다. 정말 문화국가를 원한다면 문화콘텐츠 전문가들과 문화 관련 부처를 4차산업혁명위원회의 중심에 두어야 한다. 이미 국내 문화산업 시장은 100조 원이 넘는 규모로 성장해 국가 경제에 크게 기여하고 있다. 한류가 보여주듯 다른 산업 수출에도 혁혁한 공을 세우고 있다. 문화는 있어도 그만, 없어도 그만인 졸(卒)이 아니다. 그런데도 2019년 문화 예산은 전년 대비 8%나 줄었다. 문화 분야에는 제조업 수준이 아니라 그 이상의 지원과 진흥 의지가 필요하다.

대통령 직속 교육정책 자문 기구인 국가교육회의에서 대입제도 개선을 논의 중이라고 한다. 물론 대입제도는 중요하다. 그러나 국민 개개인의 삶에 대한 가치관과 의식이 성숙해져 어떤 직업을 가져도 다 귀하다는 인식이 사회에 자리 잡는다면, 태아가 복중에 있을 때부터 일류 대학에 가겠다고 난리법석을 피우는 일은 줄어들 것이다. 차라리 대통령 직속 위원회를 두려면 '문화위원회'를 두어 정신문화를 비롯해 다양한 문화가 국민 속에 함양·향유될 수 있도록 범정부적 노력을 기울이는 것이 4차 산업혁명이든 교육제도 개혁이든 더 근본적이고 본질적인 처방이 아닐까.

당나라 시인 유종원의 〈강설〉을 읽으면 세상 잡스러운 것은 다 물러가고 마음은 고요 속으로 빠져든다.

"천산에 새 한 마리 날지 않고, 만 길에 사람 자취도 없네. 외로운 배에 삿갓 쓴 늙은이, 홀로 낚시 드리운 차가운 강에 눈 내리네."

한 폭의 동양화 같은 풍경 속 주인공이 되고 싶지만, 번잡한 도회에서는 그저 상상으로 만족할 뿐이다.

우리 김광균 시인의 〈설야〉도 그렇다.

"어느 머언 곳의 그리운 소식이기에 이 한밤 소리 없이 흩날리느뇨… 서글픈 옛 자취인 양 흰 눈이 내려… 나 홀로 밤 깊어 뜰에 내리면 머언 곳에 여인의 옷 벗는 소리."

시인의 놀라운 감수성에 경탄하며, 어린 시절 눈 내리던 겨울밤 고향 집을 떠올린다.

기해년 새해를 맞았다. 지난 한 해는 우리 사회의 온갖 추한 모습들이 드러난 해였다. 새해는 그 추함을 씻어내고 새롭게 출발하는 순결한 해가 되기를 바란다. 하지만 마음 한구석은 여전히 심란하다. 올해도 우리 앞에는 많은 난제들이 가로놓여 절대 만만치 않을 것이기 때문이다. 흰 눈이 소복이 쌓여 잠시라도 세상과 단절된 채 시름을 잊을 수 있기를 바라며 눈에 관한 이런저런 생각을 해본다.

요즘 사람들은 만나면 근거가 있기도 하고 없기도 한 이야기들을 나눈다. 그러다 보면 우리 스스로가 부끄럽고 한심하게 느껴지며 마음은 허허롭다. 이제 새해가 시작되었으니 그런 이야기는 접어야 한다. 세상 잡스러운 것들을 흰 눈이 덮듯 묻어버리자. 눈이 내려 쌓이면 우리의 영혼이 맑아지고, 새롭게 시작할 힘을 얻게 될지도 모른다.

문화가 국가 발전과 사회 문제 해결의 만병통치약은 아닐지라도, 문화 없이는 국가와 사회가 제대로 작동할 수도, 꽃피울 수도 없다. 올해는 예술가들이 블랙리스트니 뭐니, 눈치 보지 않고 마음껏 창작에 몰두하는 해가 되면 좋겠다. 정부와 기업도 문화가 한 차원 높은 국가와 기업 발전의 근간임을 직시하고, 문화가 훨훨 날아다닐 수 있는 세상을 만드는 데 관심과 지원을 아끼지 말았으면 한다. 국민도 각자 주인이 되어 문화를 만들고 즐기는 데 기꺼운 노력을 기울였으면 한다. 김구 선생께서 "내가 원하는 것은 오직 높은 문화의 힘"이라고 소망했듯, 올해는 문화가 융성하는 해가 되기를 간절히 바란다.

지난 한 해 격변을 헤쳐 온 우리 삶에 따뜻한 위로와 새로운 소망을 부어 넣고 싶다. 2019년에는 '어느 길로 가야 할지'를 모두가 더욱 분별력 있게 판단하여, 더욱 행복한 대한민국이 되기를 소망한다.

박정희 없는 보수

근대화 혁명가 탄생 100년. 세계에서 가장 가난하고 비루한 나라에 근대화 혁명을 일으켜 세계 10위권 경제국가의 토대를 쌓은 혁명가의 탄생 100년이지만, 기억하는 사람도, 기념하는 세력도 없이 지나갈 듯하다. 그의 딸은 대통령이 되었으나 탄핵당하고 수갑을 찬 채 구치소와 법정을 오가며 세인들의 혀를 차게 했다. 박정희에게 원한을 품은 이들은 이를 기회 삼아 딸과 함께 아버지까지 끌어내리려 온갖 비난을 퍼붓고 있다. 딸이 대통령일 때 많은 사람이 "저러다 아버지의 위업에 먹칠할 것"이라고 우려했는데, 결국 그렇게 되고 말았다.

지금 진보 정치인과 지식인들은 박정희를 폐기 처분해야 할 구시대의 상징이라 말한다. 그러나 국민이 굶어 죽던 보릿고개에서 대한민국을 구한 대통령이 폐기해야 할 구시대 유물로 전락하는 것이 과연 옳은 일인가. 일부에서는 박정희가 없었어도 지금의 경제 발전은 가능했을 것이라고 주장한다. 이는 헤엄을 못 쳐 물에 빠진 사람을 건져놓았더니 "당신 없어도 빠져나올 수 있었다"고 큰소리치는 꼴이다. 우리끼리 싸움에는 귀신이면서 외적과 싸움에는 등신이었던 우리가, 그래서 나라까지 잃고 세계 지도에서 사라졌던 우리가, 비합리적 인습 덩어리였던 우리가 '내 무덤에 침을 뱉으라'며 앞만 보고 달려간 지도자 없이도 여기까지

올 수 있었다고 한다면, 옳고 그름을 떠나 양심이 없는 소리다.

박정희의 수출입국 전략, 외자 도입 전략, 중화학공업 육성 전략은 숱한 난관과 반대에 부딪혔다. 그러나 욕을 먹어가며 밀고 나가 마침내 세계 역사에 남을 기적을 이뤘다.

'우리도 잘살 수 있다'는 신념으로 진창에 빠진 역사의 물줄기를 돌려, 국민이 모두 '우리도 할 수 있다'고 자각하게 만들었다.

세계 강국에 둘러싸인 우리가 끝까지 지켜야 할 소중한 DNA다.

그 민족 운명 개척의 리더십이 단군 이래 최고의 전성기로 도약할 발판을 마련했다. 비전과 혜안, 리더십은 박정희에게 헌정해야 할 단어들이다.

미국의 역사는 워싱턴·제퍼슨·링컨의 역사이기도 하다. 이들에 못지않은 대통령이 우리에게도 있었다. 박정희가 그중 한 사람이다. 누가 부정할 수 있나. 정주영·이병철·박태준이 세계 기업사에서 누구와 견주어도 뒤지지 않는 기업인·철강인인 것처럼 말이다. 덩샤오핑은 대약진 운동과 문화혁명으로 국민 수천만 명을 죽음으로 몰아넣은 마오쩌둥에 대해 "공 7, 과 3"이라 했다. 박정희 또한 후반기의 독재로 국민에게 상처를 남겼지만, 공은 7이고 과는 3이라 할 수 있을 것이다. 성공한 나라는 위인을 일부러라도 만든다. 워싱턴·제퍼슨·링컨의 흠을 잡자면 책이 몇 권은 나올 터인데, 우리는 있는 위인조차 깎아내리기에 급급하다.

그러나 박정희가 이룬 기적의 방정식은 더 이상 유효하지 않다. 아버지 시대의 수직적 리더십을 되살린 딸의 비극적 결과가 이를 상징한다. 박정희는 세계 제조업 시대의 총아였으나, 4차 산업혁명 시대로 접어든 지금 세상은 완전히 달라졌다. 시장 만능주의, 대기업 편중, 경제 양극화도 한계에 이르렀다. 보수적 지식인과 관료들조차 박정희 시대의 경제·사회 모델은 이제 극복해야 한다고 말한다.

지난 총선과 대선에서 한국 보수는 크게 무너졌다. 원인이 무엇이든, 이제 한국 보수는 '박정희 없는 보수', 곧 박정희를 계승하되 뛰어넘는 새로운 길을 찾아야 한다. 가보지 않은 길, 생각해 보지 못한 길이다. 그만큼 박정희의 흔적이 보수에 넓고도 깊게 새겨져 있기 때문이다. 태극기 시위대의 절규는 '박정희 없는 보수'에 대한 위기감, 상실감, 저항감을 보여준다.

영국 보수당의 성공은 경이롭다. 19세기 구질서 유지 정당이 21세기까지 존속하며 지금도 집권하고 있다. 서울대 박지향 교수는 이렇게 말했다. "이름만 같은 보수당일 뿐, 지도부의 출신 배경과 사상, 정책은 과거와 크게 달라졌다. 앉아서 행운을 누린 게 아니라 생존하기 위해 끊임없이 변화하고 스스로를 재창조했다. 전통을 해치지 않는 선에서 시대적 요구를 수용했다." 영국 보수당은 변화를 거부하던 19세기 중반, 무려 30년 가까이 선거에서 연패하는 절망의 시간을 견뎌야 했다.

'박정희를 넘어서는 보수'를 모색하는 정당과 세력은 아직 미약하다. 그럼에도 정치에서 자유와 평등, 성장과 복지의 조화를 보수주의 관점에서 고민하고 있다. 박정희를 잇되 넘어서는 길을 찾지 못한다면, 한국 보수는 영국 보수당이 겪었던 암흑기를 맞을지도 모른다.

서거 몇 달 전인 1979년 여름, 박정희는 포항제철 박태준을 청와대로 불러 '하야'라는 말을 꺼냈다고 한다. 잠시 말을 멈춘 뒤 "왠지 나는 여기까지가 아닌가 하는 느낌이 든다"고 했다 한다(이대환, 《박태준 평전》). '운명 개척자 박정희'는 영원히 이어가야 하지만, 개발 시대의 문화와 체제는 이제 '여기까지'여야 한다. 박정희도 지하에서 고개를 끄덕일 것이다.

부질없는 이념 논쟁

우리나라에서 끊임없이 반복되는 것이 보수·진보, 좌우 이념 논쟁이다. 국가 정책은 물론 개인의 성향까지도 어느 한쪽으로 구분해 몰아넣어야 직성이 풀리는 사회 분위기다. 그러나 정작 당사자 본인도 그 평가에 늘 수긍하지는 않는다. 같은 사람이라도 사안과 상황에 따라 입장이 엇갈리기도 한다. 이는 보수와 진보를 가르는 기준이 모호하기도 하고, 그 기준들 사이에 일관성이 유지되지 않기 때문이다.

예컨대 외교·국방 정책, 경제·복지 정책, 정부의 규모와 역할, 심지어 동성애나 낙태에 대한 입장까지도 보수와 진보로 구분하지만, 이들을 관통하는 공통적 기준을 세우기는 어렵다. 흔히 기존 질서와 가치를 존중하면서도 필요하다면 점진적으로 고쳐 나가는 것이 보수이고, 기존의 잘못을 더욱 적극적으로 개혁해 나가는 것이 진보라고들 하지만, 이 또한 부분적 설명에 불과하다.

본질적으로 보면, 인류가 추구하는 보편적 가치인 자유와 평등에 대한 입장의 차이라고 할 수 있다. 보수 내지 우익은 자유와 성장을 중요시하는 반면, 진보 내지 좌익은 평등과 분배에 더 무게를 둔다. 그 실천 방법으로 자유주의·자본주의와 사회주의·공산주의로 나뉘어 경쟁해 왔으나, 양쪽 모두 모순에 직면해 스스로를 수정·진화해 왔다. 궁극적으로는 자유주의·자본주의가 승리했다. 1990년대 소련과 동유럽의 붕괴가 이를 보여준다. 이는 자유주의·자본주의가 드러난 모순을 더 적극적으로 해결하려 노력했기 때문이다. 그런 의미에서 승리한 자유민주주의와 자본주의는 더욱 겸손하게 변화와 개혁을 이어가야 한다. 부단히 변하되 극단으로 치우쳐서는 안 된다. 기존의 이득에만 얽매여 놓지 않으려는 우파는 추하고, 현실을 무시한 채 이상에만 매달려 꿈만 꾸는 좌파는 철없다 할 것이다. 성장과 분배가 조화를 이루고, 자본가와 노동자가 서로 존중·배려·협력하며, 기존 가치의 존중과 새로운 가치의 모색이 자연스레 교차하는 사회가 우리가 지향해야 할 사회다. 그러므로 보수와 진보는 서로 선의의 경쟁을 하고, 때로는 협력해야 하는 관계다. 이를 위해 자유와 평등 외에 필요한 것이 바로 박애(사랑)다. 프랑스 인권선언이 자유와 평등에 더해 박애를 내세운 이유가 여기에 있다.

안정적인 국가 운영으로 평화와 번영을 구가하는 독일의 경우, 지금도 우파인 기민당과 좌파인 사민당이 세 번째 대연정을 성공적으로 운영하고 있다. 대연정의 성공은 단순한 장관 자리 분배가 아니라 양당의 정책 공약을 단일화하는 타협의 결과다. 더구나 과거 두 차례(1966년과 2005년)의 대연정도 성공적이었다는 평가를 받는다. 이는 보수와 진보의 관계가 어떠해야 하는지를 잘 보여준다. 예컨대 사민당 출신 게르하르트 슈뢰더 총리는 선거 패배를 예상하면서도 국가의 장래를 위해 우파 색채의 하르츠 개혁 정책을 추진했다. 이에 따라 그는 선거에서 패배해 기민당 출신 앙겔라 메르켈에게 총리직을 내주었으나, 대연정을 통해 그 개혁 정책을 그대로 이어가 독일을 유럽의 성장 엔진으로 변모시켰다. 좌우 틀에 갇히지 않고 시대 상황에 따라 유연하게 대처한 결과였다.

오늘의 유럽 평화는 참혹한 전쟁의 역사에서 교훈을 얻은 정치 지도자들의 확고한 신념에 기초하고 있다. 전후 독일과 프랑스는 끈질기고 다양한 노력으로 과거의 앙금을 털어내고 미래지향의 역사를 만들어갔다. 소련 등 동유럽과는 교류 협력으로 긴장 완화를 시도하면서도 강한 군사력으로 철저히 대비했다. 1980년대 초 헬무트 슈미트와 헬무트 콜 총리는 소련의 SS-20 중거리 핵미사일 배치에 맞서 퍼싱Ⅱ 미사일을 배치하며 강하게 대응하는 동시에 군비통제 협상을 제안했다. 이른바 '이중 결정'이다. 이는 결국 유럽 평화를 끌어낸 전략이었다. 순결한 이상과 지혜로운 전략이 빚어낸 산물이었다. 한반도 평화를 가로막는 얽힌 실타래를 풀어내야 하는 우리의 입장에서는 부러운 역사다. 막연한 이상이나 편협한 강경함을 넘어 평화를 끌어낸 정치인들의 위대함을 되새기게 된다.

선거철이 되면 후보들은 보수·진보라는 부질없는 이념 구분에 얽매여 편을 가르고, 선거 유불리만 따지며 편 가르기에 몰두한다. 그러나 지금 시대정신은 국민 대통합이다. 이를 실천하기 위해서는 사안별 디테일로 경쟁해야 한다. 정치적 이해득실을 노리고 편을 갈라 상대를 증오하며 굴복시키려는 정치는 재앙일 뿐이다. 이제는 박애 정신의 가치와 중요성을 깊이 새기는 정치인이 나오기를 바란다.

어떻게 세운 나라인데
광복절에 이 소동을 벌이는가

광복절(光復節)의 '광복'은 '잃었던 나라를 되찾는다'는 뜻이다. 1945년 8월 15일, 우리 민족은 일본 식민 지배의 노예 상태에서 풀려났다. 그 첫 선물은 일본식 이름을 버리고 본래의 성(姓)과 이름을 되찾은 일이었다. 1939년 총독 미나미(南次郎)는 조선인에게 이름을 일본식으로 바꾸도록 강요했다. 이름을 바꾸지 않으면 자녀의 학교 진학과 취직은 물론, 생필품 배급 중단과 우편물 배달 거부까지 동원했다. 그 결과 1941년 말, 전체 가구의 81.5%인 322만 가구가 일본 이름을 신고했다. 국민 열 명 가운데 여덟은 일본 이름을 달고 살아야 했다.

8월 15일은 해방의 날이자, 근대적 헌법과 국민·영토·주권을 갖춘 독립 국가로 세계 앞에 섰음을 선포한 날이기도 하다. 1948년 5월 10일, 나라의 기본 틀인 헌법을 만들 제헌(制憲)의원 선거가 실시되었다. 21세 이상 유권자 813만 명 가운데 784만 명이 투표에 참여했다. 198명이 선출되었는데, 제주도 세 선거구 중 두 곳은 남로당의 폭력 방해로 투표가 이뤄지지 못했다.

5월 31일 개원한 제헌 국회는 이승만을 국회의장으로 선출했다. 그는 개회사에서 "기미년(己未年)에 결사(決死) 혈투(血鬪)한 정신을 본받아 최후 1인, 최후일각까지 분투하자"고 다짐했다. 기미년은 곧 1919년 3·1운동이 일어난 해였다.

　제헌 국회는 다음 날 헌법기초위원회를 꾸려 헌법 초안 작성에 착수했다. 위원회는 제헌의원 30명과 유진오(후일 고려대 총장)를 비롯한 전문가 10명으로 구성됐다. 그들은 '3·1운동 당시의 결사·혈투 정신'에 따라 전문(前文)과 10장 102개 조항으로 된 초안을 마련해 6월 22일 국회 본회의에 제출했다. 의원들은 트럭 화물칸에 판자를 깔아 만든 임시 의석에서, 손바닥만 한 걸상에 다섯 명씩 붙어 앉아 아침 10시부터 자정 무렵까지 단어 하나 문장 하나를 놓고 치열하게 논의했다.

　그 무렵 동유럽 좌우 합작 정부들은 스탈린 지령에 따른 쿠데타로 차례로 무너지고, 중국에서는 쫓기던 마오쩌둥이 장제스를 몰아붙이고 있었다. 국내에서는 남로당이 도시 폭동, 군사 반란, 산악 게릴라 활동으로 나라를 흔들었다. 이런 내외 정세 속에서 '헌법 만들기'는 곧 시간과의 전쟁이었다.

　헌법 심의는 먼저 각 조항을 다루고, 마지막에 전문을 논의하는 역순으로 진행됐다. 국호(國號)조차 정해지지 않았기 때문이다. 〈헌법의 순간〉(박혁 저) 속기록만 잠시 들춰봐도 제헌 의원들의 애국심이 절로 느껴진다. 한 조항, 한 단어도 소홀히 하지 않고 맹렬히 토론했다. '대한민국' '고려' '조선' '새한' 등 여러 후보 가운데 '대한민국'을 국호로 정하기까지 진통은 이어졌다.

　엊그제 광복절 경축 행사가 정부 주관 행사와 광복회·야당 행사로 처음 갈라져 열린 배경도 헌법 전문과 무관하지 않다. 제헌 국회가 전문을 논의하던 자리에서 이승만 의장은 사회를 신익희 부의장에게 맡기고 발언권을 신청했다. 순간 회의장이 조용해졌다. 그의 발언은 이랬다.

　"헌법 전문에 '우리 대한민국은 기미년 3·1혁명에 궐기하여 처음으로 대한민국 정부를 세계에 선포하였으므로, 그 위대한 독립 정신을 계승하여 자주독립의 조국을 재건하기로 함'을 넣었으면 합니다. 우리 앞길이 무엇인지, 그리고 3·1혁명을 역사에 남기기 위해 헌법 맨 꼭대기에 이 문구를 넣어야 합니다."

이 가운데 '3·1혁명'이 '3·1운동'으로 수정되었지만, 그의 간절한 바람대로 이 문구는 여러 차례 헌법 개정에도 흔들리지 않고 전문 맨 앞에 자리해 왔다. 이승만의 발언 어디에도 왜색풍의 '건국절' 발상이 비집고 들어갈 틈은 없다. 정말 그런 세력이 있다면 허황한 꿈에서 깨어야 하고, 없는 허깨비를 보고 소스라쳤다면 찬물에 얼굴을 담글 일이다.

독립운동사에서 이승만과 김구는 서로에게 없는 것을 갖춘 거인이었다. 이승만은 세계정세를 내다보는 통찰력으로 독립운동과 건국을 이끌었고, 김구는 궂은일을 마다하지 않고 독립 정신의 불씨를 꺼뜨리지 않았다. 두 사람 모두 인간적 결점은 있었지만, 장점을 합치면 나라의 보물이 된다. 반대로 결점을 부풀리면 북한 동포를 억압하는 김일성 일가에게만 이익이 돌아갈 뿐이다.

운동권 특권을 넘어,
민주주의의 본뜻으로

　지난 선거에서 가장 놀란 일은 민주당 의원 73명이 '민주 유공자 예우에 관한 법'을 제정하겠다며 나선 사건이었다. 김상조 청와대 정책실장의 내로남불 논란으로 여론이 들끓던 바로 그 직후, '운동권 셀프 특혜법' 소식까지 전해지니 이들이 마치 딴 세상에 사는 사람들처럼 보였다. 법안은 운동권 인사들을 유공자로 지정하고 그 가족에게까지 교육·취업·의료·양육·대부 지원을 하겠다는 내용이었다. 이 혜택을 받을 당사자들이 바로 이 법을 만드는 민주당 의원들과 그 가족이라는 점에서 더욱 기가 막혔다. 작년 9월에도 여당 의원 20명이 같은 법안을 냈는데, 6개월 만에 더 많은 의원이 뭉쳐 재발의한 것이다. 선거가 아니었다면 다른 무리한 법들처럼 그대로 밀어붙였을 것이다.

　우리 사회에서 운동권은 이미 최강의 권력 엘리트 집단이 된 지 오래다. '정치 하나회', '운피아(운동권 마피아)'라는 말이 괜히 나온 게 아니다. 운동권 출신 대통령, 총리, 국회의장, 국회의원, 청와대 수석과 비서관이 얼마나 되는지 세기도 어렵다. 운동권 생태계까지 조성돼, 박원순 전 서울시장이 지난 5년간 시민단체에 지원한 돈만 7,000억 원이 넘는다. 공기업의 좋은 자리들도 대부분 운동권 차지다. 그런데도 '예우법'을 만들겠다니, 거의 선민(選民)의식에 가깝다.

혼히 '산업화 세력'과 '민주화 세력'을 구분하지만, 한 원로는 "그런 이분법에 동의할 수 없다"고 했다. 그는 "대한민국 최대·최고·절체절명의 민주화 운동은 공산당의 6·25 남침 때 이 나라를 지켜낸 것"이라고 했다. 김일성과 마오쩌둥의 침략이 성공해 한반도가 공산화됐다면 민주주의의 싹조차 틔울 수 없었다. 자유민주주의를 지키겠다는 대의에 수십만명이 목숨을 바쳤으니, 이들을 진정한 민주화 유공자라 해야 마땅하다. 그리고 이들이 산업화의 주역이기도 했다.

이승만 대통령이 서구 자유민주 체제를 선택해 대한민국을 세우고, 공산주의 전제 체제에 맞서 나라를 지키지 않았다면, 박정희 대통령이 독재라는 비판을 감수하며 한강의 기적을 일으키지 않았다면, 오늘 우리가 누리는 풍요와 자유는 없었을 것이다. 그 기반 위에서 민주 교육을 받고 성장한 시민들이 정치적 민주화를 완성했다. 이 시민적 운동을 주도하고 희생한 이들이 운동권이었다. 그 희생은 보상받아야 하고, 실제로 보상도 충분히 이루어졌다. 그러나 모든 일은 지나치면 모자람만 못하다.

1970년대까지 운동권은 대체로 전통적 자유민주주의를 위한 투쟁이었다. 그러나 1980년대 들어 김일성 주체사상 추종자들이 운동권의 헤게모니를 장악했고, 노조까지 접수하면서 운동권의 '천하 통일'을 이뤘다. 오늘 국회와 청와대에 진출한 운동권의 다수가 바로 이들이다.

주사파 운동권은 주체사상이라는 극단적 반민주 이념을 추종하면서도, 투쟁의 수단으로는 자유민주주의 제도를 이용했다. 민노당이 필요할 때마다 '언론·출판·집회·결사의 자유', '양심의 자유'를 내세우고, 재판제도까지 활용한 것이 그 예다. 지금의 운동권이 주사파 사고를 그대로 지니고 있지는 않겠지만, 이들에게 민주주의란 본래 수단일 뿐 절대적 가치가 아니었다. 그 과거의 그림자는 여전히 오늘의 정치에 드리워져 있다.

더구나 이들은 세계 최악의 반민주 체제인 북한을 감싸고, 북한 주민의 인권은 철저히 외면한다. 표현의 자유를 짓밟으며 북한의 요구에 따라 대북 전단 금지법을 만들고, 해방 직후 벌어진 공산당 무장 폭동까지 미화한다. 민주화 운동권이 성범죄 권력자를 미화하고 피해자를 짓밟는 일도 있었다. 홍콩, 티베트, 신장의 인권 문제에도 침묵한다.

민주주의의 근본인 선거법조차 야당 동의 없이 바꾸고, 1987년 이후 지켜져 온 합의 관례를 깨뜨렸다. 임대차법 등 국민 생활에 직접 영향을 미치는 법안도 일방적으로 처리했다. 심지어 야당에 법안을 보여주지도 않고 통과시키기도 했다. 대통령은 장관급 인사를 국회 동의 없이 줄줄이 임명했고, 대통령을 비판했다는 이유로 청년들의 집을 압수수색 했다. 민주주의의 적인 포퓰리즘을 노골적으로 드러내며, 세금 살포로 선거를 매표장으로 전락시켰다. 정말 민주주의를 위해 싸워온 사람들인지 믿기 어려울 정도다.

이들에게 "주사파 생각을 버렸느냐"는 질문을 던지면, 되레 "우리가 민주화 운동을 할 때 너희는 뭐 했느냐"고 반문한다. 그러나 한국 시민 대다수는 민주화 요구 시위에 참여했고, 최루탄을 맞았으며, 선거 때 민주를 표방한 정당에 투표했다. 경제 발전을 위해 일한 기업인·공무원도 민주화의 토대를 쌓은 유공자다. 민주화 운동은 결코 특정 집단의 전유물이 될 수 없다. 운동권은 대한민국 민주주의가 어디에서 비롯되었는지, 어떻게 지켜져 왔는지 모두 무시한 채 자신들이 홀로 창조한 듯 행동한다. 이 독선과 과욕의 끝은 멀지 않을 것이다.

공동선을 향한 지혜:
원칙을 지키되 실용을 살리자

한반도 주변 정세는 올해 한층 더 복잡다단해질 것으로 보인다. 이에 따라 우리의 외교 역량도 그 어느 때보다 혹독한 시험대에 오를 것이란 관측이 잇따른다. 미·중 패권 갈등이 본격적으로 드러날 남중국해 영유권 분쟁은 동북아 위기의 불씨다. 중국과 동남아 국가 간의 분쟁에 미국이 적극 개입하려 하면서 위기는 더 커졌다. 굴기하는 중국이 미국의 세계 전략에서 어떤 위치를 차지할지가 이 문제를 통해 판가름 날 것이다.

"강대국 사이의 종속 변수가 아니라 스스로 중심을 잡고 미래를 개척해야 한다"는 정부의 자세는 원론적으로 옳다. 그러나 보다 절실한 요구는 우리를 단순한 종속 변수로 격하시킨 동북아 질서와 구도에 변화를 불러올 수 있는 적극적 전략에 집중하는 데 있다. 미국과 중국 사이에서 기계적 중립만을 고수하는 소극적 태도로는 날로 고착되는 패권 대결 구도에서 벗어날 수 없다.

국제 테러 역시 올해의 화급한 지구촌 현안이다. 어느 나라도 테러 안전지대일 수 없는 상황이다. 파리 테러를 자행한 IS가 한국을 '십자군 동맹국'에 포함한 이래, 테러는 이미 우리 발등의 불이 됐다. 국가정보원에 따르면 2010년 이후 국제 테러 조직과 연계됐거나 테러 위험인물로 지목돼 강제 출국당한 외국인이 48명에 달한다. 그중 인도네시아인 1명은 출국 후 IS에 가담해 활동하다가 숨진 것으로 알려졌다.

여야가 대립하는 테러방지법의 인권 침해 소지를 가볍게 볼 수는 없다. 그러나 그렇다고 임박한 테러 위협을 외면할 수도 없다. 초당적 인식 아래 인권 침해 우려를 최소화하는 지혜로 국회가 적극 입법에 나서야 한다.

결국 나라 안팎의 모든 도전을 우리는 용기와 지혜로 헤쳐가야 한다. 특히 대응 방안을 둘러싼 정치·사회적 갈등은 대부분 원칙론과 실용론의 충돌에서 비롯된다. 이제는 구성원 모두가 따뜻하게 가슴을 열고, 원칙과 실용의 조화를 통해 공동선을 찾아 나서야 할 때다.

우연처럼 온 통일,
준비된 노력의 결실

역사는 우연한 사건으로 뜻밖의 방향으로 흘러가곤 한다. 독일 통일 도 그 한 예다. 1989년 여름, 동독 주민들의 민주화 요구가 거세지자, 동 독 지도부는 부득이 호네커 서기장과 슈토프 총리 내각을 퇴진시키고 개혁에 나섰다.

우선 동독 주민들이 가장 갈망하던 서독 여행 자유화를 추진했다. 11 월 9일 저녁, 당 대변인 귄터 샤보브스키가 기자회견을 통해 "조건 없는 여행 허가 신청이 11월 10일부터 가능하다"고 발표했다. 원래는 '다음 날 부터 시행'이라는 의미였으나, 한 기자의 추궁에 당황한 샤보브스키가 "내 생각에는 지금 당장(Nach meinem Kenntnis ist das sofort, unverzueglich)" 이라고 말해버린 것이다. 이 소식을 들은 동베를린 시민들은 곧장 장벽 으로 몰려가 개방을 요구했고, 국경 수비대는 상부 지시를 기다리다 결 국 장벽을 열어버렸다.

동독 TV는 19시 30분에 "여행 신청이 가능하다"고 보도했지만, 서독 방송은 20시에 "동독이 국경을 개방했다"고 전해 장벽 붕괴를 촉진했다. 동독 정부의 권위는 무너지고 민주화는 급속히 진행됐다. 언론은 이를 두고 "세상에서 가장 아름다운 실수"라 불렀고, 당시 기자회견 서류는 인 류문화유산으로 등재되었다.

이 실수를 끌어낸 기자는 이탈리아 ANSA 통신사의 동독 특파원 리카르도 에허만이었다. 그는 늦게 도착해 자리를 잡지 못한 채 짜증 섞인 목소리로 "언제부터 시작하느냐(Ab wann, wann tritt das in Kraft?)"라고 물었고, 그 질문이 역사를 바꾼 셈이다. 유대계 폴란드인 부모 밑에서 태어나 플로렌스에서 자란 그는, 후임 특파원의 병가로 다시 동독에 투입된 임시 특파원이었다. 우연처럼 보이지만, 역사의 큰 전환점을 만들어낸 주인공이 되었고, 2008년 독일 정부로부터 통일 공로 훈장까지 받았다.

독일 통일은 아무도 예상치 못한 방식으로 빠르게 진행됐다. 애초 독일에는 별도의 통일 부서도, 뚜렷한 통일 정책도 없었다. 통일을 '이룬' 것이 아니라 '당해버린' 것에 가까웠다. 그래서 많은 독일인들은 통일이 노력보다는 갑작스러운 선물처럼 주어졌다고 말한다. 그러나 그 과정에서 서독 정부와 국민이 쏟은 끊임없는 노력을 결코 가볍게 여길 수는 없다.

"하늘은 스스로 돕는 자를 돕는다"는 말처럼, 통일 또한 우연히 찾아온 것이 아니다. 서독은 통일이라는 목표를 전면에 내세우지 않고, 동포를 돕고 민족적 동질성을 유지하는 교류 협력에 꾸준히 힘썼다. 그 작은 노력이 동독 주민들의 마음을 얻었고, 결국 통일의 길을 열었다.

오늘 우리에게 필요한 통일 정책도 마찬가지다. 통일이라는 거창한 구호보다, 북한 동포의 삶을 돕고 그들의 마음을 사는 친화적 노력이야말로 진정한 통일의 밑거름일 것이다.

갈등을 넘어 화합으로

우리는 해방 이후 좌우 이념 대립과 6·25 전쟁이라는 혼란을 겪었지만, 온 국민이 한마음으로 단결하여 인류 역사에서 유례없는 발전을 이루었다. 산업화와 민주화를 동시에 성취했고, 원조를 받던 나라에서 원조를 주는 나라로 성장했다. 이는 분명 자랑스러운 일이다.

그러나 우리나라가 정말 선진국 대열에 들어섰는지, 그만큼 국민이 행복해졌는지를 생각하면 고개가 갸웃해진다.

OECD 1위의 자살률과 교통사고 사망률, 기승을 부리는 학교폭력·가정폭력·충동범죄, 급증하는 도박·마약·인터넷 중독, 무분별한 고소·고발…. 이런 모습은 결코 선진사회나 행복한 사회의 모습이 아니다. 산업화를 이뤘다지만 원천기술의 상당 부분을 외국에 의존하고 있고, 민주화를 성취했다지만 현실 정치는 우리의 자부심을 무색하게 한다. 과도한 경쟁과 물질만능, 성과지상주의, 탈법·편법이 만연한 탓이다.

경제는 지속적인 성장이 담보되지 않고, 사회는 양극화로 갈등이 깊어지고 있다. 고령화와 저출산은 국가 발전의 동력을 약화하고 있다. 문제해결도 중요하지만, 사회를 근본적으로 변화시키려는 노력이 절실하다.

1925년 마하트마 간디는 7대 사회악을 지적했다. 원칙 없는 정치, 도덕성 없는 상업, 노력 없는 부, 인격 없는 지식, 인간성 없는 과학, 양심

없는 쾌락, 희생 없는 신앙.

오늘의 한국 사회에도 그대로 적용되는 말이다.

여기에 나는 세 가지를 더 보태고 싶다. 공정성 없는 언론, 책임감 없는 시민단체, 상호 존중 없는 양성평등. 일부에 국한된 문제일지라도 우리 사회가 반드시 고민해야 할 과제다.

물론 이 문제들은 너무 크고 어려워 단번에 해결하기는 힘들다. 우리나라만이 아니라 전 인류가 안고 있는 과제이기도 하다. 그렇기에 먼저 우리의 일상에서부터 현실적이고 구체적인 노력이 필요하다. 모든 시민이 스스로를 돌아보고, 함께 잘 사는 사회를 위해 작은 실천부터 시작해야 한다.

국가는 잘 정비된 법과 제도, 그리고 건전한 국민 의식 위에서 발전한다. 그런 점에서 가장 먼저 떠오르는 모범은 독일이다. 정치에서는 분권과 협치, 경제에서는 사회적 시장경제, 사회에서는 통합과 연대, 문화에서는 깊이와 다양성을 바탕으로 성장했다. 특히 사회적 시장경제는 독일 번영과 안정의 핵심이었다.

뮐러 아르마크가 제시한 '자유'와 '조종'의 결합, 그리고 루트비히 에르하르트의 정책화는 나치 전시경제를 넘어 새로운 길을 열었다. 시장의 자유경쟁을 기반으로 하되, 그 부작용을 줄이기 위해 국가가 최소한의 개입을 허용하는 제도였다. 이는 "모두를 위한 번영"이라는 구체적 결실로 이어졌다.

우리도 사회통합의 길을 찾을 수 있다. 그러나 지금 우리는 실패하고 있다. 남북 분단에 더해, 짧은 기간 산업화와 민주화를 압축적으로 이루는 과정에서 생긴 과당경쟁과 성과주의, 물질만능 풍조가 갈등을 심화시켰다.

보수와 진보의 이념 대립, 지역·세대·계층 간 갈등, 양성 갈등, 노사 갈등, 정규직과 비정규직의 불평등, 장애인·이민자 등 사회적 약자와 관련된 문제들…. 이런 갈등을 해결하지 않고는 선진국 진입은 요원하다. 어느 연구소는 사회 갈등으로 인한 비용이 GDP의 27%에 이른다고 한다. 국론 분열이 낳는 무형적 손실은 그보다 더 크다.

이제 갈등 해결과 사회 통합은 시대적 과제가 되었다. 국민이 모두 함께해야 하지만, 특히 정치와 정부의 역할이 중요하다. 편 가르기와 증오, 복수를 버리고, 양보와 타협, 포용과 연대를 선택해야 한다. 그러나 역대 어느 정부도 이를 제대로 해내지 못했다.

넬슨 만델라가 인류의 희망으로 추앙받는 이유는 사랑과 용서로 통합을 이뤘기 때문이다. 그가 늘 가슴에 품었던 말, "우분투(ubuntu·네가 있기에 내가 있다)"는 화합의 길을 보여준다.

우리 사회에는 이런 말들이 여전히 횡행한다.

"다 어기는데, 법 지켜봤자 손해야."

"내가 누군 줄 알아?"

"내가 하면 로맨스, 네가 하면 불륜."

"내 새끼, 마음껏 뛰어놀아라."

"내 임기만 무사하면 그만."

작고 사소해 보이지만, 이런 태도가 결국 사회를 병들게 한다. 화합의 첫걸음은 우리 일상에서부터 시작된다.

6·25와 우크라 전쟁, 닮은 듯 다른 교훈

오는 24일로 러시아의 우크라이나 침략 전쟁이 만 3년을 맞는다. 전쟁의 쓰라린 경험과 상처를 지닌 우리 국민에게 러시아-우크라이나 전쟁은 결코 '강 건너 불'이 아니다. 1950년대의 한국과 2020년대의 우크라이나는 3년여 간의 전쟁을 공유한다는 점에서 많은 유사점을 지닌다. 그렇다면 6·25전쟁과 러·우 전쟁에서 얻을 교훈은 무엇일까.

첫째, 전쟁에 대한 국제사회의 인식 변화다. 1950년 6월 25일 북한의 남침이 확인되자 곧바로 유엔 안전보장이사회가 소집됐다. 안보리는 찬성 9표, 소련의 불참, 유고의 기권으로 결의문 제82호(적대행위의 즉각 중지와 북한군의 38선 이북 철수)를 채택했다. 2022년 러시아의 침공 당시에도 2월 27일 안보리가 소집돼 찬성 11표, 러시아의 반대, 중국 등 3개국 기권으로 러시아 규탄 결의안(제2623호)을 의결했다. 이어 3월 2일 열린 유엔 총회 긴급 특별회의에서는 찬성 141, 반대 5, 기권 35로 '결의안 ES-11/1'이 채택됐다. 반대한 나라는 러시아와 북한 등이었고, 중국과 인도는 기권했다. 국제 질서가 다극화되는 흐름을 보여준다.

둘째, 핵무기 사용과 확전의 위협이다. 6·25전쟁에서 미국은 중공군 개입으로 전선이 고착되자 핵 사용을 진지하게 검토했다. 그러나 소련의 개입과 제3차 대전 가능성을 고려해 포기했다. 러·우 전쟁에서는 세계 최대 핵보유국 러시아의 푸틴 대통령이 수시로 핵 사용 위협과 유럽 확전을 운운하며 나토군 파병을 억제했다. 북핵을 머리에 이고 살아가는 우리의 현실을 생각하면, 핵 자강력 확보에 대한 전향적 논의가 필요하다.

셋째, 전쟁 기간과 피해의 참상이다. 6·25전쟁은 3년 1개월 2일 동안 이어졌고, 러·우 전쟁도 오는 24일로 3년째다. 6·25 당시 국군과 유엔군의 피해는 80여만 명, 이재민은 370만 명에 달했다. 러·우 전쟁에서는 우크라이나군 피해가 97만여 명, 러시아군 피해가 82만여 명으로 추정된다. 하루 평균 1,200여 명이 전장에서 쓰러진 셈이다. 난민도 인구의 7분의 1인 645만 명에 달한다. 만약 한반도에서 전쟁이 다시 발발한다면, 수도권의 인구 밀집과 무기 발달로 피해는 천문학적 규모에 이를 것이다.

넷째, 북한의 파병이 불러올 우려다. 우리나라는 가치와 규범에 따라 러시아의 침략을 규탄하며 우크라이나에 군사적 지원을 했다. 반면 북한은 러시아를 두둔하며 무기와 탄약을 제공하고 병력까지 파견했다. 이에 따라 향후 한반도에서 전쟁이 발발하면 러시아의 개입 가능성이 있다. 6·25전쟁에서는 북한과 중국을 상대로 싸웠지만, 다음 전쟁에서는 러시아까지 더해질 수 있다는 점이 심각하다.

우리는 과거 전쟁을 겪었고, 지금도 진행 중인 전쟁을 지켜보고 있다. 전쟁을 경험하고도 교훈을 잊는다면 어리석은 일이다. 반면, 남의 전쟁에서 '반면교사'를 얻는 것은 현명하다. 소련 정치국원이었던 레온 트로츠키의 말처럼,

"당신은 전쟁에 관심이 없을지 몰라도, 전쟁은 당신에게 관심이 있다."

(정치)

인간이란 시공간적 제약을 벗어나 군 림할 수 있는 추상적 주체가 아니다. 그보다는 삶의 승강을 공규하는 타자와 의 상계 속에서 자아실현을 하는 사회 적 존재이자, 일정한 시간적 구속 하 에서 승층의 기억을 만들어가며 살아가 는 역사적 존재이다. 나아가 사회적

조건과 역사적 유산에 의해 규정되기만 하는 것이 아니라 스스로 그런 조건을 회성하고 개선해 갈 수 있는 정창적 경정의 주체라는 점에서 정치적 존재라 고 할 수 있다.

따라서 제도 개혁이 의미를 가지려면 시민적 삶의 정서적 토양을 풍부하게 만드는 진방과 독서어 정치의 가능성을 사회적으로 확대하는 방향성을 가져야 한다고 본다. 그렇지 않으면 내일 복

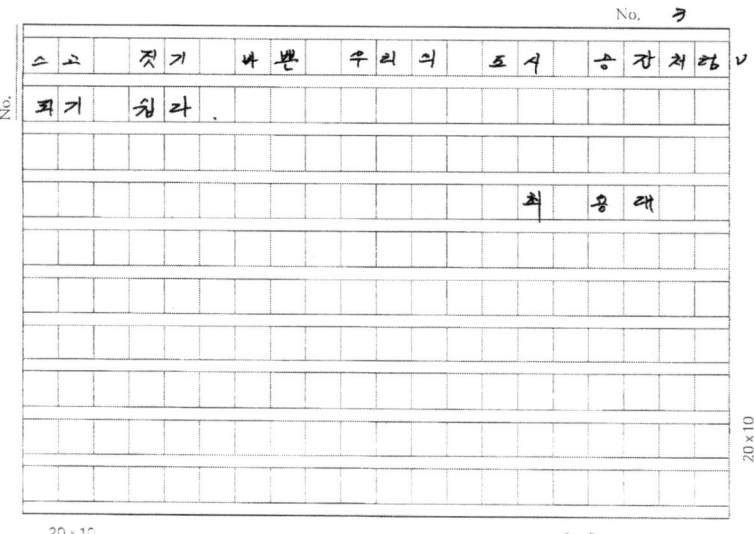

어느 젓기 나쁜 우리의 도서 승강처럼

파기 쉽다.

최용대

4부 **문학**

—

내면의 빛을 찾아서

문학이란, 제 몸속의 염라대왕을 곰삭여 언 땅 깊숙이 앵두꽃을 불러내는 일 아닐까.

- 최용대

동행하는 진리,
톨스토이

1. 왜 다시 톨스토이인가

우리 시대에 톨스토이는 무엇보다도 《전쟁과 평화》와 《안나 카레니나》의 작가로 알려져 있다. 그러나 종교인이자 사상가로서의 톨스토이는 상대적으로 평가 절하된 측면이 있다. 제1·2차 세계대전 이후 세계사는 자본주의와 현실사회주의라는, 머리가 둘 달린 괴물 같은 체제에 의해 진행되었고 사상투쟁 역시 그 두 방향으로만 이해되곤 했다. 그러나 오늘날 우리는 자본주의와 현실사회주의라는 두 형태의 전체주의를 모두 경험했다. 그런 지금, 톨스토이가 가고자 했던 길을 다시 돌아보는 것은 큰 의미가 있다.

19세기 말에서 20세기 초, 톨스토이의 사상은 러시아를 넘어 전 세계적으로 열렬한 추종자를 불러일으켰다. '톨스토이주의'라는 말이 생길 정도로 한 시대를 풍미했던 것이다. 아시아에서도 간디뿐 아니라 중국과 일본의 대중에게 톨스토이는 삶과 생각의 새로운 길을 열어주었다. 그가 제시한 길은 피비린내 나는 문명의 파산을 보여준 유럽을 본보기로 삼는 것이 아니었다. 오히려 오래된 아시아인의 농적(農的) 삶의 이상과 신(神)의 법에 따라 대지를 경작하며 살아가는 길이었다.

그 길은 폭력을 인정하지 않는 유교의 가르침, "자신이 원하지 않는 것을 남에게도 강요하지 말라"는 도교의 지혜, 해탈과 자비를 강조하는 불교의 교리와도 맞닿아 있었다. 톨스토이는 바로 이러한 정신 위에 평온하게 흙을 일구며 살아가는 영웅적이고 평정한 삶의 길을 제시했다. 다만 근대 동아시아의 사상과 정치 투쟁 속에서 기독교적 아나키즘의 색채를 띠면서도 정치적 조직화로 나아가지 않았던 톨스토이주의는 곧 잊히고 말았다. 그러나 톨스토이가 이야기했던 길은 인간다운 삶을 염원하는 근대 아시아인의 가슴속에 굳이 '톨스토이'라는 이름표가 붙지 않았더라도 꿈처럼 살아남아 있었다. 그러므로 20세기 동아시아 근대사상을 이해하기 위해서도 톨스토이는 반드시 넘어야 할 산이다.

우리나라에서도 일제강점기, 톨스토이는 문화운동과 사회운동의 중요한 사상적 토대였다. 많은 이들에게 그의 이름은 가슴 벅찬 울림이었다. 식민지 백성으로서 근대라는 낯선 경험을 뼈아프게 시작하던 조선인들에게 톨스토이의 가르침은 부당한 현실 속에서도 인간의 선에 대한 믿음을 잃지 않게 해주는 빛이었다. 류영모와 함석헌도 곳곳에서 톨스토이를 언급하며 그로부터 영향을 받았음을 시사했다. 특히 함석헌의 사상은 내용적으로도 톨스토이의 사상과 여러 면에서 겹친다. 국가와 종교에 대한 기본적인 생각, 비폭력 평화주의, 문명화된 인간 삶의 유일한 행로로서 농적 삶에 대한 애정과 동경, 그리고 기독교인이면서도 노자와 장자, 불교, 바가바드 기타와 같은 동양사상에 깊이 심취해 동서 융합적 기독교사상을 전개한 점까지. 심지어 양심적 병역 거부 문제에 이르기까지 함석헌의 생각은 톨스토이와 유사성을 보인다.

19세기 말 유럽사회에서 자본주의가 무르익으면서 필연적으로 발생한 문제들, 곧 개인의 자유 침해와 노예화, 국가의 폭력, 자연과 인간적 삶의 파괴에 대해 톨스토이는 근본적으로 성찰했다. 그는 루소에서 프루동, 러스킨, 소로우로 이어지는 사상적 흐름을 공유했고, 나중에는 간디에게 이어졌다. 그리고 간디와 류영모를 거쳐, 함석헌에게까지 이어졌을 것이다.

톨스토이는 사회의 모순과 갈등을 진단하고 해결하는 데 있어 근본적으로 개인의 마음을 중시했다. 그는 집단 행동보다 개인의 자각을 강조했고, 증오와 폭력을 철저히 배제하는 방법을 제시했다. 과학기술이나 폭력 혁명이 아니라 인간의 선량한 본성에 대한 끝없는 믿음을 가지고 한 걸음씩 나아갈 것을 요구했다. 그에게는 인간의 선과 사랑에 대한 무조건적인 신뢰가 있었다.

톨스토이는 인간과 사회를 근원적인 관점에서 바라보았다. 근원적인 관점에서 나온 통찰은 언제나 인간 정신의 고양에 기여하며, 경청할 가치가 있다. 더욱이 자본주의적 근대의 모순이 물질적·정신적으로 누적되어 개인과 공동체의 삶이 전환을 요구하는 오늘, 톨스토이의 사상은 특별히 경청할 만하다. 왜냐하면 오늘날 사람들에게 가장 퇴화된 능력이 바로 사물을 전체적이고 근원적으로 보는 능력이기 때문이다.

(1) 회심

톨스토이는 1828년에 태어나 1910년에 세상을 떠났다. 그의 생애 후반부에는 결정적인 변화가 찾아왔다. 50세 무렵부터, 성공한 작가이자 봉건 귀족이던 그는 '야스나야 폴랴나의 성자'로 불리게 된다. 결정적 계기는 모스크바 키트로프 리노크의 빈민가를 방문한 일이었다. 톨스토이의 딸 탓야나는 그때를 이렇게 증언한다.

"저는 그때 어린 소녀였고, 아버지는 얼마 전 제 사교계 데뷔를 위한 파티를 열어주셨습니다. 멋진 무도회였지요. 우리는 부족한 것이 하나도 없는 호사로운 생활을 했습니다. 첫 번째 주민조사가 있던 시기였고, 아버지는 조사에 참여해 가난한 사람들이 사는 여러 구역, 키트로프 리

노크를 찾았습니다. 참상과 도덕적 고통을 보고 돌아온 아버지는 제복을 입은 하인들이 있는 걱정 없는 집으로 돌아왔지만, 그 부당함을 견딜수 없어 했고 자살까지 생각했다고 합니다. 그러나 곧 재산을 가난한 사람들에게 나누어주기로 결심했습니다. 이것이 아버지와 어머니, 그리고 가족 간 갈등의 시초였습니다."(Rene Fueloep-Miller, "Tolstoy the Apostolic Crusader," Russiew, vol. 19, no. 2, 1960, p. 109)

이 일을 계기로 귀족이자 명망가였던 톨스토이의 삶은 돌이킬 수 없이 바뀌었다. 그는 농부의 옷을 입고 하루 여덟 시간씩 밭을 갈았고, 구두수선공의 벤치에서 농부 미트로판과 나란히 앉아 이웃 여인 아그라피나를 위한 신발을 만들었다. 농부들에게 성자들의 삶을 큰 소리로 읽어주었고, 문학작품 대신 종교적 논문을 썼다.

그러나 그의 회심이 어느 날 벼락처럼 찾아온 것은 아니다. 모든 회심이 그렇듯, 이전 삶과의 불연속과 연속이 함께 있었다. 《참회록》에서 그는 부유한 지주이자 유명 작가로 살 때에도 "어떻게 살아야 하는가, 무엇을 해야 하는가"라는 질문이 불시에 밀려와 삶의 운행이 멈춰 선 듯한 순간들을 겪었다고 고백한다. 그것은 삶의 의미와 가치를 캐묻는 집요한 질문이었고, 마침내 회심으로 이어졌다.

그는 또 이렇게 솔직히 적었다. 인생의 가장 단순한 문제, 곧 무엇이 선이고 무엇이 악인지조차 답하지 못하면서도 더 많은 돈과 칭찬을 얻고 싶어 신문과 잡지에 글을 썼다고. 그리고 그런 활동을 정당화해 준 논리가 바로 '진보'에 대한 믿음이었다고. "존재하는 모든 것은 옳다", "모든 것은 진보한다"는 식의 관념 말이다(《참회록》, 26~29쪽).

이 지적은 정곡을 찌른다. 어느 시대에나 개인이 받아들일 수 없는 삶의 방식을 '시스템'이 강요할 때, 그 대변자들은 흔히 '진보'의 논리를 내세운다. 전쟁을 비롯한 폭력과 억압은 종종 발전이라는 이름으로 정당화되어 왔다. 회심 이전의 톨스토이도 "문화의 정도는 책과 신문, 잡지의 보급으로 측정되고, 나는 글을 쓰고 보수를 받으며 존경을 받으니 유익한 인간"이라고 여겼다. 무엇을 써야 할지조차 모른 채 남을 가르치려는 욕망—그것을 덮어주는 가면이 '진보의 미신'이었다.

회심 이후 그는 이 '진보' 관념을 미신이라 불렀다. 프랑스 여행 중 보았던 단두대 처형 장면이 각성을 결정지었다. 목과 몸통이 분리되어 상자 속으로 '덜커덕' 떨어지는 순간, 그는 머리가 아니라 온 존재로 그 관념의 허위를 깨달았다(《참회록》, 28쪽). "설령 세상 모두가 그것을 필요하다고 말해도, 나는 그것이 불필요하고 악하다는 것을 알고 있지 않은가?"—선악을 가르는 기준은 여론도, '진보의 법칙'도 아닌, 살아 뛰는 자신의 양심임을 자각한 것이다.

이때 그가 발견한 '나'는 개인주의적 자아가 아니다. 국가와 법의 지배·복종 관계가 덧씌워지기 이전, 맨몸의 자연인으로서의 인간, 처음이자 마지막의 인간이다. 다시 말해 개별적 '나'가 아니라 전체로서의 '나'다. 그는 곧 러시아 농민들에게서 이 '인간'을 보았다. 빈곤과 천대 속에서도 그들 사이에는 주인과 하인의 노예근성이 깊게 배어 있지 않았다. 언제나 손해 보고 눌려 살면서도 선량함과 소박함을 잃지 않는 그들 속에서, 톨스토이는 이상적 인간의 원형을 발견했다. 그는 마치 따뜻한 신처럼, 비천함 뒤에 감춰진 슬픔과 무지의 가면 속 눈물 젖은 얼굴을 꿰뚫어 보았다(로맹 롤랑, 《부활》 관련 논의, 190쪽).

《부활》에서 카츄사가 네흘류도프에게 "당신은 나를 통해 당신 자신을 구원하고 싶어 하는군요"라고 말하듯, 어쩌면 톨스토이는 러시아 농민을 통해 스스로 구원받고자 했는지도 모른다. 전기 작가 민병산은 어린 시절 톨스토이가 순례자들과의 만남에서 깊은 인상을 받았음을 강조한다. 야스나야 폴랴나를 지나는 순례자들의 행렬, 그들을 업신여기지 말라는 가르침, 《유년시대》의 '그리샤'로 묘사된 백치 농부 에브도키프 쉬시카—무릎을 꿇고 대지 위에서 눈물 흘리던 그 '거룩한 바보'는, 평생 그가 추구한 인간의 이상형이었다(창작과비평사, 1985, 46쪽). 톨스토이는 이 순정을 죽는 날까지 잃지 않았다. 노년에 이르기까지 '어린아이의 마음'을 간직했고, 스스로 '거룩한 바보'가 되고자 했다. 다만 그는 지식인이었기에 그 길을 가는 데 더 많은 말과 격정이 필요했을 뿐이다.

오늘의 감각으로 보면 톨스토이의 삶은 낭만적 개성과 열정으로 충일해 보인다. 그러나 양심의 화살을 맞은 귀족이 그 혼자만은 아니었다. 제정 러시아 말기, 차르 체제의 모순이 극에 달하고 유럽에서 사라진 농노제가 여전히 존속하는 가운데, 많은 귀족들이 특권을 수치로 여기고 급진적 사회개혁을 요구했다. 대개 서구화된 지식인이던 그들은 과학적 진보와 세속적 휴머니즘으로 사회 변화를 꿈꾸었다.

하지만 톨스토이는 서구 과학주의적 진보관과는 다른 길을 택했다. 1860년과 1860~61년 두 차례의 유럽 여행에서 그는 산업화된 서유럽 자본주의 사회가 공동체성을 파괴하고, 물질적 번영 속에서 인간성이 상실되어 가는 모습을 보았다. 그래서 오히려 러시아의 '후진성' 속에서 희망을 보았다. 산업화·도시화·군대화가 아니라 러시아 농민과 그들의 신앙에서, 그리고 농사라는 가장 문명적이면서 인간적인 삶의 방식에서 길을 찾고자 했다. 모스크바와 고향 야스나야 폴랴나 사이, 시골 귀족으로 사는 단순한 삶의 경험 역시 그의 선택을 뒷받침했을 것이다.

(2) 톨스토이와 아나키즘

톨스토이의 삶을 들여다보면, 동시대 러시아의 위대한 아나키스트 크로포트킨을 떠올리게 된다. 톨스토이와 마찬가지로 크로포트킨도 명문 귀족 출신이었고 황실근위대 장교를 지냈다. 톨스토이가 예술가였다면,

크로포트킨은 출중한 과학자이자 지리학자였다. 그러나 톨스토이처럼 크로포트킨도 어느 시점부터 과학자로서의 천부적 재능에 안주해 평온하게 살 수 없었다. 두 사람 모두 상류계급의 무관심과 정신적 천박함, 냉혹함을 견디지 못했다.

크로포트킨 역시 톨스토이와 비슷한 체험을 한다. 그는 군 복무 중 스스로 지원해 시베리아에서 5년을 지내며 러시아 농민을 만나, 인생과 인간의 본질에 관한 평생의 교훈을 얻는다. 5만 마일이 넘는 긴 여행 동안 농민들의 삶을 직접 보며 그들 사이에서 평등의 정신을 발견했고, 깊은 인상을 받았다. 그가 만난 러시아 농민은 지주나 경찰 앞에서 노예처럼 복종했지만 그들을 자신보다 '더 나은' 인간이라 여기지는 않았다. 권력에 쉽게 복종해도 존경하지는 않았던 것이다.

크로포트킨은 농민에게서 소박한 감성과 자연스럽고 평등한 인간관계, 진심에서 우러나는 선의를 느꼈다. 마을의 따뜻한 밤 풍경, 작은 여관, 농민들과의 대화, 일상을 넘어서는 일들에 대한 그들의 열렬한 관심은 그에게 깊이 각인되었고, 그는 농민들과 함께 머무는 것을 진심으로 행복해했다.

이처럼 농민들과의 만남을 통해 크로포트킨은 아나키스트로서의 결정적 자기의식을 형성한다. 농민들이 자발적으로 서로 도우며 사는 모습을 보며, 그는 관료 기구가 결코 민주를 위해 유용하게 쓰일 수 없다는 사실을 깨닫는다.

"나는 그 같은 환상에서 영원히 벗어났다. 이름 없는 민중의 건설적 노동이 사회 발전에 얼마나 중요한지 눈앞에 또렷이 보였다…《전쟁과 평화》에서 톨스토이가 보여준 것처럼 지도자와 민중의 관계를 다시 생각하게 되었다… 시베리아에서 나는 이전의 신념을 모두 버렸다고 말할 수 있다. 나는 이미 아나키스트가 될 준비가 되어 있었다."《크로포트킨 자

서전》, 289~290쪽)

　톨스토이와 달리 크로포트킨은 유럽 곳곳에서 국제적 노동운동을 조직하며 평생 혁명에 몰두했지만, 그 역시 "도덕적으로 발달된 인격이 모든 조직의 기초가 되어야 한다"고 보았다. 혁명은 성공 이후의 정치적 보상이 아니라, 시작부터 짓밟히고 억압당하는 사람들을 향한 정의의 행동이어야 하며, 그렇지 않은 혁명은 반드시 실패한다는 것이었다(같은 책, 249쪽). 이 인식 또한 러시아 농민에 대한 깊은 연대감과 애정에서 비롯한다.

　이처럼 농민에게서 배우고, 전통적 농업 공동체의 중요성을 중심에 놓는 것은 크로포트킨을 비롯한 아나키스트들의 기본 입장이었다. 오늘 우리는 중세 봉건사회에서 근대 산업사회로의 이행을 당연하게 여기지만, 19세기 정치사상사는 그것이 결코 자명하지 않았음을 보여준다. 역사는 다른 방향으로도 진행될 수 있었고, 실제로 다른 길을 모색한 지식인들이 있었다. 가령 크로포트킨은 중세의 길드 조직이 아래로부터 건설되었음을 예로 들며, 미래의 자율적·자치적 사회 형태의 단서를 과학기술에 의존한 산업사회가 아니라 중세의 농업·장인사회에서 찾았다. 과거에서 미래의 지향점을 찾은 셈이다.

　이처럼 아나키스트들은 다른 길을 제시했고, 이 때문에 자본주의뿐 아니라 사회주의자들과도 더 지독하게 다투었다.

　근대 아나키즘은 처음 사회주의 운동의 한 갈래로 출발했다. 근대 유럽의 주요 사회사상은 대체로 농업사회에서 대량생산체제의 산업사회로의 전환을 긍정했다. 적대하던 자본주의와 사회주의 모두, 생산력 발전이 가져올 물질적 풍요와 노동시간의 단축이 더 나은 삶을 보장할 것이라 믿었다. 그러나 아나키즘은 이에 동의하지 않았다. 행복에 대한 생각이 달랐기 때문이다. 아나키스트들은 어떤 이론이나 정해진 절차가 세상을 바꾸는 것이 아니라, 묵묵히 일하는 소박한 사람들의 뜻에 따라 세상이 변해야 한다고 믿었다. 삶의 자유와 풍요는 단지 물질적 조건만이 아니라 '함께 일하고, 함께 즐기고, 함께 누리는' 관계 속에서 체화된다고 보았다. 그래서 그들은 물질적 풍요보다 삶의 즐거움과 만족을 더 소중히 여겼다(하승우, 《아나키즘》, 책세상, 2008, 105쪽).

산업사회에 대한 사회주의의 태도는 맑스의 사적 유물론에서 비롯했다. 그 도식에 따르면 역사는 '원시공산제-노예제-봉건제-자본주의-공산주의' 단계로 '과학적으로' 발전한다. 공산주의로 이행하려면 자본주의 단계를 거쳐 산업화·공업화를 통해 물질적 조건을 갖춰야 하고, 그 과정에서 형성된 다수의 노동계급이 사회의 공공성을 대변하는 보편계급으로 변혁을 주도해야 한다. 그런데 그 노동계급은 토지와 생산수단을 빼앗긴 '이전의 농민'들이었다. 즉 산업화를 위해 농민은 도시로 떠나고 농촌 공동체는 파괴되어야 했다. 맑스주의는 이 희생에 충분히 관심을 기울이지 않았다(하승우, 같은 책, 106쪽). 오히려 그것을 '발전'의 일부로 간주했다.

아나키스트들은 달랐다. 그들은 그런 변화가 인류에 가져올 파괴적 결과를 예견했다. 프루동은 맑스의 경제 환원주의를 비판했고, 폭력 혁명의 개시에도 반대했다. 맑스가 사적 소유를 폐기하기 위한 계급투쟁·혁명을 강조했다면, 프루동은 소유를 축적 불가능한 '점유'로 대체하고 협동조합과 인민은행을 통해 노동의 상호성을 보장하며, 농민과 노동자가 스스로 삶을 개선하는 체제를 구상했다(하승우, 《세계를 뒤흔든 상호부조론》, 그린비, 2006, 33쪽). 이는 기존 권위를 다른 권위로 대체하지 않으려는 아나키스트의 기질—민중의 자발성과 자율을 중시하는 태도—과 맥이 닿는다. 그들은 몇몇 '똑똑한' 지식인이 청사진을 들고 나와 희생을 강요하는 방식을 받아들이지 않았다. 오히려 '역사의 객관적 발전'이라는 말이 노동자와 농민에게 가져올 파괴에 더 마음을 썼다. 산업화가 인간의 이기적 욕망을 자극해 경쟁을 격화하고, 인간과 자연을 생산 도구로 전락시킬 것을 우려했으며, 대규모 공업화가 자율적 공동체를 해체하고 중앙집권 조직을 강요할 것을 비판했다. 특히 농촌의 파괴는 인간이 자급할 기본 조건을 무너뜨린다고 보았다. 그래서 그들은 노동계급보다 '농민'을 중심에 둔 사회 구상을 제시했다(하승우, 《아나키즘》, 106쪽).

톨스토이가 단두대 처형을 보고 실존적으로 '진보' 관념을 거부하게 되었다면, 아나키스트들은 대량생산에 기초한 산업사회가 전통적 자율 농민공동체를 파괴하는 현실을 보며 그 관념과 대결했다. 크로포트킨을 비롯한 러시아의 아나키스트들은 농민 공동체를 지키고, 농민의 자치와 자립을 돕는 일을 최우선 과제로 보았다. 이는 이미 산업화로 농민 공동체가 붕괴한 서유럽과 달리, 러시아에는 아직 '미르'라는 공동체적 토지제와 상호부조의 자치적 삶이 남아 있었기 때문이다. 이 농민적 삶의 방식은 톨스토이와 크로포트킨 같은 러시아 지식인들을 깊이 감동시켰다.

톨스토이에게 이 감동은 죽을 때까지 지속됐다. 만년의 그는 자신의 영지에서 농부들에게 토지를 나눠 주고, 자신도 직접 농사를 짓는 농부로 돌아가려 했다. 러시아에서 농노제가 폐지된 것은 1861년이지만, 농민들은 토지를 '해방'받는 대가로 막대한 배상금을 지불해야 했고, 이 부담은 사실상 새로운 예속이었다. 톨스토이는 이를 낡은 노예제를 대체한 새로운 형태의 노예제, 곧 "우리 시대의 노예제"라 불렀다. 그래서 그는 농민을 노예화하는 핵심 사안인 '토지 재산권' 문제에 깊은 관심을 가졌다. "경작하지도 않는 어떤 사람의 소유라는 이유로, 그 땅을 이용하지 못한다는 것이 옳은 일인가?"라는 그의 순진하면서도 근본적인 물음은 바로 여기에 닿아 있다(《우리 시대의 노예제》, 《국가는 폭력이다》, 달팽이, 2008, 144쪽).

그에 따르면 역사는 토지 재산권이 경작민의 보유를 안전하게 하려는 바람에서 생긴 것이 아니라, 정복자의 강탈과 토지의 공공 분배에서 비롯되었음을 보여준다. 토지 재산권은 농민에게서 땅을 빼앗아, 땅에 손끝 하나 대지 않는 자들에게 넘겨주기 위한 장치였다. 따라서 토지 재산은 농업을 파괴하는 수단이다. 이런 인식 위에서 톨스토이는 헨리 조지의 '단일세(single tax)' 제안—다른 모든 세금을 폐지하고 토지 보유세 하나만 남겨두자는 제안—에 공감했고, 그것을 실천하려 애썼다.

농민과 농촌에 대한 그의 생각은 삶의 조건 개선을 넘어 '농적(農的) 삶'이라는 이상에 대한 한없는 동경으로 나아간다. 땅에 발을 딛고 흙일을 하며 결국 흙으로 돌아가는 농부들의 평등하고 호혜적인 삶, 그리고 그 삶에서 우러나는 사랑을 톨스토이는 가장 위대한 신앙으로 보았다. 훗날 간디 역시 《힌두 스와라지(Hind Swaraj)》에서 톨스토이의 비폭력주의와 마을 공동체의 중요성을 거듭 언급하며, 몸소 소농의 삶을 실천하고자 했다. 톨스토이도, 간디도 살아남기 위해 상대를 적으로 삼아 경쟁해야만 하는 자본주의 산업화의 방식이 아니라, '살기 위해 서로 협력하고 도와야 하는' 소농의 방식을 더 문명적이고 인간적인 삶의 형태로 보았고, 미래의 희망을 거기에 두었다.

2. 동행하는 진리, 톨스토이

(1) 하느님 나라는 너희 안에 있다

톨스토이의 종교적 사회성을 이해하려면, 당시 아나키즘이 러시아 지식인들에게 얼마나 강력한 흡인력을 지녔는지부터 보아야 한다. 이는 톨스토이가 굳이 자신을 아나키스트라 밝히지 않았더라도 마찬가지다. 톨스토이와 아나키즘의 친화성을 가장 또렷이 보여주는 것은 무엇보다

'국가'에 대한 그의 견해다. 그는 복음서, 특히 '산상수훈'에 근거해 국가와 사회에 대한 자신의 생각을 전개했다. 그의 기독교적 사회사상은 산상수훈에 기댄 정치학이며, 제도로서의 교회나 국가·사법기관이 아니라 오로지 '인간적인 것'으로 인간을 일깨우고 싶다는 원망(願望)이 담긴 정치학이었다. 톨스토이는 산상수훈과 기독교의 가르침 전체를 "악한 자를 대적하지 말라"는 뜻으로 해석했고, 그 해석에는 비폭력주의가 내포되며 동시에 '악으로서의 폭력'에 대한 근원적 통찰이 들어 있다.

톨스토이는 국가 자체를 '폭력'으로 보았다. 산상수훈을 기독교 윤리의 핵심으로 보는 그의 종교사상은 이 지점에서 강력한 사회적 함의를 띤다. 그가 보기에 범죄자가 휘두르는 물리적 폭력보다, 공적이고 점잖은 얼굴을 한 폭력이 인류에 더 큰 해악을 끼친다. 아무리 유혹적으로 미화해도 폭력은 폭력이다. 그는 말한다. "권력기관의 토대는 물리적 폭력이다… 권력은 언제나 군대를 지휘하는 자의 손아귀에 있었다… 권력의 자리에 있는 사람들은 권력을 소유했다는 사실 때문에, 그렇지 않은 사람들보다 악을 저지르기가 언제나 더 쉽다."

톨스토이에 따르면 모든 불평등은 소유에서 시작해 폭력으로 귀결된다. 더 많이 소유하려는 욕망이 불평등을 낳고, 그 불평등한 소유를 지키거나 늘리려면 폭력이 불가피해지기 때문이다. 재산을 가진 자들은 자신을 보호하기 위해 국가를 만들어내고, 국가는 스스로를 유지하기 위해 군대·세금징수·사법기관 등 조직화된 폭력의 기계를 갖추며, 그것은 거의 전적으로 '재산의 보호'를 위해 작동한다. 그는 단언한다. "사유재산은 모든 악과 고통의 뿌리다. 재산이 넘치는 사람과 재산이 없는 사람 사이에는 항상 충돌의 위험이 도사리고 있다." 사람들은 흔히 '다른 민족으로부터의 방어' 때문에 군대가 늘어난다고 생각하지만, 실제로는 "정부가 노예화되고 억압받는 국민들로부터 스스로를 보호하기 위해 군대를 필요로 한다"는 사실을 잊는다. 노동자에게 땅이 없고, 자신과 가족의 양식을 땅에서 얻을 권리마저 빼앗겼다면, 그것은 그가 원해서가 아니라 지주들이 땅과 권리를 박탈했기 때문이다. 이런 비정상은 군대가 지탱한다(《하느님의 나라는 너희 가운데 있다》, 35쪽). 폭력으로서의 국가, 그리고 그 원인인 사유재산에 대한 이러한 생각은 톨스토이가 두 번째 유럽여행에서 브뤼셀에서 만난 프루동의 견해와 상통한다. 프루동은 "소유란 도둑질이다"라는 19세기의 유행어를 만든 아나키스트였다.

톨스토이의 생각은 바쿠닌이 《국가주의와 아나키》에서 맑시즘을 비판할 때의 요지와도 맞닿아 있다. 물론 바쿠닌은 대중의 폭력적 저항을 지지했다는 점에서 톨스토이와 결정적으로 갈라지지만, "어떠한 혁명이라도 독재의 형태를 취하거나 국가를 존속시킨다면 민중을 해방할 수 없다"는 그의 주장은 아나키스트 정신을 명확히 보여주며 톨스토이의 견해와 통한다. "나는 자유 없이 인간적인 것을 생각할 수 없다… 국가는 도덕과 문명이라는 구실 아래 인간을 노예화하고 억압하고 착취하며 약탈한다. 나는 국가가 아니라 자유로운 연합을 기초로 한 사회재산 형성을 지지한다. 위로부터의 모든 권위에 반대한다. …국가의 폐지를 외치는 나는 개인 상속의 폐지도 주장한다. 개인 상속은 국가 제도와 원리에서 나온 결과일 뿐이다."(이문창, 《크로포트킨과 그의 생애》, 《크로포트킨 자서전》 605쪽 재인용)

국가를 본질적으로 '폭력'으로 규정하면, 통치체제가 행하는 모든 개혁·개선은 무의미해진다. 의회도, 법도, 혁명도 국가를 폭력이라는 악에서 구해내지 못한다. 심지어 '조직'과 '애국심'도 전혀 달리 읽힌다. 톨스토이에 따르면 애국심은 인위적이고 비이성적이며 유해한 감정이다. 오늘 인류의 병폐 상당 부분이 애국심에서 비롯한다. 전쟁은 애국심 때문에 생기며, 애국심을 조장하는 일은 금해야 한다. 감정으로서의 애국심은 바람직하지 않고 유해하며, 원리로서의 애국심은 어리석다. 각 국민이 스스로를 '최상'이라 여길수록 해악을 낳는 거대한 망상 속에 빠지게 되기 때문이다(〈애국심과 정부〉, 《국가는 폭력이다》, 54쪽). 이미 2천 년 전 인류의 스승들이 '형제애'라는 더 높은 개념을 펼쳐 보였고, 오늘 그 개념은 다양한 형태로 현실화되고 있다(같은 책, 57쪽). 같은 맥락에서 톨스토이는 당시 독일에서 시작된 국민개병제를 날카롭게 비판한다. 그것은 시민을 그들 자신의 압제자로 만드는 제도이며, '사회적 삶'의 내적 모순이 낳은 마지막 표현이라는 것이다.

그럼에도 근대국가의 지식인·예술가·종교인들마저 국가 논리에 복종하며 제 밥그릇 지키기에 급급하다. 사회주의자들이 치유를 자처하지만, 그는 그들을 '병을 부르는 의사'에 비유한다. "혁명이 일어나도 새로운 권력은 이전보다 훨씬 잔혹하고 전제적일 수밖에 없다. 모든 혁명의 역사가 이를 입증한다. 어느 당파가 승리하든 그 당파는 권력을 유지하고 고유의 체제를 도입하기 위해 기존의 폭력적 방법을 총동원하고, 심지어 새로운 방법을 개발할 것이다. 폭력과 억압은 사라지지 않고 오히려 더 가차없어질 것이다."(《하느님의 나라는 너희 가운데 있다》, 25~26쪽)

그렇다면 무엇을 할 것인가. 톨스토이에겐 바뀌어야 할 것이 '국민과 정부의 관계'가 아니라 '인간 자신'이다. "우리 시대의 모든 사람은 인류를 변화시킬 생각을 하지만, 정작 누구도 자기 자신을 변화시킬 생각은 하지 않는다."(〈아나키즘에 대하여〉, 같은 책, 88쪽) 단 하나의 영구적인 혁명은 '도덕적 혁명', 곧 영혼의 갱생일 뿐이다. 기존 국가권력을 다른 권력으로 대체하는 대신, 모든 민족 공동체가 형제애로 내적·영적으로 결합해 유대를 공고히 해야 한다. 만약 종교적·윤리적 형제애가 현재의 폭력적 압제를 대체하지 못한다면, 참된 도덕성은 개인 양심의 보이지 않는 비밀공간과 인간관계 속에서만 존재할 수 있다고 그는 본다.

"하느님 나라는 너희 '안'에, 그리고 너희 '가운데' 있다." 톨스토이는 폭력 혁명으로 국가체제를 무너뜨리는 것은 불가능하며 또한 해서는 안 된다고 보았다. 대신 '불복종'이라는 각 개인의 비폭력적 실천으로 국가 조직이 서서히 힘을 잃고, 결국 스스로 와해되기를 바랐다. 어떤 의미에서 그는 국가 대신 '신의 나라'를 세우려 했고, 삶의 새로운 개념으로서 기독교 정신을 실현하려 했으며, 전통적이면서도 새로운 원시 기독교 사회를 재건하려 했다. 필요한 것은 모든 양심적인 인간이 일체의 폭력관계를 끊는 '종교적 혁명'이었다. 그는 자신의 양심 외 모든 의무규정에 대해 독립을 선언한다. "이 짧은 인생에 왜 내가 양심의 소리를 저버리고 당신의 가증스런 범죄의 공범자가 되어야 하는가? 나는 그럴 수 없다. 그러지 않겠다… 양심의 요구에 따른다면, 아무런 해가 되지 않으리라 믿는다."(《우리 시대의 노예제》, 179~180쪽) 양심의 목소리에 따라 그는 자발적으로 교회에서 탈퇴했고, 국가의 어떤 기구에도 복종을 거부했다. 이러한 정치학은 기본적으로 윤리학에 기초한 정치학이며, 이 점에서 동시대 아나키즘과 한수로 통한다. 그는 체제의 바깥에서 체제의 토대를 근원적으로 파헤치고 준엄하고 통렬하게 비판했다. 그로써 톨스토이는 러시아에서 차르 체제의 기반을 뒤흔들었고, 의도치 않게 볼셰비키 혁명을 위한 갱도를 뚫었다. 그는 1917년 혁명 이전에 세상을 떠났지만, 회심 이후 근 30년 동안 국가 권력에 맞서 공개적으로 발언하고 저항함으로써, 무너질 듯 무너지지 않던 차르 체제와 자본·교회 권력에 결정타가 가해질 때를 재촉했다.

국가 조직이 인간성이나 인류 공동체에 기반하지 않는다는 것은 마키아벨리와 홉스 이래 근대 정치의 상식에 속하지만, 톨스토이는 이를 '윤리적 주체'로 전환해, 마치 머리카락 잘린 삼손이 마지막 힘을 다해 원수의 집 기둥을 밀어 넘어뜨리듯 근대 문명의 썩은 뿌리를 향해 우직스레 도끼질을 해댔다. 다만 이런 도끼질은 결국 자신을 위태롭게 한다. 예언자는 늘 '광야'에서 나와 도시와 문명의 세계로 등장하지만, 정작 사람들을 광야까지 데려가 살게 하지는 못한다. 물론 톨스토이에게 광야는 황무지가 아니라 "마른 땅에 샘이 터지고 사막에 시내가 흐르는"(이사야 35:6-10) 오아시스였지만, 많은 이들은 사막에서 오아시스를 발견하지 못한다. 사람들은 문명의 구역질 나는 배설물이 넘치는 도시와 깨끗한 사막 사이 어딘가에 천막을 친다. 사막의 '깨끗함'이 가난·고독·황량함과 겹쳐 두렵기 때문이다. 사막에서 새 힘을 얻을 수는 있어도, 거기서 살기는 어렵다.

톨스토이 개인의 삶을 보면, 그는 '유토피아의 가능'과 '불가능' 사이를 왕복하며 그 진폭 속에서 내적 모순을 드러냈고, 한편으로는 자신이 벌인 우상파괴가 심한 자기 모멸로 기울기도 했다. 그는 근대문명의 근본 오류를 정당화하려 예술과 학문 등 문화유산 전체를 화형하려 들 때가 있었다. 이럴 때 그는 독선적·금욕적 종교 몽상가처럼 보인다. 베토벤의 '열정' 소나타를 몰입해 연주하고, 쇼팽의 소나타를 듣고 눈물 흘리던 사람이면서도 "음악은 악마의 피리"라 했고, 입센·플로베르·모파상은 물론 단테·괴테까지 몰아냈으며, 푸슈킨의 작품을 "담배 마는 데 좋은 종이"라 모욕했다. 예술은 '한가한 사치'에 불과하다고 했고, 재단사 그리샤와 구두수선공 표튜르를 투르게네프나 도스토옙스키보다 더 '미적으로 높은' 존재로 치켜세우기도 했다. 젊어서는 지칠 줄 모를 호색한이었고, 결혼해 13명의 자식을 두고서도 청년들에게 금욕을 설파했다.

왜 그랬을까. 사람들이 그의 말을 곧이곧대로 믿고 문화유산을 쓰레기 취급하길 정말 기대했을까. 삶의 풍성함이 주는 자유·즐거움·생산적 활력을 포기하고 그의 금욕적 복음을 따르리라 생각했을까. 많은 이들이 이 대목에서 걸려 넘어지지만, 사정은 다르다. 회심 이후의 그는 바울처럼 '이전의 자신'과 그 모든 것을 '오물'로 여겼다. 부와 명성만이 아니라 유럽 최고의 교양과 예술까지 예외가 아니었다. 《예술이란 무엇인가》에서 그가 유럽의 최고 예술과 작가들을 격렬히 몰아치는 모습을 보면, 역설적으로 그 모든 것에 여전히 깊이 끌렸던 흔적이 보인다. 원기왕성하고 심미적 추구가 남달랐던 그는, 자신이 죄악시하던 근대문명의 산물에 여전히 강하게 매혹되었을지도 모른다. 광야의 세례 요한처럼 준엄히 외쳤지만, 사실은 자기 생명력과 에너지를 두려워했을 가능성—그래서 순교자가 되지 못하는 자신에 대한 환멸과 두려움 때문에 불필요한 우상타파에 몰두했고, 광야의 단순·소박·고결한 소리를 현실의 조잡한 언어로 번역해 말해야 했는지도 모른다.

(2) 진리를 향한 순례자

톨스토이는 생각을 끝까지 밀고 나간 사람이다. 모든 것을 마지막까지 몰고 가서 순수한 것을 증류해냈다. 사상 가운데는 '가능성'이 아니라 '불가능성'으로 인간에게 독특하게 기여하는 것들이 있는데, 위대한 사상들이 대개 그렇다. 공자도 석가도 예수도 실현 불가능해 보이는 사상을 통해 인간 정신의 소양에 기여했다. 톨스토이도 그러하다. 산상수훈이 어떻게 현실 정치의 지표가 될 수 있겠는가? 그가 자신의 종교적 사회사상을 구체 현실에 적용해 발언했을 때의 공성성은 당혹스럽다. 그래서 정치사상으로서 그의 주장을 비판하기는 오히려 쉽다. 그러나 그의 종교적 정치사상은 우리가 무의식적으로 '당연'하다고 전제한 생각들을 뿌리째 흔드는 부정의 방식을 통해 깊은 가르침을 남긴다.

우리는 실증주의와 '진보'에 너무 깊이 물들어 있다. 아무리 혼란이 닥쳐도 잠깐의 퇴보 뒤엔 다시 발전이 이루어져 새로운 번영의 목표에 도달하리라 믿는다. 이런 물질적 진보의 사상은 사람들 마음속에 너무도 확고해 오늘의 표준적 삶을 만든 인간적 성취들에 의문을 제기하는 것조차 용납하지 않는다. 처음으로 돌아가기, 곧 삶의 단순한 부름으로 돌아가자는 생각은 근대 정신에 너무 낯설어, 그런 말을 꺼내는 순간 사람들은 등을 돌린다.

그러나 오늘의 빼어난 문명 비평가들은 우리가 흙으로부터 멀어졌기에 사물에 대한 적절한 감각을 잃었고, 자연을 파괴한 것이 현재의 정신적 참상의 주원인이라고 거듭 지적한다. 인간은 선조들의 감각을 여전히 몸 안에 지니고, 인류의 오랜 갈구는 지금도 우리 안에 내재한다. 여러 세대 도시에서 살아도, 인간은 여전히 땅에 발을 붙이고 사는 동물이며, 필요한 모든 것을 얻는 '땅'으로부터 멀어져서는 살 수 없다.

이 사실을 모르는 것이야말로 이상하다. 인간은 땅의 산물에 자신이 의존하고 있다는 감각을 잃었다. 이것만큼 우리의 근원으로부터의 멀어짐을 드러내는 징표도 드물다. 근대인 톨스토이는 일찍이 자연스러움, 땅에 가까운 생각을 했다. 우리가 지금 눈앞에서 현실로 확인하는 거의 모든 것을 그는 미리 예견했고, 달리 살 수 있는 가능성을 사유했다. 20세기 독일의 유대인 철학자 아도르노는 근대 부르주아 정신의 핵심을 이렇게 말한다. "아우슈비츠 이후에도 너는 계속 살아갈 수 있는가? 특히 당연히 죽임을 당했어야 할 사람으로, 운 좋게 살아남았다면 계속 살아도 되는가? 이 생존은 부르주아 주관성의 기본 원칙, 즉 냉담함을 요구한다. 그것이 없었더라면 아우슈비츠도 없었을 그 냉담함—이것이 살아남은 자의 근본적 죄책감이다."《부정변증법》

오늘 가자에서 들려오는 피비린내 나는 소식을 들으며 '아우슈비츠'라는 은유가 여전히 힘을 갖는가 묻고 싶어지지만, 사실 어느 시대에나 그 시대의 아우슈비츠가 있다. 오늘의 아우슈비츠가 가자라면, 이스라엘은 나치다. 그리고 아우슈비츠의 참상을 가능케 한 근대 부르주아 정신의 냉담함은 지금도 가자와 전 세계 곳곳에서 반복된다. 자본주의는 우리 각자에게 이 냉담함을 미덕으로 요구한다.

개인으로서 톨스토이는 죽을 때까지 이 냉담함을 거부했고, 자신의 열정으로 시대의 냉기를 녹이고자 했다. 그는 가난을 바랐고, 자기 땅을 농민들에게 나눠주고 싶어 했으며, 글로 돈 벌기를 원치 않았다. 매일 일기에 자신이 저지른 과오와 실수, 유치한 행동을 기록하고 되씹었다. 예언자의 선포와 그의 실제 삶 사이에는 필연적 간극이 있고 손가락질을 부르기 쉽지만, 톨스토이는 누구보다도 자신에게 가혹한 판결을 내렸다.

그가 바랐던 것은 가진 것을 모두 버리고 '친척과 아비의 집'을 떠나, 순례자로서 러시아 거리를 헤매는 거룩한 바보가 되는 일이었다. 바람에 굴러다니는 가랑잎 같은 유랑자, 무산자로 살고 싶었다. 갈릴리의 예수처럼. 만년의 톨스토이는 순교자가 되고자 두 차례 가출을 시도했으나 그때마다 돌아왔다. 한 번은 임신한 아내 소피아의 출산이 임박했기 때문이었고, 또 한 번은 소피아가 자살을 기도했기 때문이었다.

그는 결정적 희생을 갈망했지만 끝내 거기 닿지 못했다. 대신 죽는 날까지 '원하는 것'과 '행동' 사이에서 괴로워했다. 타인의 눈엔 이것이 위선처럼 보일 수 있다. 그러나 이상이 없는 사람에게 위선도 없다. 위선이란, 스스로 바라는 고결한 이상과 현실의 행동 사이의 간격에서 발생하기 때문이다. 결국 죽음을 목전에 두고 그는 가출을 결행했고, 길 위에서 생을 마감한다. 그때까지 그는 끝없는 내적 시련을 겪었다. 말과 글대로 살고자 했지만 내적으로 흔들렸다는 사실은, 오히려 더 깊은 감동을 준다. 이상을 완벽히 성취한 영웅적 삶보다, 좌절하는 인간의 모습이 더 큰 울림을 주는 이유다. 강경해 보이는 그 안에 감춰진 결정적 약점—철저한 순교자가 될 수 없었다는 사실—이야말로 '보통 사람' 톨스토이의 가장 인간적인 아름다움이다. 완전함은 언제나 인간성의 일부 포기를 요구한다. '처자식도 버리고, 죽은 자의 장사는 죽은 자에게 맡기라'는 냉정함. 그의 사상대로 살려면 교회와 국가뿐 아니라, 무엇보다도 따뜻하고 밀착된 관계인 '가족'에서조차 멀어져야 했을 것이다.

그러나 그는 그러지 못했다. 바위처럼 굳건한 성자가 아니라, 끝까지 괴로워하는 인간, 성자가 되고자 애쓰는 인간으로 남았다. 그는 진리를 향한 '순례자'였다. 신을 찾은 자가 아니라, 신을 찾고 있는 자였다. 완전한 삶을 살지 못했고—민병산의 말대로—우리 가운데 한 사람, 보통인이었다. 위대한 순간들이 많았지만, 다음 순간에는 예전처럼 위선적이고 허영심 많은 인간으로 돌아가곤 했다. 그럼에도 그는 비극적일 만큼 언제나 자신의 오류를 인식했고, 완성을 향해 정열적으로 노력했다. 성자는 아니었지만 성스러운 의지를 지녔고, 독실 신자는 아니었지만 위대한 신앙의 힘을 지녔다. 조용하고 침착한 자족의 신성한 초상은 아니었지만, 결코 자족하거나 휴식하지 않고 매 순간 더 순수한 자기 구현을 위해 분투하는 인간의 상징이었다.

톨스토이는 맏형 니콜라이가 말했던 그 진리—"온 인류가 행복해지기 위한 진리는 존재하며, 언젠가는 모든 사람에게 밝혀질 것"—를 죽을 때까지 믿고 추구했다. 어릴 적 형에게서 들은 '개미 형제' 이야기는 그의 구원의 이야기였고, 그는 그 이상을 늙어서까지 품었다. 그의 마음속에는 언제나 '영원한 어린아이'가 하나 있었고, 그 아이 안에는 이미 하느님 나라가 들어와 있었다. "누구든지 이 어린아이와 같이 되지 않으면 하느님 나라에 들어가지 못한다"는 말씀은 누구보다 톨스토이에게 어울린다.

원초를 향해 나아가는 문학

1920년 우크라이나에서 태어난 한 여아는, 제1차 세계대전으로 생후 두 달 만에 브라질로 이주했다. 10대에 어머니를 잃고 가난한 이민자로 살았지만, 문학을 몹시 사랑했다. 그리고 1943년, 스물세 살에 발표한 첫 소설《야생의 심장 가까이》로 "포르투갈어로 쓰인 최고의 소설"이라는 평을 받았다. 그녀는 포르투갈어에 깊은 애착을 가졌지만, 이국적인 이름 때문에 명성을 얻은 뒤에도 브라질에서는 이민자 작가로 여겨졌다. 키 큰 금발과 화려한 외모로 주목을 받았지만, 수줍고 예민한 성향 탓에 종종 오해를 사기도 했다. 평생 '브라질의 버지니아 울프'라 불렸으나, 울프의 자살을 용서할 수 없다고 말하며, "작가에게 주어진 끔찍한 의무는 끝까지 가는 것"이라고 믿었다. 난해한 언어와 추상적 서사로 비판받기도 했지만, 문학의 쓸모를 집요하게 묻던 소설가 클라리시 리스펙토르의 이야기다.

신비롭고 난해한 소설과 달리 그녀가 남긴 산문은 의외로 소박하다. 저널리스트로 활동한 적 있는 리스펙토르의 칼럼을 모은 산문집《세상의 발견》에 실린 글들은 진솔하고 일기에 가깝다. "범죄는 보상이 없죠. 문학은 보상이 있나요?"라는 기자의 질문에 "전혀 없다"고 대답하고, "그렇다면 왜 글을 쓰느냐"는 물음에는 끝내 답하지 못한다. 대신 그녀는 글쓰기를 "저주"라고 서슴없이 기록한다. 얼핏 냉소와 비관처럼 보이는 이 말 속에는, 자기 존재와 가장 맞닿아 있는 언어를 찾으려는 집요한 집념이 숨어 있다. 리스펙토르에게 글쓰기는 뼈와 살, 내장과 혈관에서 일어나는 일에 가까웠다.

1966년, 담뱃불로 인한 화재로 치명적인 화상을 입은 그녀는 1977년 난소암으로 세상을 떠날 때까지 육체적·정신적 고통에 시달렸다. 사고 이후에 쓴 글들이 모인 《세상의 발견》 곳곳에는 살아 있음에 대한 경이, 아름다움에 압도되는 체험, 타오르는 꿈의 인식, 주변인들에 대한 조심스러운 애정이 꿈틀댄다. 그녀의 글쓰기는 그저 살아 있는 순간에 가장 온전하게 다가가기 위해 스스로를 끝까지 밀어붙이는 태도였다. 그래서 "내가 언어를 선택한 것이 아니라 언어가 나를 선택했다"는 리스펙토르의 고백은 과장이 아니다. "내가 한 일은 고작 내게 복종하면서 나아간 것뿐"이라는 그녀의 말은 그 확신을 뒷받침한다.

리스펙토르가 세상을 떠나던 해 마지막으로 출간한 소설 《별의 시간》은 그 겸허한 복종의 기록이다. 브라질 북동부의 가난하고 비참한 타이피스트 마카베아는 사랑하는 남자에게 버림받고, 동료에게 무시당하며, 점쟁이에게서만 연민을 받는다. 그러나 이렇게 요약된 줄거리는 《별의 시간》을 전혀 설명하지 못한다. 자신의 비참함을 개의치 않을 뿐 아니라 인식조차 하지 못하는 마카베아가 유난히 부끄러워하는 것은 '진실'이다. 거짓말은 차라리 예의일 수 있다. 그러나 진실은 누구도 이해할 수 없고 인지할 수도 없는 내밀한 접촉이기에, 그 어떤 것도 함부로 내어놓을 수 없다.

이러한 마카베아의 세계관은 곧 리스펙토르 문학의 가장 깊은 밑바탕, 곧 원초적 감각에 닿아 있다.

섬광과 울림의
이육사 시 평론

돌이켜보면 계몽적인 시작품들을 나는 그다지 좋아하지 않았다.

시에서 계몽이라니. 어쩌다 이런 시를 마주할 때는 시선 처리가 난감한 적도 있었다. 윤동주나 이육사의 시들도 내게는 오랫동안 이 범주에 속했다. 그러나 예기치 않게 윤동주 사상을 공부하면서 나는 오랫동안의 이 편견에서 벗어났다. 다시 봐야 새로 보인다.

윤동주는 독립지사가 아니었다. 다만 '부끄러움'이라는 단단한 성찰의 시로 살아내고자 몸부림친 식민시대 젊은 지성이었다.

이 체험이 떠올라 나는 이육사의 시도 새로 읽고자 하였으나, 선뜻 그 계기를 찾지 못했었다. 그러다 이육사를 접하고, 그가 얼마나 뜨겁고 냉철하게 일제강점기에 항거한 혁명 시인이었는지를 더 정확하고 깊이 있는 시적 탐구로 확인하게 되었다. 이육사 시에 드리워진 부정확한 해석을 거두어내고, 눈물과 피의 현실에 맞서 기어코 번역하려 했던 육사의 진정성을 오늘에 되새기고자 하는 것이다.

역사에 길이 남는 사람들이 있다. 그것은 그들의 인생이 길어서가 아니라, 그들 내면 깊숙이에서 발산된 공간을 넘어서는 섬광과 시간을 벗어나는 울림 때문일 것이다. 이러한 섬광과 울림은 인간 누구에게나 영혼 깊숙이 자리하고 있다. 문제는 그것을 자기의 것으로 발산하는 일일 것이다. 지나간 사실의 기록이 아니라, 그것이 비롯된 내면의 시원이 되는 섬광과 울림을 찾아 엮어내야 한다. 우리 모두의 내면 깊숙이에도 이러한 섬광과 울림이 있다는 공감을 두루 나누어야 할 것이다.

나는 창작자의 목소리를 듣는다. 이육사 내면에서 발산된 공간을 넘어서는 섬광과 시간을 벗어나는 울림, 그리고 두루 나누고 싶은 공감까지. 때로는 그 적실한 논리 전개의 문장이 시적인 그것처럼 아름답다. 감성적 논증 방식을 선택한 듯, 지성인답게 실증적임에도 불구하고 그의 문장은 다사롭다.

〈청포도〉〈절정〉 그리고 〈광야〉 분석

어느 한 장 빠짐없이 다 살펴야 하지만, 여기서는 〈청포도〉〈절정〉〈광야〉를 중심에 놓고 들여다보고자 한다. 나머지 시들이 헐거워서 비껴간 것은 절대 아니다. 책을 펼쳐보면 알겠지만, 어느 한 곳 비껴갈 데가 없다.

(1) 청포도는 청포도가 아니다

내 고장 칠월(七月)
청포도가 익어가는 시절

이 마을 전설이 주저리주저리 열리고
먼데 하늘이 꿈꾸며 알알이 들어와 박혀

하늘 밑 푸른 바다가 가슴을 열고
흰 돛단배가 곱게 밀려서 오면

내가 바라는 손님은 고달픈 몸으로

청포(靑袍)를 입고 찾아온다고 했으니

내 그를 맞아 이 포도를 따 먹으면

두 손은 함뿍 적셔도 좋으련

아이야, 우리 식탁엔 은쟁반에

하이얀 모시 수건을 마련해 두렴

〈청포도〉는 이육사 시의 대표작이라 할 수 있다. 시적 대상이 참신하기도 하고, 딱히 이해하기 어려운 부분도 없어 잘 읽히는 작품이다. 게다가 이 시에서는 이육사 시에서 흔히 보이는 지사적 강고함도 거의 드러나지 않는다. 오히려 '좋으련', '두렴' 같은 종결 어미에는 정감 깊은 내면의 부드러움이 스며 있기도 하다. 그래서인지 이육사 자신도 "내가 어떻게 이런 시를 쓸 수 있었을까?" 하며 대견해하면서, 〈청포도〉를 가장 아끼는 작품이라고 고백한 바 있다고 한다.

그러나 그의 시 〈청포도〉는 청포도가 아니다. 그렇다면 이 청포도는 과연 무엇일까? 청포도는 품종으로서의 청포도가 아니라, 아직 익기 전의 풋포도여야 시 〈청포도〉가 제대로 독해된다. 시가 발표될 당시 청포도라는 품종은 찾아보기 어려웠고, 일반 포도마저 귀했다. 이육사는 풋포도를 '청포도'라 표현했는데, 지금 시점에서 보면 어색해 보일 수 있다. 그러나 당시 한자어 접두사를 즐겨 쓰던 풍습 속에서 '청(靑)'은 '풋'을 강조하는 표현이었기에 이상한 낱말은 아니었다.

그렇다면 그는 왜 굳이 청포도와 풋포도를 구분하려 했을까? 청포도를 풋포도로 해석해야 1연의 '익어간다'라는 말의 의미가 온전해지기 때문이다. 또 이 '익어간다'에 시선이 모아져야 한다. 이육사가 말한 청포도는 우리 민족이며, 청포도가 익어가는 것처럼 우리 민족이 성숙해 간다. 그리고 그와 더불어 일본 제국주의의 종말이 도래한다. 다시 말해, '익어간다'는 말의 중의성을 담아내기 위해 7월의 청포도는 아직 풋포도여야 한다. 그래야 시적 정황이 맞아떨어지는 것이다.

그렇다면 그가 이처럼 '청포도'와 '익어간다'에 특별한 의미를 부여한 이유는 무엇일까? 이를 이해하기 위해서는 4연의 '고달픈 몸으로 청포(青袍)를 입고 찾아온다'를 먼저 풀어야 한다. 청포는 한시에도 자주 등장하는 '청포백마(青袍白馬)'에서 온 표현으로 해석할 수 있다. 한시에서 백마는 다양한 이미지로 쓰였고, 청포와 결합해 '청포백마'라 할 경우에는 비천한 자, 혹은 난신적자(亂臣賊子)를 뜻하기도 했다. 그러나 이육사는 두보를 비롯한 한시에서 부정적으로 쓰였던 이 청포백마를 오히려 긍정적이고 혁명적인 이미지로 변용해 낸 것이다. 그리하여 청포는 '고달픈 몸으로 오는 손님'과 모순되지 않고, 오히려 혁명가의 신산한 삶을 상징하는 표현이 된다. 실제로 이육사의 시 곳곳에는 이와 같은 혁명가의 모습이 도처에 스며 있다.

〈청포도〉는 일제에 대한 직접적인 저항시와는 다른 결을 지닌다. 이육사 자신이 이 시를 두고 새삼스러워한 것도 그런 까닭일 것이다. 바로 이런 점에서 이육사 시의 진면목을 발견할 수 있다. 그러나 동시에 다른 해석의 가능성도 제안하고 싶다. 한 방향으로만 시를 가두는 것은 도리어 시를 썩게 만들 수 있기 때문이다. 저 '고달픈 몸으로 오는 손님'이 혁명가일 수도 있지만, 지금 우리에게는 가난한 시인일 수도 있지 않겠는가.

(2) 강철로 된 무지개란 무엇인가

매운 계절(季節)의 채찍에 갈겨
마침내 북방(北方)으로 휩쓸리다

하늘도 그만 지쳐 끝난 고원(高原),
서리발 칼날 선 그 위에 서다

어데다 무릎을 꿇어야 하나?
한 발 디딜 곳조차 없다

이러매 눈 감아 생각해볼밖에,
겨울은 강철로 된 무지갠가 보다.

　시 〈절정〉은 강인한 의지를 표출하고 있다. 읽다 보면 절로 목소리에 힘이 실리고, 허리를 곧추세우며 스스로 의연해진다.
　'한 발 디딜 곳조차 없다'는 3연에서는 단애에 선 자의 결의가 팽팽히 긴장된다. 그러다가 마지막 시행—'겨울은 강철로 된 무지갠가 보다'—에 이르면 독자는 아연 긴장하게 된다.
　'강철로 된 무지개'라는 말은 강인하지만, 정서적 환기는 문득 애매해진다. 형가(荊軻)가 진시황을 암살하려 할 때, 하늘에서 흰 무지개가 해를 꿰뚫었다는 전설이 있다. 여기서 흰 무지개는 군주를 찌르는 검(劍)을 상징한다. 바로 그 흰 무지개가 '강철로 된 무지개'다.
　'매운 계절의 채찍에 갈겨, 서리발 칼날 선 그 위에 서서' 이육사가 눈을 감고 곰곰이 생각한 '강철로 된 무지개'는 곧 검의 기세로 해를 찌르는 흰 무지개였다. 이때 강철은 검이며, 흰 무지개는 검 칼날에 비치는 서릿발 같은 기운일 것이다.

그런데 일제 치하에서 '흰 무지개'는 금기어였다. 이육사로서는 검열을 넘어서기 위해 창의적인 표현을 사용할 수밖에 없었다. 그리하여 나온 구절이 바로 "일제 치하라는 차디찬 겨울을 꿰뚫어버릴 강철로 된 무지갠가 보다"라는 시행이다.

'강철로 된 무지개'를 인식하는 순간, 시 〈절정〉은 절체절명의 한순간을 맞닥뜨린 현대인 누구에게도 절창(絶唱)으로 다가온다.

(3) 광야는 황무지다

까마득한 날에
하늘이 처음 열리고
어데 닭 우는 소리 들렸으랴

모든 산맥(山脈)들이
바다를 연모(戀慕)에 휘달릴 때도
참아 이 곧음을 범(犯)하지 못하였으리라

끊임없는 광음(光陰)을
부지런한 계절(季節)이 피워서 지고
큰 강(江)물이 비로소 길을 열었다

지금 눈 나리고
매화향기(梅花香氣) 홀로 아득하니

내 여기 가난한 노래의 씨를 뿌려라

다시 천고(千古)의 뒤에
백마(白馬) 타고 오는 초인(超人)이 있어
이 광야(曠野)에서 목놓아 부르게 하리라

〈광야〉를 읽고 있으면 숙연해진다. 가난한 노래의 씨를 뿌리고자 하는 선지자의 염원에 절로 고개가 숙여진다. 이 시가 일제 베이징 지하 감옥에서 죽음을 앞두고 쓴 절명시라는 정보를 몰라도, 유시(遺詩) 같은 느낌을 지우기 어렵다. 시공간을 넘어서는 초인적 의지가 절로 배어들기 때문이다.

감옥 속에서 떠올린 '광야'. 얼마나 사무치는 그리움이었을까. 몸은 비록 영어일지라도, 그의 기세는 참으로 광활하다. 이것이 지금껏 내 관념 속을 수놓았던 〈광야〉의 기본 해석이었다.

대체로 이 시의 '광야'를 넓은 평야, 혹은 만주 벌판으로 해석하곤 했다. 그러나 광야는 황무지, 곧 거친 들판이라는 뜻의 '광야(曠野)'이다. 이육사가 읽었던 중국어 번체 성경에 모두 '曠野'로 표기되어 있으며, 의미 또한 시 제목의 '광야'와 거의 같다. 그러므로 '광야'는 광야(廣野, 넓은 들판)가 아니라 광야(曠野, 황무지)다. 곧, 거친 황무지요, 식민의 땅이다.

창의적 오독이라는 시적 행동

이육사는 본의(本意)를 먼저 찾아 읽어야 하는 시인이다.

그는 그렇게 암담한 식민시대를 살았다. 본의가 그대로 읽히는 시를 썼다면, 그는 아마 일찌감치 목숨을 내놓아야 했을 것이다. 끊임없이 숨기되 예리한 촉은 살아 있어야 했다. 그리하여 이육사는 당시의 가혹한 관헌의 검열을 피하고자 즐겨 은유와 상징을 사용하였다.

나는 이와 같은 암울한 조건이 오히려 그의 시를 더욱 빛나게 만들었다고 생각한다. 계몽이 창의 속에 스며든 것이다. 다만 후학들에게는 이러한 조건이 때로 난항을 일으키기도 했다.

이제 우리가 할 일은 창의적인 오독이다. 가능하다면 시에서 이육사를 지우자. 그리고 그 자리에 여기의 너와 나를 세우자. 이것이 이육사가 말하는 시적 행동이며, 그의 시와 함께 우리가 영원을 살아가는 방식이 아닐까.

글쓰기는 철학이다

살아오면서 대화 중 자신도 미처 생각지 못한 말을 내뱉고, "내가 어떻게 이런 멋진 말을 할 수 있었을까" 하며 스스로 감탄하고 흐뭇해한 경험이 누구에게나 있을 것이다.

어떤 일에 대해 골똘히 생각하다 보면 남들이 미처 떠올리지 못한 새로운 아이디어가 떠오르기도 한다. 인생은 뜻대로만 되지 않는다. 더는 버티기 어려운 절망적인 순간을 견디다가도, 어느 날 문득 새로운 가능성이 열리며 역경을 딛고 더 나은 길을 찾게 된다. 어쩌면 이것이 인생을 살아가는 묘미가 아닐까.

오랜 세월 글을 써온 경험에 따르면, 말보다 글을 써 내려가다가 새로운 사실을 깨닫는 경우가 훨씬 더 많다. 어떤 주제를 의도대로 전개하다 보면, 처음의 생각과 달리 글의 내적 논리가 이끌어 전혀 다른 이해와 성찰을 얻게 되기도 한다. 글쓰기는 종종 시작의 목적을 벗어나 의외의 성과를 안겨주곤 한다.

독창성과 창의력은 이런 과정에서 길러진다. 글쓰기의 어려움을 넘어설 때 비로소 글쓰기의 즐거움을 맛볼 수 있다. 깊은 성찰과 고민 속에서 새로운 삶의 방식이 열리고, 성공적인 오늘은 수많은 반성과 성찰을 통해 가능했다는 점을 우리는 공감할 수 있다.

글쓰기는 삶의 전환점을 선물해 준다. 글을 통해 우리는 상식과 신념을 더 단단히 하고, 그 바탕 위에 자신과 타인의 삶을 객관적으로 이해한다. 그렇게 인간관계와 세상살이가 조금은 더 원활하고 믿을 만해진다.

오늘날 지식정보화 사회에서는 글쓰기의 필요성과 중요성이 그 어느 때보다 강조된다. 사회 발전은 구성원 간 의사소통의 활성화를 통해 이룩된다. 조직의 효율성 역시 소통에서 비롯된다. 오해를 최소화하고 의사를 정확히 전달하는 능력이 중요하다.

말은 흩어지지만, 글은 기록으로 남는다. 그래서 글은 더 큰 책임감과 객관성, 정확성을 요구한다. 이런 부담 덕분에 글은 말보다 신뢰할 수 있는 소통 수단이 된다. 인터넷과 미디어의 발달로 이제 누구나 대중적 매체를 통해 글을 쓰고, 세상과 소통할 수 있게 되었다.

사회가 복잡해질수록 정보는 넘쳐나고, 그만큼 신뢰성과 정확성에 대한 요구도 커진다. 이것이 지식정보화 사회에서 글쓰기 능력이 더욱 중요해지는 이유다.

초등학생의 서툰 편지가 감동을 줄 수는 있지만, 사회적으로 성공한 성인이 많은 이들에게 감동을 주는 글을 쓰기는 훨씬 더 어렵다. 많은 이들이 글쓰기를 두려워한다. 어떤 이는 "아는 것이 없어 글을 못 쓴다"고 하고, 또 다른 이는 "아는 것이 너무 많아 글을 못 쓴다"고 한다. 풍부한 지식은 글을 풍성하게 하지만, 삶과 동떨어진 단편적 지식은 오히려 글쓰기를 방해한다. 자신이 가진 지식에 확신이 없다면 타인에게 그것을 설득력 있게 전할 수도 없다.

성공적인 글쓰기는 무엇보다 균형 잡힌 사고 능력을 요구한다. 글쓰기는 보편적 진리와 합리적 이성에 기초한 반성적 지성이 있어야 한다. 글쓰기를 통해 우리는 구체적 삶의 문제들을 객관적이고 합리적으로 바라보고 해결할 수 있는 사고 능력을 기른다.

글쓰기의 가치는 철학자나 작가의 생각을 단순히 설명하는 데 있지 않다. 일상의 삶과 사물, 사회 현상을 균형 있게 바라보며 합리성과 객관성을 통해 우리의 삶을 성찰하고 다스리는 데 있다. 그것이야말로 글쓰기가 인생을 풍요롭게 만드는 힘이다.

부모가 아이들에게 글을 잘 쓰게 하고 싶다면, 가정에서의 대화 습관부터 논리적이고 깊이 있게 이끌어야 한다. 많이 읽고, 많이 생각하고, 자기 생각을 정리해 많이 써보는 노력이 필요하다.

글쓰기는 삶의 문제를 성찰하고 생각을 정리해 객관화하는 작업이다. 좋은 글, 성공적인 글은 결국 글쓴이의 사고 능력에 달려 있다.

문학과 역사

글쓰기의 어려움이란 단지 기교적인 곤란만을 뜻하지 않는다. 글을 쓰려면 먼저 시간이 있어야 하고, 원고지와 펜도 있어야 한다. 글쓰기에 몰두하려면 다른 많은 일들을 포기해야 하며, 때로는 수도승들처럼 스스로를 고립시킬 줄도 알아야 한다.

삶에 조건이 있듯, 글쓰기에도 조건이 있다. 그리고 이런 조건들을 하나하나 해결한 뒤에도 우리는 전혀 다른 성격의 새로운 문제에 부딪힐 수밖에 없다.

'글쓰기가 곧 삶이고 생활이다'라는 말이 수사적 표현에 그치지 않고 진실에 가까운 이유는, 이 사소하고 지루한 과정을 거치지 않고서는 글을 완성할 수 없기 때문이다. 그렇게 쓰인 글들이 쌓이고 쌓여 하나의 역사, 곧 문학사를 이룬다. 따라서 문학사를 기술한다는 일 역시 글쓰기의 어려움만큼이나 난감하다.

한 편의 글을 완성하기 위해 작가가 흘린 땀과 눈물, 피의 무게를 잴 수 없듯, 그가 감내해야 했던 고통을 기록한다는 것은 불가능하지는 않더라도 쉽지 않은 일이다. 더구나 똑같은 글을 읽고도 사람마다 반응이 제각각이니, 한 편의 글이 독자들의 마음에 얼마나 다양하게 새겨졌는지를 헤아리는 일은 애초에 측정 불가능하다.

지금, 이 순간 우리의 눈앞에는 이미 쓰인 수많은 글이 활자로 존재한다. 마치 움직일 수 없는 법칙처럼 단단히 박혀 있는 듯 보인다. 그러나 그 글들을 정리한다고 해서 곧바로 문학사가 되는 것은 아니다. 심지어 소설사마저 제대로 기술하기 어렵다.

그 까닭은 글이 살아 움직이기 때문이다. 지금도 누군가는 새로운 글을 쓰고, 누군가는 이미 쓰인 글을 새롭게 읽는다. '글은 무엇이다'라고 규정하는 순간, 실제 글은 이미 그 정의에서 한 걸음 비켜나 있다. 글의 역사 역시 그렇다.

개체발생이 계통발생을 요약하듯, 한 편의 좋은 글 속에는 글의 역사가 응축되어 있다. 우리는 그 한 편의 글에서 문학사의 참조점을 발견할수 있다. 예컨대 헨리 제임스의 《나사의 회전》은 어떤 방식으로 읽어도 무방하다. '유령이 존재한다'고 전제해도, 혹은 가정교사가 정신착란을 일으켰다고 보아도 이야기는 무너지지 않는다. 두 전제 중 어느 하나를 택해 다시 읽어도 소설은 빈틈이 없다. 바로 이 불확정성, 두 가능성이 교차하는 지점이 작품의 진정한 힘이다.

독자는 대개 한쪽에 무게를 두기보다 두 가능성 사이를 오가며 읽는다. 명백한 것은 없다. 그러나 단 하나의 확정적 해석보다 이중의 가능성이 독서를 더 행복하게 만드는 까닭은, 그것이 곧 우리 삶의 진실한 은유처럼 느껴지기 때문이다. 그렇기에 소설사를 쓴다는 것은 곧 글의 가능성을 기록하는 일이 된다. 단일한 관점으로 기술할 수 없는 이유도 바로 여기에 있다.

문학의 역사, 나아가 시와 소설의 역사조차 이렇게 까다로운데, 인간의 역사를 단 하나의 관점으로 기술하겠다는 것은 얼마나 폭력적인 발상인가. 시와 소설사는 인간이 걸어온 수많은 길 중 하나에 불과하다. 소설보다, 문학보다, 삶은 언제나 더 위대하다. 삶을 이루는 수많은 결은 각자의 운명을 지녔고, 그 운명은 곧 가능성의 표현이기도 하다.

그렇기에 지금, 이 순간에도 새로운 역사가 쓰이고 있다. 한국사를 단 하나의 시각으로 다시 쓰겠다는 편협한 생각이 우려스러운 이유가 여기 에 있다.

時代의 문학

1930년대 궁핍했던 식민지 현실 위로해 준 소냐와 카추샤.
이른바 저항과 투쟁의 1980년대엔 고리키의 《어머니》 열풍.
그렇다면 우리의 시대는 무엇을 읽는가, 문학은 오늘도 유효한가.

시대가 읽는 문학이 있다. 20세기 초 한국을 휩쓴 러시아 문학 붐은
일본에서 건너왔지만, '남의 이야기 같지 않다'는 동질감은 제국보다 식
민지 현실에서 더 큰 반향을 불러일으켰다. 봉건 전제 사회의 부조리와
억압받는 민중의 아픔을 반영한 러시아 문학은 위대한 휴머니즘의 보고
(寶庫)였으며, 짓밟힌 삶에 대한 연민과 저항 의식을 여느 서구 문학보다
더 절절히 대변해 주었다.

톨스토이의 카추샤는 유린당한 처녀들의 대명사였고, 도스토옙스키
의 소냐는 희생당한 '순이'같은 사람들의 또 다른 이름이었다. 가난한 대
학생 라스콜니코프는 물질적·정신적 고통에 시달리던 식민지 청년의 분
신처럼 보였다. 투르게네프의 '손이 흰 잉여 인간'은 정지용의 시 〈카페
프란스〉 속 '남달리 손이 희어서 슬픈' 식민지 지식인과 겹쳤고, 체호프
가 그려낸 '환멸기' 러시아의 애수는 근대 조선의 슬픔으로 투영되었다.

힘없는 시대였다. "20만 경성 인구에 걸식자가 18만"이라던 궁핍한 현

실 속에서, 독자들은 러시아 민중의 빈궁에 공감하며 세상을 저주하는 일종의 룸펜 프롤레타리아적 니힐리즘에 빠져들었다. 그런 절망의 시대 앞에서 인간의 힘과 존엄을 역설해 준 작가가 막심 고리키(1868~1936)였다.

혹시 1980년대 운동권 필독서였던 소설 《어머니》를 기억하는 독자라면, 머릿수건을 동여맨 어머니와 그 품에 안긴 아들 그림이 담긴 노란 책 표지를 떠올릴 것이다. 1905년 무렵 러시아를 배경으로, 한 평범한 농촌 여인이 혁명에 뛰어든 아들의 뜻을 이어 붉은 전사가 되는 이야기다. 불의에 맞선 투쟁의 대의와 각종 전술·전략이 총망라된 이 혁명 서사는 민주화 시기 한국에서 운동 교본이자 역할 대본으로 읽혔다. 희생된 '열사' 아들을 뒤따르던 어머니들은 '한국판 고리키 어머니'로 비유되었다. 문학적으로는 결코 성공작이 아니고, 작가 자신도 실패작으로 인정했지만, 당시 시대 상황에는 그런 문학이 필요했다.

그보다 반세기 앞선 1930년대는 고리키 초기 작품 《첼카시》와 《밑바닥에서》를 열광적으로 읽었다. 거칠고 무지막지한 밑바닥 인생 속에서도 최후의 자존감을 잃지 않는 민중의 이야기였다. 항구 부랑자 첼카시는 도둑질은 할지언정 인간 본성의 저속함과 위선에는 굴하지 않았다. 탐욕에 사로잡힌 비굴한 청년 얼굴에 침을 뱉고 돈다발을 집어던지는 마지막 장면은 영웅적이기까지 했다. 빈민굴을 배경으로 한 희곡 《밑바닥에서》에는 이런 대사가 나온다.

"인-간! 당당하게 들리는 말 아닌가! 인-간! 인간을 존중해야 해! 동정으로 멸시하지 말고, 존중해야 해!"

고리키의 대문자형 '인간'은 울지도, 한탄하지도, 애걸하지도 않는다. 절망과 추악의 나락에서도 고개 숙이지 않고 "앞으로! 높이! 좀 더 앞으로! 좀 더 높이!"를 외치며 성큼성큼 걸어간다. 힘없는 시대의 독자들은 이 당당함에서 불굴의 용기와 위안을 얻었다. 그것은 허구의 형상이 아니라, 무학에 가까운 농촌 출신 부랑자 알렉세이 페시코프(고리키의 본명)가 '막심 고리키'라는 이름, 곧 '최대 고통' 끝에 이룬 자기완성의 증거였다. 실증의 역사가 힘없는 시대에 희망을 주었다.

고리키 자전 3부작 가운데《어린 시절》을 보면, 허구한 날 맞고 때리는 이야기투성이다. 혁명 전 러시아 민중의 현실이 그러했고, 어린 주인공도 외할아버지에게 많이 맞았다. 아홉 살에 아버지를 잃고, 이어 어머니마저 세상을 떠나자, 외할아버지는 아이에게 이렇게 말했다. "넌 메달이 아니다. 그러니 내 목에 매달려 있지 말고 사람들에게 가거라." 집에서 쫓겨난 고리키는 길 위에서 스스로 성장했고, 책과 세상을 통해 배우며 민중의 대표 작가로 살아남았다.

이병주의 역사소설《지리산》의 중학생 주인공은 고리키를 읽었다는 이유로 경찰에 끌려갔다가 나온 뒤 일본인 교장 앞에서 이렇게 말한다.

"가난하게 자라 고생하면서 혼자 공부해, 그처럼 훌륭한 사람이 되었다는 사실에 감동했습니다. 어려운 환경을 이겨내는 사람이 되고 싶을 뿐입니다."

이것이 1930년대의 시대 색깔이었다.

20세기 두 시대가 고리키를 읽었다. 크게는 같은 방향이었으나, 서로 다른 각도에서였다. 그렇다면 21세기는 고리키를 어떻게 읽을까. 힘 잃어 지쳐버린 것도 같고, 힘에 냉소적인 것도 같은 지금, 오늘의 시대가 읽는 문학은 무엇일까. 문학은 여전히 유효한가.

詩는
참된 삶의 의지

이윤의 극대화를 추구하는 시장경제 체제 속에서 시는 언제든 질식하거나 괴멸될지도 모른다. 그런데도 시가 감동을 주는 이유는, 삶에 대한 시인의 진솔한 고백이 이미지로 형상화되어 조화롭게 드러나기 때문이다. 시는 언어 이전의 삶 자체에 대한 성찰 의식의 표현이기에 더 감동을 주는 것이다.

돌아보면 삶의 도정은 언제나 시인을 힘겹게 한다. 그러나 시인은 삶 속에 있는 의미를 시적 현상에 맞추어 이미지화함으로써 세상과 떳떳하게 대면시키려 한다. 그러하기에 진실한 삶의 내면세계를 포착하고 표현하려는 고뇌가 시인의 작품 속에 고스란히 배어 나올 수밖에 없다.

이처럼 삶과 사물을 시로 형상화하되, 시인의 고뇌를 언어 속에 각인시키는 일은 곧 참된 삶의 의지와 진실성의 문제와 맞닿아 있다. 시를 쓴다는 행위는 정직한 삶을 바탕으로 할 때만 진정성을 획득할 수 있다. 동시에 그 속에서 미학적 지향이 드러나야 하기에, 시 쓰기는 절대 수월하지 않다.

시인에게 시를 쓴다는 것은 삶의 진정성 위에 선 행위다. 진정한 자기 고백에서 출발하지 않는 문학적 삶은 무의미하다. 삶과 시가 혼연일체 한다는 것, 이것이 바로 시의 본질이라 할 수 있다. 삶의 무게가 무겁고 깊어질수록, 그것과 비례하여 시인의 아픔과 고독도 깊어진다. 시란 외로움과 아픔 속에서 탄생하는 가장 아름다운 영혼의 몸짓이 아니겠는가. 이 말은 시인이 타자와의 영적 교류를 통해 인륜적 가치를 창조한다는 명제와도 맞닿아 있다.

합리성과 논리성으로 무장한 시대, 모든 가치를 교환 가능한 계산의 대상으로 환원시키는 시대에 시는 논리 이전의 세계를 사유하며, 나아가 논리를 초월하는 가치를 창조한다. 과학적 합리성과 물질로 환원될 때만 가치를 인정하는 시대에, 시는 들리지 않는 소리를 듣고 자연의 음률 속에 잠겨 장자의 도를 구현하는 사유의 세계를 열어준다.

시인은 사물에 새로운 의미를 부여함으로써 생명의 원리를 언어에 각인시킨다. 사무사(思無邪)한 마음으로 변주된 시적 이미지는 인간의 순수한 감정 속에서 다시 살아나고, 사물은 생명화된다. 성숙한 자아의식을 바탕으로 시인은 자신의 삶을 걸고 시를 쓴다. 운명 같은 소리를 신념으로 세우고, 그 신념의 사상을 언어로 형상화하는 것이 곧 시다.

시인이 자신의 세계를 발전시키기 위해 변화해야 하는 것은 당위이다. 그러나 그 변화는 단순히 기교적 차원이 아니라 세계를 바라보는 인생관의 변화가 전제되어야 한다. 사물과 대상의 감각적 현상에 집착하지 않고, 그 존재 이유를 근원적으로 성찰해야 한다. 대상 자체의 존재 이유를 곧 자신의 존재 이유로 승화시켜야 한다.

시인은 초월을 지향할 수밖에 없는 존재다. 그러나 동시에 실존의 무게를 살아내는 인간으로서, 보다 근원적인 세계로 향하도록 이끄는 매개가 바로 시라는 것을 잊지 말아야 한다.

시인의 사명

    요즘은 개인이나 집단의 득실에 따라 만들어지는, 말장난 같은 이야기만 난무하는 세상이다. 거기에는 문제를 헤쳐 나가기 위한 진지한 노력은 존재하지 않는다. 다만 이야기와 거짓, 진실의 논쟁만이 뒤엉켜 우리의 현실을 답답하게 한다. 이러한 시대에 작가가 시대의 모순을 주시하고 인간의 존엄성을 지키기 위해 붓끝을 곧추세워야 함은 두말할 나위가 없다. 사회 속에서 거짓으로 인해 실종된 가치를 회복시키고, 만연한 독선과 편견에 각성하며, 경제 성장의 흐름 아래 물신화되어 가는 인간 사회에 대해 더 고민해야 한다.

    오늘날 자본에 의한 상품 생산은 대량 소비문화를 낳고, 그에 비례하여 자본은 환경 파괴를 가속화하고 있다. 환경의 소비와 쓰레기 배출의 주체는 개인이 아니라 자본이다. 자본이 우선시되는 신자유주의 체제에서 국가는 국민의 안전을 위해 존재하는 것이 아니라, 자본의 안전을 위해 존재한다. 이러한 사실은 우리를 더욱 슬프게 한다. 결국 거리로 쏟아져 나오는 대중의 분노는 국가의 존재 가치와 이유를 근본적으로 캐묻는 행동이다. 신자유주의가 전면화된 오늘날, 수많은 이들의 삶은 양극화되고 빈부 격차는 심화하고 있다. 일부 재벌이나 부유층은 기세등등하지만, 대다수 국민은 상대적 박탈감 속에 더 큰 고통을 겪는다.

　이처럼 진실과 정의를 포기한 시대에 시인은 어떤 존재여야 하는가. 시인이란 어떤 역경 속에서도 침묵해서는 안 되는 사람이다. 정신적 공황 상태를 직시하며 자신을 채찍질하고, 지성의 횃불을 들어올려야 하는 존재다. 재일조선인 2세인 서경식 교수(도쿄 게이지 대학 문학평론가)는 그의 저서『시의 힘』에서 "시인이란 침묵해서는 안 되는 사람"이라고 강조했다.

　자본의 가치가 세상을 지배하는 시대에, 인간 삶의 본질과 사회가 지켜야 할 올바른 방향을 제시해야 할 책임은 오늘의 모순 속을 살아가는 작가에게 있다. 시인의 존재 가치를 다시금 되새기며, 오늘의 비겁함을 성찰한다. 아울러 자본의 논리에 배불러 가는 괴물의 모습을 지우고자 다짐한다.

듣기, 읽기, 쓰기

글쓰기 전반을 책으로 엮어보지 않겠느냐는 제안을 받을 때가 있다. 그러나 나는 늘 고개를 젓는다. 이유는 간단하다. 방법론을 이야기하기엔 민망할 정도로, 나는 그냥 쓸 뿐이기 때문이다. 정해진 트랙을 도는 마라토너처럼, 아침이면 의자에 앉아 그저 쓴다. 지금도 그렇게 '그냥 쓰는 힘'을 키우는 것이야말로 프로의 관건이라 믿는다.

쓰면서 스스로에게 자주 되묻는 말이 있다. 나는 '내가 하고 싶은 말'을 쓰고 있는가, 아니면 '남이 듣고 싶어 하는 얘기'를 쓰고 있는가? 이 구분이 생각보다 중요하다. 어쩌면 이 사이 어딘가에서 아마추어와 프로의 차이가 갈리는지도 모른다.

또 하나, 글쓰기에 대한 내 생각을 덧붙이자면, 글을 잘 쓰는 데 필요한 가장 중요한 자질은 쓰기가 아니라 '듣기'와 '읽기'에 있다. 내가 쓴 대부분의 글은 귀 기울여 듣고 읽은 것에서 비롯되었다. 물론 읽고 들은 것을 나만의 것으로 소화하고 발효시키는 과정이 핵심이다. 그렇지 않으면 책 한 권 읽고 세상을 다 아는 듯 떠드는 용감한 바보가 되고 만다.

요가를 배우며 머리 서기 자세가 잘되지 않을 때, 강사의 권유대로 스스로를 촬영해 본 적이 있다. 영상 속 내 동작은 늘 왼쪽으로 기울어져 있었다. 내가 '바르다'고 생각한 자세와 실제 정자세 사이에 차이가 있었다. '실제로 아는 것'과 '안다고 생각하는 것' 사이의 간극, 그 차이를 깨닫는 것이 학습에서 중요한 이유다. 이는 글쓰기에서 퇴고의 과정과도 닮았다.

말은 한 번 내뱉으면 끝이지만, 글쓰기는 퇴고할 수 있다. 초보자가 퇴고를 이해하기 가장 좋은 방법은 자기 말을 녹음해 글로 옮겨 보는 것이다. 그러면 쓸데없는 조사와 부사, 형용사로 범벅된 엉망인 문장을 발견하게 된다. 그 문장을 수선공처럼 고치고 다듬는 것이 글쓰기의 본질이다. 잘못된 것을 바로잡을 수 있다는 점에서 퇴고는 오히려 축복이다.

글쓰기는 인생을 두 번 사는 것과도 같다. 되돌려 보고, 고치고, 더 나은 길을 찾아가는 것. 하지만 결국 기억해야 할 것은, 자신이 쓴 글처럼 살아가는 사람은 거의 없다는 사실이다. 그래서 우리는 자꾸 더 좋은 글을 쓰려 애쓴다. 조금이라도 더 나은 삶에 다가갈 수 있기를 바라는 마음으로, 나는 오늘도 쓴다.

좋은 詩를 만나는 감동

"절망보다 희망이 더 절망스럽다"는 사람들이 늘어나는 요즈음, 무엇으로 그 마음을 살릴 수 있을까 생각해 본다.

우선 마음이 살아야 삶도 살릴 수 있기 때문이다. 잘 산다는 것은 곧 마음을 살린다는 뜻이다.

누구나 살고 싶은 곳에서 하고 싶은 일을 하며 살아가길 원한다. 잘 사는 것이란 삶의 질을 높이는 일, 곧 사람이 사람답게 살고, 아름다운 생활을 설계하며, 참된 행복을 누리게 하는 것일 터이다.

물질의 풍요로 삶의 질이 높아진다고 생각하는 이도 있을 것이다. 물론 물질은 삶을 편리하게는 해주지만, 사람답게, 아름답게, 행복하게 살도록 해주지는 못한다. 물질이 넉넉해도 정신이 궁핍하다면 풍요롭다고 말할 수 없다. 진정 풍요롭게 살기 위해서는 정신의 밥을 먹어야 한다.

쌀로 지은 밥이 배고픔을 채워주듯, 시는 고픈 정신을 채워주는 밥이다. 영혼이 기쁨에 지나치게 굶주리면 마음을 잃어버린다고 한다. 그럴 때 시를 읽으면 굶주림이 채워진다. 좋은 시를 만나는 감동이 곧 기쁨이기 때문이다.

가을, 뿌린 것이 없어 거둘 것이 없는 사람이라면 미국 시인 새뮤얼 울먼의 〈청춘〉을 가슴으로 받아들였으면 한다. 나 또한 거둘 것이 없을 때

이 시를 품었다. 세상에 시는 많지만, 이처럼 마음을 힘껏 살려내는 시는 드물다. 오랫동안 절망과 상처, 고통과 분노로 힘겨울 때마다 나는 이 시를 밥 먹듯 읽고 또 읽었다. 그 뒤에야 비로소 세상을 향해 가장 큰 눈을 뜨고 일어설 수 있었다.

사람들은 흔히 "살기도 힘든데 시가 무슨 소용이냐, 시가 밥 먹여 주느냐"라고 말한다. 그러나 그 말은 틀렸다. 시는 힘들 때일수록 사람을 붙잡아 주는 그 무엇이다. 한 편의 시가 하루를 견디게 하고, 한 편의 감동적인 시가 평생을 따뜻하게 살아가게 한다. 어떤 이는 "시가 없는 세상은 어머니가 없는 세상과 같다"고 말했다.

> 청춘이란 인생의 어떤 기간이 아니다. 그 마음가짐이라네… 늠름한 의지, 빼어난 상상력, 불타는 정열, 깊은 데서 솟아나는 샘물의 신선함이라네… 청춘은 겁 없는 용기, 안이함을 뿌리치는 모험심을 말하는 것이라네… 나이를 먹어서 늙는 것이 아니라 이상을 잃어서 늙어 가는 것이라네. 세월의 흐름은 피부의 주름살을 늘리나, 정열의 상실은 영혼의 주름살을 늘리고….
>
> _〈청춘〉

나는 이 시에서 "나이를 먹어서 늙는 것이 아니라 이상을 잃어서 늙어간다"는 구절과, "세월의 흐름은 피부의 주름살을 늘리나 정열의 상실은 영혼의 주름살을 늘리고"라는 구절을 특히 좋아해 주문처럼 외운다.

울먼은 평생을 교육자이자 종교인으로 살았고, 〈청춘〉은 그의 81회 생일에 펴낸 책《인생의 정점에 서서》머리말에 실린 작품이다. 그가 남긴 영혼의 자서전이자 삶의 고백이라 할 수 있다.

이 시를 읽는 사람은 누구든 그의 영혼으로 쓴 시에 매료된다. 나 또한 세상이 힘겹게 느껴질 때, 생활이 나를 속일 때마다 이 시를 읽고 힘을 얻는다. 읽으면 읽을수록 힘이 생기고, 희망의 빛을 받는 듯하다. 그래서 더 많은 이들이 이 시를, 읽기를 권하고 싶다.

언제 읽어도 힘과 용기를 주는 시, 〈청춘〉은 더글러스 맥아더 장군도 깊이 감동했다고 전해진다. 제2차 세계대전에서 후퇴의 쓰라림을 겪었을 때, 친구가 보내준 이 시를 읽고 그는 크게 위로받았다. 어디를 가든 사무실 벽에 붙여 두고 애송했다고 한다. 당시 일본 지도자들 또한 그 시에 감동했고, 패전의 실의를 딛고 경제 부흥으로 나아가는 촉매제로 삼았다는 일화도 전해진다.

이 세상에 과연 시가 주는 감동보다 더 큰 힘이 있을까. 나는 그 힘을 믿는다. 그리고 우리 사회가 그 힘을 권하는 사회가 되기를 바란다.

외국 문학을 공부하는 이유

《시베리아의 향수》는 톨스토이와 도스토옙스키를 둘러싼 논쟁, 이광수의 친일과 톨스토이 사상의 관련성, 남성 작가들의 연애관과 여성관에 드러나는 보수성, 주을온천 백계(白系) 러시아인 마을에 대한 조선 문인들의 묘사와 평가 등을 다룬 뒤, 이태준이 1946년 8월부터 10월까지 9주간 소련을 방문하고 이듬해에 펴낸 《소련기행》 이야기로 마무리된다.

이 책은 사회주의 소련의 발전상을 찬양하는 내용으로 일관한다. 그 속에서 이태준의 사상적 변모와 더불어 미학적 방향 전환을 엿볼 수 있다. 《소련기행》이 나오기 전, 그는 소련 여행의 감회를 담아 조선문학가동맹 기관지 《문학》에 편지를 발표했는데, 이를 두고 김진영 교수는 "문학에서 혁명으로, 유심에서 유물로의 중심 이동을 담은 이태준의 전향서"라고 평가한다. 그러나 그 뒤 이태준을 비롯한 월북 문인들의 삶은 절대 순탄치 않았으며, 그가 그렇게 찬탄했던 소련 역시 반세기도 되지 않아 역사의 뒤안길로 사라지고 말았다.

그런데도, 반세기라는 시차를 두고 발표된 러시아 여행기 《해천추범》(1896)과 《소련기행》(1947)을 나란히 놓고 읽을 때 드러나는 지은이의 통찰은 여전히 유효하다.

《시베리아의 향수》 머리말에서 김진영 교수는 책을 쓰게 된 동기를 이렇게 밝힌다.

> 나의 목표는 근대 한국의 시대사를 러시아 문학의 프리즘으로 투시해 재연하는 것이었고, 그것이 러시아학 연구자로서 기여할 몫이라고 생각했다.

이 말은 한국에서 외국 문학을 연구한다는 것이 어떤 의미를 지니는지 중요한 화두를 던진다.

개인적인 경험이 떠오른다. 영문학과 대학원에서 석사 과정을 마치고 1년 동안 교양 영어 강의를 맡았을 때의 일이다. 당시 학부 신입생 대상 첫 강의 텍스트로 나는 백낙청 교수의 한국어 논문 〈우리에게 미국은 무엇인가〉를 선택했다. 학교 당국과 작은 마찰을 빚기도 했지만, 내 생각은 분명했다. 한국에서 영어를 배워야 하는 까닭은 그것이 '영국의 말'이어서가 아니라 '미국 사람들의 말'이기 때문이라는 것, 따라서 영어 공부에 앞서 '미국이 우리에게 어떤 의미를 갖는가'를 먼저 성찰할 필요가 있다는 점이었다.

사실 나는 학부와 대학원 시절 내내 "외국 문학을 공부한다는 것은 과연 어떤 의미인가?"라는 질문과 회의에서 벗어나지 못했다. 그 의문이 결국 학문을 중도에 내려놓게 만든 중요한 배경이기도 했다.

그것을 '외국 문학 전공자의 딜레마'라고 부른다면, 《시베리아의 향수》는 그 딜레마를 해소할 단서를 제공하는 책이라 할 수 있다. 과문한 탓일지 몰라도, 다른 외국 문학 연구 분야에서 이 책에 필적할 만한 성과를 나는 아직 많이 접하지 못했다(물론 일본 문학은 상황이 다르다. 일본은 식민 모국이었고, 러시아와는 비교할 수 없을 만큼 우리의 삶과 밀접했기 때문이다).

러시아 문학에 비해 다른 외국 문학과 우리의 관계는 느슨할 수 있다. 그러나 그렇다고 하더라도, 다른 외국 문학 연구자들 역시 《시베리아의 향수》와 같은 문제의식을 바탕으로 주체적인 외국 문학 연구에 나서기를 기대한다.

작가는 무엇으로 사는가

작가 414인이 대통령 탄핵을 촉구하는 '한 줄 성명'을 발표했다. 나는 그 문장들을 모두 읽었다. 어떤 정치적 의견이든 내는 것은 표현의 자유를 가진 시민의 정당한 권리다. 그러나 '작가'들이 모여 글줄을 펼쳐낼 때는, 촌철살인의 필력과 재치를 기대하게 된다. "못 쓴 소설 같은 현실 탓에 제대로 된 소설을 쓰지 못했고, 거리로 내몰린 국민은 집단 우울증에 시달리고 있습니다"라는 소설가 O의 말이나, "진짜 같은 소설을 쓰고 싶은 것이지, 소설 같은 일이 실제 벌어지는 나라에서 살고 싶은 것이 아니다"라는 소설가 Y의 문장은 분명 작가다운 토로였다. 그러나 그 외에는 "파면을 원한다"는 평이한 단문이 다수를 차지했고, 순진한 인식이나 날것의 거친 문장도 이따금 눈에 띄었다.

오늘날 지식인과 전문가 집단의 권위는 이미 와해했다. 작가들 역시 탁견이나 혜안을 가질 수 있는 특별한 위치에 있지 않다. 광장이나 소셜 미디어에서 '1인분'을 해내는 것만으로도 벅차다. 이번 '성명'이 장안의 화제가 된 것은 노벨 문학상 수상자가 명단에 포함되어 있었기 때문인데, 정작 그의 문장은 의도가 명확히 전달되지 않았다. 그는 생명·자유·평화의 가치를 전제하며 "파면은 보편적 가치"라고 썼다. '해방 전후사의 인식' 논쟁에 얽힌 그의 역사관을 차치하더라도, 그는 한국 문학사에서 유일한 노벨 문학상 수상자다.

비록 '국민 작가'라는 표현을 좋아하지는 않지만, 그가 갈등과 분열로 상처 입은 국민과 독자들을 포용하며 위로하길 바랐다. 절반의 환호가 아니라 모두의 사랑을 받는 작가가 한국 문학에도 한 명쯤 있어 주기를 바랐다. 그러나 혼돈 속 논란 중인 사안에 '보편적 가치'를 끌어온 무리수는, 그의 위치에서 오는 책임감 때문이었으리라. 드높은 성취와는 별개로, 그는 여전히 자신과 싸우는 일을 최우선으로 삼을 자유가 있는 '작가'일 뿐이다.

각설하고, 이번 '성명'은 뜻밖의 문제를 드러냈다. 탄핵 찬반을 떠나, 언제 어디서 414명이 뜻을 모았는지 연락조차 받지 못한 작가들이 많았다. 이름을 올릴 '깜냥'이 되지 못했거나, 지역에 살아 '친목'에 끼지 못한 것 아니냐는 개탄도 나왔다. 이는 문단에서 특정 출판사와 작가들만 중심이 되는 구조적 문제와 배타성을 보여주는 사례로 읽힌다. 그런 차에 소셜 미디어에서는 '성명'에 참여하지 않은 작가들에 대한 공격이 시작되었고, 급기야 온라인 서점에서 별점 테러까지 이어졌다. 자칭 '애독자'들은 예약 판매 중인 신간에 낮은 별점을 던지며 "시대의 아픔에 공감하지 않는 양심"을 추궁했고, "지금껏 모아온 당신의 글들을 이제 분리수거 해야겠다"며 성명 불참 작가 K를 압박했다. (지금은 댓글들이 삭제되었다.)

독자들이 어떤 마음으로 책을 사고 읽든, 작가는 지극히 사적인 존재이며 그래야 한다. 성명에 참여하지 않았다는 이유만으로 비난하다니. 혹여 메일을 확인하지 못했거나, 개인 사정으로 참여하지 못했다면 어쩔 것인가? 아니, 설령 다른 의견을 가졌다 한들, 그것이 작가 공격과 작품 폄훼의 조건이 될 수는 없다. 성명에 이름을 올린 경애하는 글벗들을 생각하면 착잡하지만, K와 같이 창작의 자유를 이유로 공격당하는 작가가 있다면 나는 그가 누구든 소수의 목소리를 지지할 수밖에 없다.

정치적 의견 표명이 개인의 자유 의지에 따른 일이라면, 그것을 자기 입맛에 맞지 않는다고 공격하는 것이야말로 '보편적 가치'를 침해하는 억압이자 폭력일 것이다.

"왜 쓰는가"의 답:
오웰의 정치적 산문 미학

작가의 동기

좋은 산문을 읽는 일은 매력적인 한 사람을 만나는 경험과 닮았다. 특히 오웰처럼 편견을 자각하고도 끝내 독립적 개인으로 느끼고 생각하려 애쓴 작가의 글은 유난히 재미있다. 내면이 소박하고 안온할수록 글은 평탄해지지만, 복잡하고 외로운 사람은 언제나 '적'을 의식한 채 쓰기에 문장이 입체를 얻는다. 더없이 명쾌하고 정직하며 공정한 오웰의 산문은 동료 인간들의 현실 속으로 파고들되 결코 쉽게 동화되지 않는, 고집 센 한 인간의 고독을 드러낸다. 그런 글을 쓰는 이는 가난할 수밖에 없고 좌절할 수밖에 없다는 생각마저 든다.

오웰은 〈나는 왜 글을 쓰는가〉에서 자신의 어린 시절을 이렇게 적었다.

나는 외톨이였고, 좋지 않은 버릇들 때문에 인기가 없었다. 이야기를 지어 내고 상상 속 인물들과 대화하는, 외로운 아이의 습관이 있었다. 처음부터 문학에 대한 열망은 '외톨이'라는 감각과 제대로 평가받지 못한다는 느낌과 뒤섞여 있었다. 나는 말을 다루는 재주와 불쾌한 사실과 직면하는 능력이 있다는 것을 알았다. 그 덕분에 나만의 비밀스러운 세계를 만들고, 그 세계로 들어가 일상의 실패에 보복할 수 있었다.

이는 '개인적으로 쓰고자 하는 최초의 충동'에 대한 진술이자, 작가 기질의 기원에 대한 설명이다. 현실의 좌절에서 비롯되되, 끝내 자기 세계를 구축하려는 소수의 재능과 고집. 대개 작가는 본격적으로 쓰기 전부터 고유한 정서적 태도를 지니며, 그 취향은 어려서 형성된다. 그 초기 태도를 버리면 쓰기의 충동 자체가 사라진다. 동시에 작가는 그 개성을 지키면서도 끊임없이 지워야 한다. 문화적 본능과 그것을 감시하는 또 다른 자아가 길항하는 긴장을 견뎌야 독립한 정신으로 선다.

오웰에게 그 긴장은 '개인적 호오와 정서'와 '공적이고 비개인적인 활동'의 화해였다. 그래서 그의 글쓰기는 본질적으로 정치적 행위이자 진리와의 결부였다. 그는 회고했다. "정치적 목적이 결여될수록 내 책은 생명력을 잃고, 분홍빛 화려한 문장과 의미 없는 수식 속으로 빠져 허튼소리를 했다." 반대로 《카탈로니아 찬가》는 "스페인 전쟁에서 무고하게 비난받던 아나키스트들"에 대한 분노가 없었다면 쓰지 않았을 책이며, "문학적 본능을 거스르지 않으면서도 진실의 전부를 말하려 무척 애쓴" 작업이었다.

그의 '정치적 동기'는 세계를 특정 방향으로 밀어붙이고, "우리가 성취해야 할 사회"에 관해 타인의 생각을 바꾸려는 욕망이었다. 심미적이고 사적인 성향이 강했으나, 인도·버마 제국경찰 경력과 런던·파리의 밑바닥 체험, 그리고 무엇보다 1936~37년 스페인전쟁이 방향을 결정했다. "그 후 내가 진지하게 쓴 모든 문장은 전체주의에 반대하고, 내가 아는 민주적 사회주의를 위해 쓰였다."

그의 출발점은 늘 당파 의식, 곧 '불의(不義) 의식'이었다. 책을 쓴 까닭은 언제나 폭로하고 싶은 거짓과 주목받아야 할 진실이 있었기 때문이다. 동시에 그는 정치적 글쓰기를 예술로 만들고자 했다. 그 결심이 생생히 드러난 책이 바로 《위건 부두로 가는 길》이다.

산업화 사회 '노동자계급의 거실'과 밑바닥의 풍경

《위건 부두로 가는 길》은 13장 구성이다. 1부(17장)는 요크셔·랭커셔 탄전지대의 삶을 발로 취재한 르포이고, 2부(813장)는 '민주적 사회주의와 그 적들'을 다룬 팸플릿적 논변이다. 2부는 당시에도 논란이었고 동조는 많지 않았지만, 지금 보더라도 '무리 지음' 대신 독립한 개인으로 남은 오웰의 보편성이 더 분명해 보인다.

1부의 장점은 잔혹할 만큼 정확한 관찰과 강력한 감정이입이다. 오웰이 묵은 브루커 부부의 하숙집 묘사는 이를 극명히 보여준다. 바퀴벌레가 들끓는 천엽 창고, 시커먼 손도장이 찍힌 빵, 끝없이 이어지는 푸념… 그의 부르주아적 취향을 건드리는 구질구질함이 집 안에 가득했다. 어느 날 식탁 밑 가득 찬 요강을 보고 떠나기로 결심하며 그는 쓴다.

더럽고 냄새나고 음식이 형편없어서만이 아니었다. '정체되어 썩어간다'는 느낌, 지하에 갇힌 채 바퀴벌레처럼 같은 자리를 빙글빙글 돌며 끊임없이 비열한 불평을 늘어놓는다는 느낌이 더 못 견디게 했다.

그러나 곧바로 그는 시야를 넓힌다. 그런 사람들을 낳은 문명 자체—근대 산업화—를 예외 없이 받아들인 우리가 그들을 외면할 수 없다는 깨달음. 그래서 개인의 혐오 묘사가 보편을 획득한다.

떠나는 열차 안, 오웰은 슬럼의 한 젊은 여인과 눈이 마주친다. 돌바닥에 무릎을 꿇고 배수관을 꼬챙이로 쑤시는 그녀. "그녀는 자기 운명의 끔찍함을 내가 알듯 충분히 알고 있었다." 이는 "그들도 인간"이라는 따뜻한 구호가 아니다. 자신의 관념이 계급적 산물임을 의식하는 작가만이 확보하는 냉정한 존중이다. 그는 계급 차별은 악이라 단언하되 그 누구에게도—희생자에게조차—아첨하지 않는다. 오직 자신에게 정직할 뿐이다.

탄전 풍경은 "거인이 쏟아버린 쓰레기"처럼 추하다. 그럼에도 그는 광부의 노동과 주거, 식단, 실업급여까지 숫자를 곁들여 꼼꼼하게 기록한다. "우리 모두의 비교적 고상한 생활은, 눈까지 시커메지고 목구멍에 석탄 가루가 꽉 찬 채 강철 같은 팔과 복근으로 삽질하는 그들에게 빚진 것"임을 잊지 않으면서.

흥미롭게도 오웰을 붙잡은 '좋은 삶'의 형상은, 찬란한 기술문명이 아니라 1차대전 이전 노동자 가정의 겨울 저녁 풍경이다. 난로 불꽃, 아버지의 신문, 어머니의 바느질, 박하사탕을 물고 있는 아이, 카펫 위의 개—완벽한 균형과 안온. 이는 계급의 낭만화가 아니라, 오웰이라는 인간이 지닌 급진적 소박함의 표정이다. 그러나 끝없는 확장과 이윤의 논리 안에서 그러한 안정은 근본적으로 불가능하다는 사실도 그는 알고 있다.

기계화에서 파시즘으로: 오웰의 경계

2부에서 오웰은 묻는다. "빈곤·압제·전쟁을 혐오하는 대중 다수가 왜 사회주의를 외면하는가?" 그는 사회주의자들 탓만 하지는 않지만, 설득의 언어를 바꾸어야 한다고 본다. 첫째, 프롤레타리아와 부르주아 사이, 혹은 그 경계에 선 중간층—경제적으로는 프롤레타리아에 가깝지만, 정서·문화적으로는 부르주아를 동일시하는 이들—을 겁주기보다는, '정의·자유·반지배' 같은 공동의 대의로 묶어야 한다. 둘째, 사회주의가 상식과 조화됨을 보여주어야 한다.

오웰은 특히 '기계적 진보'에 대한 사회주의 내부의 태도를 문제 삼는다. 사회주의자들이 그리는 미래는 "완전히 기계화되고, 엄청나게 조직화된 세계"—노예의 자리를 기계가 대체한 세계—로 묘사되는 경우가 많다. 민감한 이들은 그런 조잡한 기계 숭배에 본능적으로 등을 돌리고, 그 틈으로 파시즘이 '유럽 전통의 최후 방어선'인 양 포장될 위험이 커진다. 오웰은 말한다. 기계적 진보에 대한 과도한 선전은 사회주의의 본질이 아니다. 인간의 덕성 다수는 재난·고통·어려움에 맞서는 과정에서만 발휘된다. 기계가 모든 것을 대체하면 인간 활동은 손상된다. 그는 여기서 '진보 그 자체'의 폐기를 선언하지는 않지만, 최소한 선전의 방식과 상상력을 바꾸자고 촉구한다.

그의 최대 우려는 파시즘, 더 정확히는 '일상화된 전체주의'였다. 기계와 기술의 발전이 집단생산주의로, 곧 정치·군사·교육의 권력이 소수 지배층과 그 하수인에게 집중된 '노예국가'로 이어질 수 있다는 전망. "벌집국가"가 아니라 "족제비가 지배하는 토끼들의 세상"—잘 먹고 만족하는 노예들의 사회. 이에 맞서 단결해야 한다는 것이 그의 결론이었다. 그래서 그는 스페인으로 달려갔고, 훗날《동물농장》과《1984》로 저항을 이어갔다.

맺는말

오웰은 정치적 목적 없이 쓰면 문장이 죽는다고 믿었고, 정치가 문학을 파괴하지 않도록 끝까지 미학적 정직을 지켰다. 개인적 호오를 숨기지 않되, 그것을 공적 진실과 맞물리게 하려는 긴장을 글 한 줄 한 줄로 견뎌냈다. 《위건 부두로 가는 길》은 그 긴장의 현장 기록이자, "정치적 글쓰기를 예술로 만들려는" 시도 자체다. 그리고 우리는—그가 가장 두려워한—'일상화된 전체주의'의 징후 속에 살고 있다. 그렇다면 오늘의 작가에게 남는 과제도 명료하다. 불의를 감지하고, 거짓을 폭로하며, 진실을 공적 언어로 조직하는 일. 그리하여 정치적 글쓰기가 다시 예술이 되도록, 예술이 다시 현실에 닿도록 만드는 일.

야심성유휘 夜深星逾輝

우리 역사에는 시인이 정치권력의 핵심부에 자리하던 시절이 있었다. 지배 계층에 들어가기 위한 과정에서, 과거(科擧)라는 제도를 통해 자신의 인생관과 사상을 시로 표현했기 때문이다. 그 시절 위정자 가운데 상당수는 훌륭한 한시 몇 편을 후세에 남겼다.

시는 곧 뜻을 말하는 것(詩言志)이며, 사특함이 없는 생각(思無邪)이라 했다. 그러므로 삶의 가치의 정점에 놓였던 그 시대는 시의 황금기였다. 그러나 산업화와 대량생산, 소비가 삶의 중심 가치가 된 오늘, 인문적 지식은 환전성(換錢性)을 중시하는 기술적 지식에 밀려 시는 대중의 무관심 속에 묻히고 말았다.

요즘처럼 물신주의의 틈바구니에서 모두가 외형적으로 잘 사는 것만 갈망한다면, 사회는 투기와 사행이 성행할 수밖에 없다. 그러나 인간 정신을 추구하는 시의 정신만이 물신화된 시대의 황폐한 이성에 따뜻한 온기를 불어넣을 수 있지 않을까 하는 생각을 해본다.

아무리 물신화된 시대라 해도 시는 절대 사라지지 않는다. 시는 인간 심성의 깊은 서정을 통해 이상향에 대한 그리움을 충족시키고 있기 때문이다.

플라톤이 《공화국》에서 시인을 추방해야 한다고 목소리를 높였지만,

시인은 추방되지 않았다. 마찬가지로 시는 여전히 우리 곁에 존재할 것이며, 시인은 시대의 아픔을 위무할 것이다. 그렇다면 시인은 어떤 자세로 시를 써야 할 것인가에 대한 성찰이 필요하지 않겠는가.

아마 인류 역사상 오늘처럼 물질적 욕망에 지나치게 사로잡힌 시기는 없었을 것이다. 그만큼 인간 정신과 윤리를 경시하는 풍조가 낯설 만큼 만연하다. 이런 현실에서는 이상주의가 조소를 받고, 현실주의가 찬양받는다. 그러나 이런 사회일수록 올바른 윤리가 절실히 요구된다. 그렇기에 시인의 역할은 절대 가볍지 않다.

어느 문학평론가는 이렇게 말했다.

"이 시대 시와 시인의 존재적 가치는 비록 형편없어 보일지라도, 인간의 영혼과 세계 속에 깨어 있는 정신을 위해 시인의 존재가 얼마나 고귀한가를 시를 읽으며 새삼 깨닫는다."

그렇다. 시인은 외로운 존재다. 그러나 감동을 담보한 시를 써야 한다. 그러기 위해 시인은 언제나 깨어 있어야 하며, 인간 존재와 세계와 현실, 그리고 삶과 인생에 대한 고뇌의 자취를 언어에 각인시켜야 한다. 고뇌의 흔적이 스며 있지 않은 시어는 단순한 기호에 지나지 않는다.

나는 한 편의 시 속에서 감동의 이미지를 읽는다. 삶의 무게에 휘청이는 내면의 울음을 듣는다. 이름 없이, 소리 없이 살아가는 민중을 대변하는 시인의 아픔을 본다. 시를 통해 시인의 인생 여정에 감동하지 않을 수 없다.

야심성유휘(夜深星逾輝). 밤이 깊을수록 별빛은 더 빛난다.

씨알과 자유:
함석헌, 권력 밖의 사상

여섯 산맥의 준봉

함석헌은 누구이며, 그의 사상은 무엇인가? 이를 압축해 설명하기란 쉽지 않다. 그것은 마치 호메로스의 《일리아드》를 한마디로 줄이거나 고려의 《팔만대장경》을 열 마디로 요약하는 것과 같다. 몇 해 전 《교수신문》은 '근대 100년, 논쟁의 사람들'의 대표적 인물로 함석헌을 뽑았다. 역사 분야의 대표 인물로 꼽혔을 뿐 아니라 전체 인물 중에서도 수위를 차지했다. 망국과 식민지, 독립운동과 친일, 해방과 분단, 독재와 민주라는 굴곡진 현대사에서 숱한 학자와 지도자들이 속출했음에도 불구하고, 함석헌이 1위로 뽑힌 것은 무슨 까닭일까?

그는 종교인, 역사가, 언론인, 민주화운동가, 시인, 교육학자, 저술가 등 다양한 분야에서 활동했다. 그리고 각 분야에서 대표적인 위치에 오를 만큼 그의 사유와 활동은 폭이 넓고 깊으며 다양했다. 정신과 사상의 면에서 100년에 한 번 나올까 말까 한 '세기난우(世紀難遇)'의 인물이라 해도 지나치지 않을 것이다. 함석헌은 역사책을 썼지만 역사학자가 아니었고, 시집을 냈지만 시인이 아니었다. 농사를 짓고 아이들을 가르쳤지만 농부도 교사도 아니었다. 독실한 기독교인이었지만 목사나 신부가 되지 않았고, 반독재 투쟁의 선봉에 섰지만 정치를 하지 않았다.

또한 그는 당대의 어느 언론인보다 날카로운 시론과 평론을 많이 썼지만 직업 언론인은 아니었다. 그렇다면 함석헌은 누구이며 무엇이었는가? 한마디로 '야인(野人)', 곧 들사람이었다. 여기서의 야인은 여당·야당에서 말하는 권력을 잡지 못한 정당이라는 뜻의 '야'가 아니다. 관직에 나가지 않은 사람이라는 의미도 아니다. 그야말로 순수한 들사람, 맨 사람, '씨알'로서의 야인을 말한다.

야(野)는 도(都)와 읍(邑)에 대응하는 말이다. 사람이 많이 모여 사는 곳이 읍, 그 가운데서 임금이 있는 곳이 도다. 야는 그 도읍 밖에 펼쳐진 들, 곧 교외와 시골, 농촌이다. 야인, 곧 들사람은 두메 사람이다.

함석헌은 "문명의 병이 들어 정신이 약해지면 반드시 소수의 사람들이 나타나, 썩어가는 백성을 책망하며 그 마음속에 잃어버린 야성(野性)을 되찾도록 부르짖는다"라고 했다. 그는 중국의 노자와 장자, 아테네의 소크라테스, 미국의 휘트먼과 소로를 대표적 야인으로 꼽았다. 또 새 시대의 문을 연 예언자들을 야인으로 보았다. 예레미야, 엘리야, 아모스, 호세아, 세례 요한, 예수 등이 바로 그들이다. 조선 시대의 매월당 김시습 역시 들사람이라고 하였다. 그리고 함석헌 자신도 이들과 한 줄에 꿰이는 들사람이었다.

함석헌은 누구인가?

첫째, 아나키스트다. 그는 세계 평화주의, 자연론적 사회관, 개인의 자주성과 부당한 권위에 대한 저항을 실천한 아나키스트였다. 일본인 게무야마 센타로가 오역한 '무정부주의자'가 아니라, 크로포트킨에 의해 체계화된 반봉건·반전제·반강권주의, 개인의 자율과 자치를 존중하는 진정한 아나키스트였다.

둘째, 소로주의자다. 그는 자연주의, 물질과 과학 위에 서야 한다는 초월주의, 부당한 조세와 침략 전쟁을 거부하는 높은 정신운동, 기계문명의 거부, 단순한 생활을 지향하는 소로주의자였다.

셋째, 간디주의자다. 비폭력 저항, 불복종, 비협력, 불가촉민 지위 향상 운동, 인도 고유의 전통사상인 사트야그라하(진리 파악) 운동, 절제된 생활 원칙인 브라마차리아 등 종교적 행위와 정치적 행위를 결합하여 '국가의 도덕성'을 실천한 간디의 사상과 철학을 따른 간디주의자였다.

넷째, 유목주의자다. 그의 사유와 철학은 고정되지 않고, 장소와 상황에 머물지 않고 끊임없이 이동했다. 이동성과 도전성을 보여준 노마디즘의 실천자였다. 그는 고금동서를 종횡하면서 세계사의 정신과 사상을 육화한 도전가였고, 또한 머물면서 민주화 운동과 씨알을 위한 언로를 개척한 새로운 노마디스트였다.

다섯째, 퀘이커 교도다. 기록된 교리도, 교회와 성당 같은 지정된 예배 장소도 없으며, '선교'라는 말 대신 '봉사'라는 말을 선호하는, "진리를 믿는다"고 스스로 말하는 퀘이커였다. 무교회주의와도 가까웠지만 보다 근원적인 종교관을 지녔으며, 톨스토이·간디·우치무라 간조와 종교 사상의 맥을 같이했다. 그러나 "지금 내가 같이 있는 퀘이커도 내 영혼의 주는 아닙니다"라고 고백할 정도로 그는 예수 그리스도를 믿었다. 기독교의 형식주의와 세속화를 거부하는 퀘이커 교도였다.

여섯째, 풍류사상가다. 근래에 술을 잘 마시고 여성 편력이 있는 것을 '풍류'라 말하는 타락한 풍조가 있지만, 우리 민족 사상의 원형인 풍류는 생각과 생활에서 속되거나 삿됨이 없는 생활철학을 뜻한다. 함석헌의 헌헌한 모습과 무애(無碍)의 활동은 그가 한국의 마지막 풍류사상가임을 보여준다.

함석헌은 사상적으로는 간디주의, 사회적으로는 아나키즘, 철학적으로는 소로주의, 정신적으로는 노마디즘, 신앙적으로는 퀘이커주의, 생활적으로는 풍류정신을 융합하고 통섭한 대사상가였다. 그의 '야인·들사람 사상'은 바로 이렇게 생성되고 발육되며 실천되었다.

21세기 인류의 미래상이 간디주의, 아나키즘, 소로 철학, 노마디즘, 퀘이커주의, 풍류정신을 융합하고 통섭하는 '야인주의'라면, 함석헌은 이미 20세기 중반부터 후반에 이르기까지 이를 실천하는 삶을 살았다. 기계적 합리주의자들의 눈에는 '바보'로 보였고, 세속적 권력주의자들에게는 '정신분열증 환자'로 보였을지라도, 시대를 앞서가는 사람들에게는 언제나 그런 비난이 따르기 마련이다. 함석헌도 마찬가지였다.

'바보새'의 생애와 사상

함석헌은 출생부터 들사람이었다. 옛적부터 푸대접받고 소외된 땅, 평안도의 상놈(평민) 후예로 태어났다. 바탕이 들사람이었으므로 자라나면서도 상민들과 함께하며 살았다. 민중정신을 기르는 청산맹호(靑山猛虎) 오산(五山)의 교육이념은 함석헌의 혼을 키우는 데 안성맞춤이었다. 이곳에서 참스승을 만나 저항정신을 배웠고, 민중과 대화하는 말길(言路)을 익혔다. 청년기에 3·1혁명에 직접 나서 일본 제국주의의 폭압을 겪었다. 이후 식민지배, 공산주의, 군사독재와 싸우면서 숱한 필화를 겪고 옥고를 치르며 온갖 고난을 당했다. 그러나 명저의 저술가가 되었어도 돈을 모으지 못했고, 종교인이라는 이름이 붙었으나 신부나 목사가 되지 않았으며, 교사 생활을 했어도 교장이나 총장이 되지 않았다. 반생을 언론과 함께했지만 신문·잡지의 사주가 되지도 않았다.

80여 년의 삶 동안 그는 단 한 번도 벼슬을 한 적이 없다. 권력층이나 부유층에 끼어본 적이 없으며, 다스리는 자리에 앉아본 적도 없다. '가진 자'의 부류에 든 적이 없었다. 또한 어떤 성직에도 서본 적이 없다. 흔히 그를 '종교인'이라고 부르지만, 이는 편의적인 호칭일 뿐 정작 그에게는 어울리지 않는 명칭이다. '씨알'에 명칭이 붙을수록 씨알스럽지 못한 점을 감안하더라도, 그는 겉으로뿐 아니라 속내까지 일짬 씨알이고 들사람이었다. 만약 그가 권력을 탐하고 부를 추구하며 종교나 교육계의 자리를 원했다면, 그의 능력과 성실함, 치열함으로 얼마든지 성취할 수 있었을 것이다. 그러나 그는 야인이었기에 세속의 감투와 관직 따위는 애초에 관심 밖이었다.

대신 그는 어리숙하고, 바보스럽고, 타산적이지 못하며, 처세에 약하고, 세상의 물정을 잘 몰랐다. 스스로 우리말로 '바보새', 한자로 '신천옹(信天翁)', 영어로 '앨버트로스(Albatross)'라 불렀다. 그의 휘호에도 '신천'을 낙관으로 새겼다. 『악의 꽃』의 시인 보들레르는 가난한 민중, 소외된 자, 고아와 창녀들을 노래하며 그들의 벗이 된 '저주받은 시인'이었다. 그는 「앨버트로스」라는 시에서 그 새의 모습을 자신의 자화상처럼 그렸다.

> 뱃사람들은 자주 장난삼아
> 항해의 벗인 양,
> 뱃길 따라 미끄러지는 선박을 뒤쫓는
>
> 간판 위에 막 던져진 순간,
> 이 창공의 임금님은 힘겹게 노를 젓듯
> 조롱을 받으며
> 그 큼직한 흰 날개를 질질 끌어댄다.
> (후략)

함석헌이야말로 20세기의 앨버트로스였다. 장자, 노자, 제논, 디오게네스, 플로티노스, 두보, 비용, 김시습, 이탁오, 브루노, 이달, 허균, 스피

노자, 소로, 셸리, 하이네, 조르주 상드, 에드거 앨런 포, 보들레르, 톨스토이, 도스토옙스키의 혼과 얼과 행동이 모여 합쳐진 바보새, 신천옹, 앨버트로스였다.

20세기의 첫 해, 고난의 한국에서 바보새가 태어난 것은 결코 심상한 일이 아니었다. 20세기 전반기에는 식민지의 고통을, 후반기에는 분단·전쟁·독재·민주화라는 전장의 고난을 겪는 씨알에게 그는 언제나 벗이요 동지요 교사요 스승이었다.

고난의 시대에 씨알은 그가 곁에 있었기에, 다른 민족이 천 년에 걸쳐 겪을까 말까 한 일을 한 세기 동안 겪으면서도 미치거나 망하지 않고 살아남을 수 있었다. 독재 권력자들이 날뛰고 외세가 국토를 동강내며, 재벌이 마이다스의 손이 되고 언론이 권력과 재벌의 나팔수가 되며, 교수들이 난쟁이를 대량 생산하고 종교인들이 물신주의의 바벨탑을 쌓을 때, 그래도 함석헌의 야인 혼이 있었기에 씨알은 위로받고 숨통을 틔우며 저항정신을 길러 반쪽짜리 나라라도 지켜낼 수 있었다.

함석헌은 20세기 한국인 중 세계사적 사상과 철학을 가진 드문 인물이었다. 반도에서 태어나 일본에서 공부했으나, 그의 사유의 폭과 깊이는 대륙적이고 국제적이었다.

"함석헌의 씨알사상 속에는 아시아의 정신적 유산의 알짬과 성서적 신앙의 핵심이 융합되어, 새로운 21세기 종교사상의 씨앗으로 맺히고 있다."

함석헌만큼 사상사·철학사·민주주의 역사를 꿰뚫은 이는 우리 근현대사에서 찾기 힘들다. 그는 가히 사상의 통섭자요 철학의 실천자였다. 바보와 노마드가 어울리지 않는 조합 같지만, 그는 모순의 창과 방패를 바보라는 보자기로 싸서 그것을 융합하고 실행하는 야인이 되었다.

나 또한 그와 이국땅에서 수개월 함께 지낼 기회를 얻은 적이 있다.

어떤 때는 한 가지 일을 되씹고 고쳐 생각할 뿐 아무런 결단도 내리지 못하는 햄릿 같았고, 어떤 때는 손에 아무 방도도 없으면서 세계에 저항할 듯 흥분하는 돈키호테 같았다. 조용히 정좌하여 끝없는 명상에 잠긴 모습은 수도승을 닮았지만, 시속 120㎞로 달리는 차에서 더 속력을 내라며 "쉬지 말고 일생이라도 달렸으면 한다"고 말할 때는 돈 후안 같았다. 세계지도를 펴놓고 관광 계획에 몰두할 때는 고향 없는 집시 같았다. 그러나 한국에서 온 신문을 들고는 식사하던 중 목이 메어 울며 귀국길을 위해 짐을 싸던 모습은, 이 땅에 뿌리를 박은 애국자의 모습이었다.

글을 쓰는 모습은 사고에 몰두한 철학자 같았지만, 왜 그렇게도 안절부절했을까. 그는 가슴에 화살을 맞은 이처럼 늘 안절부절못했다. 그렇다. 그의 안에는 양극성이 있었고, 그 안에는 이율배반이 있었다. 그것이 바로 그의 가슴에 꽂힌 화살이었다.

당대의 패배자이지만 영원한 승자

"가슴에 화살 꽂힌 사나이"가 함석헌이다.

양극성과 이율배반, 동양과 서양, 옛날과 오늘을 들사람의 살타래로 엮어 가없는 한 필의 비단을 짠 사람이었다. 그의 생각은 천의무봉(天衣無縫)이었고, 활동은 원융무애(圓融無碍)였으며, 생활은 손밥(飧飯, 소박한 삶)이었다. 그 속에서 "깊은 사색의 골을 건너고 생각의 용광로에서 정련된 글과 말"이 쏟아져 나왔다(김경재).

나는 함석헌의 수백, 수천 편의 글 가운데 특히 〈들사람 얼〉을 좋아한다. 〈죽을 때까지 이 걸음으로〉가 자전적 기록이라면, 이 글은 함석헌 자신의 자화상이다. 내면과 이상을 웅혼한 필치로 그려낸 자화상 말이다.

그는 이 글에서 중국 전설의 성군 요임금이 젊은 시절 친구 소부(巢父)와 허유(許由)에게 벼슬을 권하자, 그들이 더러운 소리를 들었다며 영천

수 흐르는 물에 귀를 씻었다는 이야기, 장자가 초나라 왕의 벼슬 권유를
거절하며 제사돼지나 사당의 점치는 거북이보다 진창 속 돼지, 바다의
감탕 속 거북이가 되겠다고 했던 이야기, 알렉산더 대왕이 찾아와 버티
고 서자 "해 드는데 그림자 지니 비키라"고 호통친 디오게네스의 이야기,
후한(後漢) 광무제가 벗 엄자릉을 궁궐로 불러 대접했을 때, 그가 황제의
배 위에 다리를 턱 얹고 잤다는 이야기를 풀어놓는다.

그러므로 소부·허유가 실제 있었는가 없었는가, 자릉이 정말 황제의
배를 눌렀는가 아닌가, 디오게네스가 알렉산더를 맞았는가 아닌가는 중
요치 않다. 이야기 자체가 참되기 때문이다. 요·초왕·알렉산더·광무제로
대표되는 문명인과, 소부·허유·장자·디오게네스·엄자릉으로 대표되는
'들사람'. 세상은 문명인의 세상 같으나, 실상은 들사람이 있기에 굴러간
다는 것이다.

함석헌의 야인정신은 조선의 김시습에 이르러 피날레를 이룬다. 김시
습의 '미친' 행적은 사실 그의 자화상이기도 했다.

김시습이 미친 모양으로 길가에서 오줌을 쌌다는 이야기가 있다. 그가
주저앉아 "이 백성이 무슨 죄가 있소?" 하고 통곡하던 바로 그 민중, 그 자
신이 아니었을까. 오줌을 싼 것은 곧 세조의 정치, 그 얼굴 위에 싸버린
것이다. 물은 칼로 잘라낼 수 있어도 다시 흐르고, 사람의 목은 자를 수
있어도 민중의 오줌, 곧 신화와 전설, 여론은 자를 수 없다는 뜻이다.

이것은 곧 함석헌이 이승만·박정희·전두환의 청와대에 오줌을 갈겼
음을 의미한다. 그를 야인, 들사람이라 부르는 것은 단지 90평생 관직에
들지 않았기 때문만이 아니다. 그의 생각, 사고, 행동 패턴 자체가 야성
이었기 때문이다. 그는 노자·장자의 무위자연, 맹자의 호연지기, 문천상
의 천지정기를 사랑했고, 소부와 허유의 '세이(洗耳) 정신'을 흠모했다.

그는 소크라테스의 독배, 세례 요한의 석청, 모세의 시내산, 디오게네

스의 통나무집, 김시습의 '미친 오줌', 토마스 페인의『상식』, 성삼문의 의기를 높이 평가했다. 이들은 모두 권력보다 자유, 지배보다 들판을 택한 들사람, 아웃사이더였다.

그들은 당대의 패배자였지만, 영원한 승자였다. 속박과 규제의 삶이 아니라 자유롭고 해방된 삶을 추구하며, 신념과 생활을 일치시킨 사람들이었다. 함석헌도 그들처럼 자유분방하고 천의무봉하게 살았다. 일제에 필봉을 들이대고, 소련 군대에 맞서며, 이승만의 처를 '경무대 여우'라 질타했다. 박정희 쿠데타의 새벽에 모두가 침묵할 때 5·16을 세차게 비판했고, 바벨탑 같은 기독교계에 맹타를 날렸다. 그는 어용 지식인과 곡필 언론인을 꾸짖고, "생각하는 백성이라야 산다"라며 국민을 일깨웠다.

그는 권력 비판에 두려움이 없었다. 말과 글은 민중의 언어였으며, 말과 글이 막히면 행동으로 나섰다. 단식투쟁, 삭발투쟁, 거리시위에 나섰고, 재판정에 서서는 베옷을 입고 "민주주의가 죽었다"고 외쳤다. "자유는 감옥에서 세 끼를 치고 나온다"며 젊은이들에게 감옥을 두려워 말라 가르쳤고 몸소 실천했다. 권력과 언론이 언로를 막자 일흔의 나이에『씨알의 소리』를 창간해 광야의 계명성이 되었다.

그는 이렇게 말했다.

"들사람이란 제 몸을 찢는 사람이다. 그는 문화를 모른다. 기독교를 모른다. 수단을 모른다. 체면을 돌아보지 않는다. 그는 자연의 사람이요, 기운의 사람이요, 직각의 사람이요, 독립독행의 사람이다. 그는 아무것도 보지 않고, 아무것도 듣지 않고, 아무것에도 거리끼지 않는다. 다만 한 가지, 천지에 사무치는 얼의 소리를 들으려 모든 것을 돌아보지 않는 사람이다."

바로 이것이 함석헌의 자화상이다. 씨알, 이단자, 아나키스트, 아웃사이더, 유목민, 풍류가의 모습이다. 그는 '천지에 사무치는 얼의 소리'를 듣고자 했고, 그것을 씨알에게 알리는 언론이었다. 그는 이 일을 "하느님의 발길에 차여서" 했다고 말했다.

씨알의 민주주의를 위해 평생을 싸우다

함석헌은 씨알을 하늘처럼 모셨다. 씨알이 곧 하느님이고, 붓다이고, 절대 선이었다. 나라를 일으키는 길, 세계 평화를 가져오는 길은 씨알, 곧 민중의 힘을 키우는 일이라고 보았다. 그는 씨알을 지구 생명 45억 년 진화 과정의 마지막 옹근 열매이자 아직 미완성의 과정 속에 있는 생명의 실체로 여겼다. 그리고 씨알의 인격과 대접, 성장을 위해 온몸을 던졌다. 때로는 정신분열증 환자라 불리고, 바보라 조롱받고, 대안 없는 반대론자, 비폭력 투항주의자라는 폄훼를 당했지만, 그는 개의치 않고 자기 길을 당당히 걸었다.

어느 논자는 그를 "팔레스타인에서 예수의 세례를 받고, 간디의 지팡이를 짚고, 중국을 거쳐 한국에 와 있는 사람"(안병욱)이라 평했다. 그러나 이는 함석헌의 반쪽 모습일 뿐이다. 그는 삼교(三敎)에 출입하고, 구류(九流)에 통달했으며, 언변과 문장에 있어 당대에 따를 자가 없었다. 한국의 고유 사상과 중국의 노장사상, 서양의 기독교 사상, 인도의 철학을 아울러 독특한 야인사상, 씨알철학을 정립했다.

그는 민주주의를 믿었고, 언론 자유의 중요성을 역설했다. 맹자가 말한 바, "권력과 명예 앞에서도 흔들리지 않고, 가난하고 미천한 처지에서도 마음을 잃지 않으며, 권위와 힘의 압력에도 뜻을 굽히지 않는 사람," 바로 그런 대장부였다. 흰머리, 흰 수염, 흰 두루마기 차림에 고무신을 신은 그의 모습은 전통적인 한국 선비 그대로였다. 선풍도인 같은 기골과 당당한 걸음걸이는 한국의 이상적인 선비상이었고, 헌헌장부의 표상이었다. 사람이 늙어서 두려운 것은 "늙어 죽는 것"이 아니라 "늙어 낡아지는 것"(정수일)이라 했다. 그러나 함석헌은 청년보다 중년에, 중년보다 장년에, 장년보다 노년에 더 활기차고 헌헌했다.

중국 학자 왕부지(王夫之)의 《독통감론(讀通鑑論)》에 이런 말이 있다. 마치 먼 훗날의 함석헌을 내다본 듯하다.

시국의 안위와 백성의 질고를 염려했으나 조급히 대책을 강구하지 않았다. 문장의 명망은 후대의 평가에 맡기고, 스스로 드러내려 하지 않았다. 그의 행동은 산처럼 무겁고, 수양은 물처럼 깊었다. 고금을 통달하면서도 만 가지 변화 속에 순수함을 잃지 않았으니, 무엇으로 그를 욕되게 하겠는가?

함석헌의 글은 30대 《성서조선》 시절부터 70~80대 《씨알의 소리》에 이르기까지, 마르지 않는 샘물처럼 깊이와 넓이를 간직한 사유와 초시간적 현재성을 보여준다. '높은 산, 깊은 골'에서만 가능한 일이다.

한때 학계 일각에서 그를 진화론자라 평하기도 했지만, 이는 장님 코끼리 만지기보다 단견이다. 그는 데야르 드 샤르댕의 '우주적 사유'를 넘나들고, 웰즈의 《세계사》를 질주했으며, 《바가바드기타》를 번역하고, 노자·장자·간디와 벗을 삼고, 기독교 성경을 손에서 놓지 않았다. 그런 그를 사회진화론자라 부르는 것은 터무니없다.

1870년대 이후 조선에 도입된 진화론은 제국주의 침략과 식민통치를 합리화하는 논리와 결합했다. 일본의 가토 히로유키 등은 사회진화론을 국가유기체설과 연결하여 천황제 이론의 핵심으로 삼았다. 이는 군국주의 강화의 바탕이 되었고, 한국의 친일 지식인들은 이를 이용해 인종 간 투쟁을 정당화하며 조선 침략을 합리화했다. 그런 사회진화론을 함석헌이 수용했다는 것은 모독이다.

함석헌은 진화론자가 아니라 저항자였다. 그는 "태초에 말씀이 있었

다"는 그 '말씀'을 곧 저항이라 보았다. "세상의 모든 단어가 사라져도 '저
항'이라는 말만은 결코 사라지지 않을 것이다"라 했다. 그의 저항은 사익
을 위한 것이 아니라, 씨알이 사람 대접받도록 하기 위한 것이었다. 그는
유약한 선비도, 초월적 종교인도, 약육강식의 진화론자도, 관념적 사상
가도 아니었다. 그는 투사였고, 전사였고, 신앙인이었다. 싸우는 평화주
의자였으며, 분노하는 프로메테우스였다.

그는 펜이 필요할 때 글로 저항했고, 지면이 막히면 직접 행동에 나섰
다. 언론의 게릴라전을 주창하며 실행했다. 군사독재의 폭압에 세상이
침묵할 때, 그는 분연히 일어나 할 말을 했고, 독재자 앞에 서기를 마다
하지 않았다. 감옥에 가기를 두려워하지 않았고, 베옷을 입고 재판정에
서서 "민주주의가 죽었다"고 외쳤다. 그는 씨알의 언어, 곧 지배 언어나
외래 언어가 아닌 순수 민중의 구어로 글을 썼다. 거대 족벌신문을 비판
하며, 씨알에게 언론의 감시자가 되라고 촉구했다.

20세기 한국이 낳은 세계 속의 야인, 함석헌. 그가 추구한 가치와 이
상은 21세기 인류가 지향해야 할 가치이자 이상이다. 오늘날 권력과 물
질에 중독된 지도층 인사들을 보며, 새삼 그의 야인정신이 더욱 빛난다.

카추사에서 나타샤까지

러시아 문학과 식민지 조선

이광수의 소설 《유정》(1933)에서 주인공 교육자 최석은 죽은 친구의 딸과 불미스러운 관계를 맺었다는 안팎의 오해에 시달린다. 그는 벗에게 이렇게 편지를 쓴다.

> 눈 덮인 시베리아의 인적 없는 삼림지대를 한정 없이 헤매다가 기운이 다하는 곳에서 이 생을 마치고 싶소.

편지를 쓸 당시 그는 실제로 시베리아에 가본 적이 없었으나, 결국 편지 내용대로 시베리아로 향했고 그곳에서 삶을 마감했다. 시베리아는 그에게 자신의 결백을 증명하고, 동시에 가족과 세상 사람들의 오해를 자초한 경솔한 처신을 벌하고 씻어내는 속죄와 갱생의 공간이었을까.

러시아 문학자 김진영 교수의 저서 《시베리아의 향수》는 아마도 이 질문에서 출발했을 것이다. 최석의 시베리아행의 수수께끼를 푸는 열쇠는 톨스토이의 소설 《부활》에 있다. 여주인공 카추샤가 살인죄로 유죄 판결을 받고 시베리아로 유형을 떠나자, 남자 주인공 네흘류도프가 그녀를 따라 나서는 이야기. 《부활》은 일본을 거쳐 들어온 신파극 형태로 1910년대 중반 식민지 조선에서 커다란 인기를 끌었다. 이광수는 《부활》을 평생 높이 평가했으며, 자신의 소설 주인공으로 하여금 시베리아행을 꿈꾸고 실제로 실행하게 한 배경에는 이처럼 강렬한 독서 체험이 자리하고 있었다.

그러나 《시베리아의 향수》는 단순히 《유정》·《부활》, 그리고 시베리아를 다루는 책이 아니다. 시베리아로 상징되는 러시아와 러시아 문학이 식민지 조선에 끼친 영향을 추적하는 연구서다. 저자 김진영 교수는 조선 최초의 러시아 여행기인 민영환의 《해천추범》(1896)에서부터, 해방이듬해 이태준의 소련 여행기를 담은 《소련기행》(1947)에 이르기까지 반세기에 걸친 자료를 통해 이 흥미로운 영향사를 살핀다.

그것이 흥미로운 이유는 당시 러시아와 러시아 문학이 조선 사회에서 지닌 특별한 의미 때문이다. 《시베리아의 향수》의 본문 중 이런 대목이 있다.

> 최남선의 톨스토이 우화 번역을 시작으로 김억, 이광수, 홍명희, 현진건, 나도향, 손진태, 현철, 홍난파, 이하윤, 오천석, 박영희, 조명희, 오장환, 백석, 김삼용, 이태준, 이효석 등이 러시아 문학작품을 번역하는 가운데 창작의 동력을 얻었다. 이광수·백석은 독학으로 러시아어를 익혔고, 홍명희·오장환·이효석도 최소한의 기초 지식은 갖추고 있었다. 한설야, 이기영, 김남천, 임화를 비롯한 카프 계열 작가들에게 소비에트 문학이론은 그룹 운동의 기본 원칙이자 모델이었다. (168쪽)

과장하자면 식민지 조선의 문인과 지식인 거의 모두가 러시아 문학을 번역하거나, 그로부터 문학적 자양분을 얻었다고 할 수 있다. 영·독·불 문학을 비롯한 어떤 외국 문학도 러시아 문학만큼의 영향력을 발휘하지 못했다. 물론 식민 모국인 일본 문학은 예외였겠지만, 러시아 문학에 대한 조선의 경도는 유독 심했다. 저자의 표현대로라면, 20세기 초반 조선의 지식인 모두가 '러시아문학도'였다고 해도 과언이 아니다.

러시아 문학의 영향은 단순한 취향이나 유행을 넘어서는 것이었다. 일본 지식인들이 받아들인 러시아 문학의 요체가 사회 현실에 대한 리얼리즘과 휴머니즘이었다면, 그것은 식민지 조선에도 똑같이 강렬한 울림으로 다가왔다. 중국의 노신(魯迅)이 말했듯, 러시아 문학은 압박받는 사람들의 마음과 고통, 투쟁을 드러내 보였다.

세기말 모더니즘이나 초현실적 퇴폐주의가 팽배하던 시절, 러시아 문학이 보여준 비판적 사실주의 정신의 힘과 깊이는 동양에서의 '러시아 문학 붐'을 설명하는 가장 설득력 있는 근거였다. 요컨대 19세기 말~20세기 초 유럽 문학을 선도한 모더니즘의 실험보다는, 다소 촌스럽게 보일 수 있는 리얼리즘과 휴머니즘이 식민지 조선의 현실과 더 잘 맞아떨어졌던 것이다.

문학뿐 아니라 사회·경제·정치적으로도 조선과 서양 사이에는 큰 간극이 있었다. 러시아는 그 거리를 메우는 완충지대 구실을 했다. 서양이면서도 동양적 특성(후진성을 포함한)을 지닌 '서양 속의 동양, 동양에 가까운 서양'이었기 때문이다. 김진영 교수가 《해천추범》에 대한 해설에서 러시아를 두고 "대리 서양, 유사 서양"이라 부른 것도 같은 맥락이다.

그러나 조선과 러시아(문학)의 만남이 언제나 이상적이었던 것은 아니다. 이를테면 《부활》을 중심으로 한 이광수의 톨스토이 수용만 보아도 그렇다. 《유정》에서 짐작되듯, 이광수가 본 것은 카추샤의 시베리아 유형을 통한 속죄와 갱생에 국한되었다. 네흘류도프의 고뇌와 결단, 두 사람의 운명을 둘러싼 러시아 사회 전체의 모순과 구원 가능성까지는 시야가 미치지 못했다.

이것은 이광수 개인의 한계일 뿐 아니라, 당시 조선 지식인들의 톨스토이 및 《부활》수용 전반의 문제이기도 했다. 김윤식 교수가 《이광수와 그의 시대》에서 지적했듯, "춘원의 톨스토이 이해는 식민통치 기간 내내 카추샤의 눈물을 넘어서지 못했다. 그에게는 톨스토이의 모순과 고민을 살필 능력이 없었다."는 것이다.

21세기에도 이어지는 러시아 문학의 유산

카추샤를 필두로 나타샤, 소냐 같은 러시아 여성 이름이 일대 유행을 이루었다는 사실은 조선의 러시아 문학 수용사에서 매우 흥미로운 지점이다. 카추샤의 인기는 엔카(演歌)의 원조로 꼽히는 주제곡 〈카추샤의 노래〉를 앞세운 일본 신파극 《부활》과 그 조선판 《카추샤》의 흥행으로 설명될 수 있다. 사회적 메시지를 담은 무겁고 진지한 소설 《부활》을 한갓 남녀 간 연애와 정절의 문제로 축소·왜곡했다는 한계에도 불구하고, 신파극 《부활》과 《카추샤》를 통해 낯선 어감을 지닌 러시아 여성 이름은 조선에서 큰 유행을 불러일으켰다.

그 유행은 식민 시기에 국한되지 않았다. 1960년대 영화 《카추샤》의 주제가 〈카추샤의 노래〉, 그리고 2000년대 정통 악극 〈카추샤의 노래〉로도 이어졌다.

나타샤의 경우는 조금 다르다. 나탈리아의 애칭인 나타샤는 러시아에서는 흔한 이름이지만, 조선 문학에서 본격적으로 등장한 것은 백석의 유명한 시 〈나와 나타샤와 흰 당나귀〉(1938)부터였다.

가난한 내가
아름다운 나타샤를 사랑해서
오늘 밤은 푹푹 눈이 나린다.

시에는 나타샤라는 이름이 다섯 번이나 등장한다.

나타샤와 나는
눈이 푹푹 쌓이는 밤 흰 당나귀를 타고
산골로 가자.
출출히 우는 깊은 산골로 가
마가리에 살자.

이처럼 세상과 단절한 채 '나와 나타샤' 둘만의 불가능한 도피행을 꿈꾸는 낭만주의적 상상 속에서 나타샤는 단순한 인명을 넘어 절대적 사랑의 기호로 기능한다. 평론가 유종호가 이 시를 두고 "나타샤라는 이름을 마음껏 써보기 위해 쓰인, 이를테면 기호의 선율"이라고 평한 것도 같은 맥락이다.

백석의 시를 통해 호적에 오른 나타샤는 1940년 한 해에만 김광균·오장환의 시와 유진오의 단편소설에 잇달아 등장했다.

- 김광균, 〈눈 오는 밤의 시〉: "서울의 어느 어두운 뒷거리에서/ 이 밤 내 조그만 그림자 위에 눈이 나린다./ 나타샤 같은 계집애가 우산을 쓰고 그 길을 지나간다."
- 오장환, 〈고향이 있어서〉: "잠자는 약을 먹고서/ 나타샤는 고이 잠들고/ 나만 살았다./ 나타샤는 마오제, 쫓긴 이의 딸."
- 유진오, 단편 〈신경〉: 만주국 수도 신경(현 창춘)의 카바레 댄서가 러시아 여성 나타샤로 등장.

당시 좁은 조선 문단을 감안할 때 유진오 역시 백석의 '나타샤'를 알고 있었을 가능성이 크다. 그렇다면 카추샤의 문학적 부친이 톨스토이라면, 나타샤의 그것은 백석이었다고 할 수 있다.

소냐의 경우도 흥미롭다. 체호프의 《바냐 아저씨》에도 등장하지만, 무엇보다 도스토옙스키 《죄와 벌》의 여주인공으로 익숙하다. 톨스토이와 함께 도스토옙스키는 식민지 조선의 문인과 독자들에게 널리 읽히며 큰 영향을 끼쳤는데, 톨스토이의 여성상이 카추샤였다면 도스토옙스키의 여성상은 소냐였다. 두 여성 주인공은 특히 조선의 남성 문인·지식인들 사이에서 엄청난 팬덤을 형성했다. 김진영 교수의 지적대로, "아름다우면서 열정적이고, 강인하면서도 온순하고 순종적"이었던 그녀들의 매력은 당시 조선 남성들의 자기본위적 성 관념의 산물이었다.

실제로 안석주·안회남 등의 소설 주인공 설문에도 단골로 등장한 소냐는 정지용의 산문시 〈황미차〉("가엽은 소냐의 신세")와 이찬의 시 〈해후〉("소냐야 어찌 알았으랴/ 내 여기서 너를 만난 줄")에도 도스토옙스키의 소설 주인공과 유사한 의미망을 지닌 채 나타난다. 임화의 시 〈네거리의 순이〉의 '순이'가 소냐와 발음이 비슷할 뿐 아니라, 맥락과 의미에서도 닮아 있다는 관찰은 날카롭다.

한편 21세기에도 러시아 문학의 유산은 다른 방식으로 이어지고 있다. 정혜경 교수가 평론집 《백수들의 위험한 수다》에서 지적했듯, 21세기 한국 소설의 특징 중 하나인 '백수'라는 인물상 역시 러시아 문학에 뿌리를 두고 있다.

투르게네프의 산문시 〈노동자와 흰 손〉이 그 기원이다. 감옥에 수감된 노동자와 인텔리 혁명가의 대화로 시작하는 이 시는 진학문의 번역으로 1920년 노동운동 잡지 《공제》 창간호에 실리며 '노동자와 손흰 사람'이라는 제목으로 소개되었다. 이후 1933년 김삼용 번역에서는 제목이 아예 〈노동자와 백수인〉으로 바뀌었다.

염상섭의 단편 〈표본실의 청개구리〉(1921)의 "뼈만 남은 흰 손" 구절, 김기진의 시 〈백수의 탄식〉(1924)의 "카페 의자에 걸터앉아/ 희고 흰 팔을 뻗으며/ 브나로드를 떠드는/ 60년 전 러시아 청년이 눈앞에 있다"는 대목은 백수 개념을 우리 문학에 정착시켰다. 정지용의 〈카페 프란스〉(1926) 역시 같은 맥락이다.

노동자의 치열한 현실과 거리를 둔 채 입으로만 혁명을 외치는 공상적 혁명가를 풍자한 '백수'는 1920년대 문학 속 자조의 형상에서, 오늘날 한국 소설 속 인물로 부활했다. 20세기 초 조선 문단을 활보하던 백수가 21세기 젊은 작가들의 소설 속에서도 살아 움직이고 있다는 사실은, 러시아 문학의 유산이 여전히 현재성을 지니고 있음을 보여준다.

외국 문학을 공부하는 이유

《시베리아의 향수》는 이 밖에도 톨스토이와 도스토옙스키를 둘러싼 논쟁, 이광수의 친일과 톨스토이 사상의 관련성, 연애와 여성관에서 드러나는 남성 작가들의 보수성, 주을온천 백계 러시아인 마을에 대한 조선 문인들의 묘사와 평가 등을 다룬 뒤, 이태준이 1946년 8월부터 10월까지 9주간 소련을 방문한 뒤 이듬해 펴낸 《소련기행》 이야기로 마무리된다. 사회주의 소련의 발전상에 대한 찬사 일색인 이 책에서는 이태준의 사상적 변모와 함께 미학적 방향 전환을 엿볼 수 있다.

소련 여행에서 돌아온 직후, 《소련기행》 출간 전 조선문학가동맹 기관지 《문학》에 발표한 편지글을 두고 김진영 교수는 "문학에서 혁명으로, 유심에서 유물로 중심 이동을 담은 이태준의 전향서"라고 평가한다(389쪽). 그 뒤 이태준을 비롯한 월북 문인들의 운명은 결코 순탄하지 않았고, 그가 그토록 찬탄했던 소련 역시 반세기 남짓한 시간 끝에 역사의 뒤안길로 사라졌다. 그러나 반세기의 시차를 두고 나타난 러시아 여행기 《해천추범》(1896)과 《소련기행》(1947)을 나란히 읽어내는 지은이의 관찰은 여전히 유효하다.

《시베리아의 향수》 머리말에서 김진영 교수는 집필 동기를 이렇게 밝힌다.

> 나의 목표는 근대 한국의 시대사를 러시아 문학의 프리즘으로 투시해 재현하는 것이었고, 그것이 러시아학 연구자로서 기여할 몫이라고 생각했다. (10쪽)

이 말은 한국에서 외국 문학을 연구한다는 것의 의미를 다시 생각하게 한다. 나 역시 이 문장을 읽으며 대학원 시절의 일화를 떠올렸다. 영문학과 대학원에서 석사를 마친 뒤 1년간 교양영어 강의를 맡았을 때, 학부 신입생 대상 첫 수업의 텍스트로 백낙청 교수의 한국어 논문 〈우리에게 미국은 무엇인가〉를 택하면서 학교 당국과 작은 마찰을 빚은 적이 있었다. 아직 20대 중·후반이던 내 생각으로, 한국에서 영어를 배워야 하는 까닭은 그것이 영국의 언어라서가 아니라 미국인들의 언어이기 때문이었다. 그렇다면 영어 공부에 앞서 미국이 우리에게 어떤 의미를 지니는지 살펴보는 것이 필요하다고 보았던 것이다.

사실 나는 학부와 대학원 과정을 거치는 내내 "외국 문학 공부가 과연 어떤 의미를 가지는가"라는 의문과 회의를 떨칠 수 없었고, 결국 학문을 그만두게 된 중요한 배경도 여기에 있었다. 이것을 '외국 문학 전공자의 딜레마'라 부른다면, 《시베리아의 향수》는 그 딜레마를 해소할 만한 긴요한 시사점을 던져주는 책이라 생각한다.

내가 알기로는, 다른 외국 문학 분야에서 이 책에 필적할 만한 작업은 드물다. (식민 모국이었고 러시아와는 비교할 수 없을 정도로 밀접한 관계를 맺었던 일본 문학은 예외로 하자.) 러시아 문학만큼 우리와 관계의 밀도가 높지 않더라도, 다른 외국 문학 연구자들 역시 이 책과 비슷한 문제의식을 가지고 주체적인 외국 문학 연구에 나서주기를 기대한다.

무라카미 하루키,
도시와 벽 사이에서 찾은 조용함

새삼스러운 말이지만 일본 소설가 무라카미 하루키의 문장은 흡인력이 크다. 곳곳에 심어둔 복선과 적절한 은유 덕분에 책장을 계속 넘기게 된다. 장편소설 《도시와 그 불확실한 벽》을 읽으며 또 한 번 그런 생각을 했다.

남자 주인공, 첫사랑, 평행 세계, 도서관…. 출간 전 공개된 내용만 보았을 때 하루키가 6년 만에 내놓은 신작은 지나치게 익숙한 서사였다. 기대만큼 불안도 컸다. 실제로 책이 출간되고 읽어보니 지금의 시점에서 눈에 거슬리는 부분도 있었다. 하루키가 기존 작품 세계에서 한발 더 나아갔느냐고 묻는다면, 자신 있게 그렇다고 말하긴 어렵다.

예를 들어 신작에서 남녀 주인공이 편지로 교류하는 장면은 하루키 작품에서 반복적으로 사용된 설정이다. 국내에는 《상실의 시대》라는 제목으로 더 알려진 1987년 장편소설 《노르웨이의 숲》(민음사)에서도 요양원에 지내던 여주인공이 남자 주인공과 편지로 소통했다. 또한 신작에서 여주인공이 꿈에서 알몸이 되는 장면을 고백하는 부분은 꼭 필요했는지 의문이 든다. 이는 2017년 장편소설 《기사단장 죽이기》(전 2권, 문학동네)에서 남자 주인공이 연상의 유부녀와 성관계를 맺는 장면처럼 불필요하게 느껴진다.

그런데도 책장을 놓지 못하게 하는 힘은 매끄러운 표현력 덕분이다. "마치 수천 가닥의 보이지 않는 실이 너의 몸과 나의 마음을 촘촘히 엮어 가는 것 같다"는 남자 주인공의 고백은 사랑에 빠진 10대의 마음을 아름답게 형상화한다. 풀피리 소리가 허공에 울려 퍼지고, 오래된 나선형 나무 계단이 있는 망루가 지키는 도시에 대한 묘사는 건조하면서도 세밀하다.

빈약한 서사는 실패라기보다 작가의 의도처럼 보인다. 하루키는 신작 출간 직후 일본 언론과의 인터뷰에서 "젊은 시절에는 대중적이고 액션이 있는 작품에 끌렸지만, 이제는 나도 나이가 들어 차분하게 사람의 내면을 제대로 그리고 싶다"고 말했다. 실제로 그는 2020년 소설집 《일인칭 단수》(문학동네)에서 20여 년간 절연했던 아버지 이야기를 꺼낸 바 있다. 이런 점을 고려하면 이번 신작에는 그의 최근 작품 경향이 반영되어 있음을 알 수 있다.

신작의 번역가 홍은주 씨는 최근 나와의 이메일 인터뷰에서 "이번 작품에선 그동안 하루키 장편에서 어김없이 등장하던 모험적 요소를 거의 찾아볼 수 없다"며, "애초에 이야기를 넓히기보다 '좁히려는' 생각으로 파고든 작품"이라고 평했다. 또 "최근 하루키의 시선이 내면으로 향하는 경향이 있었으며, 과거의 날 선 긴장감과 화려함 대신 '조용함'이 자리 잡았다"고 덧붙였다.

그동안 일본 문학계에서는 하루키가 노벨 문학상을 받으려면 사회 문제를 다루어야 한다는 의견이 많았다. 그러나 노년의 하루키는 그와는 정반대로 내면에 집중한 작품을 내놓았다. 그럼에도 14일 기준, 영국의 유명 도박사이트 나이서오즈(NicerOdds)에서는 하루키가 다음 달 5일(현지 시각) 발표되는 올해 노벨 문학상 유력 후보 1위로 꼽혔다. 물론 하루키가 노벨 문학상 후보로 언급된 건 이번이 처음은 아니다. 하지만 만약 그가 상을 받는다면, 이번 신작은 그의 작품 세계를 논할 때 결코 빼놓을 수 없는 이정표가 될 것이다.

기자와 소설가

바야흐로 문학의 계절이다. 시월이면 방송사와 언론사에는 국내외에서 투고한 창작품들이 산더미처럼 쌓이는 진풍경이 벌어진다. '문학은 죽었다', '자기계발서 말고는 아무도 시·소설 따위는 쓰지도 읽지도 않는다'는 진단과 종언을 무색하게 하는 보기 드문 장면이다.

매일 눈을 뜨고 감는 순간, 스스로에게 묻는다. 왜 쓰는가. 덧붙여, 누가 쓰는가. 소설가란 '나는 누구이고, 왜 사는가'라는 질문 앞에서 크게 흔들린 사람들이다. 소설이란 질문을 던지는 행위이자 해답을 찾는 과정이다. 그 해답은 찾아질 수도 있고, 끝내 찾아지지 않을 수도 있다. 현대소설의 주인공들은 늘 길을 떠나지만, 아득한 과거의 서사 속 주인공들처럼 집으로 돌아오지 못하고 표류할 뿐이다. 동시다발적이고 다중심적인 매체 환경 속의 인간을 다루는 현대소설에 일목요연한 정답을 기대하는 것은 애초에 무의미하다.

소설가의 머릿속에는 어딘가에 있을 법한 바람직한 나와 세상의 의미가 가득하다. 그래서 현실에서는 대개 부적응자로 치부된다. 아무리 찬란한 권력이 보장된다 해도, 한 번 소설가의 자의식에 사로잡히면 돌아올 수 없는 강을 건넌 셈이다. 파리 법대를 자퇴한 귀스타브 플로베르, 프라하 법대 출신의 프란츠 카프카, 파리 법대 출신의 마르셀 프루스트,

콜롬비아 대학 출신의 폴 오스터 등이 대표적인 예다.

그렇다면 누가 소설가가 되는가. 20세기에는 분명한 조건이 있었다. 첫째, 장남이 아니어야 했다. 둘째, 골방에 틀어박혀 읽고 쓰거나 세상을 떠돌아다녀도 먹고사는 데 지장이 없을 만큼의 유산이 있어야 했다. 셋째, 전쟁이나 보릿고개, 육친의 죽음이나 근친상간 같은 원체험의 불행한 상처가 삶을 위협할 정도로 강렬해야 했다. 장남이 소설가 조건에서 제일 먼저 제외된 것은 가부장제라는 전근대적 관습 때문이었다. 장남은 집안의 기둥으로 세상에 나가 이름을 떨치고 가족을 부양하는 데 의의가 있었다.

청소년기의 감성 시기를 지나 성인 남성의 세계로 진입하는 과정에서, 쓰기의 욕망과 지면(紙面)에 실리고자 하는 인정 욕구를 충족시켜 줄 매력적인 직종이 있었다. 바로 신문·방송 기자였다.

현대의 속성은 견고한 것들이 촛농처럼 녹아내리고 깃털처럼 부유하는 세계다. 21세기의 시공간은 더 이상 하나가 아니며, 어떤 것도 고유하지 않다. 세상의 이목을 집중시켰던 신문 지면의 힘은 인터넷 매체 환경 속에서 산산이 흩어졌다. 오로지 문학만이 덧없음에 맞서, 내가 겨우 존재한다는 것, 세상이 여전히 아름답다는 것을 되새겨준다. 이를 일찍이 깨달은 기자 출신 작가가 20세기의 헤밍웨이, 카뮈, 김훈이었고, 오늘의 장강명이다.

소설가란 단 한 순간도 쓰지 않으면 사는 의미가 없다고 자각한 사람들이다. 그러나 그것은 작가만의 운명이 아니다. 모든 인간의 본성이지만, 다만 대부분 쓰지 않을 뿐이다. 문학의 계절, 새로운 작가의 탄생을 기리며, 새삼 작가의 의미를 되새긴다. 다시, 펜을 들어야 할 순간이다.

회한과 그리움

글을 쓰다 보면 한 줄도 직진하지 못하고 머릿속이 뿌예지는 날이 있다. 그럴 때는 음악을 듣는다. 옛 노래를 즐겨 듣는 편인데, 최근에는 정훈희와 송창식이 함께 부른 〈안개〉를 자주 들었다. 예전 음악을 찾아 듣기 위해 유튜브에서 '박인희와 함께', '이종환의 밤의 디스크쇼' 같은 추억의 라디오 프로그램을 찾아보았다. 음악도 좋았지만, 더 흥미로운 건 밑에 달린 댓글들이었다. 만 개가 넘는 댓글 대부분은 지난날을 그리워하는 내용이었고, 그중 가장 많이 보인 문장은 "눈물이 난다"였다.

이것이 꼭 한국만의 정서일까 싶어 영어로 *Oldies But Goodies*를 검색해 보았다. 영어 댓글 역시 다가오지 않을 젊은 날을 그리워하는 분위기였다. 다만 과거에 대한 그리움을 표현하는 방식에서 동양은 "새가 운다"라 하고, 서양은 "새가 노래한다"라고 표현하는 정도의 차이가 있을 뿐이었다.

회한은 주로 과거를 돌이킬 때 느껴지는 감정이다. 후회의 독특한 형식이기도 한데, 안개처럼 희미하면서도 은밀히 스며들어 우리를 무겁게 적신다. 후회에는 두 종류가 있다. 긴 세월 회한으로 남는 것은 대개 '해 본 것'이 아니라 '해 보지 않은 것'에 대한 후회다. 그녀에게 고백했더라면, 용기 내 그 일을 했더라면, 계속 그 길을 걸어갔더라면 좋았을 텐데

하는 아쉬움 말이다.

정신없이 살다가 젊은 시절 즐겨 듣던 노래를 들으면 즉각 소환되는 기억 속에는 유독 사랑과 청춘이 많다. 회한이 길게 남는 후회이기 때문이다. 그래서 가슴이 먹먹해지고 눈물이 흐르는 것이다. 그렇다면 '해 본 것'에 대한 후회는 어떨까. 이런 후회는 종종 교훈으로 남거나 자기합리화라는 강력한 방어기제로 변한다. 회한으로 이어지지 않는다는 점에서, 후회의 끝은 짧다.

회한을 끝내는 방법은 단순하다. 일단 해 보는 것이다. 젊을 때 공부하지 못한 회한을 나이 팔십에 한글을 배우며 시로 풀어내는 할머니를 본 적이 있다. 장미는 보통 5~6월에 피지만, 따뜻한 가을이면 11월에도 '다시' 핀다. 환경과 조건이 맞으면 꽃은 다시 피어나듯, 나이 듦의 속도 또한 달라질 수 있다.

흰 눈과 시베리아,
그리고 카추샤

'부활'의 여주인공 카추샤… 시베리아로 떠난 애달픈 박명가인
그녀에 매료된 일제강점기 청춘들, 흰 눈의 시베리아를 동경하다
삶이 진창 같은 때면 눈 덮인 시베리아로 방랑길을 떠나고 싶다

톨스토이 작 〈부활〉은 나를 감격하게 한 작품 중 하나다. … 〈부활〉 중 어느
대목이 가장 가슴을 치더냐 하면, 마지막에 네흘류도프가 공작과 그 밖의
사회적 지위를 모두 버리고, 또 재산과 사모하여 뒤따르던 명문의 여성까지
모두 버리고서 오직 옛 애인 카추샤를 따라서 눈이 푸실푸실 내리는 시베리
아로 떠나가던 그 마당이었다. 무어라 말할 수 없이 숭고하고 심각하며 엄
숙한 맛에 놀라움을 깨달았다.

- 이광수, 〈부활과 창세기와 내가 감격한 외국 작품〉

춘원 이광수를 사로잡은 〈부활〉의 감동은 '눈이 푸실푸실 내리는 시
베리아'를 배경으로 한다. 하녀 신분인 카추샤와 귀족 신분인 네흘류도
프가 먼 옛날 저지른 욕정의 죄를 뉘우치고 각자 거듭난다는 이야기에
서, 흰 눈과 시베리아가 빠진다면 고결한 순정의 느낌도 사라지고 말 것
이다. 그런데 이광수가 기억하는 그 장면은 정작 원작 소설에 없다. 네

흘류도프가 카추샤를 따라 시베리아로 가는 시기는 눈 내리는 겨울이 아닌 "뜨거운 7월의 여름날"이며, 유형 가는 죄수들을 죽도록 괴롭히는 것도 강추위가 아닌 땡볕 더위였다.

평생 톨스토이를 읽었다는 이광수가 왜 이런 착각을 했을까? 최남선이 잡지 《청춘》에 6쪽짜리 요약본을 처음 소개한 것이 1914년이다. 같은 해 일본에서는 청춘 남녀의 사랑에만 초점을 맞춘 신파극 〈카추샤〉가 유행하기 시작했다. 막간에 삽입된 〈카추샤의 노래〉는 일본 엔카의 원조로 여겨진다.

가엾은 카추샤, 헤어지기 서러워라/ 싸리눈 녹기 전에/ 신에게나 빌어볼까?
…

눈 내리는 이별 장면은 여기에서 비롯된 것이다. 국내에서도 큰 인기를 끈 연극과 노래를 통해 '흰 눈, 시베리아, 카추샤'는 대중의 의식 속에서 압축 이미지로 자리 잡았다. 때로는 상상의 감화력이 실제를 능가하는 법이다. '눈 덮인 시베리아'의 낭만적 정서는 이후 가까운 이국 땅 러시아의 표상으로 굳어져, 백석의 시 〈나와 나타샤와 흰 당나귀〉 속 순백의 이상향까지 이어진 것 아닐까 싶다.

물론 사회 제도와 인습의 부조리를 고발하는 톨스토이 소설이 일개 멜로드라마로 통속화된 점은 아쉽다. 하지만 문학은 시대와 사회의 독법에 따라 재탄생하며, 또 그 독법이 시대상과 어떻게 맞물려 있는지를 살펴보는 것도 흥미로운 일이다. 순정을 배반당해 죄악의 길로 빠져버린 '박명가인' 카추샤의 애달픈 운명은 결코 먼 나라 남의 이야기가 아니었다. 왜 그토록 많은 여성이 눈물로 공감하며 수많은 판박이 애화(哀話)를 신문과 잡지에 기고했겠는가. 왜 이광수 소설 〈무정〉의 박영채나 〈재생〉의 김순영이 육체적 타락과 참회, 그리고 구원에 이르는 뻔한 인생 곡절의 공식을 되풀이했겠는가. 사랑에 울고 도덕에 울던 시대, 카추샤는 그 시대 여성의 대명사였다.

그러나 〈부활〉은 본래 남성의 자기 구원 서사다. 대학생 네흘류도프는 방학 때 시골 영지에서 카추샤를 만나 사랑에 빠지지만, 욕정을 해소한 뒤에는 그녀를 버리고 아무 죄책감 없이 상류 사회로 돌아간다. 그러다 뒤늦게 범죄자가 된 카추샤와 재회한 후 양심의 가책을 느껴 그녀를 구제하기 위해 백방으로 노력하고, 마침내 자기 자신도 도덕적 삶을 살게 된다.

이 소설을 처음 읽고 감동한 최남선이 19세, 이광수 17세, 홍명희가 23세였다. 스무 살 안팎의 조선 청년들은 소설을 참고서 삼아 또래 러시아 귀족이 육체에 눈뜨는 과정을, 그리고 십여 년 뒤 치를 죄업을 대리 경험(또는 학습)할 수 있었다. 네흘류도프는 그들 모두의 분신이었다.

〈부활〉의 감동은 독서에서 끝나지 않았다. 순진한 '누이', 여학생 제자, 사랑하는 여인에게 카추샤 이야기를 들려주며 스스로 감격해 마지 않는 엘리트 '오빠'의 초상이 그렇게 탄생했다. 이광수는 하얼빈 유곽에서 만난 일본인 창부에게 줄거리를 얘기하다가, 네흘류도프가 카추샤를 따라 시베리아로 떠나는 장면에 이르러 동이 트는 바람에 금욕에 성공했다는 회고까지 남겼다. 그는 스스로 자랑스러워한 작품 〈유정〉에 이렇게 썼다.

눈 덮인 시베리아의 인적 없는 삼림 지대로 한정 없이 헤매다가 기운 진하는 곳에서 이 모습을 마치고 싶소.

소설 속 인물 최석은 딸 같은 남정임을 사랑하게 되지만, 그 사랑을 죽이기 위해(지키기 위해) 초극과 정화의 목적지인 '눈 덮인 시베리아'로 방랑길을 떠난다. 일제강점기의 시대 사조였던 시베리아 방랑 신화는 바로 이 지점과 맞닿아 있었다.

그리고 신화는 지금도 여전히 유효한 듯하다. 삶이 진창 같은 때면, 나 역시 불쑥불쑥 그곳으로 떠나고 싶어진다.

우리말 한글,
노벨문학상

　퇴근하는 길에 재건축을 앞둔 아파트촌을 지나면서 주변 담벼락에 보기 흉하게 걸려 있는 다양한 현수막을 자주 보게 된다. 그중에서도 인근의 무슨 지구와 원원 통합하여 최고 명품 아파트를 건립하자는 내용의 현수막을 볼 때마다 씁쓰레한 생각이 지워지지를 않는다.

　명품 아파트로 재건축하자는 것이야 내가 상관할 바가 아니지만 '원원'이라는 외국어가 아무렇지도 않게 쓰이고 있는 모습을 보면서 우리말은 어디 갔나 하는 생각이 들었다. 지구촌 시대를 표방하는 지금 어찌 보면 대수롭지 않게 생각할지 모르지만 정말 우리말과 우리글 대신 이미 국어처럼 사용되는 외래어도 그렇지만 그렇지도 않은 외국어가 이렇게 범람해도 되는 것일까.

　외국어나 외래어 범람은 일반인들 삶의 현장에만 국한되는 것도 아닌 것 같다. 우리말을 지키고 전파하는 것을 생명처럼 여겨야 하는 언론도 예외가 아니다.

　우선 방송의 꽃이라고 할 수 있는 새 소식, 곧 뉴스와 관련된 프로그램 제목만 살짝 봐도 뉴스와이드, 뉴스데스크, ○○○온에어, ○○○스페셜, 뉴스 나이트, 뉴스 투나잇, 뉴스 톡, 라이브 투데이, 뉴스룸, 보도본부 핫라인, 뉴스 BIG5, 뉴스 파이터, NEWS TOP10, 뉴스 Q 등 지상파,

종합편성채널, 케이블방송을 가릴 것 없이 온통 외국어와 외래어 경쟁의 장이 된 것 같다. 사정이 이러니 다른 프로그램과 거기서 얘기되는 내용은 보지 않아도 짐작할 만하다.

나는 국어학자가 아니지만 한글이 세계에서 보기 드문 과학적이고 아름다운 언어라고 주장하는 데 조금도 주저함이 없다. 외국어를 배우면 배울수록 한글의 우수함에 감사하고 또 감탄하곤 한다. 그러나 한편으론 한글에 좀 더 다양하고 멋있는 어휘가 있었으면 좋겠다는 아쉬움이 있다. 물론 이렇게 되기까지는 결코 쉬운 일이 아니다. 국어학자만의 몫도 아니다. 다양한 분야의 학계, 언론 그리고 국민이 삼위일체가 되어 많은 시간과 공을 들여야 하는 매우 어려운 작업이다.

이와 관련해 소박한 바람이 있다. 우선 국어학자와 언어학자 그리고 작가들이 우리말 찾기와 만들기에 좀 더 노력을 해주십사 하는 것이다. 이런 노력을 통해 세상에 나온 우리말이 공용어가 되고 표준어가 되면 그만큼 한글 너비와 깊이는 커질 것이다.

또 하나는 특히 우리 학계에서 꼭 이루어졌으면 하는 것인데 외국 문학 번역은 물론이고 각계 학문 용어에 대한 외국어 번역에도 각별한 관심과 노력이 필요한 것 같다. 이 일은 국어나 외국어 전공 학자, 번역가만이 아니라 모든 분야 학계에 계신 분들이 공동으로 노력해야 할 숙제라고 생각한다.

일본은 몸은 동양에 있지만 서구인 대접을 받아왔다. 특히 일본화 '우키요에'는 1850년대를 전후해서 유럽 화단, 그중에서도 마네, 모네 같은 인상파 화가들에게 강력한 영향을 끼쳤다. 유럽은 일본을 알면 알수록 놀라워했다. 11세기에 저술된 54권의 대작 소설 '겐지모노가타리'를 보고는 높은 소양에 경이로워했다. 문화·예술뿐이 아니다. 서세동점의 시기에 러시아와 중국을 때려눕힌 건 세계사의 반란이었다. 세계 최대의 전함을 만들어 미국에 싸움을 걸기도 했다. 인종도 다르고, 영어 불어 독일어 스페인어를 쓰지도 않지만, 충분히 자신들 '사교클럽'에 들어와 노닐 자격이 있다고 봤다.

일본은 번역 강국이었고 지금도 그렇다. 국민들은 밖에 나가지 않고도 전 세계 선진 문물을 빨아들여 자기 것으로 만들었다. 일본인 노벨상 수상자 거의가 유학 안 가본 토박이란 사실이 이를 증명한다. 번역은 자기 나라 문물을 해외로 전파하는 매개체 역할도 했다. '설국'을 쓴 가와바타 야스나리에 이어 두 번째 문학상을 받은 오에 겐자부로는 유럽이나 미국을 작품 소재로 삼지 않았다. 그런데도 그의 작품은 1960년대 이후 영어 불어 독어 스페인어는 물론 헝가리어까지 30개국 언어로 번역돼 세계인들에게 읽혔다. 일본엔 지금도 노벨상급 인재가 두껍게 포진하고 있다. 피겨스케이팅에서 아사다 마오가 쓰러져도 안도 미키가 있고 그 뒤에도 올망졸망 선수들이 대기하고 있듯이. 한국은 그러나 김연아가 엉덩방아를 찧으면 그다음은 없다.

우리는 한국과 한국인, 한국어를 좀 더 알릴 필요가 있다. 백남준 이태석 정명훈 이우환 신경숙 반기문 그리고 김연아 박지성 손흥민 방탄소년단… 이런 이들이 많이 나와 마치 노이즈 마케팅처럼 서양인들 눈과 귀에 노출되고 뇌리에 각인될 필요가 있다. '세계'라는 수면 위에 돌을 던져 자꾸만 파문을 만들고 그들과 공진(共振)하는 시간을 늘리자는 얘기다. 때마침 한류가 아시아를 넘어, 뚫리지 않을 것 같던 파리와 뉴욕에서도 공감을 얻고 있고, 소셜 미디어의 발달로 세계인들이 낯선 문화를 공감하는 속도도 빨라지고 있어 우리에겐 기회다.

노벨상은 결코 혼자 오지 않는다. 한 나라 문화의 정수, 총체 같은 것으로 세계인을 흠뻑 적실 때, "아! 낭보가 날아들었습니다. 한국이 마침내~" 하는 뉴스가 전해질 것이다. 하루빨리 그날을 보고 싶다.

전공 분야 용어인 '문화'는 영어 'Culture'를 번역한 것이다. 원래 원어 의미는 '경작한다'인데 일본 학자가 '글을 통해 정신을 변화시킨다'는 의미의 '문화(文化)'로 번역한 것을 우리 학계에서 그대로 가져다 쓰고 있다. 대부분 다른 분야 용어도 일본 학자들이 번역한 것을 그대로 쓰고 있는 것이 현실이다. 이런 번역이 전혀 잘못됐다거나 의미가 없다는 뜻은 아니지만 우리 학계에서 자체적으로 좀 더 공을 들였더라면 우리 나름의 더 좋은 번역도 있었을 것이라는 아쉬움이 크다.

최근에는 우리말 번역이 쉽지 않다 보니 영어를 그대로 한국어로 옮겨 쓰는 일이 비일비재하다. 앞으로라도 외국 문학 번역은 물론 학문을 다루는 각계 학회들이 내부에 당해 분야 학자와 국어·외국어 학자로 구성된 학술용어위원회 같은 것을 두어 용어 번역에 신경을 쓰면 좋겠다. 학계에서 외국 용어를 우리말로 잘 연구하고 번역해 언론이 전파하고 국민이 사용하기만 해도 우리말은 지금보다 훨씬 풍성해질 것이다.

종교와 철학, 그 빛과 그림자

낙엽은 자연이 적어 내려간 사랑의 목록이고, 문명의 쓰레기는 인간이 남긴 죄의 목록이다. 사랑의 목록은 굳은 땅을 두드려 지평선을 열고, 죄의 목록은 마음을 옥죄어 좌불안석을 만든다.

– 최용대

예수의 교회

맑스는 맑시스트가 아니고, 예수는 기독교인이 아니다.

역사적으로 예수는 유대교인이었다. 기본적인 사실을 굳이 들먹이고 싶진 않지만, 요즘은 이 사실에서 약간의 위안을 얻는다. 망해 가는 기독교로부터 그래도 예수를 건질 수 있지 않을까 하는 생각 때문이다. 역사 속으로 사라진 종교는 많고, 기독교라 해서 예외일 수는 없다. 영양 부족도 치명적이지만, 영양 과다는 더 치명적이고 추하다. 오늘의 기독교는 혈관 구석구석 끈적한 기름이 낀 채 비대한 살집을 뒤척이며 마지막 가쁜 숨을 몰아쉰다.

잠시 더 버티겠지만, 지금의 기독교는 죽어가고 있으며 죽어야 한다. 그래야 예수가 산다.

지금의 기독교는 예수를 '기념'하는 종교이지, 예수를 '사는' 종교가 아니다. 스승과 제자였던 유영모와 함석헌은 서로를 지극히 아꼈지만 엄정했다. 한 번은 이런 일이 있었다. 함석헌이 정부 허락을 받아 간디 추모 기념행사를 준비하자, 유영모가 깊이 염려하며 말했다. "왜 간디를 기념하는가? 간디의 살과 피를 먹고 마셔 내가 간디처럼 사는 것이 중요하지, 어째서 간디를 기념하는가?"

간디의 정신으로 '사는' 게 중요하지, 기념은 오히려 간디를 멀리 밀어낸다. 마찬가지로 기독교인도 예수를 높은 곳에 고이 모셔 박제한다. 요한복음에서 "내 살을 먹고 내 피를 마시라"는 말은 수사가 아니라, 예수의 살과 피가 내 몸 안에 녹아 들어 친구가 되어—더 이상 종이 아니라—예수처럼 하느님 나라, 곧 '동무들의 나라'를 이루며 살라는 요청이다.

그러나 한국의 기독교는 예수 대신 '종교 냄새'가 너무 난다.

무엇이든 상하면 냄새가 난다. 열심은 열심인데, 상한 냄새다. 자기 냄새에 도취해 남들이 무엇을 맡는지 모른다. 종교 냄새가 난다는 건 상식 언어로 자신을 설명하지 못한다는 뜻이고, 일상에 뿌리내리지 못한 채 교회 안에 갇힌 교리적·틀박힌 종교라는 뜻이다. 이런 종교는 교회 밖에서 설득력이 없다. 교회 안에서는 떠들썩하지만 밖에 나오면 외국어를 말하듯 소통이 막힌다.

그러면서도 이해득실에는 민첩하다. 사학법 재개정 소동에서 보았듯, 자기 이익을 위해서는 물불을 가리지 않아 사회적 경멸의 대상이 된다. 공중도덕도 빈약하다. 도심 한복판에서 확성기를 틀고 복음성가를 고성방가로 부르고, 곳곳에서 핏발 선 눈으로 "예수 천당, 불신 지옥"을 외친다. 다른 종교 앞에서 근거 없는 우월감을 과시하고, 오래 이어진 관습과 습속을 존중하지 못한다. 교양이 없고 무례하다는 지적을 피하기 어렵다. 게다가 덩치가 비대해져 하는 일마다 더 눈에 띄고 더 욕먹기 쉽다.

열심은 있으나 어리석은 열심이다. 진리에 닿아 있지 않으니 역사와 삶에 대한 사유가 없고, 죽은 교리를 되씹을 뿐이다. 미래를 생각하지 않고, 자기 성찰도 없다. 예수의 정신이 밀려난 자리에 교회 성장 마케팅과 질긴 생존 본능이 들어섰다. 믿는 자의 정신은 광명으로 오르지 못하고 무지의 어둠으로 내려간다.

"교회가, 기독교인이 다 그런 건 아니다." 지금 이 말을 꺼내기도 무색하다.

우정과 환대의 공동체

교회가 무엇인지 알려면 처음으로 돌아가야 한다. 교회는 예수가 죽은 뒤, 그를 따르던 이들이 "그는 살아 있다"고 선언하며 모인 데서 시작되었다. 생전 그를 중심으로 모인 모임과 역사적 연속성을 지닌다. 예수가 십자가에 달리기 전까지 온 정성을 기울였던 열둘의 공동체, 그리고 그 외연의 더 큰 익명 제자 공동체가 교회의 모체다. 예수는 그들과 함께 먹고 마시며 마음과 뜻과 생각을 나눴다. 로마 식민 지배 아래 희망 없이 살아가던 갈릴리 사람들의 가슴에 '하느님이 다스리는 나라'에 대한 오랜 기대를 다시 불러일으켰다. 사라져 가던 인간다운 삶의 희망을 일깨운 것이다.

출애굽 경험에서 비롯된 이스라엘 신앙은, 민중의 고통에 참여하고 함께 아파하며 함께 해방을 이루는 하느님을 증언한다. 그 이상은 힘 있는 자들의 돈과 권력이 아니라, 가난하고 소박한 이들이 성실하게 서로 돕는 우정과 환대의 그물망에 대한 신뢰다. 하느님의 통치를 믿는다는 것은, 실질적으로 '동무들의 나라'를 세상 한가운데서 만들어 가겠다는 의지다.

예수 시대, 로마와 헤롯의 수탈로 갈릴리 농민 공동체가 무너졌다. 예수는 그들과 밥을 나누고 마음을 나누며 파괴된 상호부조와 친구 관계를 회복시키려 했다. 빚을 탕감하고 삶과 물질을 나누었다. 맹인이 보게 되고, 앉은뱅이가 일어서고, 떡 다섯과 물고기 두 마리로 무리가 배불리 먹었다는 기적 이야기는, 그들을 스스로 서는 주체로 회복시킨 상징이다. 예수의 종교는 본디 민중과 '동무하자'는 종교였다.

초대 그리스도인들은 자신들을 '나그네'로 인식했다. 세상 속에서 낯선 자로 살아가는 이들, 그래서 더 절실했던 것은 제도나 돈이 아니라 마음에서 우러나오는 우정과 환대였다. 초대 교회는 국가 복지나 자본이 아니라 이 우정과 환대를 먹고 자랐다. 그래서 기뻐할 수 있었다. 그들은 더 이상 나그네가 아니라 친구였고, 함께 걷는 동무였고, 하느님 안에서 형제자매였다. 이것이 코이노니아, 곧 사귐이며 '예수의 교회'의 모습이었다.

물신주의에 항복한 한국 교회

초기 한국 개신교는 예수의 교회였다. 한말의 혼란기에 민중의 바닥으로 내려가 뿌리내렸고, 시대정신과 양심을 대변했다. 3·1운동에서 중요한 몫을 감당했고, 들과 배와 길 위에서 예배하던 서민의 종교였다.

그러나 신사참배를 거쳐 해방 이후, 그리고 군사독재의 시기를 지나며 변질됐다. 3·1운동 이후의 변질은 박해 때문이 아니라 물질주의에 항복했기 때문이다. 언제나 타락은 황금 숭배에서 시작된다. 문화정책과 자본의 확산 속에서 재산을 모을 기회가 많아지자 교회도 예수가 아니라 '마몬'을 가르쳤다. 60~70년대 산업화로 도시로 몰린 사람들에게 교회는 어리석은 욕망을 부추겼고, 대중의 탐욕에 영합했다. 하느님과 마몬을 함께 섬길 수 없다는 예수의 말씀을 잊자, 교회는 세속보다 더 타락했다. 혹세무민식 교리, 돈으로 하는 교회 정치, 양심의 마비, 금송아지 앞의 춤이 예배로 둔갑했다. 들어올 때는 민중의 종교였으나, 이제는 마몬의 종교가 되었다.

이랜드 사태, 특정 정치인을 둘러싼 교계의 선전, 아프가니스탄 선교 사태 등은 그 연장선이다. 상대의 가난과 비참을 이용해 그들의 삶과 생각을 바꾸려는 선교는 무례이며 예수의 정신에 대한 배반이다. 본래 '순교'는 타자가 씌워 준 왕관이지 스스로 꾸미는 훈장이 아니다. 지금 지도자들은 머리에 재를 뒤집어쓰고 손으로 입을 가린 채 회개해야 한다.

경제 언어로만 보더라도, 비정규직을 용역화해 확장의 부담을 떠넘긴

일에 '성경에는 노조가 없다'는 논리로 정당화를 시도하는 건, 하느님을 마몬과 맞바꾼 일이다. 기독교의 탈을 쓴 마몬이 환영받는 시대. 이 시대의 애굽은 물신주의다. 돈귀신에게서 벗어나야 믿음도, 교회도 제자리를 찾는다.

하느님의 집을 '장사꾼의 소굴'로 만들었다는 예수의 질타는 오늘 우리 사회 전체에 해당한다. 돈이 지배하는 시장 전체주의는 비판적 지성을 무력화하고, 우정의 나라를 가로막는다. 넘치게 살면서도 더 경쟁·개발해야 한다는 강박, 약자를 이기는 것을 명예로 여기는 풍조. 그것은 인간의 세계가 아니라 야수의 세계다. 싸움에서 이겨 '먹이'로 삼을 존재를 가진 것이 자랑일 수 없다. 사랑하는 친구를 가지는 것이 명예다. 경쟁은 짐승에게 맡기고, 우리는 동무들의 나라, 예수의 교회를 만들어야 한다.

동무들의 나라, 예수의 교회

초대 교회는 달콤한 약속 대신 가장 큰 것을 약속했다. 세상에 동무들의 나라를 가져오는 일. 이보다 큰 일, 긴급한 일은 없다. 사람 사이에 호의가 자라지 못한다면, 진보와 발전이 무슨 소용인가. 우리 교회도 가난하던 때가 더 생명력 있었고 예수의 교회에 가까웠다.

집안 이야기를 하자면, 시어머니는 시댁에서 제일 먼저 예수를 믿기 시작했다. 시아버지 사업 실패로 모든 것을 잃고 5남매와 시어머니를 모시고 산 아래 오두막으로 돌아왔다. 어느 날 젖먹이 막내를 업고 복숭아나무 아래 섰다가, 붉게 물드는 하늘을 보며 결심했다. "나도 이제 예수 믿고 살아야겠다." 산 너머 이웃 마을 교회를 다니기 시작했다. 산이 깊어 늑대가 나오던 때였다. 젊은 과부가 혼자 산을 넘는 걸 본 동네 영감님이 "저러다 실성하겠다"며 아내에게 동무해 주라 했다. 그 인연으로 온 집안이 예수를 믿고 한 가족처럼 지냈다. 친구, 동무가 된다는 건 이런 것이다.

여든을 훌쩍 넘긴 시어머니는 여전히 건강하시다. 딸아이가 너댓 살이었을 때, ○자형으로 굽은 다리로 뒤뚱거리며 손녀의 손을 꼭 잡고 교회로 가시던 뒷모습. 그 한 장면이, 교회에 대해 온갖 발칙한 생각을 품는 나를 겸손하게 만든다. 교회의 역사는 어머니에게서 딸에게로, 할머니에게서 손녀에게로 이어지는 살아 있는 행렬이다. 시어머니는 교회에서 동무를 만나셨고, 스스로 다른 이의 동무가 되어 주셨다. 그리하여 기쁨과 웃음을 회복하셨다. 초대 교회에서는 이런 일이 수없이 일어났을 것이다. 이것이 예수의 교회다.

불신의 시대에 우리가 그리워하는 동무들의 나라, 예수의 교회는 아마도 만해 한용운이 쏟아지는 눈물 속에서 망설일 때 보았던 '그 얼굴'과 닮아 있을 것이다.

영원의 사랑을 받을까 인간 역사의 첫 페이지에 잉크칠을 할까.
술을 마실까 망설일 때, 당신을 보았습니다.

　　　　　　　　　　　　　　　　　　　- 한용운, 〈당신을 보았습니다〉 부분

신은 천국에만 있지 않다: 자연에 깃든 영성과 생존의 길

자연과 구별하는 서구적 인식에, 기후 위기에 처한 오늘날 세계
유·불·선, 힌두, 이슬람, 기독교… 경전과 문헌에 담긴 문장들로
자연과 연결성을 중시했던 인류, 잃어버린 통찰을 되짚어 기록하다

안토니우 구테흐스 유엔 사무총장이 예언자처럼 외쳤다.

"인류의 미래는 우리 손에 달려 있다. 산업화 이전에 비해 지구의 온도가 2.8도 높아지는 위험하고 불안정한 미래가 기다리고 있다."

지난 20일 미국 뉴욕에서 열린 기후 목표 정상회의에서 나온 연설이다. 이 자리에 세계 탄소 배출 1, 2위인 미국과 중국은 초대받지 못했다. 더 설명할 것도 없다. 우리는 꺼지지 않는 산불, 전례 없는 홍수, 기록적 폭염을 경험하며 이미 '지옥'이 다가오고 있음을 실감하고 있다.

세계적인 종교학자 카렌 암스트롱 역시 점점 더 파괴적으로 번져가는 이상 기후 앞에서 두려움을 느꼈다. 종교학자가 기후변화 앞에서 무엇을 할 수 있을까? 그는 원인을 자연과 인간을 분리한 서구 근대의 세계관에서 찾는다. 자연을 인간이 이용하는 도구와 자원으로만 여겨온 현대 문명이 인간과 자연의 근본적 연결을 끊어버렸고, 그 결과 자연은 물론 인간 종의 생존까지 위협받고 있다는 것이다. 쓰레기를 줄이고 대중교통을 이용하는 것만으로는 부족하다. "우리는 생활 방식만이 아니라 믿음 체계 전체를 바꿔야 한다."

암스트롱은 수천 년 동안 인류가 자연과 맺어 온 연결성, 통합된 관계 속에서 해답을 찾아야 한다고 말한다. 유교·도교·불교·힌두교·이슬람교·기독교, 나아가 신비주의와 낭만주의에 이르기까지 인류의 모든 문화와 전통에는 "자연은 성스럽다"는 믿음이 공통으로 흐른다.

맹자는 "만물 모두가 내 안에 있다"고 했고, 욥은 자연을 향해 "거룩하다"고 외쳤다. 예언자 무함마드는 "주는 구름 속에 계셨다"고 말했고, 워즈워스는 "자연의 빛과 찬란함"을 노래했다. 저자는 이렇게 다양한 종교와 문학 작품을 넘나들며 근대 이후 500년 동안 우리가 잃어버린 자연과의 연결성을 다시 찾으려 한다.

암스트롱은 열일곱 살에 수녀원에 들어갔지만 7년 만에 환속해 옥스퍼드에서 영문학을 전공하고 가르쳤다. 그러나 종교에 대한 끌림은 결국 그의 삶을 종교학으로 이끌었다. 《축의 시대》《신의 역사》《신의 전쟁》등을 펴냈고, 이번 책 《성스러운 자연》은 본격적인 종교서나 역사서라기보다 기후 위기 앞에서 종교학자가 던지는 다급한 외침에 가깝다. 그는 '축의 시대'(기원전 900년~200년경)에 형성된 통찰과 관행에서 여전히 배워야 할 것이 많다고 말한다.

과연 자연의 성스러움에 대한 통찰이 인류를 구할 수 있을까? 한가한 소리처럼 들릴 수도 있다. 그러나 지옥문이 열려 화염이 쏟아지는 현실에서, 화석연료를 들고 제 발로 걸어 들어가지 않으려면 무엇이라도 붙잡아야 하지 않겠는가.

이 책은 우리가 낡고 고리타분하다고 치부하거나 오해와 편견에 가려져 있던 종교적 지식을 새롭게 조명한다. 유교와 도교의 우주론이 재발견되고, 그간 왜곡되어 보았던 이슬람교를 새롭게 만나게 된다. 책장을 덮고 나면 우리는 이전보다 "더 슬프고, 그러나 더 지혜로운" 눈을 갖게 될 것이다.

암스트롱은 먼저 신화를 오해로부터 건져 올린다. 미토스(mythos)와 로고스(logos)는 인류가 진리에 다가가는 두 가지 방식이었다. 미토스는 시간을 초월하는 차원에서 인간의 깊은 내면을 파고들었고, 로고스는 세계를 이성적으로 설명하고 이해하는 방법이었다. 그러나 오늘날은 로고스가 세상을 파악하는 유일한 방법인 양 여겨진다. 암스트롱은 로고스가 기술 발전을 가능하게 할 수는 있어도 인간 삶의 궁극적 가치에 대한 질문에는 답하지 못한다고 지적한다. 사람들은 불가해한 고통과 슬픔 앞에서 신화와 제의에 의지해왔다. 근대 이후 서구 세계는 과학과 기술의 놀라운 성공에 힘입어 신화를 깎아내렸지만, "신화에서 벗어난 세계는 운 좋게 제1세계에 사는 사람들에게는 편안했을지 몰라도 지상낙원은 되지 못했다"고 말한다.

그는 신화를 단순히 열등한 사고의 잔재로 여기는 오류에서 벗어나야 한다고 강조한다. 신화는 그저 이야기가 아니라, 제의와 의례를 통해 몸으로 살아내는 '실천적 행위'였다는 것이다. "우리와 같은 인간, 우리가 속한 인종·민족·이데올로기를 넘어서는 사람들과 우리 자신을 동일시하도록 돕는 좋은 신화가 필요하다. 지구를 다시 신성한 것으로 공경하도록 이끄는 신화가 필요하다. 기술적 천재성이 발휘하는 파괴력에 맞서는 영적 혁명 없이는 우리 행성을 구하지 못할 것이기 때문이다."

암스트롱은 근대 이전 인류가 어떻게 우주와 세상을 아름답게 바라보았는지, 또 자기중심주의를 넘어 자아를 외부로 확장할 수 있었는지, 그 지혜의 세계로 독자를 데려간다. 초기 문명에 속한 사람들은 우주를 지배하는 힘을 '초자연적이고 분리된 신'으로 경험하지 않았다. 고대 중동에서 '신성'을 뜻한 '일람', 인도에서 궁극적 실재를 의미하는 '브라흐만', 중국에서 우주의 근본적 길을 가리키는 '도(道)'는 자연 만물에 깃든 초월적 존재에 가까웠다.

　기독교는 다소 달랐다. 히브리 성경은 자연 세계보다는 인간사의 사건 속에서 신성을 경험했다. 근대 초기 유럽에서는 이 경향이 강화되어 자연과 신성의 연결이 끊어졌다. 인간은 신을 대신해 자연을 지배하고 이용할 권리를 가진 존재로 자리매김했다. 하지만 저자는 유럽 기독교 안에도 성스러움이 자연에 깃들어 있다는 흔적이 있음을 보여준다. 13세기 도미니크 수도회의 신학자 토마스 아퀴나스는 하느님이 "만물 어디에나 현존한다"고 말했다.

　특히 《욥기》가 대표적이다. 욥은 하느님의 시험 속에서 자식들을 잃고, 온몸에 악성 궤양이 퍼지는 고통을 겪는다. 그는 묻는다. 왜 고결한 자가 이런 고통을 당해야 하는가? 하느님은 그에게 우주와 자연의 질서를 이야기한다. 이는 인간의 자기중심적 관점이 얼마나 협소한지를 드러내는 대답이었다. 여기서 성경은 "처음이자 유일하게 자연을 그 나름의 고유한 가치와 힘, 완결성, 아름다움을 지닌 존재"로 제시한다. 《욥기》의 저자는 욥이 성스러운 자연의 아름다움과 힘과 신비를 드러낸 예언자였다고 주장하는 듯하다." 그러나 안타깝게도 욥은 이스라엘 안에서 제대로 인정받지 못한 예언자였다.

　유교는 한국인에게 다소 고리타분하게 느껴질지 모르겠다. 그러나 '기(氣)'는 무협 영화 속 설정보다 훨씬 더 심오하다. 유교의 '기'는 우주의 본질이자 모든 생명에 스며 있는 에너지를 뜻했다. 인간과 우주는 동일한 실재를 공유해 둘로 나눌 수 없으며, 그 기가 인간의 가슴속에 담길 때 그를 '성인'이라 불렀다. 유교는 자연 세계와 우주를 인류의 연속체로 보았고, 인간에게 특별한 특권이 있거나 독특하다고 생각하지 않았다. 공자가 기원전 6세기에 처음 선언한 황금률—"자신이 원치 않는 것을 남에게 강요하지 말라"(기소불욕물시어인)—은 단지 인간관계의 덕목이 아니라 만물에 적용되는 법칙이었다.

고대 아리아 유목민들은 '르타'와 '브라흐만'이라 불린 궁극적 실재가 세계뿐 아니라 인간 자아의 핵심에도 스며 있다고 여겼다. "근대 서양에서는 신을 천국에 가두지만 인도인들은 전 세계 어디에나 성스러운 존재가 있다고 강조한다."

이슬람교는 아마도 가장 많은 오해와 편견에 시달려온 종교일 것이다. 그러나 저자는 이슬람교야말로 자연의 성스러움을 깊이 강조했다고 말한다. 예언자 무함마드가 신으로부터 영감을 받아 기록한 경전 쿠란은 자연의 질서 자체가 곧 신의 계시라고 선언한다. 이슬람교도는 일찍이 자연과학을 발전시켰으며, 자연과학을 성스러운 것으로 여겼다. 저자는 비이슬람교도가 쿠란의 매력을 온전히 이해하기 어렵다고 말한다. 쿠란은 '독송'을 뜻하는 이름처럼 큰 소리로 읽히도록 기획된 경전이었고, 단어의 소리와 의미가 함께 핵심을 이뤘다. 최초의 이슬람교도들은 쿠란의 아름다움에 충격을 받았다고 전해진다. 쿠란 속 주제, 단어, 구절, 소리의 반복은 마치 음악이 최초의 선율을 증폭하며 켜켜이 변주를 쌓아가는 것과 같았다. 저자는 쿠란을 통해 종교적 가르침이 이성적 논증보다 미학적으로 전해진다고 본다.

인간의 자기중심주의를 넘어설 수 있는 '케노시스(kenosis)', 곧 자기 비움의 개념도 인상적이다. 노자가 말한 '도(道)'는 자기를 비워낸 상태를 의미한다. 붓다는 아나타(무아)의 수행을 통해 자아가 없는 내적 상태에 이르렀다. '나'와 '나의 것'이라는 관념이 질투와 자만, 과대망상, 오만, 폭력으로 이어진다고 보았기 때문이다. 어린 시절 붓다는 밭을 가꾸는 모습을 보다가 풀이 뜯겨 나가고 벌레와 알이 죽는 것을 보고는 슬픔과 기쁨을 동시에 느꼈다. "그 순간 자연스러운 동정이 솟아났고, 고통이 그의 심장 깊숙이 파고들어 자기를 넘어선 자리로 이끌었다." 엑스터시스(망아)의 경험이었다. 예수의 삶과 죽음 역시 케노시스를 드러낸다. "원수를 사랑하라"는 역설은 가장 급진적인 자기 비움을 요구한다.

극단적 금욕주의로 유명한 인도의 자이나교 영성의 핵심은 아힘사(ahimsa, 무해)다. 자이나교도는 떨어진 과일만 먹으며, 벌레를 밟을까 조심조심 걷는다. 저자는 아힘사에서 만물의 고통에 대한 감정 이입을 읽어낸다. 이 감정 이입을 통해 우리는 세계가 고통 속에 있음을 깨닫고, 자신이 다른 종(種)에게 끼치는 피해를 자각하게 된다. 자신을 넘어 타인과 동식물, 자연에까지 감정 이입을 확장하는 것은 즐겁지만은 않다. 오히려 더 슬프고, 비통하며, 고통스럽다. 그러나 그것이 바로 "전보다 슬프고 지혜로운 사람"이 되는 길이다. 그 지혜야말로 인류를 영적인 차원뿐 아니라 기후 변화라는 외적 위기에서 구해낼 길잡이가 될 것이다.

중세의 사변철학,
성리학적 사유의 모순과 한계

13세기 후반부터 20세기 초반까지, 600년이 훌쩍 넘는 세월 동안 한반도의 대다수 식자층은 성리학에 기대어 사유했다. 오늘 한국 지성계에도 그 유풍이 잔존해 사고방식에 적잖은 영향을 미치는 듯하다. 그렇다면 성리학은 지금 우리에게 무엇을 남겼는가. 혹은 성리학의 힘이 쇠했다면, 그 퇴조가 20세기 이후 한국인의 정신세계를 어떻게 바꾸었는가. 이 질문을 품고 조선 유학의 최고봉으로 추앙받는 퇴계 이황(李滉, 1501~1571)을 다시 읽어본다.

퇴계 이황의 존재론적 의문

이황은 임종 직전까지도 주희(朱熹, 1130~1200)의 문집을 뒤적이며 "리도(理到)"의 뜻을 궁구했다. 그는 "리도"를 '리가 이른다/다가온다/도달한다'로 풀이해 자신의 최종 테제인 "리자도설(理自到說)"을 세웠다. 주희 문집 곳곳에서 "리도"의 용례를 확인하고서야 리의 '활동성·자발성·작용성'을 확신한 것이다.

주희에게서 리는 "감정도 의지도 없고, 계산도 헤아림도, 만들고 지어냄도 없는" 보편 원칙·자연 섭리다. 형체를 이룬 만물은 이미 그 리를 '따라' 나타난다. 다시 말해 기(氣)의 전개 자체가 곧 리의 발현이니, 기를 떠난 리는 없다.

그런데 만년의 퇴계는 "리가 스스로 나아간다"고 역설했다. 누구보다 주자의 학설에 통달했던 그가 왜 리의 운동성과 능동성에 집착했을까. 만일 리가 스스로 만물에 '다가가' 작용한다면, 초월적 리와 물질적 기를 분리하는 존재론적 이원론에 빠질 수 있다는 위험을 모를 리 없었다. 그럼에도 퇴계가 이 테제에 매달린 까닭은 무엇인가.

일부 연구자들은 퇴계가 남송 복건 방언권 학자들의 문체(초기 백화)에 익숙지 않아 주희의 원의를 오독했다고 본다. 그러나 평생 주자학을 섭렵한 대학자가 단지 문체 차이 탓에 이기론을 잘못 이해했다는 설명은 설득력이 약하다. 오히려 철학자라면 아리스토텔레스가 '부동의 원동자'를 캐물었듯, 리의 세계를 가능케 한 최초의 원인을 끝내 묻지 않을 수 없었을 것이다. "리가 왜, 어떻게, 누구에 의해 가능한가?"라는 질문은 학문적 양심이 낳은 자연스러운 심문(審問)이다.

나는 퇴계의 '리도' 집착을 그의 실존적 방황과 학문적 양심의 산물로 본다. 주자의 텍스트를 읽고 또 읽는 가운데 주자가 미처 답하지 못한 근원 문제에 도달했을 수 있다. 어느 사상도 모든 인간의 물음에 완결로 응답할 수는 없다. 주자를 정신의 스승으로 섬긴 퇴계가 말년까지 존재론적 의구심을 거두지 못했을 것임을 짐작할 수 있다.

이 문제의식은 동시대 중국 지식인들의 움직임과도 맞닿는다. 예수회 선교사들과 교유한 명말 유생들 가운데는 전통 유교를 떠나 자발적으로 가톨릭에 귀의한 이가 적지 않았다. 프린스턴의 중국학자 윌러드 J. 피터슨(Willard J. Peterson)은 그들이 유교에 결여된 '초월적 존재' 개념에 설득되었다고 논증한다. 200여 년 뒤 정약용이 서학(西學)을 접해 천주교에 마음이 기운 사정도 크게 다르지 않다.

실제 유교는 자연 섭리와 인간 도리에 대한 당위론에는 강하지만, 누구나 직면하는 '삶과 죽음'의 근원 물음에는 침묵에 가깝다. 제자 계로(季路)가 죽음을 묻자, 공자는 "삶도 모르는데 어찌 죽음을 알겠는가(未知生, 焉知死)"라 답했다. 이 겸허한 침묵은 유학이 근본적으로 '현세적 윤리'에 머물렀음을 시사한다. 반면 불교는 겁(劫)의 시간과 업(karma)의 법칙을 통해 해탈과 열반을 설하고, 그래서 중국을 '정복'했다.

주희는 자연 섭리로서의 리를 깨달으면 인간 도리를 알 수 있다고 가르쳤다. 그러나 광막한 우주 원리를 '리·기'라는 관념 조합으로 과연 투명하게 드러낼 수 있는가. 인간 언어로 대자연의 실체를 붙잡을 수 있는가. 주자가 말한 '활연관통'의 체득이 삶과 죽음의 물음을 풀어줄 수 있는가. 냉정히 말해, '그렇다'고 답할 수 있는 이는 드물다. 성리학은 도덕적 삶을 지향하는 자기 수양의 강력한 비전이지만, 존재론적 의구를 근원에서 해소해 주는 철학은 아니다. 이 지점에서 퇴계가 주자의 일반론을 거슬러 '리도'를 세운 시도는 오히려 철학적 정직성의 발현이었다. 그 시도를 '주자의 본의를 오해한 오류'로만 몰아붙이는 태도가 더 폐쇄적이고 교조적일 수 있다.

결국 질문은 이렇다. "광대무변한 우주에 리가 있다면, 그 리는 누가, 왜, 어떻게 세웠는가." 퇴계의 "리자도설"은 성리학 사유가 품은 내재적 모순과 이론적 한계를 정면으로 응시한 문제 제기였다.

주자학은 중세 사변철학의 전형이다

세계 철학사의 관점에서 주자학은 전형적인 사변철학(speculative philosophy)이다. 사변이란 경험 이전의 직관에 기대 절대 진리를 논하는 중세적 사유 방식이다. 경험의 한계를 넘어, 경험적 근거가 빈약한 상태에서 언어의 내적 논리에 따라 사유를 전개하는 논증 방식이기도 하다.

서양 중세 스콜라철학은 그 전형이다. 캔터베리 대주교 안셀무스

(1033/4~1109)는 "신이라는 개념을 갖고 있다는 사실"을 신 존재의 증거로 제시했다. 그 전통은 길게 이어져, 18세기 프리드리히 H. 야코비(1743~1819)는 "신은 증명할 수 없지만 느낄 수 있다"고 주장했다.

근대에 이르러 철학은 이런 사변을 비판하기 위해 인간 인식능력의 조건과 한계를 점검했다. 칸트(Immanuel Kant, 1724~1804)는 영국 경험론의 자극을 받아 '인식 비판(Erkenntniskritik)'을 본격화했다. 그의 요지는 분명하다. 인간의 인식은 경험과 더불어 시작되며, 감관이 수용한 자극은 이미 '물자체(thing-in-itself, 物自體)'가 아니라 인간 인식 구조를 거치며 변형된 상(像)이다. 그 감각 자료를 순수이성이 범주화·종합해 개념에 이른다. 따라서 우리가 획득하는 모든 앎은 '주관적 구성물'이다. 우리는 자연의 실체를 있는 그대로 파악할 수 없고, 신의 존재를 확증할 능력도 없다. 이성이 미치는 한계를 분명히 그었다.

칸트의 기준에서 보면 성리학은 엄밀한 의미의 '확실한 앎'에 이르는 철학이라기보다, 관념어(리·기)의 정교한 조합으로 우주를 서술하는 사유체계다. 그 자체로 사변의 아름다운 건축물이지만, 그것이 곧 우주의 진리 그 자체일 수는 없다. 끝내 성리학은 "경(經)의 가르침을 배우고 익히면 우리도 성인이 될 수 있다"는 전통적 믿음 위에 선 실천적 공부론이다. 성리학의 '진리'는 검증의 대상이라기보다 신념의 대상에 가깝다. 퇴계와 율곡은 이 한계 속에서 사유한, 당대의 뛰어난 '중세적 사변철학자'였다.

주자학의 절대화가 낳은 독단과 편향

조선 주자학의 출발점은 "주자가 진리를 밝혔다"는 전제였다. 그 전제 위에서 주자의 텍스트는 '진리를 증험하는 통로'가 되었다. 한 번 종교화된 지적 전통은 후기일수록 더 경직된다. 경전의 권위를 절대화할수록, 그 언어로 전개된 철학 논의는 비판적 사유와 논리적 추론을 결핍하기 쉽다. 이념적 경화와 지적 편향성이 뒤를 잇는다.

중화 문명의 지적 장점과 한계를 나란히 보게 되는 대목이다. 서구 전통이 '논리적 정합성'에 강점이 있었다면, 중국 전통은 '시적 정합성'(poetic coherence)에 더 친화적이었다. 변려체의 대구처럼 음양(陰陽)과 이기(理氣)의 영구 순환으로 세계를 그려내는 방식이 그것이다. 그 '시적 정합성'이 성리학의 외피를 입고 조선 사상사를 500년 넘게 지배했을 가능성을 부정하긴 어렵다.

그러므로 이제 필요한 일은 방어적 미화가 아니다. 성리학적 사유의 한계와 모순, 문제점과 빈틈을 냉정히 비판하는 일이다. 그래야만 우리는 성리학이 남긴 유산을 제자리에 놓고, 그 너머의 사유를 모색할 수 있다.

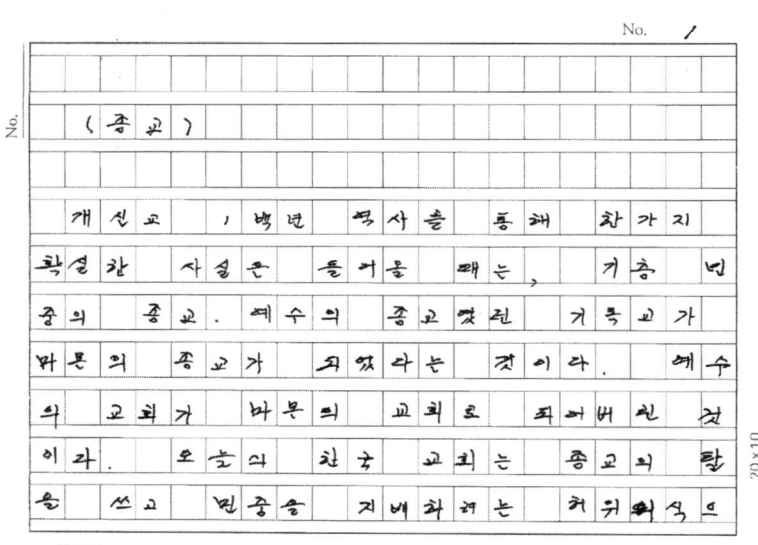

No. 1

(종교)

개신교 , 1백년 역사를 통해 차가지
확실한 사실은 들어올 때는, 기층 민
중의 종교. 예수의 종교였전 기독교가
바론의 종교가 되었다는 것이다. 예수
의 교회가 바론의 교회로 되어버린 것
이라. 오늘의 한국 교회는 종교의 탈
을 쓰고 민중을 지배하려는 처위의식으

20 x 10

No. 2

로 가득차 있다. 그러니 기층 민중들
이 교회에서 빠져나가는 것은 당연한
일이라.

최 용 대

20 x 10

인류의 생태계와 문명의 지형도 위에
인간다움의 좌표를 새기다

최용대 작가의 실용인문학은 시대가 던지는 근원적 질문에 맞서, 현실의 비루함을 정면으로 응시하면서도 인간다움의 가능성을 포기하지 않는 사유와 윤리로 단단히 세워진 인문학적 사설이다. 인류 생태계와 문명의 지형도를 하나의 사유 무대 위에 올려놓고, 그 안에서 우리가 증명해야 할 가장 인간다운 가치를 탐색하게 한다. 편집자로서 이 책을 다루며, 학술적 사설과 문학적 감수성이 어떻게 교차할 수 있는지, 그리고 인간에 대한 근원적인 애정이 어떻게 글 속에 고스란히 녹아 있는지를 목격했다.

최 작가님의 삶과 저술은 이를 입증한다. 방배동 일가의 대가족 공동체를 이끌고 종손으로서 한국 고유 전통의 맥을 지켜 온 그의 삶은, '나'라는 근원적 출발점이 인간다움의 근본이 되는 타인을 향해 열려 있음을 보여준다. 더불어 30여 년간 논설위원, 기자, 교수, 평론가로서 정치·경제·사회·문화 전반을 꿰뚫어 본 경험은 그의 인문학이 현실과 긴밀히 맞닿게 했다. 그가 전하는 인문학이 생활 속에서 체감되는 실용적 지혜로 작동하는 이유가 여기에 있다.

인문학의 핵심은 스스로를 증명하려 들지 않는다는 점이다. 당장의 유용성과 속도를 중시하는 시대에 이는 역설처럼 보일 수 있다. 그러나 근원적 원칙을 지키기에, 비록 즉각적으로 드러나지 않더라도 시간이 흐르며 주변의 변화를 낳고, 새로운 시야를 열어 준다. 동시에 공동체 역시 인문학적 테두리 안에서 보호받는다.

최용대 작가는 기술 문명이 인간의 자리를 대체하려는 오늘, 인류 생태계의 사건과 기술 문명의 도전, 문학의 지형도를 한데 모아 우리가 증명해야 할 인간다운 가치의 필요성을 묻는다. 그의 실용인문학은 단순한 지식 축적을 넘어 인간 내면을 문학적·철학적 삶의 기준으로 삼게 하며, 사유와 존재가 분리되지 않는 인문학의 원형적 의미를 복원하려는 시도이다.

이 책이 제기하는 문제의식은 인간다움의 본질적 차원으로 확장된다. 문학적 감수성과 철학적 사유를 종합하여 인간이 인간으로 남기 위한 조건을 묻는다. 실용인문학은 곧 인간 존재의 생태계를 회복하는 실천적 장(場)으로 재정립된다. 인류의 기술 문명 속에서 점점 희미해져 가는 인간다움의 좌표를 다시 설정하려는 문명적 기획이며, 인간 존재의 근본 조건을 해명하는 철학적 과업이다. 이러한 점에서 작가는 현대 실용인문학 담론의 연대적 책임을 느끼며, 새로운 가능성의 사회를 열어가는 사상적 단초를 제시한다.

따라서 이 책은 삶과 공동체, 생활과 문화의 경계에서 인간다움의 회복을 원하는 이들에게 실천적 지혜의 장이자 인생의 큰 빛이 되어 줄 것이다.

> 유전적으로 무관한 타인의 고통을 함께 느낄 수 있는 능력, 진지한 관심과 사랑을 가지고 자기의 사적 자원을 기꺼이 내놓으려는 자발성, 이 모두가 자연이 인간에게 준 재능이며 본능입니다. 이런 이타적 본성, 공감의 능력을 발휘하는 것이 연대(solidarity)이며, 연대는 일, 놀이, 사랑과 더불어 삶을 의미 있고 존엄하고 품격 있게 만드는 제4원소입니다
>
> – 최용대 어록에서 발췌

존경과 경외의 뜻을 담아 편집장 유 리 나